ENTRE NOUS 2

TOUT EN UN

A2

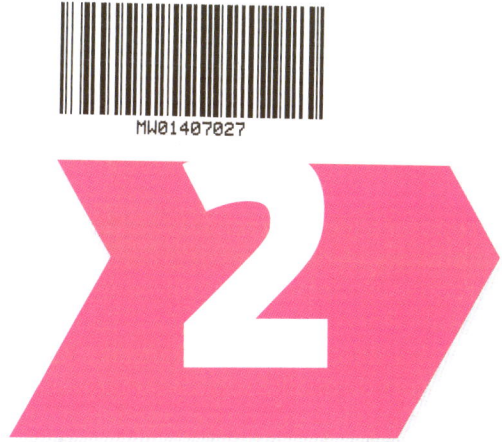

MÉTHODE DE FRANÇAIS

LIVRE DE L'ÉLÈVE + CAHIER D'ACTIVITÉS + CD

AUTEURS :
Fatiha Chahi
Catherine Huor
Céline Malorey
Claire Marchandeau
Neige Pruvost
Grégory Miras
Sylvie Poisson-Quinton
Gaëlle Delannoy

EDITIONS maison des langues
www.emdl.fr/fle

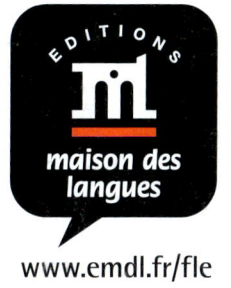

AVANT-PROPOS

ENTRE NOUS, POUR UN APPRENTISSAGE ADAPTÉ ET RÉUSSI !

Proposer à leurs apprenants des cours de français motivants, dynamiques et qui leur permettent de progresser rapidement tout en les éveillant à la culture francophone actuelle ? Tel est le rêve de tous les enseignants de français… Or, préparer des cours de qualité suppose un travail important pour l'enseignant : une séquence didactique construite et efficace ; des documents écrits et oraux, authentiques ou semi-authentiques avec des exploitations pédagogiques de qualité ; une progression grammaticale et lexicale réussie avec un grand nombre d'exercices de systématisation ; des activités de phonétique bien pensées.

ENTRE NOUS est un outil clé en main qui facilite le travail quotidien des enseignants de français… et la vie des apprenants ! En effet, il propose des dynamiques variées (travail individuel, inter-individuel, en groupes, en groupe-classe) adaptées à tous les publics pour que la classe soit véritablement un espace de partage et de travail collaboratif.

UNE MÉTHODE NÉE D'UNE RÉALITÉ DE TERRAIN ET D'ÉCHANGES CONSTANTS AVEC LES ENSEIGNANTS

ENTRE NOUS est un manuel construit à partir de la réalité actuelle de l'enseignement / apprentissage du FLE : cet ouvrage est le résultat de la prise en compte de l'expérience de nos équipes pédagogiques ainsi que des commentaires des enseignants utilisateurs de *Version Originale*.

UNE STRUCTURE ET UNE ORGANISATION DES UNITÉS CLAIRE ET EFFICACE

Chacune des 8 unités est clairement organisée en étapes d'apprentissage et mise en valeur par la mise en page de l'ouvrage :

Étape 1 « DÉCOUVERTE »
- 1 double-page de documents déclencheurs visuels (« Premiers regards ») pour une découverte et une première exposition à la langue française avec des activités de compréhension écrites et orales et des productions orales (« Et vous ? »).
- 1 double-page de documents textuels pour situer les contenus et les thématiques de l'unité (« Premiers textes ») avec un travail sur les compétences de compréhension.

Étape 2 « OBSERVATION ET ENTRAÎNEMENT »
- 3 doubles-pages de travail sur la grammaire et le lexique à partir de documents en contexte amenant les apprenants à observer un fait de langue, à déduire et à construire sa règle, à s'entraîner dans des situations de communication et enfin à le systématiser.
- Pour aller plus loin, des explications grammaticales plus développées sont proposées dans le précis de grammaire.
- 1 page complète d'activités de lexique, pour une réutilisation et une systématisation du lexique de l'unité.
- 1 page de phonétique, prosodie et phonie-graphie qui contient des explications et des activités en contexte et qui permet aux apprenants de découvrir la prosodie du français et d'améliorer leur prononciation.

Étape 3 « REGARDS CULTURELS »
- 1 double-page culturelle, contenant des documents actuels et originaux ainsi que des activités de compréhension et de production.
- Une fenêtre ouverte sur le monde et la réalité culturelle et sociale française.
- 1 vidéo en ligne (document authentique, reportage, publicité, etc.) liée au point culturel abordé.

Étape 4 « TÂCHES FINALES »
- 1 page avec 2 tâches finales distinctes, une à dominante écrite et l'autre à dominante orale. L'enseignant peut réaliser ces 2 tâches avec ses apprenants ou mettre en place une tâche en classe et garder la seconde pour l'évaluation.

C'est parce que nous pensons qu'un enseignant épanoui et sûr de lui est synonyme d'une classe heureuse et motivée que nous avons créé **ENTRE NOUS**. Nous espérons que ce manuel vous aidera dans votre travail et vous accompagnera au quotidien.

La maison d'édition

DYNAMIQUE DES UNITÉS

STRUCTURE DU LIVRE DE L'ÉLÈVE

- 1 dossier de présentation et personnalisation pour l'apprenant
- 8 unités de 16 pages chacune
- 1 dossier culturel
- 1 préparation au DELF
- 1 cahier d'activités
- Un précis de grammaire
- Des tableaux de conjugaison
- Les transcriptions des enregistrements du *Livre* et du *Cahier d'activités*
- La carte de la France

Chaque unité est composée de 16 pages :

LA PAGE D'OUVERTURE DE L'UNITÉ

L'ensemble des rubriques, thèmes et ressources travaillés dans l'unité présenté de façon claire et schématique.

Le thème

Les tâches finales

Activités complémentaires disponibles sur notre Espace virtuel (exercices auto-correctifs, nuages de mots...)

Les points de langues étudiés

Activités de réflexion sur la culture et la vie quotidienne

PREMIERS REGARDS

Cette double-page permet à l'apprenant d'aborder l'unité à partir de ses connaissances préalables du monde et, éventuellement, de la langue française.

Les documents déclencheurs de cette double-page sensibilisent l'apprenant au thème et aux objectifs de l'unité de manière très visuelle.

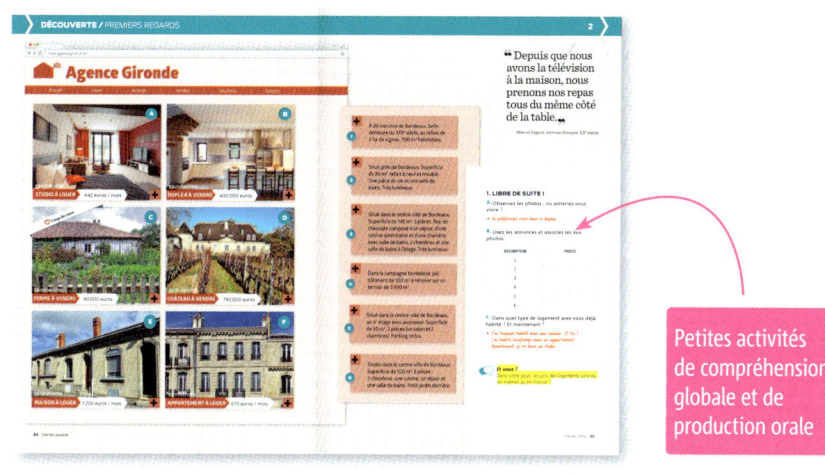

Petites activités de compréhension globale et de production orale

Ce pictogramme indique que l'activité comprend un audio et donne le numéro de la piste

LE COMPARATIF ET LE SUPERLATIF
EX. 3. Mme Moreau loue son appartement. Écoutez la description qu'elle en fait à plusieurs agences et remplissez la fiche suivante. Ensuite, comparez les deux annonces. Les agences sont-elles sérieuses ? Pourquoi ?
PISTE 10

C. Parmi ces formes de logements de vacances, qu'est-ce que vous préférez ? Pourquoi ?

la maison d'hôtes   la tente   le bungalow

l'auberge de jeunesse   le camping-car

le gîte   l'échange d'appartement ou de maison

• Moi, je préfère l'auberge de jeunesse. C'est une des formules les moins chères et...

Les textes en rouge sont des échantillons de productions et d'interactions orales. Il s'agit d'amorces qui peuvent guider l'apprenant.

trois **3**

DYNAMIQUE DES UNITÉS

PREMIERS TEXTES

Cette double-page permet à l'apprenant d'entrer en contact avec des documents authentiques qui vont lui permettre de découvrir l'emploi de la langue en contexte.

Elle permet un travail sur les compétences de compréhension et débouche souvent sur des interactions.

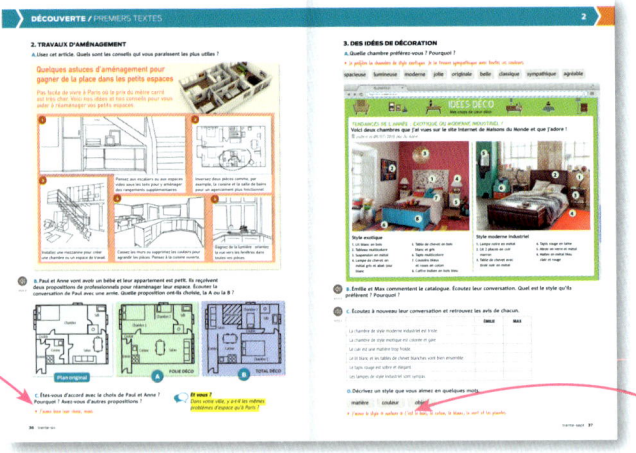

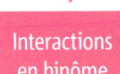

Interactions en binôme

Interactions en groupe-classe

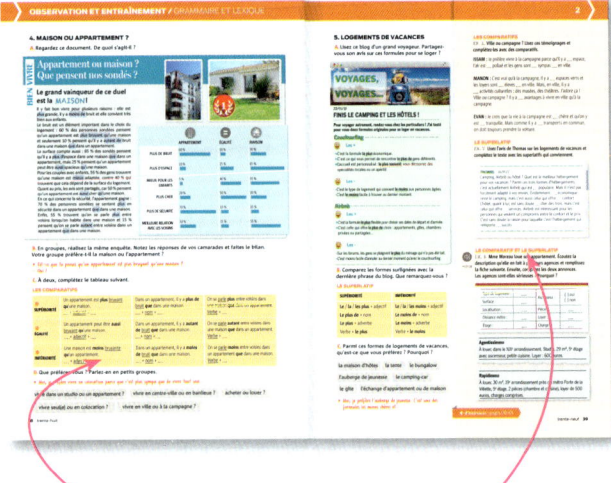

OBSERVATION ET ENTRAÎNEMENT
Grammaire et lexique

Ces pages vont aider l'apprenant à découvrir un fait de langue en contexte, à construire sa règle et à se l'approprier. Dans un deuxième temps, il va pouvoir le réemployer sous différentes formes.

Lexique

Cette page propose des activités variées et permet de réutiliser le lexique découvert dans l'unité dans différents contextes.

Phonétique

Cette page permet aux apprenants de se familiariser avec la phonétique, la prosodie et la phonie-graphie à travers des exercices d'écoute et de production.

Construction de la règle de grammaire

Une colonne d'exercices permettant l'entraînement et la systématisation des points de grammaire abordés dans la double-page

Système de renvois vers les 4 pages du Cahier d'activités correspondant à l'unité

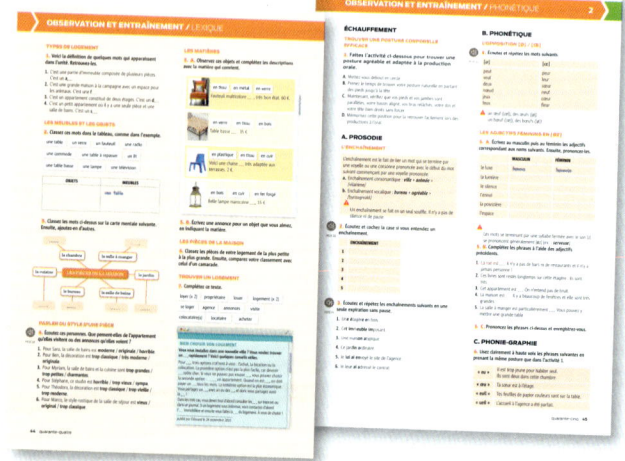

TÂCHES FINALES

Cette page propose 2 tâches distinctes qui permettent de remobiliser les compétences acquises dans l'unité. Des conseils et des exemples de productions vous aideront à mieux les mettre en place en classe.

4 quatre

REGARDS CULTURELS

Une double-page permettant de compléter ses connaissances culturelles et sociologiques et de développer ses compétences interculturelles.

Une vidéo authentique et moderne en lien avec la thématique de l'unité et disponible sur l'Espace virtuel

DOSSIER CULTUREL

Un dossier de 9 pages pour découvrir la culture et la gastronomie de 4 villes francophones.

LE CAHIER D'ACTIVITÉS

32 pages de cahier d'activités reprenant l'ensemble des points de langue vus dans les unités et structuré de la façon suivante :

- 3 pages d'activités pour travailler les points de grammaire de chaque unité en contexte qui suivent la progression du livre et rebrassent le lexique et les thématiques ;
- 1 page dédiée au travail des activités langagières.
- les audios sont disponible en MP3 sur www.espacevirtuel.emdl.fr

Une navigation optimale grâce à un système de renvois entre *le Livre* et le *Cahier d'activités*.

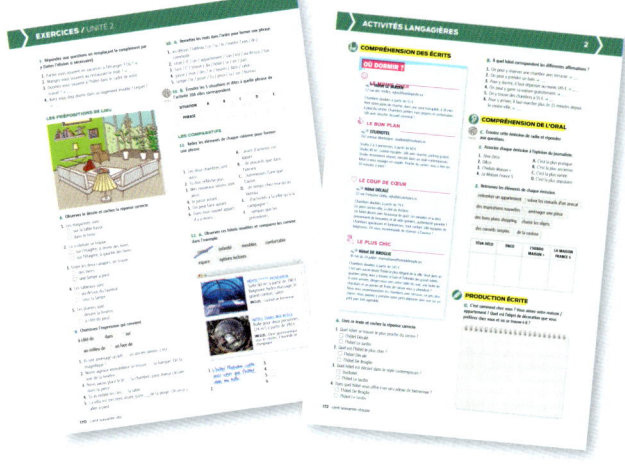

PRÉPARATION AU DELF

Un livret de 8 pages organisé par compétences pour s'entraîner efficacement à l'épreuve du DELF A2.

DOSSIER DE L'APPRENANT

Un premier contact avec la réalité francophone et la langue française dans ce dossier, très visuel, que l'apprenant peut facilement compléter grâce aux exemples donnés. Une découverte en douceur permettant une appropriation de l'ouvrage par l'apprenant.

cinq **5**

TABLEAU DES CONTENUS

UNITÉ	TYPOLOGIE TEXTUELLE	COMMUNICATION	GRAMMAIRE
DOSSIER APPRENANT			
1 **AIMER APPRENDRE**	• Profil d'apprentissage • Articles de presse • Brochure • Enquête de satisfaction • Forums en ligne • Conversations • Infographie	• Parler de l'apprentissage • Donner son avis • Exprimer ses réactions, émotions, ses motivations et ses opinions • Parler de faits passés	• Le passé composé • La négation au passé composé • Exprimer ses réactions et ses émotions : *avoir du mal à / (ne pas) oser / (ne pas) arriver à* + infinitif, *se sentir* + adjectif • Les pronoms compléments d'objet indirect (COI) • Donner son avis : *trouver que...* + phrase, *croire* ou *trouver* + adjectif, *c'est* + adjectif + *de* + infinitif • L'expression de la cause : *car, parce que, comme, grâce à, à cause de*
2 **BIENVENUE CHEZ MOI !**	• Annonces immobilières • Petites annonces • Plans • Photos et textes de magazines • Articles de presse • Blogs • Enquête	• Parler des différents types de logement • Décrire un logement (les pièces, les meubles et les objets) • Localiser • Faire des comparaisons • Exprimer des préférences • Nommer ses activités quotidiennes	• Les comparatifs • Le superlatif • Le pronom *y* • Les prépositions de lieu
3 **J'Y ÉTAIS !**	• Articles de presse • Blogs • Émissions de radio • Commentaires de photos • Interview • Réseaux sociaux • Forum • Témoignages	• Situer dans le passé • Décrire des situations du passé et du présent	• L'imparfait de l'indicatif • Les marqueurs du présent et du passé (1) • Les expressions de la continuité et discontinuité temporelles : *encore, toujours, ne plus, avoir arrêté de* + infinitif... • La subordonnée avec *quand* • Les adjectifs et les pronoms indéfinis
4 **RÉCITS DE VIE**	• Magazines • Témoignages • Blogs • Réseaux sociaux • Interview • Album photos • Articles de presse • Anecdotes • Textes littéraires	• Poser des questions sur un parcours de vie • Décrire et rapporter des faits et des situations du passé • Raconter des anecdotes • Situer des évènements dans le passé • Parler des évènements qui peuvent changer la vie des personnes	• L'opposition passé composé / imparfait de l'indicatif dans le récit • Les pronoms relatifs *qui, que* et *où*

DOSSIER CULTUREL

Bordeaux **82** | Lille **84** | Genève **86** | Montréal **88** | La francophonie économique de 1 à 5 **90**

6 six

LEXIQUE	PHONÉTIQUE	REGARDS CULTURELS	TÂCHES FINALES	
				10
• Les loisirs • Les modes d'apprentissage • Exprimer ses réactions, émotions, motivations et opinions	• Gérer le regard • Les syllabes ouvertes et fermées • L'opposition [e] / [ɛ]	**Les documents** • Les Compagnons du Devoir **La vidéo** • Auto-école C.E.R. Mairie du XVIIIe	**Tâche 1** • Constituer un réseau de savoirs collectifs **Tâche 2** • Élaborer et rédiger le contrat d'apprentissage de la classe	17
• Les expressions lexicales • L'accord des adjectifs de couleurs • La description du logement • L'expression du goût	• Trouver une posture corporelle efficace • L'enchaînement • L'opposition [ø] / [œ] • Les adjectifs féminins en [øz]	**Les documents** • Les logements étudiants de la cité A-Docks du Havre **La vidéo** • L'habitat participatif à Villeurbanne	**Tâche 1** • Élaborer le projet de décoration d'un salon **Tâche 2** • Concevoir un logement idéal pour un public déterminé	33
• Les évènements historiques • Les émotions • Les évolutions de la société • Les revendications sociales	• Trouver sa respiration • L'opposition [o] / [ɔ] • Les groupes rythmiques • La prononciation de *plus*	**Les documents** • Les lois qui ont changé la vie des Français **La vidéo** • La barbe revient à la mode.	**Tâche 1** • Réaliser une interview sur l'histoire de la famille de ses camarades de classe **Tâche 2** • Réaliser une exposition photographique sur l'histoire d'une ville	49
• Les moments et les étapes de la vie • Les marqueurs du présent et du passé (2) • *Être en train de* + infinitif • Expressions pour interagir	• La projection de la voix • L'allongement de la syllabe • L'opposition [e] / [ə] (passé composé et imparfait) • Lire à haute voix	**Les documents** • Souvenirs d'enfance : *En finir avec Eddy Bellegueule*, *Un sac de billes* **La vidéo** • « Quelle est la première fois que… ? »	**Tâche 1** • Imaginer la biographie d'une personne célèbre **Tâche 2** • Créer un album de souvenirs de la classe	65
				81

sept **7**

TABLEAU DES CONTENUS

UNITÉ	TYPOLOGIE TEXTUELLE	COMMUNICATION	GRAMMAIRE
5 SPORT ET SANTÉ AU FUTUR	• Articles de magazine • Articles de presse • Forums en ligne • Affiches • Interviews • Titres de presse • Horoscopes	• Parler de sa santé • Parler des bienfaits du sport • Décrire des douleurs et des symptômes • Faire des prévisions • Parler de l'avenir • Parler de conditions et de conséquences • Exprimer différents degrés de certitude	• L'impératif (rappel) • Le futur simple • Les marqueurs du futur • L'expression de l'hypothèse (1) : *Si* + verbe au présent, verbe au futur • Les degrés de certitude
6 AVEC PLAISIR !	• Questionnaires • Blogs • Brochures • Affiches • Mails • Publicités • Messages • Campagnes de sensibilisation	• Demander un service • Demander l'autorisation • Refuser et accepter • Se justifier • Parler des comportements polis ou impolis	• Les expressions impersonnelles de l'obligation, de l'interdiction et du conseil • Le conditionnel présent
7 VIVRE AUTREMENT	• Articles scientifiques • Articles de presse • Émissions de radio • Interviews • Affiches • Infographies	• Parler de ses modes de vie • Proposer des solutions améliorer le monde • Exprimer une intention ou un objectif	• Les adjectifs qualificatifs • La place de l'adjectif • Les pronoms démonstratifs • L'expression du but
8 AU TRAVAIL !	• Forums en ligne • Infographie • Dessins humoristiques • Extraits de magazine • Articles de presse • Conversations • Blogs • Annonces publicitaires	• Exprimer des conditions hypothétiques • Exprimer des souhaits • Parler des conflits au travail	• L'expression du souhait : *espérer que...*, futur simple ; *vouloir* au conditionnel..., infinitif • La négation (rappel) • L'expression de l'hypothèse (2) : *si* + imparfait..., conditionnel présent • L'expression de l'opposition : *par contre, alors que* • Les adverbes en *-ment*

ENTRAÎNEMENT À L'EXAMEN DU DELF
COMPRÉHENSION DE L'ORAL 157 | COMPRÉHENSION DES ÉCRITS 159 | PRODUCTION ÉCRITE 162 | PRODUCTION ORALE 16

CAHIER D'ACTIVITÉS
UNITÉ 1 165 | UNITÉ 2 169 | UNITÉ 3 173 | UNITÉ 4 177 | UNITÉ 5 181 | UNITÉ 6 185 | UNITÉ 7 189 | UNITÉ 8 193

PRÉCIS DE GRAMMAIRE 197 | TABLEAUX DE CONJUGAISON 210 |
TRANSCRIPTIONS DES ENREGISTREMENTS 214 | CARTE DE LA FRANCE 227

LEXIQUE	PHONÉTIQUE	REGARDS CULTURELS	TÂCHES FINALES	
• Le lexique du sport • Décrire des douleurs et des symptômes • Le lexique du corps et de la santé • Les nouvelles technologies	• Prendre des risques • La liaison (1) • Les consonnes de liaison • Les oppositions [s] / [z] et [ʃ] / [ʒ]	**Les documents** • Les nouveaux sports à la mode **La vidéo** • Vie connectée, vie augmentée	**Tâche 1** • Créer et présenter la tendance sportive de demain **Tâche 2** • Écrire un article sur la santé du futur	91
• Les expressions des sentiments • Les formules de sollicitation, d'acceptation, de refus, de justification • Les formules de politesse	• Les intentions (1) • La liaison (2) • Le e muet • Les e consécutifs	**Les documents** • Expériences interculturelles **La vidéo** • Métro : Où est la politesse ?	**Tâche 1** • Imaginer une situation conflictuelle et la jouer devant la classe **Tâche 2** • Préparer un guide du savoir-vivre	107
• Le lexique de la consommation • Le lexique de l'écologie • Le lexique du vivre ensemble	• Les intentions (2) • L'intonation • Le son [R]	**Les documents** • L'obsolescence programmée **La vidéo** • La Ruche qui dit oui	**Tâche 1** • Proposer un projet et le soumettre aux principes du financement participatif **Tâche 2** • Élaborer une fiche projet et proposer des solutions pour améliorer le monde	123
• Les conditions de travail • Les valeurs du travail • Les conflits au travail	• La prise de parole • Les pauses • Les voyelles nasales	**Les documents** • Les start-up françaises **La vidéo** • Co-working L'Ârrêt Minute	**Tâche 1** • Organiser une conférence sur les conflits dans le monde du travail **Tâche 2** • Élaborer un questionnaire afin de décrire votre vision idéale du travail	139

155

164

197

neuf **9**

DOSSIER DE L'APPRENANT

Parlez-nous de vous

Nom : ....

Prénom : ....

Adresse : ....

Mail : ....

Les langues et vous

Quelles langues parlez-vous ? Pour quelles raisons apprenez-vous des langues étrangères ? Cochez les plus importantes.

☐ Pour travailler
☐ Pour étudier
☐ Pour s'intégrer
☐ Pour communiquer
☐ Pour voyager
☐ Par amour
☐ Pour lire
☐ Pour la culture
☐ Par curiosité intellectuelle

Langue et cultures francophones

Qu'est-ce qui vous a marqué durant cette première année de français ?

☐ un mot
☐ un adjectif
☐ une expression
☐ un artiste / une personnalité
☐ un film
☐ une chanson
☐ un événement
☐ une date
☐ un fait culturel

Votre profil d'apprenant

Qu'est-ce qui vous intéresse ?

l'actualité   l'économie    l'environnement    le sport

l'histoire   la musique   l'art   la biologie

Quand vous apprenez une langue, qu'est-ce que vous préférez ?

le lexique   la grammaire   la phonétique

les audios / les vidéos   l'oral   l'écrit

Quel type d'apprenant êtes-vous ? Visuel, auditif ou kinesthésique ?

Quelle activité préférez-vous ?
- ☐ lire ●
- ☐ écouter ■
- ☐ dessiner ◆

Quand vous pensez à un chat, vous pensez...
- ☐ à sa douceur ◆
- ☐ à son miaulement ■
- ☐ à sa couleur ●

Lorsque vous rencontrez quelqu'un pour la première fois, vous êtes attentif à...
- ☐ ce qu'il dit ■
- ☐ la couleur de ses yeux ●
- ☐ ce que vous ressentez en sa présence ◆

Qu'est-ce que vous aimez de votre appartement ?
- ☐ le calme ■
- ☐ le confort ◆
- ☐ la décoration ●

Quand vous essayez de vous souvenir de quelqu'un, vous vous rappelez de...
- ☐ son nom mais pas son visage ■
- ☐ son visage mais pas son nom ●
- ☐ ce que vous avez fait lorsque vous vous êtes connu ◆

une majorité de ●
Apprenant visuel - Vous êtes sensible à ce que vous voyez. Vous aimez les tableaux, les graphiques, les photos. Vous aimez prendre des notes.

une majorité de ■
Apprenant auditif - Vous êtes sensible à ce que vous entendez. Vous êtes attentif à ce qui se dit, vous avez une bonne mémoire auditive et apprenez en répétant ou en chantant.

une majorité de ◆
Apprenant kinesthésique - Vous êtes sensible à ce que vous touchez, sentez et goûtez. Vous apprenez mieux quand vous pouvez participer, agir et tester.

onze 11

DOSSIER DE L'APPRENANT

Vous au quotidien

Medhi Touktouk

Votre routine

Le matin pour aller au travail, vous prenez…

le métro — le bus — le tram — le vélo — la voiture / le taxi collectif — autre

Au travail, vous êtes…

PC — mac — tablette — papier et stylo

Vous travaillez…

au bureau — dans un open space — à la maison — en plein air

Vos vacances

Vous préférez partir…

à la mer — à la montagne — à la ville — à la campagne

Vous aimez voyager…

seul — en couple — avec des amis — en famille

Vous au quotidien

Moi : ....

Votre routine

Le matin pour aller au travail, vous prenez…

| le métro | le bus | le tram | le vélo | la voiture / le taxi collectif |  autre |

Au travail, vous êtes…

| PC | mac | tablette | papier et stylo |

Vous travaillez…

| au bureau | dans un open space | à la maison | en plein air |

Vos vacances

Vous préférez partir…

| à la mer | à la montagne | à la ville | à la campagne |

Vous aimez voyager…

| seul | en couple | avec des amis | en famille |

treize 13

DOSSIER DE L'APPRENANT

Vos goûts

SOUVENIRS

Votre plus beau souvenir d'enfance

Votre plus beau souvenir d'adolescence

Votre plus beau souvenir d'adulte

....
....
....

....
....
....

....
....
....

DÉCOUVERTES

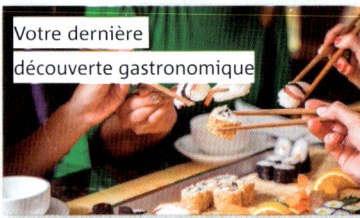
Votre dernière découverte gastronomique

Votre dernière découverte musicale

Votre dernière découverte littéraire

....
....
....

....
....
....

....
....
....

PROJETS

Votre prochain voyage

Votre prochain achat

Votre prochain projet

....
....
....

....
....
....

....
....
....

Et la Francophonie ?

1. Observez attentivement ces photos, elles ont toutes été prises dans une ville francophone. Laquelle?

☐ Lausanne, Suisse ☐ Montréal, Québec

☐ Bruxelles, Belgique ☐ Toulouse, France

☐ Montpellier, France ☐ Rabat, Maroc

☐ Genève, Suisse ☐ Anvers, Belgique

RÉSULTATS : 1. Montréal 2. Bruxelles 3. Rabat 4. Genève

2. Est-ce que ça vous donne envie de visiter l'une de ces villes ? Laquelle ?

quinze _15

DOSSIER DE L'APPRENANT

SITES UTILES :
- espacevirtuel.emdl.fr
- apprendre.tv5monde.com
- wwwl.rfi.fr/lffr/statiques/accueil_apprendre.asp
- voyagesenfrancais.fr
- …

FILMS À VOIR :
- La cour de Babel
- Un prophète
- Ne le dis à personne
- Les poupées russes
- La Graine et le Mulet
- Odette Toulemonde

LIVRES FRANCOPHONES À LIRE (dans votre langue) :
- Au revoir là-haut - Pierre Lemaitre
- Meursault, contre-enquête - Kamel Daoud
- La douceur du miel - Silvia Baron Supervielle
- Les derniers jours de nos pères - Joël Dicker
- Voyageur malgré lui - Minh Tran Huy

BD À LIRE :
- Sous le soleil de Minuit-Corto Maltese J.D. Canales/R. Pellejero
- Lanfeust - C. Arleston / D. Tarquin
- Largo Winch - Jean Van Hamme
- Edith Piaf/Charles Trenet - La France des années 40 en chansons

Téléchargez gratuitement ce dossier sur espacevirtuel.emdl.fr

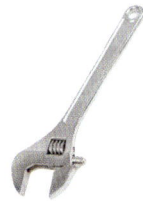

AIMER APPRENDRE

DÉCOUVERTE
pages 18-21

Premiers regards
- Parler de l'apprentissage
- Découvrir le lexique des loisirs
- Parler de ses savoir-faire

Premiers textes
- Découvrir le lexique de différents types de formation
- Parler de ses expériences d'apprentissage
- Découvrir des expressions pour exprimer ses réactions et émotions

OBSERVATION ET ENTRAÎNEMENT
pages 22-29

Grammaire
- Le passé composé
- La négation au passé composé
- Exprimer ses réactions et ses émotions : *avoir du mal à / (ne pas) oser / (ne pas) arriver à* + infinitif, *se sentir* + adjectif
- Les pronoms compléments d'objet indirect (COI)
- Donner son avis : *trouver que...* + phrase, *croire* ou *trouver* + adjectif, *c'est* + adjectif + *de* + infinitif
- L'expression de la cause : *car, parce que, comme, grâce à, à cause de*

Lexique
- Les loisirs
- Les modes d'apprentissage
- Exprimer ses réactions, émotions, motivations et opinions

Phonétique
- Gérer le regard
- Les syllabes ouvertes et fermées
- L'opposition [e] / [ɛ]

REGARDS CULTURELS
pages 30-31

Les documents
- Les Compagnons du Devoir

La vidéo
- Auto-école C.E.R., Mairie du XVIIIe

À visionner sur : espacevirtuel.emdl.fr

TÂCHES FINALES
page 32

Tâche 1
- Constituer un réseau de savoirs collectifs

Tâche 2
- Élaborer le contrat d'apprentissage de la classe

 + DE RESSOURCES SUR espacevirtuel.emdl.fr

— Des activités autocorrectives (grammaire / lexique / culture / CE / CO)
— Un nuage de mots sur l'apprentissage

dix-sept **17**

DÉCOUVERTE / PREMIERS REGARDS

18 dix-huit

> **La vie est un apprentissage permanent ; plus on croit savoir, moins on sait, tant les choses changent, et avec elles les mentalités.**
>
> Yasmina Khadra, écrivain algérien, XXe siècle

1. INTERCONNECTÉS

A. Regardez la couverture de ce magazine et repérez les mots-clés. De quoi traite ce numéro ?

• Je crois que tous les articles parlent de...

B. Regardez la page du Dossier de ce numéro. Quel est le point commun entre ces personnes ?

C. Observez les relations entre les personnes et retrouvez qui...

- apprend à Masha à faire une recherche d'emploi en France.
- apprend à Yvan à utiliser WhatsApp.
- enseigne le russe à Chloé.
- a appris le bricolage grâce à Étienne.
- a enseigné la plomberie à Kamel.
- est devenu le professeur de tango de Masha.

 Et vous ?
Avez-vous déjà appris quelque chose de quelqu'un ? Avez-vous déjà enseigné quelque chose à quelqu'un ?

dix-neuf **19**

DÉCOUVERTE / PREMIERS TEXTES

2. IL N'Y A PAS D'ÂGE POUR APPRENDRE

A. Selon vous, y a-t-il un âge idéal pour apprendre ?

B. Lisez l'article. Pour quelles raisons ces personnes ont-elles décidé de se lancer dans un nouvel apprentissage ?

L'APPRENTISSAGE TOUT AU LONG DE LA VIE

Il n'y a pas de limite d'âge pour apprendre et les raisons ne manquent pas. Mais comment vit-on un nouvel apprentissage ? Voici quelques témoignages.

Emmanuelle, 23 ans, graphiste :
« J'ai décidé d'apprendre à coudre car c'est utile et, en plus, j'adore créer des vêtements ! Mais il faut avoir des gestes précis et c'est un peu compliqué pour moi. Je ne suis pas assez patiente : je commence, mais souvent je n'arrive pas à terminer mes vêtements. C'est décourageant ! »

Max, 7 ans, écolier et musicien :
« J'ai toujours rêvé de devenir un grand guitariste. J'ai appris à jouer de la guitare tout seul à 5 ans. Aujourd'hui, je suis très heureux parce qu'on m'appelle pour participer à des festivals et, parfois, je joue même avec des stars ! C'est vraiment super et c'est encourageant pour la suite. »

Cathy, 62 ans, retraitée :
« Pour ouvrir mon salon de thé, je suis des cours de gestion d'entreprise. J'ai appris à faire des études de marché. Je trouve ça difficile et je suis bloquée par tous ces chiffres ! C'est compliqué mais je trouve ça passionnant, et, grâce à ces cours, je vais pouvoir réaliser mon projet. »

François, 40 ans, programmeur :
« Je me suis inscrit par curiosité à un cours de cuisine, et j'ai découvert que c'est une très bonne manière de sortir de la routine. J'aime cuisiner pour ma famille et mes amis, j'aime leur faire découvrir de nouvelles saveurs. Et je suis très heureux quand il ne reste plus rien dans les assiettes ! »

C. Lisez ces phrases extraites des témoignages. Ces émotions et réactions sont-elles positives ou négatives ?

- C'est décourageant !
- Je n'arrive pas à terminer mes vêtements.
- C'est vraiment super et c'est encourageant pour la suite.
- Je trouve ça difficile et je suis bloquée par tous ces chiffres !
- C'est compliqué.
- Je suis très heureux quand il ne reste plus rien dans les assiettes !

 D. Écoutez le témoignage de Christian. Pourquoi suit-il une formation d'infirmier ? Comment le vit-il ?

PISTE 1

 Et vous ?
Quel a été votre dernier apprentissage et quelles sont les raisons qui vous ont décidé à vous lancer ?

3. EXPÉRIENCES D'APPRENTISSAGE

A. À 40 ans, Stéphanie a contacté l'association Nouvel avenir pour changer de vie. Lisez ses réponses au questionnaire de profil d'apprentissage. À votre avis, sur quoi vont porter les conseils que l'association va lui proposer ?

| type de formation | environnement de travail | secteur d'activité | cadre de vie |

NOUVEL AVENIR - Questionnaire de profil d'apprentissage

NOM : Ferrand
PRÉNOM : Stéphanie
ADRESSE : 31 rue de la Grange aux Belles, 75010 Paris
ÉTAT CIVIL : Célibataire
PROFESSION ACTUELLE : Designer

Vous voulez changer de vie ? Aidez-nous à mieux vous connaître pour mieux vous conseiller. Grâce à vos expériences, nous allons pouvoir connaître votre profil.

QU'AVEZ-VOUS APPRIS TOUT AU LONG DE VOTRE VIE ?
(Notez ce qui vous semble le plus important et ce que vous en pensez.)

PENDANT VOS ÉTUDES :
J'ai fait des études de design. J'ai appris à utiliser des logiciels pour travailler les images. J'ai aussi fait des stages dans des agences de publicité pour apprendre vraiment mon métier. Grâce à cette expérience, j'ai de bonnes compétences en communication.

AU TRAVAIL :
J'ai appris à travailler en équipe. Je suis devenue plus autonome et j'ai été responsable d'un projet.

AVEC VOTRE ENTOURAGE :
J'ai appris à coudre avec ma grand-mère. Grâce à elle, je suis devenue patiente et je me suis intéressée à la création de vêtements.

AUTRES EXPÉRIENCES D'APPRENTISSAGE :
J'ai souvent passé mes vacances à la campagne : j'ai appris à soigner les animaux. J'ai beaucoup voyagé en Irlande et au Canada et je parle bien l'anglais.

QUEL TYPE DE FORMATION AIMERIEZ-VOUS SUIVRE ?
☐ Un stage
☒ Une formation par alternance
☐ Une formation à distance
☐ Autres : ....

POURQUOI ?
J'ai suivi des cours en ligne et j'aime l'apprentissage en autonomie car je peux apprendre à mon rythme, mais je préfère la formation par alternance parce qu'on travaille dans une entreprise et qu'on met la théorie directement en pratique.

OÙ AIMERIEZ-VOUS VIVRE ?
☐ En ville
☒ À la campagne
☐ À la montagne
☐ Au bord de la mer
☐ Autres : ....

POURQUOI ?
J'ai souvent aidé mes grands-parents à la ferme et j'ai d'excellents souvenirs de la campagne. En plus, j'adore la nature.

QU'ÊTES-VOUS PRÊT(E) À FAIRE POUR CHANGER DE VIE ?
☐ Travailler la nuit
☒ Gagner moins d'argent
☒ Partir moins souvent en vacances
☐ Partir vivre à l'étranger
☒ Apprendre un nouveau métier
☐ Autres : ....

 B. Stéphanie a finalement changé de vie. Écoutez son témoignage. Quel type de formation a-t-elle choisi ? Quel est son métier aujourd'hui ?

C. À votre tour, répondez à ce questionnaire. Avez-vous le même profil et les mêmes aspirations que vos camarades ? Parlez-en entre vous.

 Et vous ?
Avez-vous déjà eu envie de changer de profession ou de reprendre des études ?

OBSERVATION ET ENTRAÎNEMENT / GRAMMAIRE ET LEXIQUE

4. LES LANGUES ET LA MANIÈRE

A. Observez cette publicité du centre *Be*Langues. Que propose-t-elle ?

Avec *Be*Langues, vivez les langues !

Avec *Be*Langues, apprendre une langue étrangère **n'a** jamais **été** aussi facile ! *

* **Vous vous êtes inscrit** à une de nos formations ? *Be*Langues vous offre une réduction de 20 % sur tous nos ateliers.

Vous avez toujours **rêvé** d'apprendre à cuisiner dans une langue étrangère ? Nos professeurs **ont suivi** des cours de cuisine auprès de grands chefs et **ils sont devenus** spécialistes de la cuisine de tous les pays ! Découvrez nos ateliers cuisine et complétez votre formation !

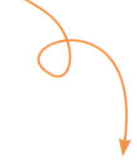

Avez-vous déjà **joué** une pièce de théâtre dans la langue de son auteur ? Apprenez une langue étrangère avec nos ateliers théâtre !

B. Connaissez-vous d'autres manières d'apprendre une langue étrangère de manière originale ?

● Oui, moi, j'ai un ami qui a appris l'espagnol avec des cours de flamenco.

C. Illustrez la règle suivante avec des exemples tirés du document.

LE PASSÉ COMPOSÉ (RAPPEL)

FORMATION DU PASSÉ COMPOSÉ :
Être ou *avoir* au présent + participe passé du verbe.

LE PASSÉ COMPOSÉ AVEC *ÊTRE* :
- Avec l'auxiliaire *être*, le participe passé s'accorde en genre et en nombre avec le sujet.
- Avec les verbes pronominaux, on utilise toujours *être*.

CHOIX DE L'AUXILIAIRE :
Auxiliaire *avoir* → avec la majorité des verbes.
Auxiliaire *être* → avec, par exemple, les verbes suivants :

   arriver / partir   retourner
   monter / descendre apparaître
   aller / (re)venir   tomber
   rester / devenir
   naître / mourir

D. Devinette : l'atelier mystère. Pensez à un atelier et faites-le deviner aux autres.

la peinture   le cinéma   la danse

la musique   la couture   le chant

…

● J'ai bien aimé et j'ai vraiment découvert une autre culture. En plus, ça m'a aidé à être moins timide.
○ Le théâtre ?

 ***Et vous ?***
Comment avez-vous appris le français jusqu'à présent ?

5. SATISFAIT OU REMBOURSÉ

A. Fiorenzo, un étudiant de BeLangues, a répondu à une enquête de satisfaction. Que préfère-t-il dans cette école ? Pourquoi n'a-t-il pas vraiment apprécié l'organisation des cours ?

ENQUÊTE DE SATISFACTION

Nous vous remercions de prendre 5 minutes de votre temps pour nous aider à améliorer vos cours.

VOS COURS
Dans quel(s) cours êtes-vous inscrit ? *Cours de français et atelier cuisine.*

VOS IMPRESSIONS*
* 1 : Vous n'êtes pas du tout satisfait. – 4 : Vous êtes tout à fait satisfait.

	1	2	3	4
Êtes-vous satisfait de l'organisation des cours ?		x		
Êtes-vous globalement satisfait des cours reçus ?			x	
Est-ce que nos cours correspondent à vos attentes ?			x	
Êtes-vous satisfait de la méthode utilisée ?			x	

VOS COMMENTAIRES
L'inscription n'a pas été facile et je ne suis pas arrivé à l'heure pour le début du cours. En plus, on m'a changé plusieurs fois de groupe et on ne m'a pas prévenu quand mon emploi du temps a changé !

Mais j'ai adoré l'atelier cuisine, je me suis régalé ! (Et en plus j'ai appris ce verbe ! ☺) Les cours de français sont plus traditionnels mais le professeur est génial.

B. Relisez les commentaires de Fiorenzo, relevez toutes les formes verbales négatives au passé composé et complétez la règle.

LA NÉGATION AU PASSÉ COMPOSÉ

- Sujet + ... + auxiliaire **avoir** + ... + participe passé.
  Ex. : *L'inscription .... a .... été facile.*

- Sujet + ... + auxiliaire **être** + ... + participe passé.
  Ex. : *Je .... suis .... arrivé à l'heure.*

C. Sur une feuille, écrivez deux expériences d'apprentissage négatives. L'une est réelle et l'autre est inventée.

– Mes parents m'ont obligé à faire du piano mais j'ai abandonné parce que je n'ai jamais aimé.

D. Échangez votre feuille avec votre voisin. Quelle expérience est réelle ? Laquelle est inventée ?

LE PASSÉ COMPOSÉ

EX. 1. *Être* ou *avoir* ? Entourez les verbes qui se construisent avec l'auxiliaire *être* au passé composé. En connaissez-vous d'autres ?

parler	aimer	devenir	aller	adorer	partir
apprendre	enseigner	vivre	venir	jouer
s'inscrire	revenir	penser	arriver	changer

EX. 2. Complétez ces avis déposés sur le site de BeLangues en conjuguant les verbes entre parenthèses au passé composé.

 Manon : C'est une école formidable ! J' ... (tester) le théâtre en anglais et j' ... (améliorer) ma prononciation.

 Vincent : Grâce à un séjour linguistique, en quelques semaines seulement, je ... (devenir) très bon en allemand ! Je le recommande !

 Elric : Faire la cuisine pour apprendre une langue : une très bonne idée. J' ... (adorer) !

 Ludo : Je ... (aller) voir un spectacle en italien à l'école de langues avec ma femme. Depuis, nous ... (s'inscrire) au cours d'écriture créative.

EX. 3. Voici différentes manières d'apprendre des langues. Avez-vous déjà testé l'une d'elles ? Si oui, dites ce que vous en pensez.

- faire un séjour linguistique
- apprendre seul(e) avec un livre
- aller vivre à l'étranger
- s'inscrire à un cours intensif
- avoir un(e) correspondant(e)

J'ai déjà fait un séjour linguistique : je suis partie en Angleterre 3 mois. C'est très enrichissant.

LA NÉGATION AU PASSÉ COMPOSÉ

 EX. 4. Étienne aime les langues. Écoutez sa conversation avec un ami et entourez ce qu'il a fait pour apprendre des langues étrangères. Qu'est-ce qu'il n'a pas fait ?

PISTE 3

écouter de la musique	faire de la danse
lire des romans	aller au cinéma	écouter la radio
regarder des séries	regarder la télé	faire des gâteaux
faire du théâtre	vivre à l'étranger

Il n'a pas fait de théâtre.
....

+ d'exercices : page 165

vingt-trois 23

> **OBSERVATION ET ENTRAÎNEMENT / GRAMMAIRE ET LEXIQUE**

6. APPRENDRE AILLEURS

A. Lisez cet article consacré à Jean-Paul Nishi, auteur de la bande dessinée *À nous deux, Paris !* Qu'a-t-il dû apprendre à son arrivée en France ?

RENCONTRE

Jean-Paul Nishi

À 32 ans, Taku Nishimura part à Paris pour s'initier à la bande dessinée franco-belge. Comme le métier d'assistant dessinateur n'existe pas en France, il trouve un travail dans une épicerie japonaise à Paris. Mais les Français prononcent mal son nom et il se fait appeler Jean-Paul, qui devient plus tard son nom d'auteur.

Pour Nishi, la vie n'est pas facile à Paris. D'abord, il **a du mal à** articuler en français, mais il **se sent** fier de lui le jour où il **arrive à** acheter seul une baguette de pain à la boulangerie.

Ensuite, il **n'ose pas** parler aux filles et il **se sent mal à l'aise** quand il a un rendez-vous romantique parce qu'il **a peur de** faire des gaffes. Heureusement, ses nouveaux amis français lui donnent de bons conseils. Il va vite apprendre à tenir la porte : il sait maintenant comment être galant et il **se sent à l'aise** avec les femmes françaises !

Mais une chose reste compliquée pour lui. Il ne sait pas comment on se salue en France. Il **a l'impression d'**être stupide car il **n'arrive pas à** apprendre comment on fait la bise. Après plusieurs essais, il ose enfin. Et il aime bien ça...

Jean-Paul Nishi a déjà écrit trois BD pour raconter ses aventures. Grâce à son personnage, il présente avec beaucoup d'humour les souvenirs de ses difficultés et de ses efforts pour comprendre certaines habitudes des Français. Aujourd'hui, son amour pour la France continue de l'inspirer.

TITRES DE SES BD

À nous deux, Paris !
Paris, le retour
Paris toujours

Éditions Philippe Picquier

B. Que pensez-vous des impressions de Jean-Paul Nishi ? Comment les trouvez-vous : naturelles, exagérées, compréhensibles, surprenantes ?

C. Complétez le tableau suivant en vous basant sur les formes surlignées dans l'article.

EXPRESSION DE SES RÉACTIONS ET SES ÉMOTIONS

Avoir du mal .... (Ne pas) arriver .... Avoir peur .... Avoir l'impression	+ infinitif	Ne pas oser + ...	....	+ bien / mal / à l'aise / mal à l'aise + adjectif

D. Comment vous sentez-vous lorsque vous arrivez quelque part ? Parlez-en ensemble.

- à l'étranger
- dans une ville inconnue
- dans une autre région
- ...

• Je me sens à l'aise à l'étranger, j'ai l'habitude de voyager...

7. TRAVAILLER AILLEURS

A. Lisez ce forum. Quel est le sujet de la discussion ?

 Danielle : Bonjour à tous ! Je suis chercheure et je m'installe au Québec pour trois ans. Est-ce que quelqu'un peut **me** donner des conseils pour **m'**intégrer rapidement ?

 Thibault : Salut ! Pour un premier séjour, je **te** conseille d'abord de **t'**inscrire dans un réseau de "mentors". Ce sont des personnes qui vivent au Canada depuis quelques années et qui peuvent te donner de bons conseils.

 Danielle : C'est une bonne idée. Et à mes nouveaux collègues, qu'est-ce que je peux **leur** offrir s'ils m'invitent à une soirée ?

 Thibault : Là-bas, quand on vous invite à une soirée, il faut généralement apporter la boisson. Alors, je **te** conseille d'arriver avec de bonnes bouteilles de vin !

 Danielle : En effet, c'est bon à savoir ! J'ai aussi un collègue qui va venir s'installer pour quelques mois à Montréal. Est-ce que je peux **lui** donner tes coordonnées ?

 Thibault : Bien sûr, il peut **m'**écrire directement ou **me** téléphoner.

B. Que recommande Thibault ? Certains de ses conseils vous ont-ils étonné ?

C. Observez les pronoms surlignés dans le texte du forum et complétez la règle.

LES PRONOMS COMPLÉMENTS D'OBJET INDIRECT

Le **pronom complément d'objet indirect (COI)** remplace un nom déjà introduit dans le discours. Il s'accorde en nombre avec le nom qu'il reprend.

PRONOM PERSONNEL SUJET	PRONOM COI
je	me / ….
tu	…. / ….
il / elle / on	….
nous	nous
vous	vous
ils / elles	….

D. Quand vous accueillez des étrangers dans votre pays, comment les aidez-vous et pourquoi ?

conseiller   déconseiller   expliquer   proposer   offrir

- Moi, si c'est un groupe de touristes, je leur conseille de visiter aussi le sud du pays parce que c'est très différent.
- Moi, j'ai reçu un ami et je lui ai fait goûter toutes les spécialités de ma région parce que...

EXPRESSION DE SES RÉACTIONS ET SES ÉMOTIONS

EX. 1. Tonio vient de s'installer en France. Il donne ses premières impressions. Imaginez la fin de ses phrases.

1. Quand je suis arrivé en France, je me suis senti….
2. Quand j'ai découvert Paris, j'ai eu l'impression….
3. La première fois que j'ai demandé mon chemin, j'ai eu du mal….
4. Quand on doit faire des démarches administratives, on a peur….
5. Quand on rencontre ses voisins, on n'ose pas….
6. Au début, quand on va faire ses courses, on n'arrive pas….

EX. 2. Dans quelles situations...

- avez-vous peur ?
  ….
- vous sentez-vous triste ?
  ….
- vous sentez-vous à l'aise ?
  ….
- avez-vous l'impression de ne rien comprendre ?
  ….
- vous sentez-vous mal ?
  ….

LES PRONOMS COMPLÉMENTS D'OBJET INDIRECT

EX. 3. Complétez ce forum avec les pronoms COI qui conviennent.

 Julie_Paris : Bonjour à tous ! Ma fille et son petit ami vont partir étudier au Canada. Connaissez-vous de bonnes universités ?

 Samuel_Canada : Salut ! Le Canada, c'est génial ! Il faut … dire de ne pas hésiter ! Des universités ? Les meilleures ! Je peux … envoyer la liste. Et si ta fille et son ami ont des questions, tu peux … dire de … écrire.

 Julie_Paris : Merci ! Une petite chose encore. Mon mari et moi allons faire un voyage pour rendre visite à ma fille. Tu pourrais … envoyer une liste de choses à visiter au Québec ?

EX. 4. Voici une liste de conseils pour des étrangers qui arrivent en France. Complétez les phrases suivantes avec *lui* ou *leur*. À votre avis, ces conseils sont-ils justes ?

1. Quand on va dîner chez des amis, c'est bien de …. offrir une bouteille de vin.
2. Lorsqu'on salue un ami, il ne faut jamais …. faire la bise.
3. Avant de demander quelque chose à un vendeur, il faut …. dire : « Garçon, s'il vous plaît ».
4. Les femmes françaises aiment les hommes galants qui …. tiennent la porte.
5. Quand on téléphone à quelqu'un, on commence par …. dire : « Allô ».

EX. 5. Rédigez quelques conseils importants pour des étrangers qui arrivent dans votre pays.

+ d'exercices : page 166

OBSERVATION ET ENTRAÎNEMENT / GRAMMAIRE ET LEXIQUE

8. VOUS AVEZ DIT NUMÉRIQUE ?

A. Observez la rubrique « De nouveaux modes d'apprentissage ». Les connaissez-vous ? Faites des recherches si nécessaire et expliquez-les.

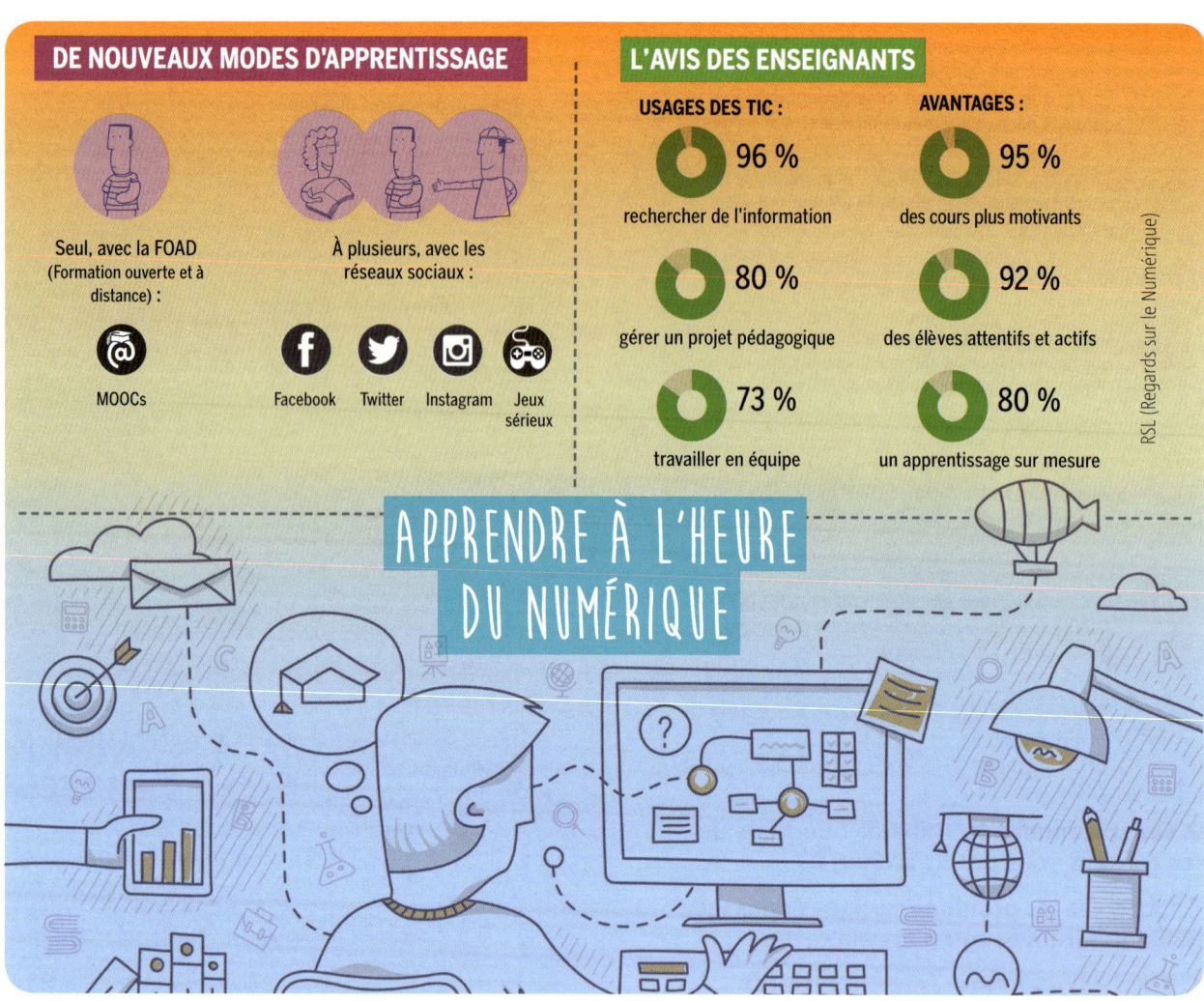

B. Observez la rubrique « L'avis des enseignants » et cochez les bonnes réponses, puis complétez le tableau à l'aide de ces exemples.

- ☐ **Ils trouvent** les cours plus attractifs.
- ☐ **Pour eux**, **c'est** inutile **d'**utiliser les TIC pour gérer des projets.
- ☐ **Ils pensent que** les TIC favorisent un enseignement personnalisé.
- ☐ **Ils trouvent que** les élèves ne savent pas chercher l'information avec les TIC.
- ☐ **Ils pensent que c'est** démotivant pour les élèves **de** travailler avec les TIC.
- ☐ **Ils considèrent que** les TIC permettent de mieux travailler en équipe.

DONNER SON AVIS

- …. + pronom personnel + phrase
- …. + nom + adjectif
- **Trouver**, …. ou …. **que** + phrase
- …. + adjectif (+ **de** + infinitif)

C. À votre tour, donnez votre avis sur l'utilisation des TIC en cours en complétant cette fiche.

Des cours plus motivants
☐ oui   ☐ non   ☐ pas de changement

Un apprentissage personnalisé
☐ oui   ☐ non   ☐ pas de changement

Un travail en équipe plus facile
☐ oui   ☐ non   ☐ pas de changement

Pour quoi faire ?
☐ chercher de l'information
☐ partager de l'information   ☐ autre(s) : ……

D. Quels sont les résultats de la classe ? Comparez-les avec l'avis des enseignants.

- Nous aussi, nous pensons que les TIC rendent les cours plus motivants.

9. LA FORMATION OUVERTE ET À DISTANCE (FOAD)

A. Lisez le post d'Anna à propos de la FOAD. Pourquoi la recommande-t-elle ? David est-il d'accord avec Anna ? Pourquoi ?

Le blog d'Anna

LES MOOCS

Moi, j'adore les MOOCs, car on peut découvrir gratuitement un domaine qu'on n'a jamais étudié. En ce moment, je suis un cours à distance sur l'écotourisme et c'est super ! Je le recommande ! Grâce à la formation à distance, vous vous formez chez vous et à votre rythme ! En plus, comme il y a une grande diversité de types de MOOCs, cela convient à tous les profils.

publié le 2 janvier par Anna

DAVID / lundi 3 janvier

Je ne partage pas ton enthousiasme sur les MOOCs parce que la plupart des gens qui commencent ces cours ne les terminent pas. En plus, à cause de la distance, on ne peut pas travailler facilement en équipe comme dans une classe !

B. Observez les formes surlignées et complétez la règle.

EXPRESSION DE LA CAUSE

Pour exprimer la cause, on utilise :
- .... ou .... + phrase*
  Ex. : J'adore les MOOCs, ... on peut découvrir gratuitement un domaine.
  Ex. : Je ne partage pas ton enthousiasme sur les MOOCs .... la plupart des gens qui commencent ces cours ne les terminent pas.
- .... / .... + nom*
  Ex. : .... la formation à distance, vous vous formez chez vous.
  Ex. : .... la distance, on ne peut pas travailler en équipe.
- .... + phrase
  Ex. : .... il y a une grande diversité de MOOCs, cela convient à tous les profils.

* On utilise *car* plutôt à l'écrit.
* *À cause de* introduit une cause à valeur négative.

C. En petits groupes, faites la liste des arguments pour et contre la formation à distance.

Pour :
- Trouver plus d'informations
- ...

Contre :
- Être seul devant son écran
- ...

D. Présentez vos arguments à la classe. Discutez-en.

- On pense que c'est démotivant parce qu'on est seul chez soi.
- Oui, mais on apprend à être autonome !

DONNER SON AVIS

EX. 1. Tony a laissé un commentaire sur le blog d'Anna. Complétez-le en utilisant les expressions suivantes.

| tu ne penses pas que | c'est important de | je trouve que |

TONY / mercredi 5 janvier

Merci Anna, moi aussi, ... les TIC permettent de s'auto-former et découvrir de nouvelles connaissances. ...... les développer dans les écoles et les universités. Mais sommes-nous prêts à le faire en France ? ...... ça va prendre du temps ?

EX. 2. Donnez votre avis sur l'utilisation de ces technologies pour apprendre. Vous pouvez utiliser par exemple les adjectifs suivants.

| efficace | motivant | utile | important | génial |
| décourageant | interactif | ennuyeux | compliqué |

Le téléphone portable : *C'est génial de pouvoir utiliser son téléphone pour faire des recherches sur Internet. On apprend plein de choses !*

1. Le téléphone portable : ......
2. Internet : ......
3. Facebook : ......
4. WhatsApp : ......
5. Twitter : ......
6. Les MOOCs : ......
7. Les jeux sérieux : ......

EXPRESSION DE LA CAUSE

EX. 3. Complétez ces phrases pour exprimer vos motivations.

1. J'ai décidé d'apprendre le français parce que ....
2. J'ai appris .... grâce à ....
3. J'aime ...., car ....
4. J'ai envie d'apprendre .... parce que ....
5. Comme j'étudie le français ....
6. À cause de ma langue maternelle, ...

PISTE 4

EX. 4. Écoutez Elmira et prenez des notes sur son expérience avec les MOOCs. Ensuite, complétez les phrases en vous aidant de ces mots.

| car | grâce à | parce que |

1. Elmira a appris l'existence des MOOCs ....
2. Elle a décidé de suivre un cours en ligne ....
3. Elle aime les MOOCs ....
4. Elle trouve que c'est efficace ....

+ d'exercices : pages 166-167

vingt-sept **27**

OBSERVATION ET ENTRAÎNEMENT / LEXIQUE

LES ACTIVITÉS

1. A. Associez les activités suivantes aux photos.

1. bricoler
2. cuisiner
3. jouer d'un instrument
4. faire du théâtre
5. faire un gâteau
6. danser le tango
7. dessiner
8. faire de la couture

1. B. Mimez individuellement une autre activité que vous savez faire ou que vous aimeriez faire et faites-la deviner à la classe.

LES MODES D'APPRENTISSAGE

2. Associez ces modes d'apprentissage à l'explication qui convient.

la formation par alternance	le stage
le jeu sérieux	la FOAD	le MOOC

1. Désigne une période d'études pratiques.
2. Permet d'alterner cours et expériences de travail.
3. Désigne un type de formation qui se fait à distance.
4. Désigne un jeu vidéo utilisé pour se former.
5. Désigne un cours en ligne ouvert et massif où les participants, enseignants et élèves, travaillent uniquement par Internet.

EXPRIMER SES RÉACTIONS ET SES ÉMOTIONS

3. Associez ces illustrations aux difficultés ou émotions suivantes.

1. Il a du mal à articuler.
2. Il n'ose pas parler.
3. Il se sent triste.
4. Il se sent bien.
5. Il n'arrive pas à se concentrer.

4. Complétez le forum avec les expressions suivantes conjuguées au présent ou au passé composé. Il peut y avoir plusieurs possibilités.

avoir du mal | ne pas oser | ne pas être facile
avoir peur | ne pas arriver | se sentir ridicule

> Vivre au Canada, ce n'est pas si simple !
>
> Pourquoi tu dis ça ?
>
> J'…. à trouver un logement et je …. à m'adapter au climat. Et puis, ce …. de rencontrer des gens. Dans les soirées, plusieurs fois, j'…. de me tromper, par exemple avec les boissons.
>
> Comment ça ?
>
> Là-bas, tu consommes ce que tu as apporté et, un jour, je …. parce que j'ai pris la bouteille de quelqu'un d'autre ! Tout le monde m'a regardé bizarrement et je …. recommencer !

L'APPRÉCIATION

5. Pêle-mêle. Retrouvez le contraire des mots suivants.

1. difficile
2. joyeux
3. encourageant
4. démotivant
5. inutile
6. inefficace
7. amusant

C	V	A	F	O	A	A	Q	S	A	D
E	I	N	M	A	É	X	J	U	X	É
M	N	R	E	O	C	P	K	T	Y	C
X	A	N	B	J	R	I	O	I	M	O
H	T	R	U	P	O	C	L	L	O	U
N	R	F	G	Y	R	U	K	E	C	R
R	I	S	E	L	A	N	B	W	Z	A
E	S	C	A	S	F	N	U	N	M	G
C	T	I	E	N	I	V	T	U	R	E
O	E	F	F	I	C	A	C	E	C	A
L	S	T	V	E	E	X	M	E	T	N
W	C	B	M	O	T	I	V	A	N	T

LE VERBE *APPRENDRE*

6. Traduisez ces phrases dans votre langue. Utilise-t-on toujours la même forme pour traduire le verbe *apprendre* ?

1. J'ai décidé d'**apprendre** le français. ….
2. J'ai décidé d'**apprendre** à coudre. ….
3. Chloé **a appris** à Yvan a utiliser WhatsApp. ….
4. Elmira **a appris** l'existence des MOOCs par son amie Anna. ….

OBSERVATION ET ENTRAÎNEMENT / PHONÉTIQUE 1

ÉCHAUFFEMENT
GÉRER LE REGARD

1. Faites l'activité ci-dessous pour gérer votre regard et celui des autres.

A. Levez-vous et regardez-vous, face à face, à deux pendant une minute en silence.
B. Changez de partenaire et faites le même exercice.
C. Réfléchissez à un adjectif pour décrire ce que vous avez ressenti. Ex. : « C'est stressant / agréable, etc. »
D. En cercle avec tout le groupe, prenez le temps de regarder tous les visages avant de prononcer à haute voix et clairement l'adjectif correspondant à votre sentiment dominant en ce moment.

A. PROSODIE
LES SYLLABES

En français, la plupart des syllabes se composent d'une consonne (C) et d'une voyelle (V) prononcées. Mais on peut aussi trouver des syllabes (V), (CVC), (CCV) et (VC).
Exemples :
(V) : **au** /o/ ; (CV) : **beau** /bo/ ; (CVC) : **mère** /mɛr/ ;
(CCV) : **spécial** /spesjal/ ; (VC) : **art** /ar/

2. Cochez la case en fonction du nombre de syllabes prononcées (article + nom).

	1	2	3	4
l'offre				
une enquête				
l'étranger				
des pièces				

SYLLABE OUVERTE, SYLLABE FERMÉE

Une syllabe ouverte se termine par un son voyelle prononcé (ex. : **pré**, **grand**). Une syllabe fermée se termine par un son consonne prononcé (ex : **or**, **grande**). Cette différence peut être importante entre le féminin et le masculin des adjectifs et des noms en **–er / ière** (ex. : **héritier**, **héritière**).

PISTE 5

3. Écoutez les mots suivants et dites s'ils sont au féminin ou au masculin en cochant la bonne case.

	MASCULIN (SYLLABE FERMÉE)	FÉMININ (SYLLABE OUVERTE)
1		
2		
3		
4		
5		

B. PHONÉTIQUE
L'OPPOSITION [e] / [ɛ]

PISTE 6

4. Écoutez et notez les sons entendus, [e] ou [ɛ], dans l'ordre.

Ex : L'atel<u>ier</u> a du succ<u>ès</u> → [e] - [ɛ]

1. Mon p<u>è</u>re est boulang<u>er</u>.	[ ]	–	[ ]
2. Ta m<u>è</u>re est toujours très occup<u>ée</u>, non ?	[ ]	–	[ ]
3. J'ai sept <u>é</u>tudiants.	[ ]	–	[ ]
4. Je suis c<u>é</u>libat<u>ai</u>re.	[ ]	–	[ ]

PISTE 7

5. Écoutez et repérez si vous entendez le présent ou le passé composé.

	PRÉSENT	PASSÉ COMPOSÉ
1		
2		
3		
4		
5		
6		

C. PHONIE-GRAPHIE

6. Trouvez dans l'unité deux exemples de mot pour chaque graphie des sons [e] et [ɛ].

[ɛ] EN SYLLABE FERMÉE		
« -ai »		
« -è »		
« -ê »		
« -e »		

[e] EN SYLLABE OUVERTE		
« -er »		
« -ez »		
« -é »		
« -ée »		

vingt-neuf 29

REGARDS CULTURELS

CHANGE DE VIE, DEVIENS COMPAGNON DU DEVOIR

Alice dans son atelier

À LA RECHERCHE DE L'EXCELLENCE

Alice a commencé à travailler chez un artisan menuisier il y a deux ans. Elle a décidé de quitter la banque et de changer de vie. « J'ai eu peur au début, mais maintenant je suis très contente de mon choix ! J'ai toujours aimé travailler de mes mains, et je suis patiente. Je me sens mieux, j'apprends plein de choses. »
Alice s'est lancée dans cette voie grâce aux Compagnons du Devoir, une association qui propose des formations à des métiers manuels. Pour Alice, le label « Compagnon » est important parce que « ça veut dire qu'on est devenu un expert dans son métier, qu'on a appris à vivre avec les autres, à surmonter les moments difficiles et à partager ses connaissances. » C'est une formation très appréciée par les entreprises, car elle est synonyme de qualité.

HISTOIRE DES COMPAGNONS DU DEVOIR ET DU TOUR DE FRANCE

Inscrite par l'UNESCO au patrimoine culturel de l'humanité depuis 2010, l'association des Compagnons du Devoir est très ancienne. Réservée aux garçons pendant des siècles, elle s'est ouverte aux filles en 2004.

PRINCIPES ESSENTIELS

— Rechercher l'excellence dans son métier et se perfectionner tout au long de sa vie.
— Transmettre de génération en génération des savoir-faire mais aussi des valeurs : le respect des autres et le respect du travail, la patience, l'effort, le sens du partage.
— Voyager — en France et à l'étranger — pour construire ses compétences professionnelles et son identité : savoir s'adapter à d'autres contextes et à d'autres valeurs.

QUELS SONT LES MÉTIERS PROPOSÉS ?

Il y en a 25, et ce sont tous des métiers manuels : par exemple, les métiers du bâtiment (maçon, plombier) ou les métiers du goût (boulanger, pâtissier).

10. LES COMPAGNONS DU DEVOIR

A. Regardez les photos et lisez le titre du document. De quel type de document s'agit-il ?

B. Lisez le texte et relevez trois aspects positifs de la formation des Compagnons du Devoir. Parlez-en en petits groupes.

- C'est une formation reconnue.
- Oui, et elle propose des formations à beaucoup de métiers...

11. UNE NOUVELLE VIE...

A. À votre avis, pourquoi Alice a-t-elle eu peur quand elle a quitté la banque pour commencer sa formation de menuisière ?

B. Pourquoi aime-t-elle son nouveau métier ?

12. FORUM DES MÉTIERS

A. Répondez à ces questions posées sur le forum des métiers.

Le Forum des métiers

FAQ

- Quand on est apprenti, on est payé ?
- Le Tour de France, c'est seulement en France ?
- Après cette formation, on trouve facilement un travail ? Les entreprises la connaissent-elle ?

B. Jeux de rôles. C'est la journée Portes ouvertes de l'association Les Compagnons du Devoir. Formez deux groupes : l'un des groupes va préparer quatre ou cinq questions, l'autre va préparer les réponses. Jouez ensuite la scène.

C. Sur le site des Compagnons du Devoir, cherchez d'autres métiers non cités dans le texte. Quels sont ceux qui vous intéressent le plus personnellement ? Pourquoi ?

D. Y a-t-il des associations semblables dans votre pays ?

COMMENT DEVENIR COMPAGNON ?

Devenir compagnon n'est pas facile, cela se mérite : il faut du courage et de la patience.

✎ Pendant six mois, le candidat découvre l'association et le métier. S'il veut continuer et si l'association l'accepte, il devient alors « apprenti ».

✎ Il reste apprenti pendant quelques années et il travaille alors en alternance : six semaines en entreprise (il est payé 50 % du SMIC), puis deux semaines en formation dans une Maison des Compagnons.

✎ Il devient ensuite « aspirant » et fait son tour de France (avec un séjour obligatoire à l'étranger) pour se perfectionner. Il doit changer de ville et d'entreprise une ou deux fois par an. Pendant ce voyage, il vit en communauté dans les Maisons des Compagnons (appelées « Cayennes » : il y en a 84 en France).

✎ Pour devenir compagnon, il doit réaliser son « chef d'œuvre ».

ET APRÈS ?

⊕ Devenu compagnon, il peut continuer à voyager de ville en ville. Il peut aussi choisir de s'installer en France.

Apprenti chez les Compagnons du Devoir

+ DE RESSOURCES SUR espacevirtuel.emdl.fr

Auto-école C.E.R., Mairie du XVIIIe
Apprendre à conduire.

trente et un   31

TÂCHES FINALES

TÂCHE 1 — DES SAVOIRS EN PARTAGE

1. Vous allez constituer un réseau de savoir-faire collectifs. D'abord, pensez individuellement à deux ou trois choses que vous savez bien faire.

2. En grands groupes, mettez en commun vos savoir-faire et placez-les sur une carte en les reliant à vos prénoms.

- Je sais faire du patinage artistique. Je le pratique depuis cinq ans dans un club.
- Ah bon ? Moi aussi, je sais faire du patin, mais j'ai appris toute seule…

3. Maintenant, chaque groupe présente sa carte aux autres groupes.

- Yaël et Clara savent tous les deux chanter. Yaël a appris avec sa mère qui est chanteuse et Clara a fait partie de plusieurs chorales universitaires.

4. Quels savoir-faire intéressent le plus de personnes ?

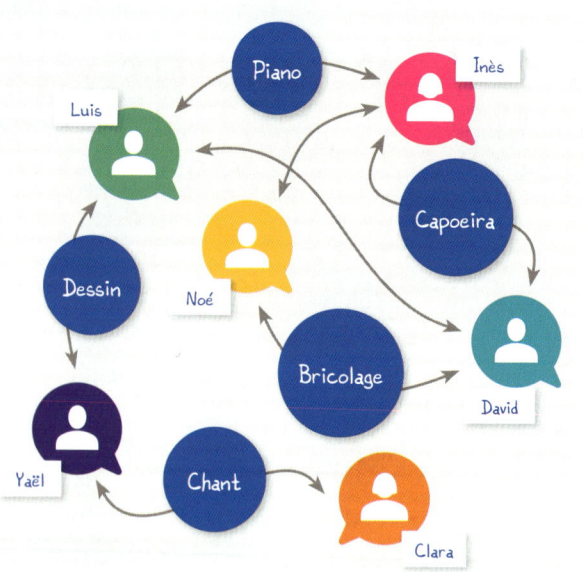

CONSEILS

- Expliquez comment vous avez appris vos savoir-faire.
- Exprimez votre envie de les partager avec d'autres.
- Pensez à utiliser ensuite cette carte entre vous.

TÂCHE 2 — NOTRE CONTRAT D'APPRENTISSAGE

1. Vous allez élaborer le contrat d'apprentissage de votre classe. Pour cela, commencez par échanger en groupes sur vos expériences d'apprentissage du français, positives et négatives.

- J'ai fait du théâtre en français, j'ai adoré ! Je n'ai plus peur de m'exprimer dans une langue étrangère.
- Moi, j'ai essayé d'apprendre tout seul avec un MOOC, mais ça n'a pas marché. Je préfère apprendre une langue avec un groupe.

2. Mettez en commun vos expériences. Quelles conclusions en tirez-vous collectivement ?

3. Faites la liste de vos propositions, présentez-la à votre enseignant et discutez-en avec lui.

- Faire du théâtre parce que ça aide à se sentir à l'aise à l'oral.
- Travailler en équipe pour s'entraider.

4. Rédigez votre contrat d'apprentissage.

CONTRAT D'APPRENTISSAGE

CLASSE : Molière

NIVEAU : A2

NOUS NOUS ENGAGEONS À :

1. Parler en français même dans les activités de groupe.
2. Ne pas chercher à traduire immédiatement dans notre langue.
…

CONSEILS

- Expliquez pourquoi vous avez aimé ou non une façon d'apprendre.
- Prenez des notes lorsque vos camarades racontent leurs expériences d'apprentissage.
- Définissez bien le format du contrat avant de le rédiger (présentation, titre, liste numérotée, signatures…).

2

BIENVENUE CHEZ MOI !

DÉCOUVERTE
pages 34-37

Premiers regards
- Découvrir le lexique du logement
- Parler des différents types de logement

Premiers textes
- Décrire les pièces et les meubles de la maison
- Parler des travaux et des plans de réaménagement d'un appartement
- Exprimer ses goûts sur le style d'une pièce

OBSERVATION ET ENTRAÎNEMENT
pages 38-45

Grammaire
- Les comparatifs
- Le superlatif
- Le pronom y
- Les prépositions de lieu

Lexique
- Les expressions lexicales
- L'accord des adjectifs de couleurs
- La description du logement
- L'expression du goût

Phonétique
- Trouver une posture corporelle efficace
- L'enchaînement
- L'opposition [ø] / [œ]
- Les adjectifs féminins en [øz]

REGARDS CULTURELS
pages 46-47

Les documents
- Les logements étudiants de la cité A-Docks au Havre

La vidéo
- L'habitat participatif à Villeurbanne

À visionner sur :
espacevirtuel.emdl.fr

TÂCHES FINALES
page 48

Tâche 1
- Élaborer le projet de décoration d'un salon

Tâche 2
- Concevoir un logement idéal pour un public déterminé

 + DE RESSOURCES SUR espacevirtuel.emdl.fr

- Des activités autocorrectives (grammaire / lexique / culture / CE / CO)
- Un nuage de mots sur le logement

trente-trois 33

DÉCOUVERTE / PREMIERS REGARDS

www.agencegironde.en

 **Agence Gironde**

| Accueil | Louer | Acheter | Vendre | Vacances | Contact |

A
📅 21/08/2015
STUDIO À LOUER — 442 euros / mois

B
📅 21/08/2015
DUPLEX À VENDRE — 400 000 euros

C — Coup de cœur
📅 20/08/2015
FERME À VENDRE — 90 000 euros

D
📅 18/08/2015
CHÂTEAU À VENDRE — 790 000 euros

E
📅 18/08/2015
MAISON À LOUER — 1 200 euros / mois

F
📅 17/08/2015
APPARTEMENT À LOUER — 670 euros / mois

+ 1 À 20 minutes de Bordeaux, belle demeure du XIXᵉ siècle, au milieu de 3 ha de vignes, 700 m² habitables.

+ 2 Situé près de Bordeaux. Superficie de 30 m², refait à neuf et meublé. Une pièce de vie et une salle de bains. Très lumineux.

+ 3 Situé dans le centre-ville de Bordeaux. Superficie de 145 m². 5 pièces. Rez-de-chaussée composé d'un séjour, d'une cuisine américaine et d'une chambre avec salle de bains. 2 chambres et une salle de bains à l'étage. Très lumineux.

+ 4 Dans la campagne bordelaise, joli bâtiment de 100 m² à rénover sur un terrain de 3 300 m².

+ 5 Situé dans le centre-ville de Bordeaux, au 4ᵉ étage avec ascenseur. Superficie de 50 m², 3 pièces (un salon et 2 chambres). Parking inclus.

+ 6 Située dans le centre-ville de Bordeaux. Superficie de 100 m². 5 pièces : 2 chambres, une cuisine, un séjour et une salle de bains. Petit jardin derrière.

> **"Depuis que nous avons la télévision à la maison, nous prenons nos repas tous du même côté de la table."**
>
> Marcel Pagnol, écrivain français, XXᵉ siècle

1. LIBRE DE SUITE !

A. Observez les photos : où aimeriez-vous vivre ?

• Je préférerais vivre dans le duplex.

B. Lisez les annonces et associez-les aux photos.

DESCRIPTION	PHOTO
1	
2	
3	
4	
5	
6	

C. Dans quel type de logement avez-vous déjà habité ? Et maintenant ?

• J'ai toujours habité dans une maison. Et toi ?
◦ J'ai habité longtemps dans un appartement. Maintenant, je vis dans un studio.

 Et vous ?
Dans votre pays, les prix des logements sont-ils les mêmes qu'en France ?

trente-cinq **35**

DÉCOUVERTE / PREMIERS TEXTES

2. TRAVAUX D'AMÉNAGEMENT

A. Lisez cet article. Quels sont les conseils qui vous paraissent les plus utiles ?

Quelques astuces d'aménagement pour gagner de la place dans les petits espaces

Pas facile de vivre à Paris où le prix du mètre carré est très cher. Voici nos idées et nos conseils pour vous aider à réaménager vos petits espaces.

1.  Pensez aux escaliers ou aux espaces vides sous les toits pour y aménager des rangements supplémentaires.

2. Inversez deux pièces comme, par exemple, la cuisine et la salle de bains pour un agencement plus fonctionnel.

3. Installez une mezzanine pour créer une chambre ou un espace de travail.

4. Cassez les murs ou supprimez les couloirs pour agrandir les pièces. Pensez à la cuisine ouverte.

5. Gagnez de la lumière : orientez la vue vers les fenêtres dans toutes vos pièces.

B. Paul et Anne vont avoir un bébé et leur appartement est petit. Ils reçoivent deux propositions de professionnels pour réaménager leur espace. Écoutez la conversation de Paul avec une amie. Quelle proposition ont-ils choisie, la A ou la B ?

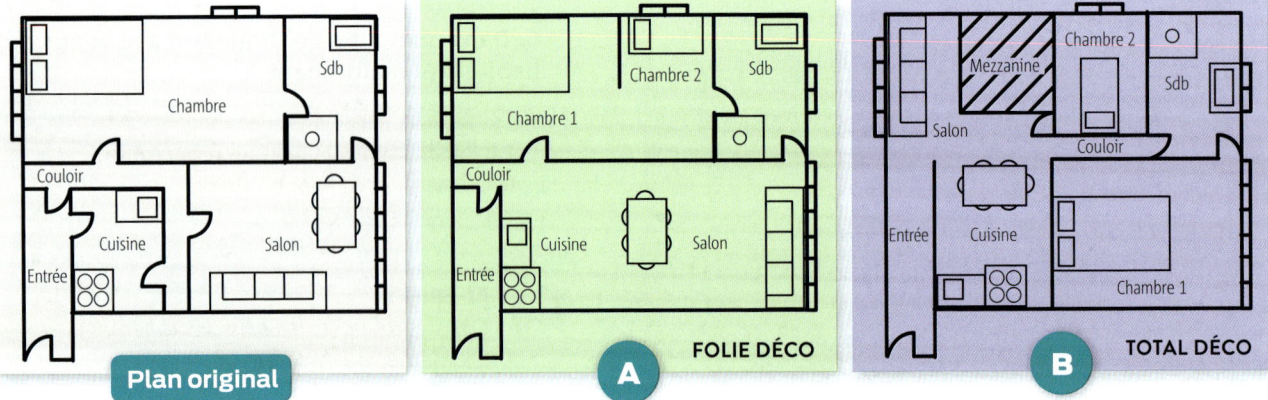

C. Êtes-vous d'accord avec le choix de Paul et Anne ? Pourquoi ? Avez-vous d'autres propositions ?

- J'aime bien leur choix, mais...

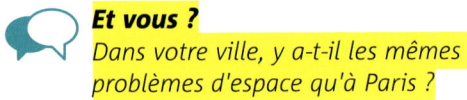

Et vous ?
Dans votre ville, y a-t-il les mêmes problèmes d'espace qu'à Paris ?

3. DES IDÉES DE DÉCORATION

A. Quelle chambre préférez-vous ? Pourquoi ?

• Je préfère la chambre de style exotique. Je la trouve sympathique avec toutes ces couleurs.

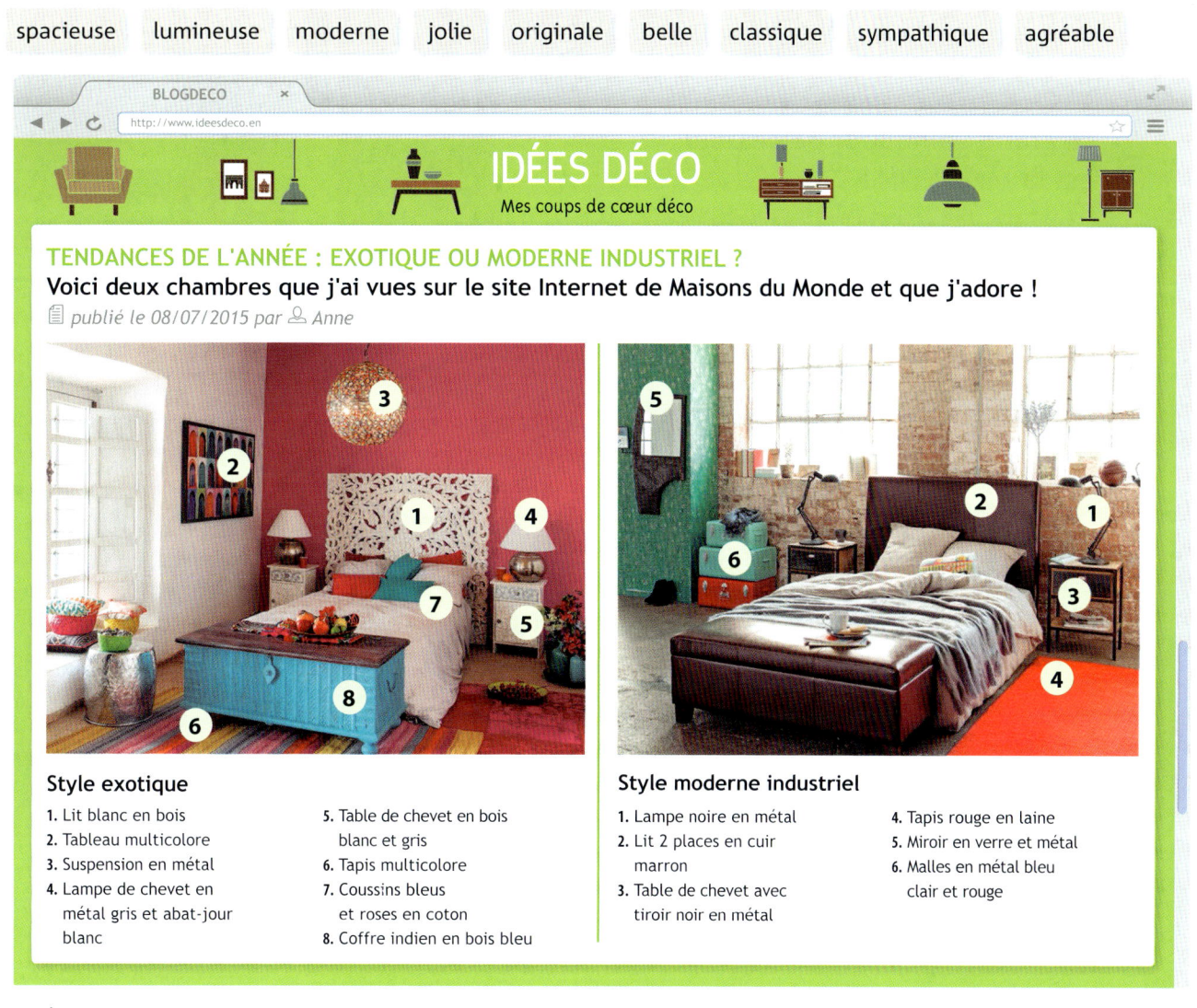

spacieuse · lumineuse · moderne · jolie · originale · belle · classique · sympathique · agréable

IDÉES DÉCO
Mes coups de cœur déco

TENDANCES DE L'ANNÉE : EXOTIQUE OU MODERNE INDUSTRIEL ?
Voici deux chambres que j'ai vues sur le site Internet de Maisons du Monde et que j'adore !
publié le 08/07/2015 par Anne

Style exotique
1. Lit blanc en bois
2. Tableau multicolore
3. Suspension en métal
4. Lampe de chevet en métal gris et abat-jour blanc
5. Table de chevet en bois blanc et gris
6. Tapis multicolore
7. Coussins bleus et roses en coton
8. Coffre indien en bois bleu

Style moderne industriel
1. Lampe noire en métal
2. Lit 2 places en cuir marron
3. Table de chevet avec tiroir noir en métal
4. Tapis rouge en laine
5. Miroir en verre et métal
6. Malles en métal bleu clair et rouge

B. Émilie et Max commentent le catalogue. Écoutez leur conversation. Quel est le style qu'ils préfèrent ? Pourquoi ?

C. Écoutez à nouveau leur conversation et retrouvez les avis de chacun.

	ÉMILIE	MAX
La chambre de style moderne industriel est triste.		
La chambre de style exotique est colorée et gaie.		
Le cuir est une matière trop froide.		
Le lit blanc et les tables de chevet blanches vont bien ensemble.		
Le tapis rouge est sobre et élégant.		
Les lampes de style industriel sont sympas.		

D. Décrivez un style que vous aimez en quelques mots.

matière · couleur · objet

• J'aime le style « nature ». C'est le bois, le coton, le blanc, le vert et les plantes.

trente-sept 37

OBSERVATION ET ENTRAÎNEMENT / GRAMMAIRE ET LEXIQUE

4. MAISON OU APPARTEMENT ?

A. Regardez ce document. De quoi s'agit-il ?

BIEN VIVRE

Appartement ou maison ?
Que pensent nos sondés ?

Le grand vainqueur de ce duel est la MAISON !

Il y fait bon vivre pour plusieurs raisons : elle est plus grande, il y a moins de bruit et elle convient très bien aux enfants.

Le bruit est un élément important dans le choix du logement : 60 % des personnes sondées pensent qu'un appartement est plus bruyant qu'une maison et seulement 10 % pensent qu'il y a autant de bruit dans une maison que dans un appartement.

La surface compte aussi : 65 % des sondés pensent qu'il y a plus d'espace dans une maison que dans un appartement, mais 25 % pensent qu'un appartement peut être aussi spacieux qu'une maison.

Pour les couples avec enfants, 55 % des gens trouvent qu'une maison est mieux adaptée, contre 40 % qui trouvent que cela dépend de la surface du logement. Quant au prix, les avis sont partagés, car 50 % pensent qu'un appartement est aussi cher qu'une maison.

En ce qui concerne la sécurité, l'appartement gagne : 70 % des personnes sondées se sentent plus en sécurité dans un appartement que dans une maison. Enfin, 55 % trouvent qu'on se parle plus entre voisins lorsqu'on habite dans une maison et 15 % pensent qu'on se parle autant entre voisins dans un appartement que dans une maison.

	APPARTEMENT	ÉGALITÉ	MAISON
PLUS DE BRUIT	60 %	10 %	30 %
PLUS D'ESPACE	10 %	25 %	65 %
MIEUX POUR LES ENFANTS	5 %	40 %	55 %
PLUS CHER	20 %	50 %	30 %
PLUS DE SÉCURITÉ	70 %	15 %	15 %
MEILLEURE RELATION AVEC LES VOISINS	30 %	15 %	55 %

B. En groupes, réalisez la même enquête. Notez les réponses de vos camarades et faites le bilan. Votre groupe préfère-t-il la maison ou l'appartement ?

• Est-ce que tu penses qu'un appartement est plus bruyant qu'une maison ?
○ Oui !

C. À deux, complétez le tableau suivant.

LES COMPARATIFS

⊕ **SUPÉRIORITÉ**	Un appartement est **plus** bruyant **qu'**une maison. .... + adjectif + ...	Dans un appartement, il y a **plus de** bruit **que** dans une maison. .... + nom + ...	On se parle **plus** entre voisins dans une maison **que** dans un appartement. Verbe + ...
= **ÉGALITÉ**	Un appartement peut être **aussi** bruyant **qu'**une maison. .... + adjectif + ...	Dans un appartement, il y a **autant de** bruit **que** dans une maison. .... + nom + ...	On se parle **autant** entre voisins dans une maison **que** dans un appartement. Verbe + ...
⊖ **INFÉRIORITÉ**	Une maison est **moins** bruyante **qu'**un appartement. .... + adjectif + ...	Dans un appartement, il y a **moins de** bruit **que** dans une maison. .... + nom + ...	On se parle **moins** entre voisins dans un appartement **que** dans une maison. Verbe + ...

D. Que préférez-vous ? Parlez-en en petits groupes.

• Moi, je préfère vivre en colocation parce que c'est plus sympa que de vivre tout seul...

vivre dans un studio ou un appartement ?   vivre en centre-ville ou en banlieue ?   acheter ou louer ?

vivre seul(e) ou en colocation ?   vivre en ville ou à la campagne ?

5. LOGEMENTS DE VACANCES

A. Lisez ce blog d'un grand voyageur. Partagez-vous son avis sur ces formules pour se loger ?

VOYAGES, VOYAGES...

23/09/15
FINIS LE CAMPING ET LES HÔTELS !

Pour voyager autrement, rendez-vous chez les particuliers ! J'ai testé pour vous deux formules originales pour se loger en vacances.

Couchsurfing

Les +

+ C'est la formule **la plus** économique.
+ C'est ce qui vous permet de rencontrer **le plus de** gens différents.
+ L'accueil est personnalisé : **le plus souvent**, vous découvrez des spécialités locales ou un apéritif.

Les -

- C'est le type de logement qui convient **le moins** aux personnes âgées.
- C'est **le moins** facile à trouver au dernier moment.

Airbnb

Les +

+ C'est la formule **la plus** flexible pour choisir ses dates de départ et d'arrivée.
+ C'est celle qui offre **le plus de** choix : appartements, gîtes, chambres privées ou partagées...

Les -

- Sur les forums, les gens se plaignent **le plus** du ménage qui n'a pas été fait.
- C'est moins facile d'annuler au dernier moment qu'avec le couchsurfing.

B. Comparez les formes surlignées avec la dernière phrase du blog. Que remarquez-vous ?

LE SUPERLATIF

SUPÉRIORITÉ	INFÉRIORITÉ
Le / la / les plus + adjectif	Le / la / les moins + adjectif
Le plus de + nom	Le moins de + nom
Le plus + adverbe	Le moins + adverbe
Verbe + le plus	Verbe + le moins

C. Parmi ces formes de logements de vacances, qu'est-ce que vous préférez ? Pourquoi ?

la maison d'hôtes   la tente   le bungalow

l'auberge de jeunesse   le camping-car

le gîte   l'échange d'appartement ou de maison

• Moi, je préfère l'auberge de jeunesse. C'est une des formules les moins chères et...

LES COMPARATIFS

EX. 1. Ville ou campagne ? Lisez ces témoignages et complétez-les avec des comparatifs.

ISSAM : Je préfère vivre à la campagne parce qu'il y a .... espace, l'air est .... pollué et les gens sont .... sympas .... en ville.

MANON : C'est vrai qu'à la campagne, il y a .... espaces verts et les loyers sont .... élevés .... en ville. Mais, en ville, il y a .... activités culturelles : des musées, des théâtres. J'adore ça ! Ville ou campagne ? Il y a .... avantages à vivre en ville qu'à la campagne.

EVAN : Je crois que la vie à la campagne est .... chère et qu'on y est .... tranquille. Mais comme il y a .... transports en commun, on doit toujours prendre la voiture.

LE SUPERLATIF

EX. 2. Lisez l'avis de Thomas sur les logements de vacances et complétez le texte avec les superlatifs qui conviennent.

THOMAS 05/06/15

Camping, Airbnb ou hôtel ? Quel est le meilleur hébergement pour vos vacances ? Parmi ces trois formes d'hébergements, c'est actuellement Airbnb qui est ... populaire. Mais il n'est pas forcément adapté à vos envies. Évidemment, ... économique reste le camping, mais c'est aussi celui qui offre ... confort. L'hôtel, quant à lui, est sans doute ... cher des trois, mais c'est celui qui offre ... services. Airbnb est intéressant pour les personnes qui veulent un compromis entre le confort et le prix. C'est sans doute la raison pour laquelle c'est l'hébergement qui remporte ... succès.

LE COMPARATIF ET LE SUPERLATIF

EX. 3. Mme Moreau loue son appartement. Écoutez la description qu'elle en fait à plusieurs agences et remplissez la fiche suivante. Ensuite, comparez les deux annonces. Les agences sont-elles sérieuses ? Pourquoi ?

PISTE 10

Type de logement :	....	Ascenseur :	[ ] oui [ ] non
Surface :	....		
Localisation :	....	Pièces :	....
Distance métro :	....	Loyer :	....
Étage :	....	Charges :	....

Agentissimmo

À louer, dans le XIXe arrondissement. Studio, 29 m², 5e étage avec ascenseur, petite cuisine. Loyer : 600 euros.

Rapidimmo

À louer, 30 m², 19e arrondissement près du métro Porte de la Villette, 5e étage. 2 pièces (chambre et cuisine), loyer de 500 euros, charges comprises.

+ d'exercices : pages 170-171

OBSERVATION ET ENTRAÎNEMENT / GRAMMAIRE ET LEXIQUE

6. QUELLE EST TA PIÈCE PRÉFÉRÉE ?

A. Lisez le titre de l'activité et répondez en donnant votre avis. Ensuite, lisez l'introduction. Avez-vous les mêmes préférences que les Français ?

DANS QUELLE PIÈCE LES FRANÇAIS AIMENT-ILS PASSER LE PLUS DE TEMPS ?

Une enquête récente indique que la pièce préférée des Français est le salon (50 %) : c'est aussi la pièce pour laquelle ils dépensent le plus en décoration. Ensuite, viennent la cuisine (37 %) et la salle de bains (8 %). La chambre arrive en dernière position. Nous avons posé la question à nos lecteurs, voici leurs réponses.

SONIA, 28 ANS

« Mon endroit préféré est la salle de bains. J'adore rester des heures dans mon bain. J'**y** réfléchis, je m'**y** détends... La baignoire est très grande et elle est juste en face de la fenêtre. Je m'**y** sens bien. »

PATRICK, 58 ANS

« L'endroit que je préfère chez moi, c'est la terrasse. Elle est petite mais j'**y** ai mis toutes mes plantes. Quand il fait beau, j'**y** passe des heures. J'adore m'**y** installer avec un bon livre et **y** prendre l'apéritif avec des amis. »

CHRISTOPHE, 35 ANS

« Moi, c'est la cuisine. Elle est fantastique parce qu'elle est très spacieuse et elle donne accès au jardin. C'est une pièce conviviale et j'**y** passe beaucoup de temps avec mes enfants. »

B. Observez les phrases où chacun parle de ses activités. Quelle pièce de la maison est remplacée par le pronom *y* ?

1. « J'**y** réfléchis, je m'**y** détends... »
 → y = ...
2. « J'**y** ai mis toutes mes plantes. »
 → y = ...
3. « J'**y** passe beaucoup de temps avec mes enfants. »
 → y = ...

C. Lisez et cochez les bonnes réponses pour compléter la règle.

LE PRONOM Y

- Le pronom *y* remplace un nom de ☐ **personne** ☐ **lieu** ☐ **chose** introduit par *à, en, sur, dans, chez*.
- Il se place ☐ **devant** ☐ **derrière** le verbe.

D. Complétez cette fiche sur votre pièce préférée. Ensuite, parlez-en à deux. Avez-vous les mêmes goûts ? Les mêmes habitudes ?

- Ma pièce préférée : ...
- Style : ...
- Meubles : ...
- Ce que j'y fais : ...

40 quarante

7. ÇA DÉMÉNAGE !

A. Lisez les indications données par les locataires et regardez le dessin. Les déménageurs ont-ils bien respecté les consignes ?

> Bonjour,
> Veuillez trouver ci-dessous les consignes pour placer les meubles le jour du déménagement :
> - Mettre le canapé devant la fenêtre.
> - Mettre la bibliothèque blanche contre le mur de droite et l'autre en face.
> - Mettre les tableaux au-dessus de la bibliothèque blanche et noire.
> - Mettre la table basse au milieu du salon, devant le canapé.
> - Merci de mettre pour l'instant le gros pot de fleurs à droite de la fenêtre.
> Merci d'avance.
> Jeanne et Florent

• Ils n'ont pas bien placé le canapé...

B. Faites la description de votre salon à votre voisin qui doit le dessiner et placer les meubles comme vous le lui indiquez.

sur	à gauche de	à droite de	sous
devant	derrière	à côté de	en face de
au-dessus de	contre	au milieu de	

• Quand tu rentres, à gauche, il y a un bureau contre le mur. Et à droite, il y a une armoire.

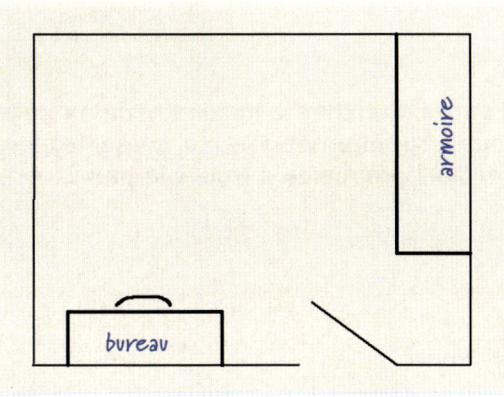

LE PRONOM Y

EX. 1. Lisez ces devinettes et dites de quelle pièce il s'agit.
On s'y lave et on s'y douche. → ....
On s'y repose et on y dort. → ....

EX. 2. Sur le même modèle, créez vos propres devinettes et proposez-les aux autres.
1. ....
2. ....
3. ....
4. ....

LES PRÉPOSITIONS DE LIEU

EX. 3. Complétez la description du salon de l'activité 7 à l'aide de la préposition qui convient.

Le salon est spacieux et lumineux. Quand vous entrez, devant vous, il y a une grande fenêtre avec des rideaux. .... la fenêtre, il y a une bibliothèque blanche contre le mur. .... cette bibliothèque, il y a un canapé en cuir marron et .... il y a une table basse. .... la pièce, il y a une autre bibliothèque. Elle est blanche et noire. .... cette bibliothèque, il y a deux tableaux.

EX. 4. Le jeu des différences. Observez le salon. Qu'est-ce qui a changé par rapport à l'illustration de l'activité 7 ?

EX. 5. José est étourdi, il oublie toujours ses affaires et demande de l'aide à son colocataire. Écoutez leur conversation et signalez sur le plan où se trouvent les objets suivants.

| ses clés | son téléphone portable |
| son portefeuille | |

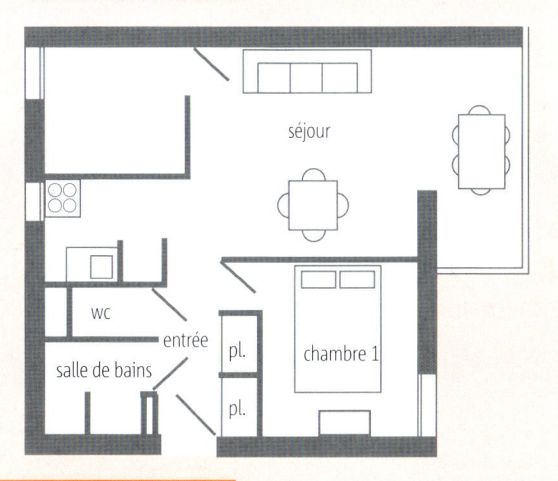

+ d'exercices : pages 169-170

quarante et un 41

OBSERVATION ET ENTRAÎNEMENT / GRAMMAIRE ET LEXIQUE

8. LES GOÛTS ET LES COULEURS

A. Quel est le nom et la description qui correspondent à chaque table ? Il y a plusieurs possibilités.

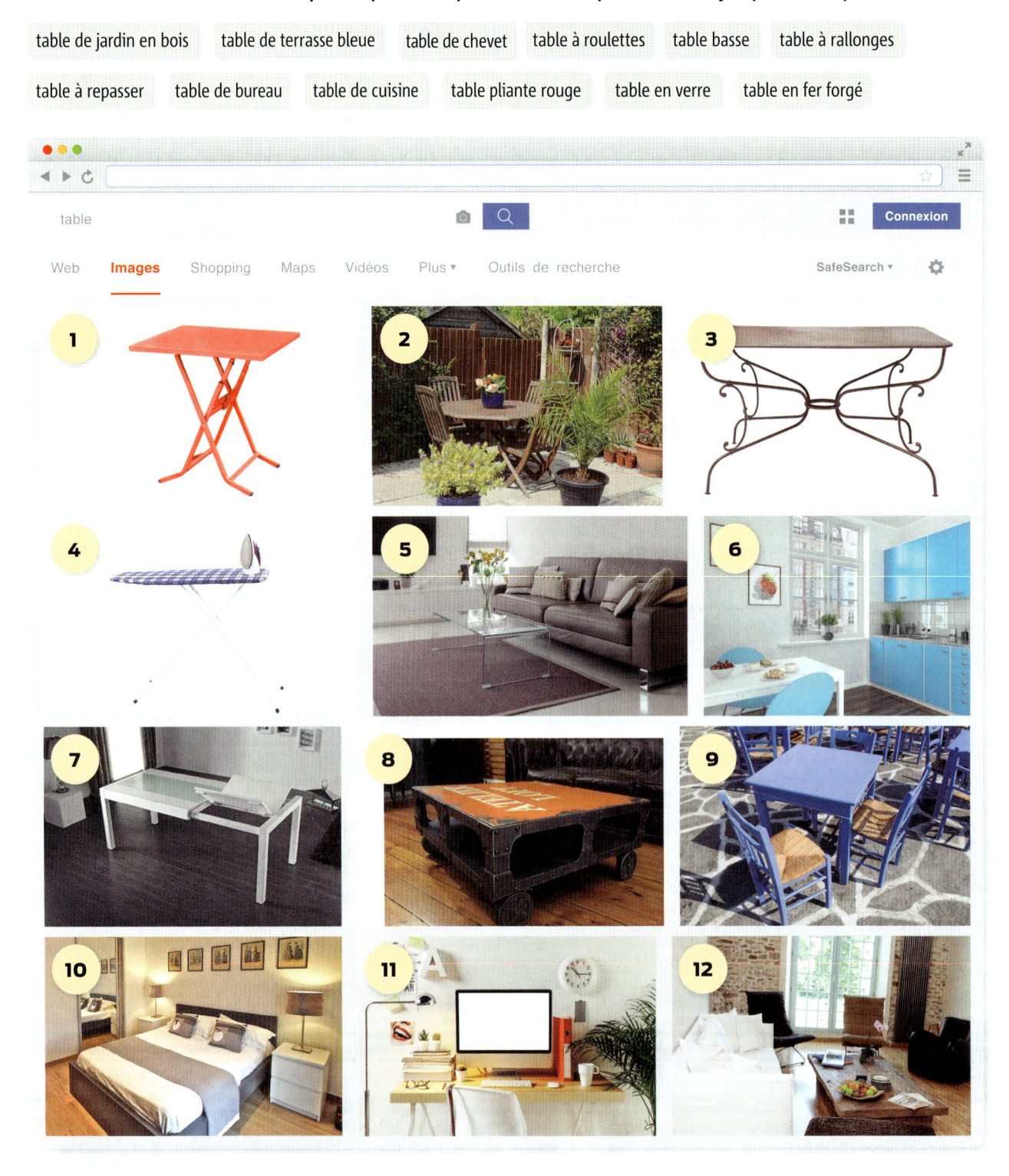

table de jardin en bois | table de terrasse bleue | table de chevet | table à roulettes | table basse | table à rallonges

table à repasser | table de bureau | table de cuisine | table pliante rouge | table en verre | table en fer forgé

B. Avec quelle préposition introduit-on généralement une précision sur...

LES EXPRESSIONS LEXICALES

- la matière : ....
- la fonction, l'usage : .... ou ....
- l'accessoire : ....
- le lieu : ....

C. En groupes, cherchez le maximum de modèles d'un meuble sur Internet. Ensuite, présentez-les à la classe. Quel groupe en a trouvé le plus ?

en / à / de + (nom)   (+ adjectif)

- Nous avons cherché des fauteuils. Nous avons trouvé un fauteuil marron en cuir, un fauteuil en velours rouge, un fauteuil...

42 quarante-deux

D. Voici un meuble multifonctions. Décrivez-le. À quoi sert-il ? Imaginez-en d'autres.

- C'est un canapé bleu en carton et à roulettes qui fait aussi étagère. Il est...

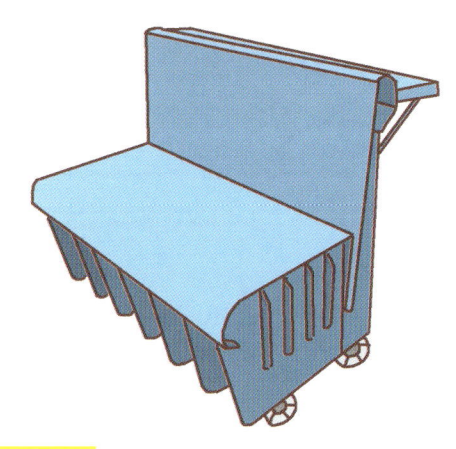

Et vous ?
Quel est le meuble que vous préférez chez vous ? Décrivez-le.

9. TOUT EN COULEURS

Vous venez d'acheter un appartement. La cuisine est un peu triste. Repeignez-la en choisissant différentes couleurs. À présent, de quelles couleurs sont les différents éléments ? Vous pouvez aussi ajouter d'autres meubles.

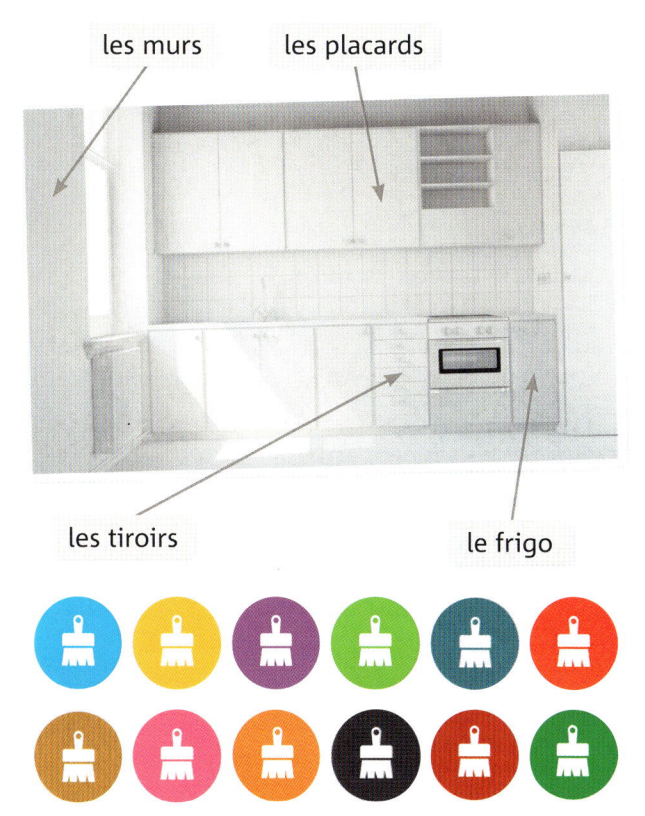

les murs   les placards
les tiroirs   le frigo

- Dans ma nouvelle cuisine, les placards sont rouges et...

LES EXPRESSIONS LEXICALES

EX. 1. Retrouvez l'image correspondant à chaque objet, puis associez les éléments des deux colonnes comme dans l'exemple.

..3.. une table   rouge
...... une commode   en cuir
...... un lit   à roulettes
...... une lampe   de chevet
...... une chaise de bureau   en bois
...... une chaise   à pied

EX. 2. Complétez les phrases avec les prépositions *en, à, de*.

1. J'ai vu un superbe fauteuil .... cuir marron qui va aller très bien dans notre salon.
2. J'adore cette chaise verte .... métal.
3. On a besoin d'une nouvelle table .... chevet, la nôtre est trop vieille. Un des pieds .... bois est cassé.
4. Il y a dix personnes pour le dîner. Alors, on va utiliser la table .... rallonges.
5. Cette table est originale, les pieds sont .... fer forgé et le plateau est .... verre.
6. J'ai besoin de repasser ma chemise. Où est la table .... repasser ?
7. À la radio, les journalistes disent qu'il manque un grand nombre de lits .... hôpital dans les services d'urgence.

L'ACCORD DES ADJECTIFS DE COULEURS (RAPPEL)

EX. 3. Complétez ce dialogue avec les adjectifs de couleurs. Attention à l'accord !

1.
- Tu aimes cette lampe de chevet .... ?   **(blanc)**
- Oui, mais je préfère la lampe .... .   **(vert)**
- Ah bon ? Ce n'est pas trop moderne pour une chambre ?
- Non, je ne trouve pas.
- Moi, je préfère cette lampe de bureau .... . **(gris)**

2.
- J'adore ces chaises .... .   **(rouge)**
- Ah, moi, je ne les aime pas du tout. Je préfère les .... . **(noir)**
- Mais je veux un peu de vie dans mon salon !
- Alors prenons ces chaises .... .   **(bleu)**
- D'accord, elles sont originales.

+ d'exercices : page 169

quarante-trois 43

OBSERVATION ET ENTRAÎNEMENT / LEXIQUE

TYPES DE LOGEMENT

1. Voici la définition de quelques mots qui apparaissent dans l'unité. Retrouvez-les.

1. C'est une partie d'immeuble composée de plusieurs pièces. C'est un **a**....
2. C'est une grande maison à la campagne avec un espace pour les animaux. C'est une **f**....
3. C'est un appartement constitué de deux étages. C'est un **d**....
4. C'est un petit appartement où il y a une seule pièce et une salle de bains. C'est un **s**....

LES MEUBLES ET LES OBJETS

2. Classez ces mots dans le tableau, comme dans l'exemple.

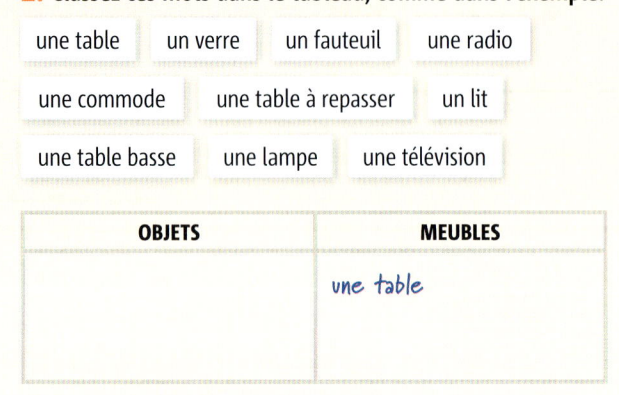

une table	un verre	un fauteuil	une radio
une commode	une table à repasser	un lit
une table basse	une lampe	une télévision

OBJETS	MEUBLES
	une table

3. Classez les mots ci-dessus sur la carte mentale suivante. Ensuite, ajoutez-en d'autres.

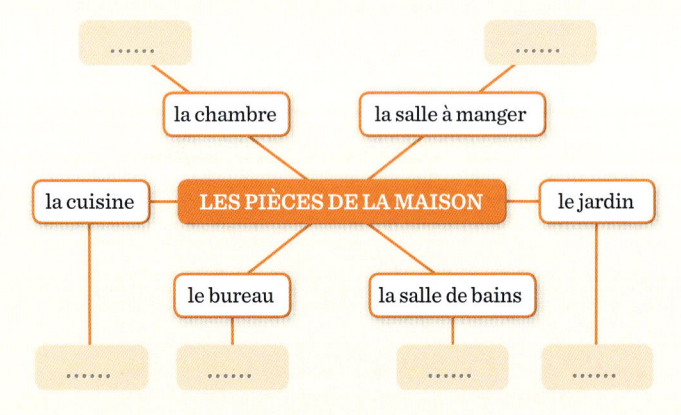

LES PIÈCES DE LA MAISON : la chambre, la salle à manger, la cuisine, le jardin, le bureau, la salle de bains

PARLER DU STYLE D'UNE PIÈCE

4. Écoutez ces personnes. Que pensent-elles de l'appartement qu'elles visitent ou des annonces qu'elles voient ? (PISTE 12)

1. Pour Sara, la salle de bains est **moderne** / **originale** / **horrible**.
2. Pour Ben, la décoration est **trop classique** / **très moderne** / **originale**.
3. Pour Myriam, la salle de bains et la cuisine sont **trop grandes** / **trop petites** / **charmantes**.
4. Pour Stéphane, ce studio est **horrible** / **trop vieux** / **sympa**.
5. Pour Théodora, la décoration est **trop classique** / **trop vieille** / **trop moderne**.
6. Pour Marco, le style rustique de la salle de séjour est **vieux** / **original** / **trop classique**.

LES MATIÈRES

5. A. Observez ces objets et complétez les descriptions avec la matière qui convient.

en tissu | en métal | en verre
Fauteuil multicolore ...., très bon état. 60 €.

en verre | en tissu | en bois
Table basse ..... 35 €.

en plastique | en tissu | en cuir
Voici une chaise .... très adaptée aux terrasses. 2 €.

en bois | en cuir | en fer forgé
Belle lampe marocaine ...., 15 €.

5. B. Écrivez une annonce pour un objet que vous aimez, en indiquant la matière.

LES PIÈCES DE LA MAISON

6. Classez les pièces de votre logement de la plus petite à la plus grande. Ensuite, comparez votre classement avec celui d'un camarade.

TROUVER UN LOGEMENT

7. Complétez ce texte.

loyer (x 2)	propriétaire	louer	logement (x 2)
se loger	agence	annonces	visite
colocataire(s)	locataire	acheter

BIEN CHOISIR SON LOGEMENT

Vous vous installez dans une nouvelle ville ? Vous voulez trouver un ... rapidement ? Voici quelques conseils utiles.

Pour ..., trois options s'offrent à vous : l'achat, la location ou la colocation. La première option n'est pas la plus facile, car devenir ... coûte cher. Si vous ne pouvez pas encore ..., vous pouvez choisir la seconde option : ...... un appartement. Quand on est ..., on doit payer un ... tous les mois. La troisième option est la plus économique. Vous partagez un ... avec un ou des ... et donc vous partagez aussi le ... !
Dans les trois cas, vous devez tout d'abord consulter les ... sur Internet ou dans un journal. Si un logement vous intéresse, vous contactez d'abord l'... immobilière et ensuite vous faites la ... du logement. À vous de choisir !

---
publié par Édouard le 24 septembre 2015

OBSERVATION ET ENTRAÎNEMENT / PHONÉTIQUE   2

ÉCHAUFFEMENT

TROUVER UNE POSTURE CORPORELLE EFFICACE

1. Faites l'activité ci-dessous pour trouver une posture agréable et adaptée à la production orale.

A. Mettez-vous debout en cercle.
B. Prenez le temps de trouver votre posture naturelle en partant des pieds jusqu'à la tête.
C. Maintenant, vérifiez que vos pieds et vos jambes sont parallèles, votre bassin aligné, vos bras relâchés, votre dos et votre tête bien droits sans forcer.
D. Mémorisez cette position pour la retrouver facilement lors des productions à l'oral.

A. PROSODIE

L'ENCHAÎNEMENT

L'enchaînement est le fait de lier un mot qui se termine par une voyelle ou une consonne prononcée avec le début du mot suivant commençant par une voyelle prononcée.
a. Enchaînement consonantique : **ville** + **animée** = /vilanime/
b. Enchaînement vocalique : **bureau** + **agréable** = /byroagreabl/
⚠ Un enchaînement se fait en un seul souffle. Il n'y a pas de silence ni de pause.

2. Écoutez et cochez la case si vous entendez un enchaînement.
PISTE 13

	ENCHAÎNEMENT
1	
2	
3	
4	
5	

3. Écoutez et répétez les enchaînements suivants en une seule expiration sans pause.
PISTE 14

1. Un**e é**tagè**re e**n bois.
2. Ce**t im**meu**ble im**posant.
3. Une mais**on a**typique.
4. Ce jard**in o**rdinaire.
5. Je l**ui ai en**voyé le site de l'agence.
6. Je leu**r ai a**dressé le contrat.

B. PHONÉTIQUE

L'OPPOSITION [ø] / [œ]

4. Écoutez et répétez les mots suivants.
PISTE 15

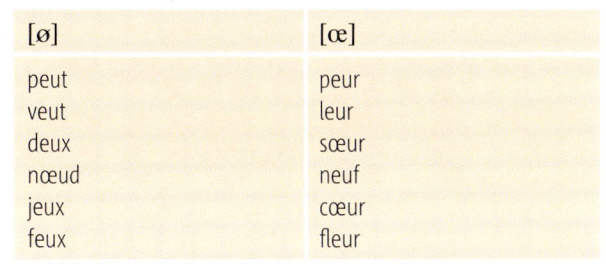

[ø]	[œ]
peut	peur
veut	leur
deux	sœur
nœud	neuf
jeux	cœur
feux	fleur

⚠ un œuf ([œ]), des œufs ([ø])
un bœuf ([œ]), des bœufs ([ø])

LES ADJECTIFS FÉMININS EN [ØZ]

5. A. Écrivez au masculin puis au féminin les adjectifs correspondant aux noms suivants. Ensuite, prononcez-les.

	MASCULIN	FÉMININ
le luxe	luxueux	luxueuse
la lumière		
le silence		
l'ennui		
la poussière		
l'espace		

⚠ Les mots se terminant par une syllabe fermée avec le son [z] se prononcent généralement [øz] (ex. : **serveuse**).

5. B. Complétez les phrases à l'aide des adjectifs précédents.

1. La rue est ….. Il n'y a pas de bars ni de restaurants et il n'y a jamais personne !
2. Ces livres sont restés longtemps sur cette étagère : ils sont très …..
3. Cet appartement est ….. On n'entend pas de bruit.
4. La maison est ….. Il y a beaucoup de fenêtres et elle sont très grandes.
5. La salle à manger est particulièrement ….. Vous pouvez y mettre une grande table.

5. C. Prononcez les phrases ci-dessus et enregistrez-vous.

C. PHONIE-GRAPHIE

6. Lisez clairement à haute voix les phrases suivantes en prenant la même posture que dans l'activité 1.

« eu »	Il est trop jeune pour habiter seul. Ils sont deux dans cette chambre.
« œu »	Ta sœur est à l'étage.
« euil »	Tes feuilles de papier couleurs sont sur la table.
« ueil »	L'accueil à l'agence a été parfait.

REGARDS CULTURELS

SEINE-MARITIME

J'HABITE DANS UN CONTENEUR

Par Marie Gillaux

Conteneurs de la cité A-Docks du Havre

En 2011, pour la première fois en France, on a recyclé des conteneurs de marchandises en logements étudiants au Havre. Aujourd'hui, une centaine d'étudiants vivent dans des studios de 25 m², pour 305 euros par mois.

Les conteneurs sont peints en gris en style industriel, ils ont de grandes fenêtres et quelquefois un balcon.

Raphaël, étudiant en troisième année de communication, nous fait visiter son logement.

Marie G. : Vous habitez ici ? Je peux visiter ?

Raphaël : Bien sûr. Entrez. Vous voyez, c'est plus grand qu'une chambre en résidence universitaire. Ici, c'est mon coin cuisine et là, ma petite salle de bains. Là, il y a mon lit et là mon bureau pour travailler, juste devant la fenêtre. Regardez ! J'ai une très belle vue sur le port. J'aime bien penser que mon studio a navigué sur tous les océans...

Marie G. : C'est un logement e[n] métal. Il n'y a pas trop de bru[it] chez vous ?

Raphaël : Pas du tout ! C'est tr[ès] silencieux ! Tout est insonoris[é] bien sûr ! On n'entend rien.

Marie G. : J'imagine qu'il fait tr[ès] chaud en été et très froid en hiver.

Raphaël : Non, c'est très bien isol[é]

Marie G. : Et ça fait combien de tem[ps] que vous vivez ici ?

Raphaël : C'est ma deuxi[ème] année. Et si je peux rester enco[re] un an de plus, je reste ! Presque tou[s] les étudiants qui vivent ici veule[nt] y rester. C'est sympa, convivi[al] et original. Après les cours ou [le] week-end, on fait des barbecue[s,] des pique-niques... Pour se faire d[es] amis, c'est plus facile que dans l[es] résidences universitaires normale[s.]

Marie G. : Vous pensez que ce type d[e] logement a de l'avenir ?

Raphaël : Bien sûr ! Ça existe e[n] Allemagne, au Canada, en Chin[e,] partout ! Vous connaissez la cit[é] Frankie and Johnny, à Berlin ?

Marie G. : C'est une cité pour le[s] étudiants ?

Raphaël : C'est mieux qu'un[e] cité, c'est un village étudiant. 40[0] conteneurs de toutes les couleur[s,] avec des installations sportive[s,] des cafés... C'est comme ici e[n] beaucoup mieux. C'est vraiment u[n] truc extraordinaire. Il faut voir ça [!]

Le Hav[re]

46 quarante-six

LOGEMENTS ALTERNATIFS

Vous êtes étudiant et vous cherchez un logement pas cher. Vous pouvez :

- vivre à la ferme (association Campus Vert, en France)
- habiter chez une personne âgée en échange de petits services (leparisolidaire.fr)

Raphaël à son bureau

AUTRES LOGEMENTS ÉTUDIANTS INSOLITES :

- des cabanes en bois (cité universitaire de Lund, en Suède)
- des appartements en bois (cité universitaire écolo d'Angers, en France)
- des anciennes casernes (résidence universitaire La Citadelle, à Arras ; la caserne des Jacobins, à Limoges)
- une cité flottante (projet de cité universitaire sur la Seine)

10. VIVRE DANS UN CONTENEUR

Lisez le titre de l'article et regardez les photos. À votre avis, quels sont les avantages et les inconvénients de ce type de logement ?

Avantages	Inconvénients
C'est lumineux.	Il fait très chaud en été.
….	….

11. RAPHAËL ET SON DRÔLE DE STUDIO

A. Lisez l'interview. Quelles sont les caractéristiques d'un conteneur ? Complétez la fiche suivante.

- Matériau de construction : ….
- Superficie : ….
- Loyer mensuel : ….
- Nombre de pièces : ….
- Style : ….

B. Selon Raphaël, quels sont les avantages d'un conteneur par rapport à une chambre en résidence universitaire ?

C. Et vous, pourriez-vous vivre dans un conteneur ? Pourquoi ?

12. LOGEMENT ÉTUDIANT

A. Dans votre pays, où habitent les étudiants, en général ?

B. Choisissez un des logements insolites présentés dans le document. Informez-vous sur Internet et présentez-le à la classe.

C. Imaginez d'autres logements étudiants originaux et insolites. Faites-en une liste.

> Habiter sur une péniche.
> Habiter dans un bus.

D. Quelles autres solutions connaissez-vous pour trouver des logements économiques ?

+ DE RESSOURCES SUR espacevirtuel.emdl.fr

L'habitat participatif à Villeurbanne
Une nouvelle façon de vivre.

quarante-sept 47

TÂCHES FINALES

TÂCHE 1 — À VOS PINCEAUX !

1. Vous allez proposer un projet de décoration d'un salon. En groupes, choisissez le style.

- classique
- vintage
- exotique
- zen
- industriel
- médiéval
- ...

2. Meublez la pièce : faites une liste des objets et des meubles que vous voulez acheter.

> Un canapé en cuir, style vintage.
> Une table basse en bois.

3. Aménagez votre salon : discutez-en et mettez-vous d'accord.

- À droite de la porte, on met une petite étagère...

4. Présentez votre projet de décoration à la classe. Ensuite, votez pour celui que vous préférez. Quel est le style de la classe ?

> Nous avons décoré un salon de style vintage. C'est une pièce de 15 m²...

CONSEILS

- Pensez à toutes les caractéristiques du style choisi (meubles, objets, matières, couleurs...).
- Vous pouvez chercher des meubles et objets sur Internet ou dans des magazines de décoration.
- Vous pouvez utiliser un logiciel (voir par exemple www.archifacile.fr) pour faire le plan et placer les meubles.
- Ajoutez des photos ou des dessins à votre présentation.

TÂCHE 2 — LOGEMENTS INSOLITES SUR MESURE

1. Vous allez écrire un article et proposer des logements insolites à un public déterminé. En groupes, commencez par choisir le public qui vous intéresse puis définissez son mode de vie.

- familles avec enfants
- retraités
- étudiants
- couples sans enfants
- artistes
- ...

- Pour les familles avec des enfants, il faut de l'espace et...

2. Maintenant, proposez un logement insolite correspondant à votre public et mettez-vous d'accord.

- Une grande maison à la campagne.
- Non, plutôt une cabane dans les arbres ! C'est génial pour les enfants !

3. Écrivez votre article en présentant votre public et en proposant une description du logement que vous avez choisi.

4. Vous allez regrouper les articles des différents groupes pour créer une revue collective. Lisez l'ensemble des articles. Puis, tous ensemble, donnez un titre à votre revue.

VIVRE DANS LES BOIS, UNE AVENTURE !
Pour les familles avec des enfants, des cabanes en bois dans la forêt. Toutes les cabanes sont en bois et entièrement écologiques.
...

CONSEILS

- Pensez à un public bien précis pour mieux répondre à ses attentes.
- Pour décrire votre logement, pensez à la superficie, au nombre de pièces, à l'aménagement...
- Uniformisez le style et les illustrations de vos différents articles.

3
J'Y ÉTAIS !

DÉCOUVERTE
pages 50-53

Premiers regards
- Découvrir le lexique pour parler des périodes historiques

Premiers textes
- Découvrir le lexique des événements historiques
- Parler de ses souvenirs sur des événements historiques vécus

OBSERVATION ET ENTRAÎNEMENT
pages 54-61

Grammaire
- L'imparfait de l'indicatif
- Les marqueurs du présent et du passé (1)
- Les expressions de la continuité et discontinuité temporelles : *encore, toujours, ne plus, avoir arrêté de* + infinitif...
- La subordonnée avec *quand*
- Les adjectifs et les pronoms indéfinis

Lexique
- Les événements historiques
- Les émotions
- Les évolutions de la société
- Les revendications sociales

Phonétique
- Trouver sa respiration
- L'opposition [o] / [ɔ]
- Les groupes rythmiques
- La prononciation de *plus*

REGARDS CULTURELS
pages 62-63

Les documents
- Les lois qui ont changé la vie des Français

La vidéo
- La barbe revient à la mode

À visionner sur : espacevirtuel.emdl.fr

TÂCHES FINALES
page 64

Tâche 1
- Réaliser une interview sur l'histoire de la famille de ses camarades de classe

Tâche 2
- Réaliser une exposition photographique sur l'histoire d'une ville

+ DE RESSOURCES SUR espacevirtuel.emdl.fr

- Des activités autocorrectives (grammaire / lexique / culture / CE / CO)
- Un nuage de mots sur les événements historiques

quarante-neuf 49

> DÉCOUVERTE / PREMIERS REGARDS

leblogdepascalita.en
www.leblogdepascalita.en

Le blog de Pascalita

Images d'hier et d'aujourd'hui ?

Aujourd'hui, je vous propose un voyage dans le temps. Regardez les photos ci-dessous : lesquelles sont d'hier, lesquelles d'aujourd'hui ? Celles d'hier datent de quelles années du XXe siècle ?

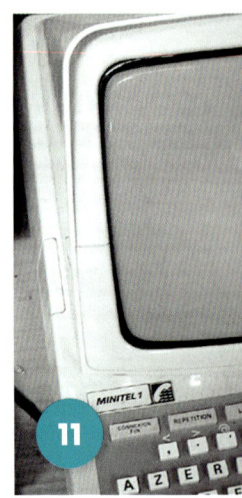

ARCHITECTURE

1. Le quartier de La Défense, Paris
2. La Fondation Louis Vuitton, Paris
3.

VOITURES

5. La Renault ZOE
6. La Renault 4L
7.

TÉLÉPHONES

9. Un des premiers téléphones portables
10. Un smartphone (Android)
11.

1. Hier, années 60. 2. Aujourd'hui. 3. Aujourd'hui. 4. Hier (années 80-90). 5. Aujourd'hui. 6. Hier (années 70). 7. Hier (années 80). 8. Aujourd'hui. 9. Hier (années 90). 10. Aujourd'hui. 11. Hier (années 80-90). 12. Aujourd'hui.

> "Le souvenir est le parfum de l'âme."
>
> George Sand, écrivaine française, XIXe siècle

SPORT

Le paddle surf

④

Le joueur de tennis Yannick Noah

MODE

⑧

ur Daniel Balavoine

L'actrice Mélanie Laurent

ORDINATEURS

⑫

Le minitel

Un ordinateur portable

1. HIER OU AUJOURD'HUI ?

A. Faites le test proposé par Pascalita, puis vérifiez vos réponses à l'aide des solutions qui se trouvent en bas de la page.

PHOTOS D'HIER		PHOTOS D'AUJOURD'HUI
NUMÉRO	ANNÉES	NUMÉRO
1	60	

B. À votre tour, choisissez une personne célèbre ou un monument représentatif des époques suivantes. Présentez votre choix à la classe.

années 30   années 60   années 80   ...

C. Formez des équipes et choisissez une époque que vous aimez bien. Faites-la deviner aux autres.

mode   monuments   voitures

sport   art   ...

• C'était l'époque de Woodstock et de la libération des femmes.
○ Les années 70 !
• Oui !

Et vous ?
Quelles sont les années du XXe siècle que vous préférez ? Pourquoi ?

cinquante et un 51

DÉCOUVERTE / PREMIERS TEXTES

2. DES ÉVÉNEMENTS INOUBLIABLES

A. Observez ces photos de la revue *Revivez l'Histoire*. À votre avis, qu'illustrent-elles ? Parlez-en à deux.

- une manifestation
- une grève
- un événement politique
- une émeute
- un changement économique
- une visite officielle
- une guerre

• Sur la photo n°1, c'est le général De Gaulle, non ?
◦ Oui. C'est peut-être une visite officielle...

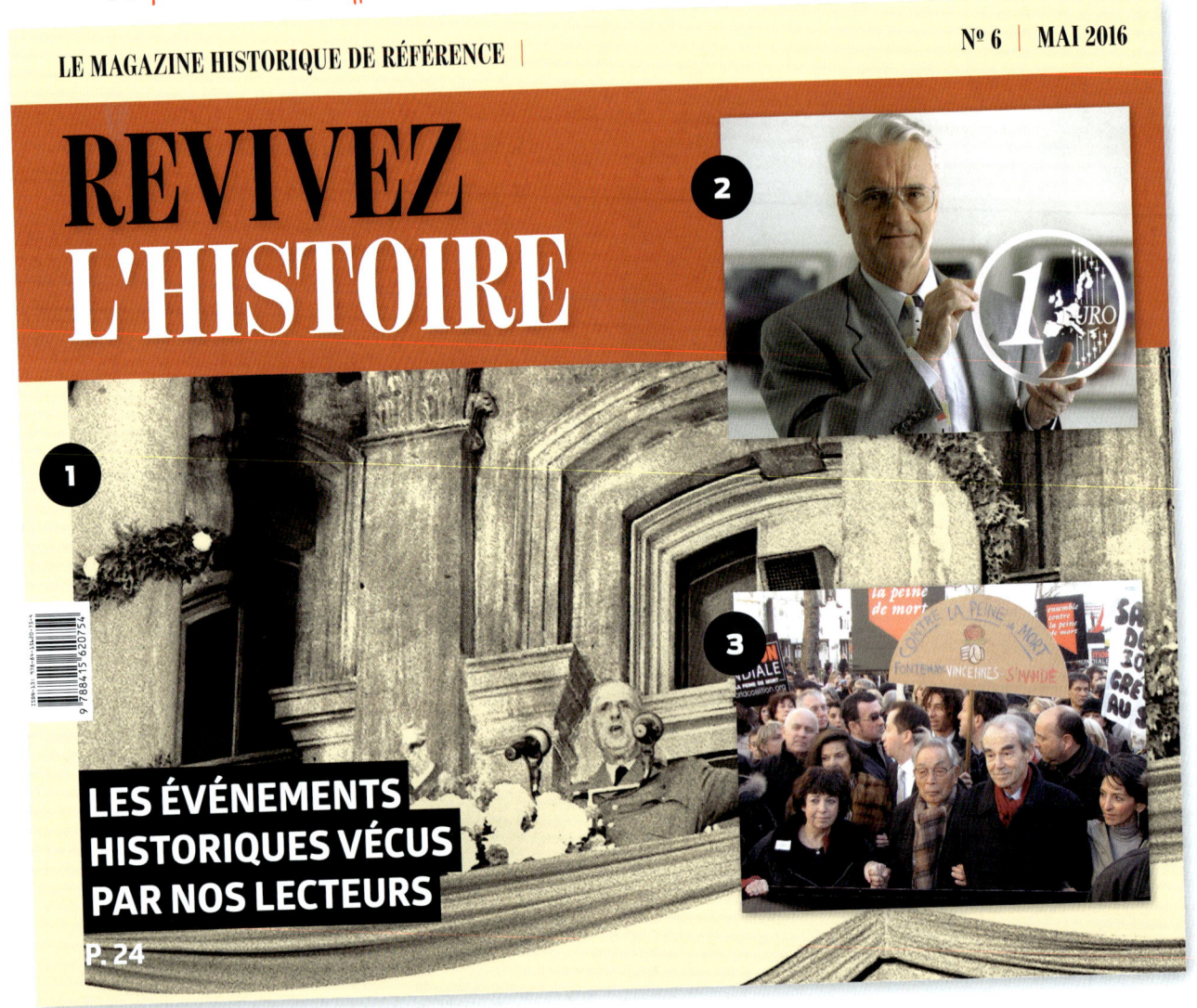

LE MAGAZINE HISTORIQUE DE RÉFÉRENCE — N° 6 | MAI 2016

REVIVEZ L'HISTOIRE

LES ÉVÉNEMENTS HISTORIQUES VÉCUS PAR NOS LECTEURS
P. 24

B. Écoutez les témoignages qu'Antoine, Michelle et Gaëlle ont laissés sur le site de la revue *Revivez l'Histoire*, puis complétez le tableau suivant.

PISTE 16

	ANNÉE	ÉVÉNEMENT	PAYS / VILLE
1. ANTOINE			
2. MICHELLE			
3. GAËLLE			

C. Écoutez à nouveau ces témoignages. Comment ces personnes ont-elles vécu ces événements ?

PISTE 16

• Antoine était très heureux : avec ses amis...

52 cinquante-deux

3. CIRCULEZ !

A. La création de l'espace Schengen est un événement historique très important dans la construction de l'Union européenne (UE). Que savez-vous de cet espace ? Faites des recherches sur Internet.

| qu'est-ce que c'est ? | date de création | pays qui en font partie | autres dates importantes |

B. Lisez cet article. Quelles informations y retrouvez-vous ? Quelles informations nouvelles vous apporte-t-il ?

www.histoiredeleurope.en

Petite histoire d'un grand espace

Tout commence en 1985 : cinq États de l'Union européenne (la France, l'Allemagne, le Luxembourg, la Belgique et les Pays-Bas) décident de supprimer les contrôles aux frontières intérieures. L'accord est signé à Schengen, au Luxembourg. C'est la naissance de l'espace Schengen. En 1995, l'Espagne et le Portugal rejoignent l'espace Schengen pour le plus grand plaisir des voyageurs. Peu à peu, de nombreux pays de l'Union européenne, mais aussi quelques autres pays européens, entrent dans cet espace, comme le Liechtenstein en 2011. Ces accords favorisent le tourisme, mais aussi les déplacements d'études et professionnels de 400 millions de citoyens européens. Plus d'un milliard de passages de frontières ont lieu chaque année à l'intérieur de l'espace Schengen.

Signature de l'accord de Schengen, en 1985

Carte de l'espace Schengen

TÉMOIGNAGES

Fanny 
En 1995, j'avais 18 ans et je regardais à la télévision ces frontières qu'on supprimait tout autour de la France. J'étais heureuse et impatiente ! J'avais l'habitude de passer mes vacances chez ma grand-mère avec mes cousins au Portugal. Je passais des heures à attendre d'abord à la frontière espagnole, puis à la frontière portugaise. J'avais envie aussi de découvrir d'autres pays européens que je ne connaissais pas, en toute liberté !

Ludovic 
En 1995, la suppression des frontières ne me plaisait pas : pour moi, c'était d'abord une décision économique. J'étais aussi assez pessimiste parce que je pensais qu'avec l'absence de contrôle aux frontières, les trafics de tout type allaient augmenter.

C. Lisez les deux témoignages d'internautes. Quelles différences remarquez-vous ?

D. À votre tour, pensez à un événement historique qui vous a marqué. Où étiez-vous ? Comment l'avez-vous vécu ? Racontez votre expérience à un camarade.

• En 1998, pendant la Coupe du monde, j'assistais à la victoire des Français sur un écran géant au Brésil. Comme je suis un supporter du Brésil, j'étais surpris et terriblement triste...

OBSERVATION ET ENTRAÎNEMENT / GRAMMAIRE ET LEXIQUE

4. BORDEAUX, HIER ET AUJOURD'HUI

A. Connaissez-vous la ville de Bordeaux ? Situez-la sur une carte de France.

B. Cette ville a beaucoup changé. Lisez le blog de Fred : préfère-t-il sa ville aujourd'hui ou la préférait-il avant ? Pourquoi ?

---

www.archi-bordeaux.fr

BORDEAUX : MA VILLE
AVANT ET APRÈS

Fred
Architecte
42 ans

▶ Dans les années 90, la place de la Bourse **était** un immense parking. Les bâtiments **étaient** noirs à cause de la pollution. Personne ne s'y **promenait**. Aujourd'hui, les piétons sont les rois, le miroir d'eau a beaucoup de succès, surtout l'été. J'aime beaucoup cet endroit.

Archives SudOuest

▶ Avant, de vieux hangars **empêchaient** l'accès au fleuve. Personne ne **s'attardait** sur les quais. Aujourd'hui, ils sont entièrement restaurés et sont des lieux de promenade. La ville vit maintenant en harmonie avec son fleuve, la Garonne.

Archives SudOuest

C. Observez les formes verbales surlignées et complétez le tableau suivant.

L'IMPARFAIT DE L'INDICATIF

EMPLOI :
L'**imparfait de l'indicatif** sert à décrire des situations dans le passé.

FORMATION :
Pour former l'imparfait, on utilise le radical du présent du verbe à la 1re personne du pluriel de l'indicatif présent + les terminaisons : **ais** / **ais** / .... / **ions** / **iez** / ....
Ex. : *Personne ne s'y* .... / *Les bâtiments* .... *noirs*.

ÊTRE : *j'étais, tu étais, il / elle / on* ...., *nous étions, vous étiez, ils / elles* ....

D. Réfléchissez à un endroit de votre ville qui a beaucoup changé. Cherchez des photos qui datent d'avant et d'après ce changement et présentez-les à la classe.

- Voici la Sagrada Familia, à Barcelone. Avant, cette église avait seulement quatre tours. Aujourd'hui, elle est beaucoup plus impressionnante !

5. COMMENT FAISAIT-ON AVANT ?

A. Regardez les photos et lisez les témoignages. Quel changement vous semble le plus important ?

NOS BELLES VILLES

VOTRE VILLE CHANGE, VOUS APPRÉCIEZ ET VOUS LE DITES !

DOMINIQUE, 55 ANS, LOUVAIN-LA-NEUVE
← Autrefois, on venait contempler les parcs. On s'y promenait. Maintenant, les parcs sont des lieux d'activités : on y trouve des parcours sportifs, des jeux pour les enfants et on y organise même des manifestations culturelles. D'ailleurs, en ce moment, j'y vais tous les week-ends.

SYLVAIN, 40 ANS, STRASBOURG
← Dans les années 90, on perdait des heures dans les embouteillages au centre-ville. À cette époque-là, beaucoup de gens se déplaçaient en voiture pour aller au travail ! Aujourd'hui, on circule beaucoup plus à vélo dans les rues : on gagne du temps et on pollue moins.

PAULETTE, 70 ANS, LYON
← Dans le temps, on ne triait pas les déchets ménagers. On se contentait de les jeter dans la même poubelle. De nos jours, la ville nous donne des poubelles différentes pour recycler les déchets, c'est bien.

B. Les formes surlignées ci-dessus sont utilisés pour situer dans le présent et dans le passé. Classez-les dans ce tableau.

LES MARQUEURS DU PRÉSENT ET DU PASSÉ (1)

Situer dans le présent : *en ce moment*, ...
Situer dans le passé : *à ce moment-là*, ...

C. Formez des groupes et pensez à deux exemples de changements importants dans des grandes villes célèbres. Puis, faites deviner ces villes à vos camarades.

- Autrefois, un grand mur séparait cette ville en deux parties.
- C'est Berlin !

L'IMPARFAIT DE L'INDICATIF

EX. 1. Complétez les questions suivantes en mettant les verbes à l'imparfait.

1. Dans quelle ville ou village .... (vivre) vos parents quand ils .... (être) enfants ?
2. Que ....-vous (faire) avec vos amis quand vous .... (être) adolescent ?
3. Quels sports .... (être) à la mode quand vous .... (être) petit ?
4. Comment .... (s'informer) vos grands-parents ?

EX. 2. Répondez aux questions ci-dessus. Et aujourd'hui, est-ce la même chose ?

EX. 3. Complétez les phrases avec les ces verbes à l'imparfait.

être	aimer	finir	participer

1. À cette époque-là, nous .... porter des pantalons larges.
2. Chaque année, Pierre-Yves .... au marathon de sa ville, mais depuis qu'il a un fils, il n'a plus le temps de s'entraîner.
3. Avant, tous les magasins .... fermés le dimanche.
4. Je me rappelle qu'à cette époque, vous .... de travailler très tard tous les soirs.

EX. 4. Écoutez les récits suivants et prenez des notes. Ensuite, écrivez comment on vivait avant.
PISTE 17

1. Autrefois, il n'y avait pas de salles de sport car les gens n'avaient pas de temps pour leurs loisirs.
2. Autrefois...

LES MARQUEURS DU PRÉSENT ET DU PASSÉ (1)

EX. 5. Complétez ces phrases à l'aide des marqueurs temporels ci-dessous.

À cette époque-là	En ce moment	Dans les années	De nos jours

1. ...., je passe beaucoup de temps à lire.
2. ...., on utilise de moins en moins la voiture en centre-ville.
3. .... 60, le quartier de La Défense était très moderne.
4. ...., on ne recyclait pas les déchets ménagers.

EX. 6. Complétez le témoignage de Katka sur sa ville avec des marqueurs temporels. Il y a plusieurs possibilités.

à ce moment-là	dans les années	en ce moment	maintenant

Prague

.... 80, ma ville était noire à cause du charbon. ...., on n'avait pas beaucoup d'argent et on faisait la queue dans les magasins. Il n'y avait pas de touristes. Mais ...., c'est très différent. Les touristes viennent nombreux et on peut voyager librement. Et puis, il y a du choix dans les magasins. Moi, je suis guide touristique pendant l'été car je travaille pour payer mes études. .... par exemple, je m'occupe de quatre groupes de touristes français et trois groupes de touristes anglais.

+ d'exercices : pages 173-174

cinquante-cinq **55**

OBSERVATION ET ENTRAÎNEMENT / GRAMMAIRE ET LEXIQUE

6. ÇA S'EN VA ET ÇA REVIENT

A. Reconnaissez-vous les objets et produits de consommation présentés sur ce blog ? Quels sont ceux que vous utilisiez ou consommiez dans le passé ? Quels sont ceux que vous utilisez ou consommez aujourd'hui ?

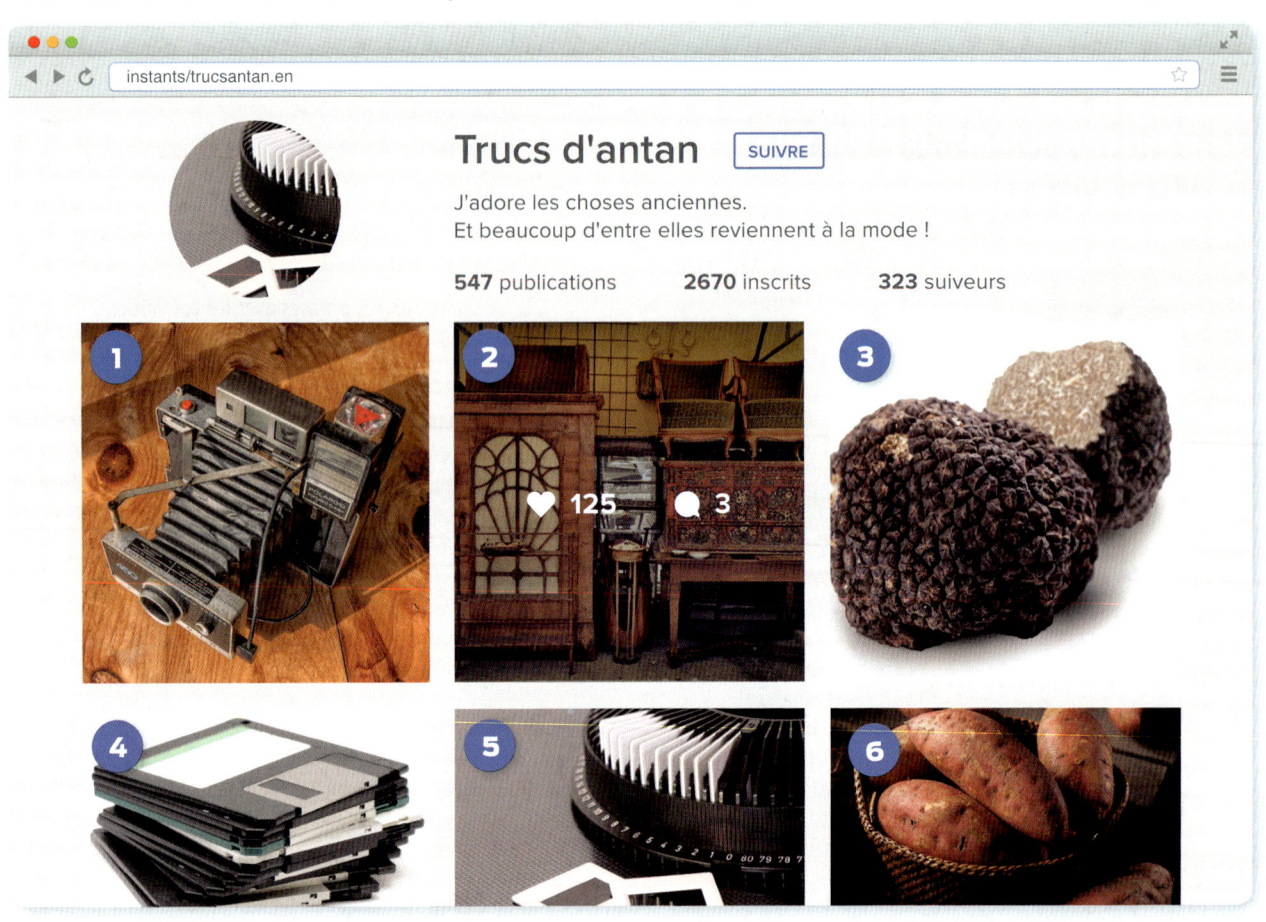

Trucs d'antan [SUIVRE]

J'adore les choses anciennes.
Et beaucoup d'entre elles reviennent à la mode !

547 publications   2670 inscrits   323 suiveurs

1. 2. 3. 4. 5. 6.

♥ 125   💬 3

B. Lisez les commentaires des internautes sur les photos, puis associez chacun d'eux à la photo correspondante.

○ **Sylvie** J'ai toujours mangé des patates douces. Avant, les gens trouvaient ça bizarre, mais aujourd'hui tout le monde en mange.

○ **Flo** Mon père adorait nous projeter les dispositives de ses voyages. Aujourd'hui, ça n'existe plus. Elles sont réservées aux collectionneurs. 👍📷

○ **Olivier** Merci pour ces photos ! Ça prouve que certaines choses du passé sont toujours à la mode. Ma fille a un appareil photo polaroid : aujourd'hui, c'est très à la mode chez les jeunes. 😊😃

○ **Naïma** On n'utilise plus les disquettes, on a pratiquement arrêté de les commercialiser. Les CDRoms s'utilisent encore, mais ils sont eux aussi en voie de disparition. 👍

○ **Martina** Une belle photo pour nous rappeler que les truffes continuent à se vendre très cher sur les marchés. Pourtant à l'époque de mes grands-parents, c'était le plat des pauvres.

○ **Henri** C'est la mode du « vintage » : ces meubles ont beaucoup de succès ! 😃

C. Observez les formes surlignées dans les commentaires et complétez ce tableau.

LES EXPRESSIONS DE LA CONTINUITÉ ET DISCONTINUITÉ TEMPORELLES

Quand une action passée se poursuit dans le présent, on utilise :
• les adverbes .... et ....
Ex. : *Certaines choses du passé sont .... à la mode. / Les CDRooms s'utilisent ...., mais ils sont eux aussi en voie de disparition.*
• le verbe ....
Ex. : *Les truffes .... se vendre très cher sur les marchés.*

Quand une action passée ne se poursuit pas dans le présent, on utilise :
• l'adverbe ....
Ex. : *Aujourd'hui, ça .... existe ....*
• le verbe ....
Ex. : *On a pratiquement .... les commercialiser.*

D. Y a-t-il des choses de l'époque de vos grands-parents ou de vos parents qui sont de nouveau à la mode ? Discutez-en en petits groupes.

• La « deux chevaux », c'était la voiture de mes grands-parents, une voiture d'autrefois pour moi. Mais aujourd'hui, certaines agences touristiques proposent des tours en 2CV dans les rues de Paris.

7. L'ÉVOLUTION DE LA SOCIÉTÉ FRANCAISE

A. Écoutez l'interview de Julie Deschamps, sociologue. D'après elle, qu'est-ce qui a changé dans les habitudes alimentaires des Français ? Pourquoi ?

B. Écoutez à nouveau l'interview et répondez aux questions.

1. **Quand** les grands-parents de Julie Deschamps étaient enfants,
   ☐ ils mangeaient peu de pain et beaucoup plus de viande.
   ☐ ils mangeaient plus de pain car ce n'était pas cher.

2. **Quand** la grand-mère de Julie Deschamps faisait cuire une dinde,
   ☐ elle ne préparait rien de spécial.
   ☐ c'était un événement.

3. Aujourd'hui, **quand** on fait cuire une dinde,
   ☐ c'est exceptionnel.
   ☐ on ne prépare rien de spécial.

C. À présent, observez les formes en gras utilisées ci-dessus pour situer dans le temps et complétez la règle avec les temps suivants.

| présent | imparfait |

LA SUBORDONNÉE AVEC QUAND

Pour exprimer la simultanéité dans le présent, on utilise **quand** + ... de l'indicatif.

Pour exprimer la simultanéité dans le passé, on utilise **quand** + ... de l'indicatif.

D. Comment vivaient vos parents ou vos grands-parents quand ils avaient votre âge ?

| alimentation | logement | mode |
| déplacement | travail | ... |

LES EXPRESSIONS DE LA CONTINUITÉ ET DISCONTINUITÉ TEMPORELLES

EX. 1. Lisez le témoignage de Marielle à propos de l'étude de Julie Deschamps et complétez avec les marqueurs suivants.

| ne... plus | encore | continue | toujours |

Marielle : J'ai écouté l'interview de Julie Deschamps sur l'évolution de l'alimentation dans notre société et je dois dire que c'est très juste. Mais je voudrais ajouter qu'aujourd'hui on ...... à manger du pain et de la viande, mais en moins grande quantité. On passe ...... beaucoup de temps à déjeuner ou à dîner, car c'est un moment important pour les familles françaises, mais c'est vrai qu'on ...... cuisine ...... de façon traditionnelle, car on a moins de temps et qu'on préfère acheter des plats cuisinés. Mais, en même temps, les ateliers de cuisine sont très fréquentés. Alors je pense que les Français vont ...... aimer cuisiner.

EX. 2. Parmi les actions ci-dessous, quelles sont celles que vous faisiez avant ? Les faites-vous encore aujourd'hui ? Parlez-en entre vous.

écouter des disques vinyles	vouvoyer ses parents
regarder des cassettes vidéo	manger en famille
cuisiner des produits frais	albums photos

• J'écoutais des vinyles quand j'étais petite...
○ Moi, j'ai encore des vinyles chez moi !
• Moi aussi, ils sont revenus à la mode.

LA SUBORDONNÉE AVEC QUAND

EX. 3. Associez les éléments des deux colonnes pour former des phrases cohérentes.

1. Avant, quand je faisais mes courses,
2. Quand c'était l'hiver,
3. Mes parents étaient médecins et quand ils travaillaient la nuit,
4. Quand ma mère m'obligeait à manger quelque chose que je n'aimais pas,

☐ il faisait très froid parce que la maison était mal isolée.
☐ je ne faisais pas de liste et j'oubliais toujours quelque chose.
☐ je tombais malade.
☐ je restais avec mes grands-parents.

EX. 4. Pensez à différentes époques de votre vie. Que mangiez-vous à cette époque-là ?

| bébé | enfant | adolescent | ... |

• Quand j'étais bébé, ...

EX. 5. Que faites-vous dans les situations suivantes ?

| stressé(e) | en vacances | amoureux(se) | au travail | triste |

• Quand je suis stressé, je mange beaucoup...

+ d'exercices : page 174

cinquante-sept **57**

OBSERVATION ET ENTRAÎNEMENT / GRAMMAIRE ET LEXIQUE

8. ÊTRE UNE FEMME

A. Lisez l'article. Dans quels domaines l'égalité entre les hommes et les femmes a-t-elle progressé ? Dans quelles domaines reste-t-il beaucoup d'inégalités ?

L'HISTOIRE DES SOCIÉTÉS

Égalité hommes-femmes : encore du chemin à faire

Au cours de l'histoire, beaucoup de femmes se sont battues pour avoir les mêmes droits que les hommes. Mais c'est surtout au XXe siècle que les mouvements féministes et égalitaristes ont obtenu des avancées dans **plusieurs** domaines de la vie sociale.

Il y a 120 ans, les femmes ne pouvaient voter dans presque **aucun** pays du monde. Aujourd'hui, tout a changé. L'Australie a été le premier État à donner le droit de vote aux femmes en 1901 ; les Françaises ont voté pour la première fois en 1944.

Jusqu'aux années 1960, la plupart des filles n'allaient pas à l'école et peu de femmes étudiaient à l'université. **Quelques** femmes ont pourtant fait des études brillantes, comme la scientifique Marie Skłodowska-Curie, qui a reçu deux fois le prix Nobel. Aujourd'hui encore, **tous** les hommes et, surtout, **toutes** les femmes n'ont pas accès à l'éducation. Les deux tiers des analphabètes dans le monde sont des femmes. La plupart des femmes ont toujours travaillé, dans **toutes** les sociétés, mais souvent sans **aucune** reconnaissance de leur travail. Aujourd'hui, en France, le travail des femmes est reconnu, mais les hommes touchent en moyenne un salaire de 31 % supérieur à celui des femmes.

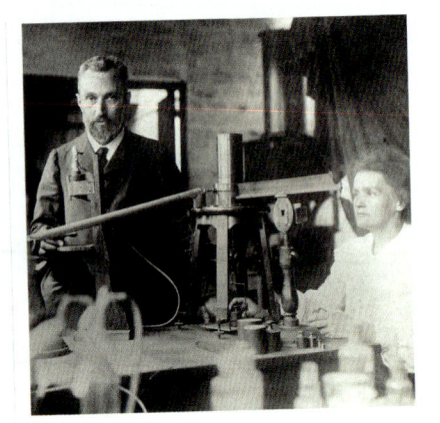

Enfin, le pouvoir politique reste aux mains des hommes. En janvier 2015, sur 152 chefs d'État, on ne comptait que 10 femmes.

B. À l'aide des formes surlignées ci-dessus, associez les éléments de la colonne de gauche aux dessins, qui expriment une quantité. Ensuite, complétez le tableau.

ADJECTIFS INDÉFINIS	QUANTITÉ
1. Aucune femme	
2. Quelques femmes	
3. Toutes les femmes	

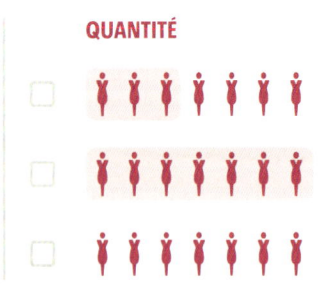

LES ADJECTIFS INDÉFINIS

Ils s'accordent en genre et en nombre avec le nom qu'ils accompagnent et expriment une quantité.
Ex. : Aujourd'hui, encore .... les hommes et, surtout, ... les femmes n'ont pas accès à l'éducation.

Quelques et **plusieurs** sont invariables.

C. Choisissez un des thèmes suivants sur l'évolution de la condition féminine. Faites des recherches. Ensuite, formez des groupes, présentez vos résultats et discutez-en ensemble. Quelle est l'évolution la plus significative ?

éducation   famille   travail

responsabilités   société

- Dans mon pays, les femmes ont le droit de vote, mais seulement quelques femmes font des études supérieures.

Et vous ?
Quel personnage féminin représente le mieux pour vous l'évolution de la condition féminine ?

9. L'HOMME NOUVEAU EST ARRIVÉ

A. Observez la photo. Quelle image de l'homme veut-on présenter ici ?

B. Lisez les interventions de ce forum. Parmi les affirmations suivantes, quelles sont celles qui représentent l'opinion des participants ?

1. Dans les magazines, les hommes sont présentés comme des exemples pour leur famille et leurs amis.
2. **La plupart des** hommes soignent leur apparence.
3. Les hommes achètent **peu de** produits cosmétiques.
4. **Beaucoup d'**hommes prennent des jours de congé quand ils ont des enfants.

💬 **de Regard_critique :** Regardez les photos d'hommes dans les magazines : on les montre **tous** comme des pères ou des amis exemplaires. Et puis, ils sont tous beaux et modernes… C'est vrai qu'aujourd'hui, **beaucoup d'**hommes prennent soin de leur apparence. Regardez, **la plupart des** marques de cosmétiques proposent des produits pour les hommes et ils les achètent !

❤️ **de Père_exemplaire :** Oui, les hommes ont changé et pas que sur l'apparence. Prenons l'exemple des pères : avant, **aucun** d'eux n'avait droit à un congé parental. Aujourd'hui en France, **tous** y ont droit, mais **quelques-uns** seulement en profitent.

C. À l'aide des mots surlignés ci-dessus, retrouvez la place de chaque expression et complétez le tableau.

| la plupart (des) | tous | beaucoup (de) |
| peu (de) | quelques-uns | aucun (de) |

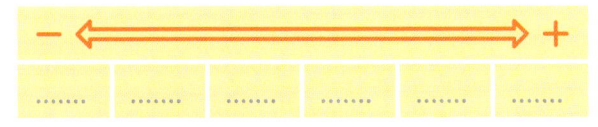

— ⟵————⟶ +
| …… | …… | …… | …… | …… | …… |

LES PRONOMS INDÉFINIS

Les pronoms indéfinis **la plupart (des), beaucoup (de), peu (de), aucun (de), tous, toutes, quelques-uns** et **quelques-unes** expriment la quantité.
Ex. : Avant, ……… eux n'avait droit au congé parental et aujourd'hui en France, ……… seulement en profitent.

D. Cherchez d'autres exemples de l'évolution de l'image des hommes dans la société d'aujourd'hui et discutez-en entre vous.

LES ADJECTIFS INDÉFINIS

EX. 1. Lisez ces constats sur l'évolution de la société française et complétez les phrases avec ces adjectifs indéfinis.

| quelques | plusieurs | toutes | aucun |

1. ……… les femmes ont le droit de vote en France.
2. Autrefois, ……… femmes seulement avaient accès à des postes à responsabilité.
3. Avant, ……… homme n'avait droit à un congé parental.
4. ……… femmes célèbres ont lutté pour l'égalité des droits entre les hommes et les femmes.

LES PRONOMS INDÉFINIS

EX. 2. Transformez les phrases de l'exercice 1 en utilisant des pronoms indéfinis, comme dans l'exemple.

1. *En France, toutes ont le droit de vote.*
2. ………
3. ………
4. ………

LES ADJECTIFS ET PRONOMS INDÉFINIS

EX. 3. Est-ce la même chose dans votre pays ? Réagissez aux affirmations suivantes en utilisant des adjectifs ou des pronoms indéfinis.

1. Tous les hommes ont droit à un congé parental.
   → *Dans mon pays, aucun homme n'a droit à un congé parental.*
2. Peu d'hommes prennent soin de leur corps.
   → ………
3. Aucun homme ne veut arrêter de travailler et rester à la maison pour s'occuper des enfants.
   → ………
4. Toutes les jeunes filles vont à l'école.
   → ………
5. La plupart des femmes sont moins payées que les hommes pour le même travail : 30 % de moins.
   → ………

EX. 4. Regardez ces statistiques sur les hommes et commentez-les en utilisant des adjectifs ou des pronoms indéfinis.

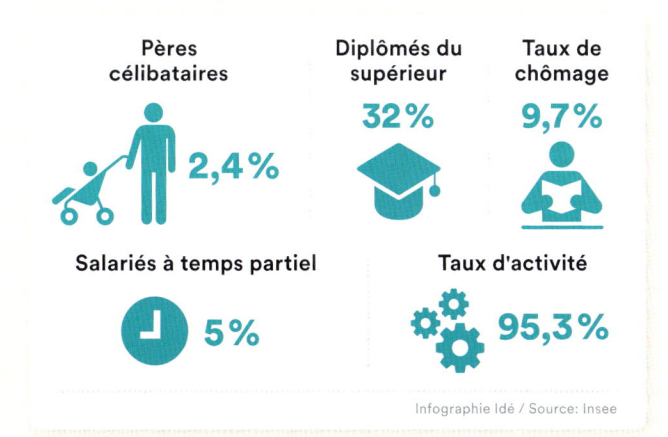

Pères célibataires : 2,4 %
Diplômés du supérieur : 32 %
Taux de chômage : 9,7 %
Salariés à temps partiel : 5 %
Taux d'activité : 95,3 %

Infographie Idé / Source: Insee

● 2,4 % des pères sont célibataires.
○ Presque aucun, non ?

+ d'exercices : pages 175

OBSERVATION ET ENTRAÎNEMENT / GRAMMAIRE ET LEXIQUE

LES ÉVÉNEMENTS HISTORIQUES

1. A. Complétez cette série avec des mots liés à des événements historiques.

Indépendance, bataille, ...

1. B. Citez un événement historique en utilisant un de ces mots, comme dans l'exemple suivant. Faites des recherches si nécessaire. Cherchez une image (photo, tableau, etc.) pour l'illustrer et présentez-le à la classe.

- J'ai choisi la bataille de Waterloo.
- Moi, la guerre du Vietnam.

La Bataille de Waterloo, Clément-Auguste Andrieux, 1852.

2. Cherchez sur Internet des titres d'informations qui utilisent les termes suivants. Montrez-les à la classe.

grève   guerre   manifestation   rassemblement   émeutes

3. Classez les termes ci-dessus en fonction du degré de gravité qu'ils représentent pour vous.

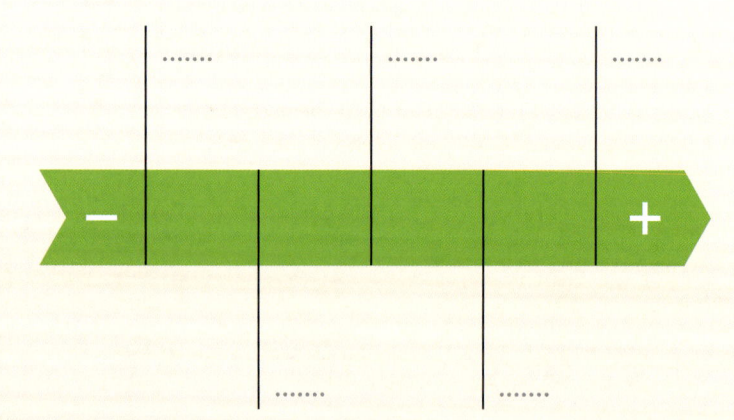

DÉCRIRE DES ÉMOTIONS

4. Barrez l'intrus.

1. ravi / enchanté / triste / heureux
2. inquiet / rassuré / surpris / pessimiste

LES ÉVOLUTIONS DE LA SOCIÉTÉ

5. Associez les éléments de la première colonne aux éléments de la seconde colonne pour retrouver des actions qui sont généralisées dans les villes en France.

1. trier   A. de proximité
2. avoir des commerces   B. dans les embouteillages
3. faire du jogging   C. dans les parcs
4. ne plus perdre son temps   D. les déchets

6. Ces actions se généralisent-elles aussi dans votre pays ?

LES REVENDICATIONS SOCIALES

7. Complétez l'article avec les mots suivants.

droits   postes   égalité   salaires   manifestation

> **LES FEMMES MARCHENT POUR L'**.......
> Ce 8 mars, Journée internationale des femmes, c'est un jour de .... Les Françaises sortent dans la rue pour revendiquer leurs .... Elles demandent, entre autres, des changements dans le domaine du travail, comme l'égalité des .... et l'accès à des .... de responsabilité.

8. Parmi les revendications sociales suivantes, quelle est celle qui vous semble la plus importante ? Rédigez un texte court pour expliquer vos raisons.

le congé parental   le droit de vote   le droit à l'éducation

l'accès aux responsabilités   la scolarisation des enfants

l'égalité des salaires à compétences égales

AU FIL DE L'UNITÉ

9. Retrouvez dans l'unité au moins quatre mots liés à chacune des thématiques suivantes.

la ville   les événements historiques

l'alimentation   les transports

60 soixante

OBSERVATION ET ENTRAÎNEMENT / PHONÉTIQUE   3

ÉCHAUFFEMENT

TROUVER SA RESPIRATION

1. Suivez les étapes ci-dessous pour découvrir et trouver une respiration efficace et bénéfique.

A. Mettez-vous debout en cercle dans une posture agréable.
B. Respirez naturellement, puis de manière forcée.
C. Repérez la ou les parties du corps en action pendant ces deux types de respiration.
D. Inspirez progressivement pendant 5 secondes, maintenez 5 secondes, expirez pendant 5 secondes, maintenez 5 secondes. Faites 5 fois cet exercice.
E. Mémorisez cet état de concentration.

A. PHONÉTIQUE

L'OPPOSITION [o] / [ɔ]

2. Écoutez les séries de sons suivants et dites si vous entendez le son [o] dans le premier, le deuxième ou le troisième mot.

	1	2	3
A	X		
B			
C			
D			

3. Cherchez dans les textes de l'unité quatre mots qui comprennent le son [o] et quatre qui comprennent le son [ɔ].

	[o] comme *mot*	[ɔ] comme *transport*
1		
2		
3		
4		

B. PROSODIE

LES GROUPES RYTHMIQUES

Les groupes rythmiques sont un mécanisme naturel qui organise le discours oral. Ils sont liés à la capacité respiratoire mais aussi de mémorisation. En général, ils se composent de moins de 7 syllabes mais cela dépend beaucoup des individus. Le plus important est d'essayer de respecter un certain équilibre entre les groupes rythmiques d'un même énoncé.
Ex. : *Il y avait* (4 syllabes) *beaucoup d'émotions* (5 syllabes) *et de fraternité* (6 syllabes) *dans les rues de Paris* (6 syllabes) !

4. A. Prononcez les phrases suivantes en inspirant avant chaque groupe rythmique.

1. Avec mes amis…
2. Avec mes amis… on se demandait…
3. Avec mes amis… on se demandait… si les prix allaient augmenter…
4. Avec mes amis… on se demandait… si les prix allaient augmenter… avec l'arrivée de l'euro.

4. B. Écrivez vous-même une longue phrase à l'imparfait en séparant les groupes rythmiques à l'aide d'une barre (|), puis lisez-la à haute voix.

....

....

....

C. PHONIE-GRAPHIE

LA PRONONCIATION DE *PLUS*

SENS POSITIF DE **PLUS**
- En position finale : *J'en veux **plus**.* [plys]
- Suivi par une consonne : *Il travaillait **plus r**apidement qu'elle.* [ply]
- Suivi par une voyelle : *Ils étaient **plus a**vancés qu'eux.* [plyz]
⚠ Attention avec **de** / **que** :
*Je faisais **plus de** sport que lui.* [plys]
*Il chantait **plus que** moi.* [plys]

SENS NÉGATIF DE **PLUS**
- En final : *Je n'en veux **plus**.* [ply]
- Suivi par une consonne : *Elle n'avait **plus** de temps.* [ply]
- Suivi par une voyelle, c'est facultatif (selon le registre de langue) :
Ex. : *Il n'avait **plus** assez d'argent.* [plyz] (soutenu)
Ex. : *Il n'avait **plus** assez d'argent.* [ply] (courant)
⚠ À l'oral spontané, le **ne** n'est souvent pas prononcé.

5. Illustrez chaque prononciation de *plus* à l'aide d'un exemple extrait des documents de l'unité.

1. [plys] : ....
2. [ply] : ....
3. [plyz] : ....

6. A. Écoutez et notez dans chaque phrase les groupes rythmiques à l'aide d'une barre (|).

1. Nous nous levions plus tôt qu'eux la semaine.
2. Il n'était plus d'accord pour signer le contrat.
3. Elle était plus ouverte d'esprit que ses parents.
4. Le jaune était plus à la mode que le rouge l'été dernier.
5. Le métro fermait plus tard à l'époque.

6. B. Lisez à haute voix les phrases ci-dessus en faisant attention à la prononciation de *plus* et en respirant entre chaque groupe rythmique.

soixante et un **61**

> REGARDS CULTURELS

QUELQUES LOIS QUI ONT CHANGÉ LA VIE DES FRANÇAIS

1936

TRAVAIL

LES CONGÉS PAYÉS

Pour la première fois, les Français ont droit à deux semaines de congés payés. Avant, ils n'avaient souvent que le dimanche pour se reposer et ils ne pouvaient pas imaginer des vacances payées... Pendant l'été 1936, des milliers de gens partent sur les routes. Ils vont à la mer, à la campagne ou à la montagne, quelquefois en voiture mais le plus souvent en train, à bicyclette ou en tandem. Beaucoup voient la mer pour la première fois de leur vie. Les Français obtiennent trois semaines de congés payés en 1956, quatre semaines en 1969 et cinq semaines en 1982.

1881

ÉDUCATION

LA LOI FERRY : ÉDUCATION LAÏQUE, OBLIGATOIRE ET GRATUITE

Au XIXe siècle, beaucoup d'enfants travaillaient dans les champs, dans les entreprises textiles, dans les mines... et n'allaient pas à l'école. Les journées de travail duraient souvent plus de dix heures et les salaires étaient très bas. C'est seulement en 1881 que la loi Ferry rend la scolarité obligatoire et gratuite de 6 à 13 ans. En principe, les enfants de moins de 13 ans ne doivent plus travailler. En 1936, l'école devient obligatoire jusqu'à 14 ans et jusqu'à 16 ans en 1959. Actuellement, la plupart des enfants sont scolarisés à partir de 3 ans.

1965

LA CONDITION FÉMININE

LA LOI SUR L'AUTONOMIE FINANCIÈRE DES FEMMES

Le 13 juillet 1965, une loi autorise les femmes mariées à travailler, à ouvrir un compte bancaire et à disposer de leur argent sans l'autorisation de leur mari. « C'était un grand jour », se souvient Suzanne Lalanne. « Avant, je devais demander l'autorisation de mon mari pour tout. Moi, je voulais travailler, mais lui, il n'était pas d'accord. Il disait que ma place, c'était à la maison. Pour acheter n'importe quoi, il fallait sa permission. Quand je raconte ça à mes petites-filles, elles ne me croient pas ! »

SANTÉ

L'INTERDICTION DE FUMER DANS TOUS LES LIEUX PUBLICS

Avant, les gens pouvaient fumer dans les bars, les restaurants, les transports publics et même les écoles ! Depuis 2006, ce n'est plus possible. Cette mesure protège les non-fumeurs, qui ne supportent pas de boire un verre ou de dîner dans un nuage de fumée. Elle vise aussi à diminuer le nombre des fumeurs. Si vous fumez dans un café ou dans un restaurant, vous risquez une amende de 68 euros. Et le propriétaire du café ou du restaurant doit faire respecter la loi. Au début, beaucoup de Français n'aimaient pas cette loi, mais ils s'y habituent de plus en plus.

2006

2013

COUPLE

LE MARIAGE POUR TOUS

Le 29 mai 2013, le maire de Montpellier célèbre le premier mariage entre personnes du même sexe. La France suit l'exemple d'autres pays comme les Pays-Bas, l'Espagne ou le Portugal. Malgré les protestations des opposants, la loi est finalement adoptée et tous les couples, hétérosexuels ou homosexuels, peuvent maintenant se marier.

10. LA LOI C'EST LA LOI !

Voici une chronologie des lois françaises. Observez les titres et les photos. Laquelle vous semble personnellement la plus importante ? Pourquoi ?

11. DES LOIS AU FIL DES SIÈCLES

A. En petits groupes, lisez les textes et répondez à ces questions.

1. Avant 1965, qu'est-ce que les femmes françaises n'avaient pas le droit de faire ?
2. Quelles sont les lois qui ont provoqué le plus de résistance parmi les Français ? Pourquoi ?
3. Pourquoi l'été 1936 est-il un moment important pour les Français ?

B. Comparez la législation actuelle de la France avec celle de votre pays.

EN FRANCE
- On ne peut pas fumer dans les endroits publics.
- L'école est obligatoire de 6 à 16 ans.
- Les femmes peuvent ouvrir un compte bancaire.
- Il y a cinq semaines de congés payés.
- On peut se marier avec quelqu'un du même sexe.

- Dans mon pays, on fume encore dans les endroits publics, mais beaucoup de gens veulent une loi pour l'interdire.

12. LES LOIS DE MON PAYS

A. Cherchez sur Internet des renseignements sur ces lois. Depuis quand existent-elles ?

le PACS   la fin du service militaire

l'abolition de la peine de mort

B. À votre tour, faites une chronologie avec certaines lois qui ont changé la vie des gens dans votre pays et présentez-la à vos camarades.

+ DE RESSOURCES SUR
espacevirtuel.emdl.fr

La barbe revient à la mode
La barbe revient à la mode sur les visages des hommes.

soixante-trois **63**

TÂCHES FINALES

TÂCHE 1 — ÉCHOS D'HISTOIRE

1. Vous allez réaliser une interview sur l'histoire de la famille des membres de la classe. Pensez individuellement à des événements historiques vécus par des personnes de votre famille.

2. En groupes, expliquez à vos camarades comment vos ancêtres ont vécu ces événements historiques.

- Mon grand-père vivait aux États-Unis au moment de la Grande Dépression…
- Et comment il l'a vécu ?

Groupe A	événement	ancêtre concerné
Mike	la Grande Dépression	grand-père
Hans	la chute du mur de Berlin	mère
Jérémy	le naufrage du Titanic	arrière-grand-mère

- Hans, où vivait ta mère au moment de la chute du mur de Berlin ?
- À Berlin Est.

3. Par groupe, dans un tableau commun, chacun indique un événement et le nom de son ancêtre qui l'a vécu. Ensuite, échangez votre tableau avec celui d'un autre groupe et préparez deux questions à poser à chaque membre du groupe qui vous a donné le tableau.

4. À présent, à l'aide de vos téléphones portables, interviewez vos camarades avec les questions que vous avez rédigées. Faites écouter vos interviews à la classe et votez pour celles que vous préférez.

CONSEILS
- Classez les événements de façon chronologique.
- Préférez des questions ouvertes pour laisser plus de liberté à vos interviewés.
- Choisissez un lieu calme pour faire vos enregistrements.
- Choisissez vos critères avant de voter.

TÂCHE 2 — (R)ÉVOLUTIONS URBAINES ?

1. Vous allez organiser une exposition photographique sur l'évolution d'une ville. En groupes, pensez à une ville et choisissez un des domaines suivants.

transports   loisirs   écologie   commerces   culture   architecture

2. Cherchez des photos ou des dessins qui illustrent l'évolution de la ville dans le domaine choisi.

3. Rédigez les légendes des photos.

> Avant, il n'y avait pas de tramway. Depuis 2013, il y a un tramway ! C'est bien plus pratique, il y a plus de stations desservies que quand il n'y avait que des autobus !

4. Tous ensemble, regroupez vos montages en fonction des thématiques choisies pour réaliser une exposition sur le phénomène de l'évolution des villes.

Le tramway d'Oran (Algérie)

CONSEILS
- Choisissez des images intéressantes et qui illustrent clairement les évolutions.
- N'hésitez pas à donner votre point de vue.
- Soyez originaux pour créer vos supports légendés !

4
RÉCITS DE VIE

DÉCOUVERTE
pages 66-69

Premiers regards
- Découvrir des histoires et des anecdotes sur des célébrités
- Découvrir des Français célèbres

Premiers textes
- Découvrir le vocabulaire des moments et des étapes de la vie
- Parler des événements qui peuvent changer une vie
- Lire le récit littéraire d'une rencontre

OBSERVATION ET ENTRAÎNEMENT
pages 70-77

Grammaire
- L'opposition passé composé / imparfait de l'indicatif dans le récit
- Les pronoms relatifs *qui*, *que* et *où*

Lexique
- Les moments et les étapes de la vie
- Les marqueurs du présent et du passé (2)
- *Être en train de* + infinitif
- Les expressions pour interagir

Phonétique
- La projection de la voix
- L'allongement de la syllabe
- L'opposition [e] / [ə] (passé composé / imparfait)
- Lire à haute voix

REGARDS CULTURELS
pages 78-79

Les documents
- Souvenirs d'enfance : *En finir avec Eddy Bellegueule*, *Un sac de billes*

La vidéo
- Quelle est la première fois que... ? »

À visionner sur : espacevirtuel.emdl.fr

TÂCHES FINALES
page 80

Tâche 1
- Imaginer la biographie d'une personne célèbre

Tâche 2
- Créer un album de souvenirs de la classe

+ DE RESSOURCES SUR espacevirtuel.emdl.fr

— Des activités autocorrectives (grammaire / lexique / culture / CE / CO)
— Un nuage de mots sur les parcours de vie

soixante-cinq **65**

DÉCOUVERTE / PREMIERS REGARDS

Le coin des potins

Le saviez-vous ?

Enfant caché, histoire d'amour secrète, secrets de famille... que nous cache le monde des stars ?

Lance Armstrong

Lance Armstrong a été un des cyclistes les plus célèbres, il a gagné sept Tours de France entre 1999 et 2005. Mais l'homme qu'on appelait « l'Extraterrestre » se dopait. En 2012, on lui a retiré tous ses titres. ★

Catherine Deneuve

L'actrice, icône des années 70, sait faire parler d'elle. La représentante de l'élégance à la française a caché son secret pendant des années : c'est seulement à 70 ans qu'elle a dévoilé son tatouage dans le cou, pendant une séance photo pour un célèbre photographe. Depuis, elle a révélé un autre tatouage sur le pied et elle a déclaré : « J'ai toujours aimé ça ». ★

66 soixante-six

> "Je n'aime de l'histoire que les anecdotes."
>
> Mérimée, écrivain, historien et archéologue français, XIXe siècle

Serge Gainsbourg et Brigitte Bardot

En 1967, Serge Gainsbourg a rendez-vous avec Brigitte Bardot dans un studio pour enregistrer une chanson. Elle était la plus belle femme du monde ; lui, c'était un homme timide et pas très beau. Une rencontre improbable. Au moment où elle a commencé une relation avec lui, elle était mariée. Lui, il était fou d'elle. Leur histoire d'amour a été brève mais elle a donné naissance à plusieurs chansons. ★

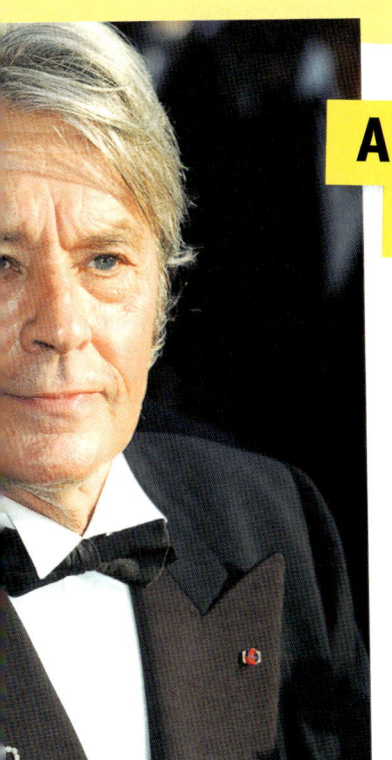

Alain Delon

Alain Delon a eu une aventure amoureuse avec une chanteuse allemande. En 1962, elle lui a téléphoné pour lui annoncer la naissance de leur fils. Il ne lui a jamais répondu. C'est la mère de l'acteur qui a décidé d'élever l'enfant. Ce secret est révélé dans une biographie interdite de l'acteur. ★

1. DES SECRETS MAL GARDÉS

A. Regardez les photos de ce magazine. Connaissez-vous ces personnes ? Que savez-vous d'elles ?

B. Lisez les textes. Qu'y a-t-il de commun entre toutes les anecdotes ?

C. Associez un titre à chaque anecdote.

UN AMOUR SECRET

Victoires volées

Enfant caché

TATOUAGE CACHÉ

D. Écoutez ces réactions. De quelles anecdotes s'agit-il ?

PISTE 22

1. ....
2. ....
3. ....
4. ....

💬 *Et vous ?*
Connaissez-vous des histoires « secrètes » de gens célèbres de votre pays ?

DÉCOUVERTE / PREMIERS TEXTES

2. ET C'EST ALORS QUE...

A. Quels sont les événements qui peuvent changer la vie de quelqu'un ? Parlez-en entre vous.

une rencontre   ...

B. Lisez les témoignages d'Aline et Isabelle. De quels événements de leur vie parlent-elles ?

- Aline parle d'un accident.
- Oui et aussi...

www.nouvellesvies.en

CES ÉVÉNEMENTS QUI CHANGENT UNE VIE

Aline, 40 ans : Je travaillais à New York dans une grande société financière et j'aimais beaucoup mon travail. Mais j'ai eu un grave accident. Je me suis retrouvée à l'hôpital, mes jambes ne bougeaient plus. J'ai dû arrêter de travailler. Alors, j'ai décidé de revenir en France. Un jour, je me promenais en voiture et j'ai découvert par hasard un petit village où il y avait un gîte à vendre. J'ai eu le coup de cœur et je l'ai acheté ! Je ne regrette rien : aujourd'hui, j'ai retrouvé le bonheur.

Isabelle, 60 ans : Nous étions en 2002, j'approchais de la cinquantaine. Tout allait bien, mais ma vie était un peu monotone. Un soir, je suis allée sur Internet. Je me souviens que je pensais à mon premier amour... Alors, j'ai fait une recherche, j'ai retrouvé son numéro de téléphone et je l'ai appelé. Il s'est souvenu de moi ! Il venait de divorcer. Nous avons décidé de nous revoir à Genève, où il vivait. On a vécu une relation entre la France et la Suisse et puis, à 50 ans, il m'a demandé en mariage. J'ai quitté la ville pour aller vivre à la montagne, loin du stress et près du bonheur !

C. Écoutez l'extrait d'une émission de radio au cours de laquelle David a raconté son expérience. Cochez les phrases exactes.

PISTE 23

1. David a vécu un moment difficile quand...
   ☐ il était enfant.
   ☐ il était adulte.
   ☐ il était adolescent.

2. Il voulait...
   ☐ avoir un bon travail.
   ☐ voyager.
   ☐ avoir une famille.

3. Il a voulu revoir son père quand...
   ☐ il a rencontré sa fiancée.
   ☐ il s'est marié.
   ☐ il a eu son fils.

4. Aujourd'hui, sa vie a changé...
   ☐ parce qu'il a retrouvé son père.
   ☐ parce qu'il a un bon métier.
   ☐ parce qu'il a réussi sa vie.

D. Connaissez-vous des personnes qui ont changé leur manière de voir la vie ? Pourquoi ?

Et vous ?
Avez-vous vécu un événement qui a changé votre vie ?

3. SOUVENIRS, SOUVENIRS

A. Lisez ce texte et cochez les phrases exactes.

1. ☐ L'événement a eu lieu à l'occasion d'une réunion familiale.
2. ☐ Quand il a vu Alice, le narrateur a eu un coup de foudre.
3. ☐ Il ne savait pas ce qu'il devait faire.
4. ☐ Il est parti le plus vite possible.

Marc Marronnier, récemment divorcé, avait un regard négatif sur l'amour, jusqu'au jour où il a fait la rencontre d'Alice.

La deuxième fois que j'ai vu Alice, c'était à un anniversaire. Une amie d'Anne venait de vieillir d'un an et trouvait utile de célébrer l'événement. Quand j'ai reconnu la silhouette souple d'Alice, j'étais en train de servir une coupe de Champagne à Anne. J'ai continué de remplir sa coupe un peu plus haut que le bord, **inondant** la nappe. Alice **trinquait** avec son mari. Mon visage **a viré au grenat**. J'ai été obligé de regarder mes pieds pour **parvenir** à marcher sans **trébucher**. Que faire ? Ignorer Alice ? Pour **draguer** les jolies filles il ne faut pas leur parler, faire comme si elles n'existaient pas. Mais si elle s'en allait ? Ne plus revoir Alice m'était déjà un **supplice**. Il fallait donc lui parler sans lui parler.

Texte adapté de *L'amour dure 3 ans*, Frédéric Beigbeder, Éditions Grasset et Fasquelle, 2001

VOCABULAIRE :

inondant : (ici) mouiller en renversant une grande quantité
trinquait : choquer son verre avec le verre de quelqu'un avant de boire
a viré au grenat : est devenu tout rouge
parvenir à : arriver à, réussir à

trébucher : perdre l'équilibre
draguer : faire du charme
supplice : chose très difficile à supporter, torture

B. Que s'est-il passé ? Complétez cette carte mentale. Ensuite, comparez vos réponses avec un camarade.

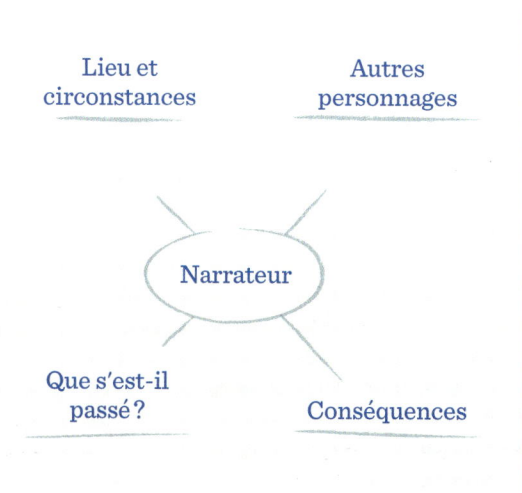

- Lieu et circonstances
- Autres personnages
- Narrateur
- Que s'est-il passé ?
- Conséquences

C. Écoutez cette émission de radio qui parle de *L'amour dure trois ans* et de son auteur, puis complétez le tableau suivant.

PISTE 24

	VRAI	FAUX
1. L'auteur a écrit ce livre au moment de son divorce.	☐	☐
2. Quand il a écrit son livre, il pensait ne rien savoir de l'amour.	☐	☐
3. Marc, le personnage principal du livre, c'est l'auteur 15 ans plus tôt.	☐	☐
4. Avant la rencontre d'Alice, Marc croyait que l'amour durait seulement quelques mois.	☐	☐

D. Pensez à un événement qui a eu des conséquences sur votre vie et complétez une carte mentale comme celle du point B. Ensuite, distribuez vos feuilles dans la classe. Chacun essaie de reconstituer l'histoire pour la raconter aux autres.

• *C'était à un dîner entre amis. Mark a vu une personne...*

OBSERVATION ET ENTRAÎNEMENT / GRAMMAIRE ET LEXIQUE

4. PLUSIEURS VIES...

A. Lisez cette interview de l'acteur François-Xavier Demaison et répondez aux questions.

1. Quelle était son ancienne profession ?
2. Pourquoi a-t-il décidé de changer de métier ?
3. Quelles ont été les conséquences de son choix ?

ENTRETIEN AVEC

François-Xavier Demaison

Mag info : Vous **vous êtes reconvertis** dans l'humour après plusieurs années comme fiscaliste dans un grand cabinet à New York. Pourquoi ?
FXD : On connaît tous des moments dans la vie —lors d'une maladie, d'une rupture, de la perte d'un être cher— qui nous font réfléchir. Je ne **voulais** plus de la vie que je menais, je **voulais** faire rire les autres. Ma place **était** sur scène.
MI : Et pourquoi **n'avez-vous** pas **fait** de spectacle depuis le début ?
FXD : Parce que j'**ai fait** Sciences Po, **je me suis marié**, **j'ai eu** une fille... J'**avais** envie de jouer au papa et à la maman. **Je me suis aperçu** après quelques années que je **faisais** totalement fausse route. Ma vie c'**était** d'être sur scène et de faire rire les gens, pas d'être derrière un bureau.
MI : Vous **aviez** quel âge à ce moment-là ?
FXD : J'**avais** 29 ans.
MI : Vous n'**avez** jamais **regretté** votre vie d'avant ?
FXD : Jamais.
MI : Mais, à l'époque, vous **aviez** la sécurité d'un salaire tous les mois, vous n'**aviez** pas l'angoisse du lendemain propre à la vie d'artiste.
FXD : Bien sûr, mais ça vaut la peine. Je ne sais pas de quoi sera fait demain, mais c'est ce que **j'ai voulu**. C'est une aventure. ★

Texte adapté de http://blog.ticketac.com

B. Observez les verbes en bleu et orange de l'interview. À quel temps sont-ils conjugués ? Complétez le tableau suivant.

L'OPPOSITION PASSÉ COMPOSÉ / IMPARFAIT

....
- C'est le temps qui fait « avancer » le récit, qui présente les actions comme des faits terminés.
- On l'utilise pour raconter des faits, des événements, des actions.

....
- C'est le temps qui « arrête » le récit, qui décrit une situation ou une action dans laquelle s'inscrit l'événement.
- On l'utilise pour décrire le décor, la situation présente au début de l'action.
- On l'utilise pour décrire des sentiments, des réactions ou commenter une action.

C. Cette alternance de temps passés existe-t-elle dans votre langue ?

D. Connaissez-vous des personnes qui ont eu plusieurs vies professionnelles ? Parlez-en entre vous.

- Un ami de mon père était infirmier et, plus tard, il a fait des études de droit et il est devenu avocat.
○ Il n'aimait pas être infirmier ?
- Si, mais il trouvait ça dur et il n'aimait pas ses horaires...

5. UNE VIE EN DESSIN

A. Regardez les dessins de la vie d'Ilario et associez-les aux phrases qui conviennent.

MA VIE EN DESSIN

70 soixante-dix

② **À la fin des** années 90, mes parents, ma sœur et moi, nous avons déménagé à Rennes, en Bretagne.

① Je m'appelle Ilario. Je suis italien et je suis né à Rome **en** 1980.

④ Je suis revenu en France et je n'ai rien fait **pendant** 6 mois.

○ Alors, **en** 2009, j'ai pris mon sac à dos, mon appareil photo et je suis parti faire le tour du monde **jusqu'**en 2011.

○ Un jour, j'ai vu une offre d'emploi incroyable sur Internet. L'office de tourisme australien proposait « le meilleur job du monde ». J'ai postulé.

○ **Depuis** 2013, je suis payé pour photographier les plus beaux endroits d'Australie !

③ J'ai fait des études d'économie, de 2001 à 2004. J'ai vécu à Rennes **jusqu'**à la fin de mes études et je suis ensuite parti à Paris pour travailler comme employé de banque.

○ Mais je n'aimais pas passer ma vie dans un bureau... Et **après** 4 ans, j'ai décidé de tout quitter pour vivre ma passion : la photographie.

B. Observez les mots en gras dans les phrases ci-dessus et complétez le tableau.

LES MARQUEURS DU PRÉSENT ET DU PASSÉ (2)

SITUER OU INDIQUER UN MOMENT
En + année
..... *des années* + décennie

EXPRIMER LA LIMITE D'UNE ACTION
..... *en* + année
..... *à / au* + événement

EXPRIMER UNE ACTION POSTÉRIEURE
..... + année ou événement

EXPRIMER LA DURÉE D'UNE ACTION
Pendant + année ou événement

EXPRIMER LE POINT DE DÉPART D'UNE ACTION
Depuis + année

C. Dessinez votre parcours sur une feuille de papier, en ajoutant seulement des années. Ensuite, échangez votre dessin avec un camarade : chacun essaie alors de raconter le parcours de l'autre.

• Pendant 10 ans, tu as fait des études de médecine ?
○ Oui.

2002-2012

L'OPPOSITION PASSÉ COMPOSÉ / IMPARFAIT

EX. 1. Imparfait ou passé composé ? Simone a donné sa voix pour les annonces de la SNCF. Complétez cet interview.

être (x 2) | réussir | lire | essayer | travailler | chercher

Simone, depuis 1985, vous êtes la voix de la SNCF. Quelle ..... votre profession avant ?
J'..... comédienne et après j'..... comme animatrice dans une radio.
Comment avez-vous trouvé ce poste ?
J'..... une annonce dans un journal. Ils ..... la voix de la SNCF. J'..... et ..... le casting !

EX. 2. Conjuguez les verbes entre parenthèses au passé composé ou à l'imparfait. Faites l'élision si nécessaire.

Je ..... (faire) des études pour être infirmière. Je ..... (passer) mes examens et je ..... (avoir) mon diplôme. Après mes études, je ..... (trouver) du travail dans un hôpital psychiatrique où ..... (travailler) pendant 4 ans. Pendant cette période, je ..... (vivre) uniquement pour ma vie professionnelle et je ..... (ne pas profiter) assez de ma famille. En 2010, ma vie ..... (changer) : mon mari et moi, nous ..... (partir) en vacances et, pendant le trajet, notre voiture ..... (tomber) en panne. Juste devant nous, nous ..... (voir) une magnifique maison en pierre qui ..... (être) à vendre. On ..... (décider) de s'y installer. Maintenant, je m'occupe de 8 personnes malades qui vivent avec nous à la maison. Je peux faire le travail que j'aime et passer du temps avec ma famille.

LES MARQUEURS DU PRÉSENT ET DU PASSÉ (2)

EX. 3. Complétez ce texte sur Lucienne Moreau en vous aidant des étapes de son parcours.

Lucienne Moreau

1933 Naissance

1960-1987 — Elle travaille dans un hôpital.

1987 — Elle prend sa retraite.

1992 — Elle s'inscrit dans une agence de mannequins seniors.

2003 — Elle fait ses débuts au cinéma.

2010-2011 — Elle travaille comme journaliste reporter dans une émission de TV.

2013 — Elle travaille comme animatrice radio.

Lucienne Moreau est née ..... près de Laval. Avant de devenir célèbre, elle a travaillé dans un hôpital ..... 27 ans, ... 1987. ..... années 80, elle a pris sa retraite. Grand-mère originale, elle s'est inscrite dans une agence de mannequins seniors. Elle est devenue journaliste reporter dans l'émission de TV satirique *Le Petit Journal*. ..... cette expérience, elle a décidé de faire une pause. ..... 2013, elle est animatrice radio.

+ d'exercices : pages 177-178

OBSERVATION ET ENTRAÎNEMENT / GRAMMAIRE ET LEXIQUE

6. DRÔLE DE JOURNÉE

A. Par groupes de quatre, chacun lit une anecdote, puis la raconte aux autres. Pour vous, quelle est la situation la plus embarrassante ?

Ma plus grosse honte !

« Le mal des transports »

C'était au retour d'un voyage scolaire. J'avais 16 ans. Nous étions dans un avion pour Londres. Nous **étions en train** d'atterrir quand il y a eu un problème : l'avion a touché le sol puis a redécollé aussitôt. Ça a été tellement brusque que j'ai vomi sur les genoux du passager à côté, un garçon de mon âge. Je me suis sentie vraiment mal à l'aise ! »

« Dans le bus »

Un jour, je suis monté dans un bus et j'ai saisi une barre lorsqu'il a démarré brusquement, pour ne pas tomber. Je l'ai tenue pendant une bonne minute avant de me rendre compte qu'elle bougeait : en fait, c'était une barre à rideaux que tenait un autre passager ! Je ne savais pas comment m'excuser, mais la personne s'était déjà rendue compte de mon erreur et, à ce moment-là, elle a éclaté de rire !

« Rendez-vous en couleurs »

Ça s'est passé quand j'avais 14 ans. J'étais contente, car j'avais rendez-vous avec mon premier amour. Je suis arrivée un peu en avance et j'**étais en train de** lire tranquillement sur un banc quand il est arrivé dans ma direction. Il a regardé le banc bizarrement. J'ai tourné la tête et j'ai vu un panneau qui indiquait « Attention peinture fraîche ». Je me suis levée et là... la honte de ma vie ! J'avais de la peinture verte sur mes bras et ma robe !

« Attention à la porte »

Un jour, je suis arrivé en retard à une réunion, j'ai couru jusqu'à la salle et je me suis cogné contre la porte vitrée... Mes collègues **étaient en train de** discuter quand ils ont entendu un grand boum. Ils m'ont regardé et ils ont ri aux éclats. Après cet accident, on m'a surnommé le « Grand boum » toute l'année !

B. Complétez le tableau à l'aide des exemples surlignés dans le texte.

ÊTRE EN TRAIN DE + INFINITIF

On utilise la forme **être en train de** + infinitif pour indiquer que l'action est en cours.
- Quand l'action est au présent : **être** au présent de l'indicatif + **en train de** + infinitif.
  Ex. : *Je n'aime pas qu'on me dérange quand **je suis en train de** travailler.*
- Quand l'action est au ...., : **être** à l'imparfait de l'indicatif + **en train de** + infinitif.
  Ex. : *Mes collègues .... discuter.*

C. À votre tour, contribuez au site : racontez une histoire drôle qui vous est arrivée. Aidez-vous des catégories suivantes.

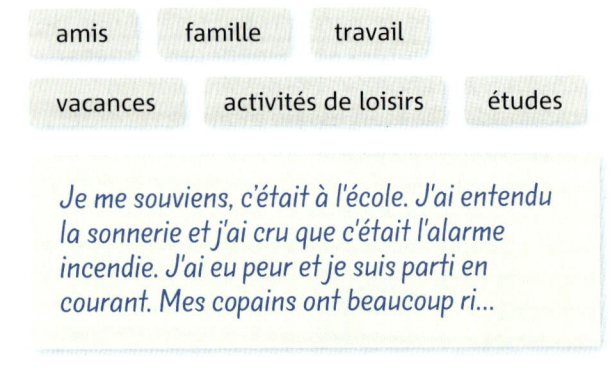

amis   famille   travail

vacances   activités de loisirs   études

Je me souviens, c'était à l'école. J'ai entendu la sonnerie et j'ai cru que c'était l'alarme incendie. J'ai eu peur et je suis parti en courant. Mes copains ont beaucoup ri...

72 soixante-douze

7. QUELLE HISTOIRE !

A. Dans ce film, deux amis se racontent des anecdotes. Lisez le dialogue et complétez-le avec les expressions suivantes.

- Tu as fait quoi ?
- Qu'est-ce qui s'est passé ?
- Ce n'est pas vrai !
- Non !
- Et alors ?

SÉQUENCE 56

Marco : La plus grande peur de ma vie ? Attends, laisse-moi réfléchir. Ah oui ! C'était avec Lucie.
Antoine (Etonné, il rit) : ...
M : J'ai décidé de faire quelque chose de différent, je voulais l'impressionner.
A : .....
M : (Il s'approche de son ami) : Je lui ai proposé de faire un saut en parachute !
A : ..... Tu n'as pas osé ?
M : Si ! Et elle a accepté. Elle était même très enthousiaste.
A : .....
M : Alors, une fois dans l'avion, préparés pour sauter dans le vide, devine quoi ? C'est moi qui ai eu la peur de ma vie ! Je me suis rendu compte que j'avais le vertige !
A (Il éclate de rire) **:** Quoi !?
.....
M : Si c'est vrai ! Au final, je suis resté comme un imbécile dans l'avion et elle a sauté toute seule en parachute !

B. Écoutez la conversation et vérifiez vos réponses. (PISTE 25)

C. Associez les expressions avec leurs fonctions.

LES EXPRESSIONS POUR INTERAGIR

1. Ce n'est pas vrai ! / Non ! / Quoi ! ?
2. Qu'est ce qui s'est passé ? / Tu as fait quoi ? / Et alors ?
- ☐ Pour connaître la suite d'un événement.
- ☐ Pour réagir à un récit ou information.

D. Quelle a été votre plus grande peur ? Racontez à la classe une anecdote en répondant aux questions éventuelles de vos camarades.

- C'était il y a 5 ans. J'ai invité un ami au restaurant.
- Qu'est-ce qui s'est passé ?

ÊTRE EN TRAIN DE + INFINITIF

EX. 1. Observez ces photos et complétez les commentaires avec *être en train de*.

Il fait super beau ici. On profite du soleil à la terrasse d'un café lyonnais. C'est la belle vie ! On ..... (boire) un verre et on pense bien à vous !

👍 Like • ▪▪ Remove Preview

C'était pendant nos vacances d'été, on se promenait au bord de la plage. Les nuages ..... (partir) et on a pris cette photo. Qu'en pensez-vous ?

👍 Like • ▪▪ Remove Preview

Salut tout le monde ! Devinez où on est ? À New York ! C'est une ville géniale ! Là, nous ..... (visiter) l'île de la Liberté (Liberty Island). On vous embrasse !

👍 Like • ▪▪ Remove Preview

LES EXPRESSIONS POUR INTERAGIR

EX. 2. Lisez les dialogues et entourez l'expression qui convient.

1. • Tu savais que cette actrice a fait de la chirurgie esthétique quand elle était jeune ?
   ○ Qu'est ce qui s'est passé ? / Ce n'est pas vrai !
   • Si, je t'assure !

2. • La honte ! Je ne t'ai pas raconté ? La semaine dernière, j'avais rendez-vous avec Louise au resto. J'ai mis une belle chemise blanche.
   ○ Et alors ? / Quoi !?
   • Bah, j'ai mangé des spaghettis à la sauce tomate et j'en ai mis partout sur ma chemise !

3. • Pendant l'entretien, mon employeur m'a montré mon CV : il y avait une photo de moi en vacances !
   ○ Mais c'est bien. / Qu'est-ce que tu as fait ?
   • Je me suis excusé et je lui ai demandé si je pouvais toujours espérer avoir le poste.

EX. 3. Demandez à votre camarade s'il a vécu les expériences suivantes. Posez-lui des questions pour savoir ce qui s'est passé.

- oublier ses clés
- avoir un coup de foudre
- dormir dans la rue
- trouver de l'argent dans la rue
- sortir de sa maison en pyjama
- rencontrer une personne célèbre

+ d'exercices : page 179

soixante-treize **73**

OBSERVATION ET ENTRAÎNEMENT / GRAMMAIRE ET LEXIQUE

8. DES MOMENTS INOUBLIABLES

A. C'est l'anniversaire de Marc et, pour ses 30 ans, sa famille a décidé de lui faire un album. Observez ces photos et lisez les commentaires. Avez-vous des souvenirs semblables de votre enfance ? Parlez-en en groupes.

Avec ton frère aîné, **qui** te faisait toujours rire. Je ne sais pas ce que vous faisiez, mais vous passiez des heures dans cette petite cabane, dans mon jardin. (Mamie)

Encore avec ton frère aîné, **qui** t'a appris à nager ! :-) Je me souviens bien de ce jour… Tu étais content ! (David)

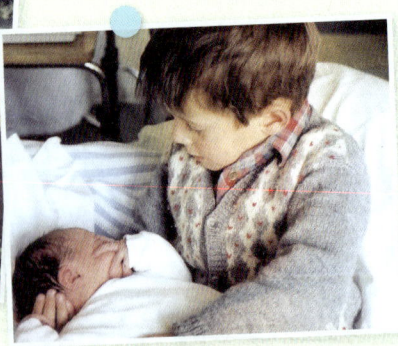

Tu te rappelles le jour **où** ta petite sœur est née ? Tu voulais toujours la prendre dans tes bras et t'occuper d'elle. (Papa)

1993, c'est l'année **où** on est parti aux États-Unis, avec papa, **qui** y allait pour le travail. On a découvert plein de trucs… et on a même fêté Halloween ! (David)

Je n'oublierai jamais les feux **que** tu faisais l'été dans le jardin, avec l'aide de Wanted, **qui** te suivait partout ! (Alice)

La Camargue, la région **que** tu adorais et **où** tu as fait du cheval pour la première fois. Tu ne voulais plus en redescendre ! (Maman)

B. Observez les pronoms relatifs surlignés ci-dessus, puis cochez les bonnes réponses dans le tableau.

LES PRONOMS RELATIFS (RAPPEL)

Qui peut représenter une personne, un objet ou une idée. Il est toujours ☐ sujet ☐ COD.
Ex. : On est partis aux États-Unis avec papa. Papa y allait pour le travail. → On est partis aux États-Unis avec papa, **qui** y allait pour le travail.

Que / qu' + voyelle peut représenter une personne, un objet ou une idée. Il est toujours ☐ sujet ☐ COD.
Ex. : Je n'oublierai jamais les feux. Tu faisais des feux dans le jardin. → Je n'oublierai jamais les feux **que** tu faisais dans le jardin.

Où peut être ☐ complément de lieu ☐ COD ☐ sujet ☐ complément de temps.
Ex. : La Camargue, c'est une région. Tu as fait du cheval en Camargue. → C'est la région **où** tu as fait du cheval pour la première fois.
Ex. : 1993 c'est une année. On est parti aux États-Unis en 1993. → 1993, c'est l'année **où** on est parti aux États-Unis.

C. Choisissez trois photos que vous aimez. Écrivez deux légendes pour chaque photo : une vraie et une fausse. Ensuite, en petits groupes, montrez-vous les photos. Quelles sont les vraies légendes ?

9. LA PREMIÈRE FOIS QUE…

A. Individuellement, répondez à ce questionnaire.

1. Le lieu où vous avez passé vos premières vacances : ....
2. Le premier animal que vous avez eu ou voulu avoir : .... 
3. Le premier film qui vous a fait pleurer : .... 
4. Le premier sport que vous avez pratiqué : .... 
5. La première personne qui vous a rendu(e) fou / folle d'amour : .... 
6. Le premier pays étranger où vous avez voyagé : .... 
7. La première fois que vous avez pris l'avion : .... 
8. La première fois que vous avez voté : .... 

B. En groupes, comparez vos réponses. Avec qui avez-vous le plus de choses en commun ? Pourquoi ?

- Quel est le lieu où tu as passé tes premières vacances ?
- Je crois que c'était la maison de mes grands-parents en Provence... Et toi ?
- Moi, c'était à Naples, en Italie.

LES PRONOMS RELATIFS (RAPPEL)

EX. 1. Raphaëlle décrit ses photos à Maël. Complétez ses phrases avec *qui*, *que*, *où*. Ensuite, écoutez-les et vérifiez vos réponses. (PISTE 26)

1. C'est le premier dessin .... j'ai fait quand j'étais petite.
2. C'est Sonia, ma grande sœur, ... m'a appris à nager.
3. C'est le parc .... nous allions pique-niquer l'été avec mes parents et mes sœurs.
4. 1998, c'est l'année .... j'ai appris à skier.
5. C'est le premier groupe .... j'ai vu en concert.

EX. 2. Complétez avec le pronom relatif qui convient.

Je me rappelle bien d'un jour de pluie pendant les vacances d'été, quand j'étais petit. Notre famille a une maison dans le Midi .... nous allions tous les ans. Je retrouvais des cousins .... avaient mon âge. On a découvert le kayak ensemble, un sport .... je pratique toujours.

EX. 3. Complétez les devinettes suivantes avec *qui*, *que*, *où*. Ensuite, donnez les réponses.

1. C'est une chose .... on ne communique pas et .... on cache : **s**....
2. C'est un moment vécu .... reste dans notre mémoire : **s**....
3. C'est un moment de l'année .... on ne travaille pas et .... beaucoup de gens partent en voyage : **v**....
4. C'est une émotion .... on a quand on pense que quelque chose de mauvais peut arriver : **p**....
5. C'est l'étape de la vie .... on va à l'école et on apprend à lire : **e**....

EX. 4. Imaginez deux devinettes sur le modèle de celles de l'activité précédente et faites-les deviner à vos camarades.

1. ....
2. ....

EX. 5. Comme dans l'exemple, posez une question à un camarade pour qu'il vous raconte une de ses premières fois. Ensuite, c'est à lui de vous interroger.

| que | qui | où |

- Quel est le plus beau jouet qu'on t'a offert ?
- Un train !

+ d'exercices : pages 178-179

soixante-quinze 75

OBSERVATION ET ENTRAÎNEMENT / LEXIQUE

LES MOMENTS ET LES ÉTAPES DE LA VIE

1. Lisez les définitions et complétez la grille.

HORIZONTAL
2. Période de la vie où les personnes arrêtent de travailler.
4. Union légale entre deux personnes.
6. Période qui se situe entre la puberté et l'âge adulte.

VERTICAL
1. Arrivée d'un enfant au monde.
3. Rupture de mariage.
5. Période qui va de la naissance à l'adolescence.

2. Écoutez les enregistrements. De quels moments de la vie parlent ces personnes ?
PISTE 27

| l'enfance | la retraite | le mariage | l'adolescence |

1. ....
2. ....
3. ....
4. ....

3. Écrivez les verbes qui correspondent aux noms suivants.

NOMS	VERBES
la naissance	....
la rencontre	....
le mariage	....
le divorce	....
la vieillesse	....

4. Associez les éléments de la colonne de droite à ceux de la colonne de gauche pour retrouver les expressions.

1. prendre   d'une personne
2. quitter   de profession
3. se séparer   la ville
4. changer   un accident
5. avoir   avec une amie d'enfance
6. se marier   sa retraite

EXPRIMER LES ÉMOTIONS

5. Associez ces émotions à l'événement ou à la situation qui convient.

1. On a peur...
2. On est admiratif / admirative...
3. On a honte...
4. On est fier / fière...

A. ...quand on rencontre quelqu'un d'exceptionnel.
B. ...quand on a prend des risques.
C. ...quand on réussit quelque chose de difficile.
D. ...quand on vit une situation ridicule.

6. Quand ressentez-vous ces émotions ?

| avoir peur | être fier / fière | avoir honte |

• Je suis fière quand j'arrive à faire quelque chose qui me faisait peur.

7. Complétez le texte avec les expressions suivantes.

| avoir peur | avoir honte | être fier / fière |

Mon grand-père est un ancien marin pêcheur. J'adore sortir pêcher avec lui. Le plus souvent, j'.... parce qu'il attrape toujours les plus gros poissons et, moi, les plus petits !

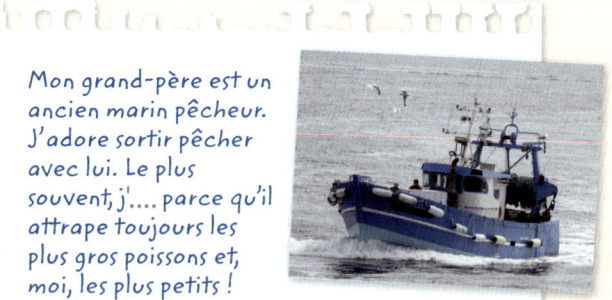

De temps en temps, il m'arrive d'en pêcher des beaux et, là, je dois bien dire que je .... de moi. Quand nous sommes tous les deux sur le bateau, il aime me raconter ses histoires.

Un jour, nous sommes allés pêcher ensemble mais il ne faisait pas beau et il y avait des grosses vagues. J'.... parce que je croyais que le bateau allait se renverser !

Karine

OBSERVATION ET ENTRAÎNEMENT / PHONÉTIQUE   4

ÉCHAUFFEMENT
LA PROJECTION DE LA VOIX

1. Suivez les étapes ci-dessous pour prendre conscience de la projection de votre voix.

A. Mettez-vous debout en cercle dans une posture agréable.
B. Inspirez en essayant de gonfler votre ventre le plus possible, puis expirez en relâchant lentement le souffle et en contractant les abdominaux. Faites cela cinq fois.
C. Inspirez, gonflez votre ventre puis, à l'expiration, prononcez [a – ø – i – o – y]. Vous pouvez poser votre main sur votre ventre pour sentir la contraction.
D. Faites cet exercice cinq fois jusqu'à sentir l'efficacité dans la projection des sons.
E. Mémorisez cette technique vocale.

A. PROSODIE
L'ALLONGEMENT DE LA SYLLABE

Le rythme en français est marqué par l'allongement de la dernière syllabe des groupes rythmiques. Cet allongement est suivi d'une pause plus ou moins longue. Ce phénomène permet :
- d'indiquer à l'interlocuteur quelles sont les frontières entre les groupes rythmiques,
- de l'aider dans sa compréhension,
- de prendre le temps de réfléchir afin de préparer ce que l'on va dire après.

2. A. Écoutez puis prononcez les énoncés suivants en exagérant l'allongement de la dernière syllabe des groupes rythmiques. Tapez dans vos mains sur chaque syllabe accentuée.
PISTE 28

1. *[ba<u>ba</u>]
2. *[baba<u>ba</u>]
3. *[babøbibo<u>by</u>]
4. Bon<u>jour</u>... Comment ça <u>va</u> ?
5. Je vais très <u>bien</u>... mer<u>ci</u>... et <u>toi</u> ?

2. B. Écoutez et prononcez les questions suivantes comme si vous hésitiez.
PISTE 29

1. Qu'est-ce que tu fai<u>sais</u>... comme tra<u>vail</u> ?
2. Où vivaient-<u>elles</u>... à cette époque-<u>là</u> ?
3. À quel <u>âge</u>... tu es par<u>ti</u>... de chez <u>toi</u> ?
4. Tu as déjà pen<u>sé</u>... à te ma<u>rier</u> ?
5. Quand est-ce que tu as commen<u>cé</u>... à ap<u>prendre</u>... le fran<u>çais</u> ?

B. PHONÉTIQUE
L'OPPOSITION [e] / [ə]

3. Prononcez les séries suivantes.

Je change	J'ai changé	Je changeais
Je travaille	J'ai travaillé	Je travaillais
Je voyage	J'ai voyagé	Je voyageais
J'étudie	J'ai étudié	J'étudiais
J'habite	J'ai habité	J'habitais

4. Écoutez les phrases suivantes et dites si vous entendez le passé composé ou l'imparfait.
PISTE 30

	PASSÉ COMPOSÉ	IMPARFAIT
1		
2		
3		
4		
5		
6		

C. PHONIE-GRAPHIE
LIRE À HAUTE VOIX

5. A. Écoutez attentivement le texte suivant en faisant attention aux groupes rythmiques et aux syllabes accentuées indiquées.
PISTE 31

1. L'actr**ice** | icône des années soixante-d**ix** | sait faire parler d'**e**lle || La représent**an**te | de l'élégance à la franç**ai**se | image de la femme parf**ai**te | a caché son secr**e**t | pendant des ann**ée**s ||

2. En eff**e**t | c'est seulement à 70 **an**s | qu'elle a dévoi**lé** | son tatouage dans le c**ou** | pendant une séance phot**o** | pour un célèbre photogr**a**phe || Dep**ui**s | elle a révé**lé** | un autre tatouage sur le p**ie**d | et a décla**ré** | « J'ai toujours aimé ç**a** » ||

5. B. Lisez à haute voix le texte précédent en faisant attention à votre projection de voix, la respiration et l'allongement des groupes rythmiques.

5. C. Créez votre propre biographie au passé en cinq lignes et lisez-la à haute voix.

....
....
....
....
....

REGARDS CULTURELS

DEUX ENFANCES

Édouard Louis
En finir avec Eddy Bellegueule

Dans ce livre, l'auteur raconte son enfance et son adolescence dans un village du Nord de la France. Il a beaucoup souffert à cause de son homosexualité. Il a subi des moqueries, des insultes et des violences de la part des gens du village et des élèves du collège, mais aussi de la part de sa propre famille. Dans cet extrait, Eddy raconte son premier jour au collège.

J'avais dix ans. J'étais nouveau au collège. Quand ils sont apparus dans le couloir, je ne les connaissais pas. J'ignorais jusqu'à leur prénom, ce qui n'était pas fréquent dans ce petit établissement scolaire d'à peine deux cents élèves où tout le monde apprenait vite à se connaître. Leur **démarche** était lente, ils étaient souriants, ils ne **dégageaient** aucune agressivité, **si bien que** j'ai d'abord pensé qu'ils venaient faire connaissance. Mais pourquoi les grands venaient-ils me parler à moi qui étais nouveau ? La cour de récréation fonctionnait de la même manière que le reste du monde : les grands ne **côtoyaient** pas les petits. Ma mère le disait en parlant des ouvriers : « Nous les petits on intéresse personne, surtout pas les grands **bourges**. » Dans le couloir ils m'ont demandé qui j'étais, si c'était bien moi **Bellegueule**, celui dont tout le monde parlait. Ils m'ont posé cette question que je me suis répétée ensuite, **inlassablement**, des mois, des années. C'est la surprise qui m'a traversé, **quand bien même** ce n'était pas la première fois que l'on me disait une chose pareille. On ne s'habitue jamais à l'injure. Dans le couloir le grand aux cheveux roux et le petit au dos voûté criaient. Les injures se succédaient avec les coups, et mon silence, toujours.

En finir avec Eddy Bellegueule, Édouard Louis, Éditions Seuil, 2014

VOCABULAIRE
Bellegueule : (familier) beau visage
démarche : façon de marcher
dégageaient : montraient
si bien que : alors, tellement que
côtoyaient : voyaient, fréquentaient
bourges : (familier) bourgeois, gens riches
inlassablement : constamment, sans arrêt
quand bien même : même si

Joseph Joffo
Un sac de billes

Joseph Joffo se souvient de son enfance dans Paris occupé par les Allemands. En 1942, Joseph a dix ans. Ce matin-là, sa mère a cousu sur sa veste l'étoile jaune obligatoire pour tous les Juifs. Il arrive à l'école de son quartier.

78 soixante-dix-huit

P. 19

Un cercle s'est formé et j'en ai été le centre. Kraber a souri tout de suite, la lampe éclairait son visage.
– T'es pas le seul, il y en a qui ont la même en deuxième année.
Dans l'ombre derrière, il y a un remous et deux visages sont apparus, pas souriants ceux-là.
– T'es un **youpin**, toi ?
Difficile de dire non quand c'est écrit sur le revers de sa veste.
Mais qu'est-ce qui vient d'arriver ? J'étais un gosse, moi, avec des billes, des jouets, des leçons à apprendre, papa était coiffeur, mes frères aussi, maman faisait la cuisine, le dimanche papa nous emmenait à Longchamp voir les **canassons** et **prendre l'air**, la semaine en classe et voilà tout, et tout d'un coup on me colle quelques centimètres carrés de tissu et je deviens juif. Juif. Qu'est-ce que ça veut dire d'abord ? C'est quoi, un Juif ?
Je sens la colère qui vient, doublée de la rage de ne pas comprendre.

Un sac de billes, Joseph Joffo, Éditions Jean-Claude Lattès, 1973

> **VOCABULAIRE**
> *youpin* : terme injurieux pour désigner un juif
> *canasson* : (familier) cheval (les courses de chevaux à Longchamp sont célèbres)
> *prendre l'air* : être dehors, se promener

10. DES ENFANTS VICTIMES

A. Quand vous étiez enfant ou adolescent, avez-vous le souvenir de moments douloureux pour vous ou pour l'un(e) des élèves de votre classe ?

B. À deux, chacun lit un des textes. Ensuite, résumez-le à l'autre.

- les personnages
- le cadre
- l'événement

11. DES RÉACTIONS DIFFÉRENTES

A. Comment les deux enfants réagissent-ils face aux insultes ? Pourquoi leurs émotions sont-elles très différentes ?

B. Dans *Un sac de billes*, comment l'auteur montre-t-il que la vie quotidienne de l'enfant était jusque-là tout à fait normale ?

12. LE REFUS DES DIFFÉRENCES

A. Pour quelles raisons certains élèves sont-ils la cible de moqueries, d'injures ou même de harcèlement de la part de leurs camarades de classe ?

B. Connaissez-vous d'autres cas de discrimination ? Présentez-les et discutez-en entre vous.

+ DE RESSOURCES SUR
espacevirtuel.emdl.fr

Quelle est la première fois que... ?
Quelques personnes parlent de leurs premières fois.

TÂCHES FINALES

TÂCHE 1 — LE FILM D'UNE VIE

THÈME	ÉTAPE DE LA VIE
anecdotes	enfance
meilleurs souvenirs	adolescence
événements importants	âge adulte
premières fois	vieillesse

1. En groupes, vous allez imaginer la biographie d'une personne célèbre et vous allez faire une vidéo animée de sa vie. D'abord, toute la classe décide qui va être cette personne célèbre.

2. Chaque groupe se subdivise et choisit un thème et une étape de la vie, à l'aide de la grille. Notez vos idées sur la biographie de votre célébrité.

- On a « meilleurs souvenirs » et « adolescence », vous avez une idée ?
- On peut parler des premières vacances qu'il a passées avec ses amis…

3. Chaque groupe met en commun ses idées pour reconstituer l'histoire de la célébrité. Dessinez son histoire et faites la vidéo animée.

4. Montrez votre vidéo à l'autre groupe, faites des commentaires et donnez votre avis. Est-ce que les deux histoires se ressemblent ?

CONSEILS

- Imaginez une biographie originale.
- Choisissez quels membres du groupe vont dessiner chaque étape de la vie de votre personne célèbre et filmez-les en train de dessiner.
- Faites des dessins simples.
- Vérifiez la qualité des images et du son.

TÂCHE 2 — SOURIEZ, VOUS ÊTES PHOTOGRAPHIÉ !

1. En petits groupes, vous allez créer la double page d'un album photo dont le thème est « La classe de langue ». Cette double page sera composée de deux rubriques : « Les premières fois… » et « Les anecdotes ».

2. Vous allez créer la page « Les premières fois ». Pensez à deux ou trois moments et illustrez-les avec des photos ou des images. Ensuite, rédigez un commentaire pour chacune d'elles.

- La première fois qu'on est sortis tous ensemble ?
- Oui, c'était il y a un mois, non ?
- Oui, pour visiter l'exposition sur Matisse…

3. Maintenant, vous allez créer la page sur les anecdotes. Écrivez trois anecdotes que vous avez vécues dans la classe et illustrez-les.

4. Montrez votre double page aux autres étudiants. En groupes, votez pour les albums les plus originaux. Expliquez pour quelles raisons vous les avez choisis et constituez une double page commune.

LES PREMIÈRES FOIS

Jean-Paul Nishi — Le premier texte qu'on a lu !

La première sortie avec la classe. On est allés voir une exposition sur Matisse. Il y avait beaucoup de monde mais on a tous adoré !

La première chanson qu'on a écoutée. " Papaoutai ", de Stromae.

LES ANECDOTES

Un jour, Ken a découvert une photo de sa copine dans le livre de langue ! Les autres ne le croyaient pas mais…

Il y a quelques semaines, quatre enfants français sont venus nous voir et on leur a posé des questions sur l'école en France. Et…

On a créé une pièce de théâtre et, le jour de la représentation,…

CONSEILS

- Choisissez des images qui illustrent bien chaque événement.
- Pensez à des situations drôles.
- Ajoutez des commentaires.

DOSSIER
CULTUREL

DOSSIER CULTUREL

BORDEAUX

Géographie
La ville de Bordeaux se situe dans le Sud-Ouest de la France, à l'embouchure de la Garonne. C'est un port mais il se trouve à une cinquantaine de kilomètres de l'océan Atlantique. Au sud commence la grande forêt des Landes.

Spécialités culinaires
Les huîtres du bassin d'Arcachon
Un dessert : le canelé
Et bien sûr, le vin !

Bordeaux, c'est…
Une ville classée au patrimoine mondial de l'UNESCO depuis 2007
115 000 ha pour 12 000 propriétés viticoles
Un port qui traite 8 millions de tonnes de marchandises
Une place de 126 000 m² : la place des Quinconces

La langue
Le bordeluche, dérivé du gascon, est une langue que l'on parlait avant à Bordeaux. Aujourd'hui, on la parle moins souvent.

Une expression bien bordelaise
« C'est gavé bien ! » (= c'est super bien !)

La place Camille-Jullian dans le quartier Saint-Pierre

Le quartier Saint-Pierre

Le quartier Saint-Pierre se trouve au cœur du Vieux Bordeaux, derrière la place de la Bourse. C'est un quartier très sympathique, avec ses rues étroites, dont certaines datent du Moyen Âge, ses petites places et ses immeubles du XVIIIe siècle (âge d'or de la ville) très bien restaurés. Ce quartier, jadis très populaire, est devenu très branché avec ses restaurants, ses bars à la mode et ses lieux de spectacle. Le quartier Saint-Pierre, c'est l'animation permanente !

La place de la Bourse et le miroir d'eau

Montaigne

Michel de Montaigne (1553-1592) vient d'une longue lignée de gros négociants bordelais. Il a reçu une éducation très complète : latin et grec, droit, littérature, art…

Il a fait des études de droit et, plus tard, il a été maire de la ville de Bordeaux, comme son père avant lui. Il a ensuite beaucoup voyagé dans toute l'Europe comme diplomate.

Montaigne a écrit un seul livre, les *Essais*, très célèbre encore aujourd'hui. Ce sont des réflexions philosophiques sur le monde et sur lui-même.

Montaigne

82 quatre-vingt-deux

> **BORDEAUX**

Bordeaux, capitale mondiale du vin

Bordeaux est la capitale incontestée du vin. Tous les deux ans, la foire VINEXPO attire des professionnels du monde entier (2 500 exposants) et des dizaines de milliers d'amateurs de bon vin.

Les grands vignobles sont : .

• Sur la rive gauche de la Garonne, le **Médoc** (par exemple, Margaux ou Mouton Rothschild), le **Graves** et le **Sauternes**, vin blanc doux et délicat, excellent avec le foie gras.

• Entre la Garonne et la Dordogne, l'**Entre-deux-mers**, surtout réputé pour son vin blanc sec.

• Sur la rive droite, le **Saint-Émilion**, le **Côtes-de-Bourg** et le **Côtes-de-Blaye**.

Un vignoble

Bordeaux, porte de l'océan

Le week-end, les Bordelais s'évadent vers la mer, par exemple, dans le très chic bassin d'Arcachon, qui n'est qu'à 50 kilomètres et où ils peuvent faire de la voile, circuler à bicyclette sur les petites routes forestières (il existe des dizaines de kilomètres de pistes cyclables), escalader la dune du Pilat (110 m) d'où on domine tout le bassin, et manger des huîtres !

La dune du Pilat (Arcachon)

Le canelé bordelais

Tous les Français connaissent le canelé bordelais : c'est un petit gâteau cylindrique au parfum de vanille et de rhum, avec une belle croûte caramélisée.

Le canelé existait déjà au XVIIe siècle, mais il est devenu une véritable institution au milieu des années 1980. Actuellement, rien que dans le département de la Gironde, on mange près de 5 millions de canelés chaque année.

Le roi du canelé, c'est Baillardran, une maison qui existe depuis 1988. Ils ont 12 boutiques à Bordeaux !

Des canelés

Une boutique Baillardran

Bordeaux, c'est aussi...

- **Les quais de la Garonne**
  Pour découvrir leur miroir d'eau.
- **Le cours de l'Intendance, une superbe rue piétonne**
  Pour se balader, boire un verre, faire des courses...
- **Le cinéma Utopia**
  Pour participer aux débats après les films et parce qu'il se trouve dans une église désaffectée.

quatre-vingt-trois **83**

DOSSIER CULTUREL

LILLE

Géographie
Lille est la plus grande ville du nord de la France, elle se trouve à 10 km de la Belgique. C'est l'ancienne capitale des Flandres. Sa situation géographique explique qu'elle a subi des guerres pendant des siècles.

Spécialités culinaires
Ce sont à peu près les mêmes qu'en Belgique : on cuisine à la bière (carbonade de bœuf ou petit salé de porc), on mange des tonnes de moules-frites et comme dessert, des gaufres. On boit de la bière et un petit coup de genièvre après le repas.

Lille, c'est...
230 000 habitants, mais plus d'1,2 million d'habitants avec la banlieue
Une ville très chaleureuse où il fait bon vivre
La porte vers la Belgique et la Hollande

Trois expressions ch'ti[1] :
« Bonjour tertous ! » (= Bonjour tout le monde !)

« Arrête de faire l'Jacques ! » (= Arrête de faire des sottises !)

« Chuis fin heureux ! » (= Je suis très heureux !)

[1] On appelle familièrement ainsi les gens de cette région à cause de leur accent particulier.

Le vieux Lille

Lille, ancienne capitale industrielle

Lille a été la capitale industrielle de la France au XIXe siècle avec ses moulins, ses brasseries de bière, ses filatures de lin et de coton, ses usines textiles ou encore celles destinées à fabriquer des pièces pour les automobiles ou pour les trains. La bourse de Lille était très importante à cette époque. Aujourd'hui, ces industries ont presque toutes disparu et les Lillois travaillent essentiellement dans le secteur tertiaire (administrations, services, commerces).

Une boulangerie Paul

La boulangerie Paul

Le fondateur ne s'appelait pas Paul mais... Charlemagne, Charlemagne Mayot. Et c'est bien un empire qu'il a créé, l'empire de la boulangerie. Fondée en 1889 à proximité de Lille, la boulangerie Paul c'est, aujourd'hui, plus de 500 boulangeries sur les cinq continents.

La vieille bourse de Lille

LILLE

Le Carnaval

En février, le Carnaval attire beaucoup de monde. Dans toute la région du Nord, le Carnaval, c'est sacré ! Les gens défilent par milliers, presque toujours déguisés. Ils suivent les chars décorés et les géants qui avancent au son de la fanfare. Chaque géant, de 3 ou 4 mètres de hauteur, représente une ville ou un quartier. Le géant de Lille le plus connu est Le p'tit Quinquin.

Comme partout dans le Nord, les Lillois aiment se retrouver pour rire, manger, boire et chanter. Le Carnaval est l'occasion de laisser déborder sa bonne humeur !

Le Carnaval de Lille

La Grande Braderie

Elle a lieu chaque année, le premier week-end de septembre. C'est un gigantesque marché aux puces. Près de trois millions de personnes y viennent de France, de Belgique et d'ailleurs pour chiner mais aussi pour manger, boire et s'amuser.

Qu'est-ce qu'on mange ? Des moules et des frites ! Le restaurant qui a la plus haute pyramide de coquilles de moules a gagné !

La Grande Braderie de Lille

Le marché de Noël

C'est un des plus beaux marchés de Noël de France, plein de lumières et de gaieté. Situé dans le centre de Lille, il dure six semaines aux mois de novembre et décembre et attire plus d'un million de visiteurs. Les principales attractions, ce sont la grande roue qui monte à 50 mètres et permet d'avoir une vue unique sur toute la vieille ville et la chenille, un extraordinaire manège qui date de 1922.

Une grande pyramide de coquilles de moules

Le marché de Noël

Lille, c'est aussi...

- **La citadelle de Vauban**
  Pour admirer cet ouvrage bâti au XVIIe siècle sous l'ordre de Louis XIV.
- **Le musée des Beaux-Arts**
  Pour admirer sa riche collection de tableaux.
- **Le charmant marché de Wazemmes**
  Pour faire ses courses le dimanche matin.

DOSSIER CULTUREL

GENÈVE

Géographie
Genève, deuxième ville de Suisse après Zürich, se trouve à la frontière franco-suisse. C'est la plus grande ville de la Suisse romande (partie francophone du pays). Genève est située à l'extrême sud-ouest du lac Léman. Les montagnes qui la dominent, le Jura par exemple, sont en France.

Spécialités culinaires
Le chocolat, bien sûr ! Mais il faut aussi goûter les perches du lac Léman accompagnées d'un verre de Fendant bien frais !

Genève, c'est...
450 000 habitants avec sa banlieue
40 % de population étrangère
Une ville internationale de premier plan
Une place financière

Son emblème
Son jet d'eau magnifique. Il s'élève à 140 mètres et on le voit de partout !

La langue
À Genève, comme dans toute la Suisse romande, le français est la langue officielle mais on entend toutes les langues car 40 % des habitants sont étrangers.

Trois mots et une expression suisses
Septante et **nonante** (= soixante-dix et quatre-vingt-dix), comme en Belgique

Un bobet (= un idiot, un sot)

« Alors, ça joue ? » (= Ça va ? Ça marche ? Ça convient ?)

Le jet d'eau de Genève

Capitale diplomatique

On dit souvent que Genève est la « Capitale de la Paix ». C'est en tout cas une ville où sont installées 22 organisations internationales, dont certaines de première importance : l'Office des Nations unies, l'Organisation mondiale de la santé, l'Organisation mondiale du commerce, l'Organisation internationale du travail, le Haut Commissariat des Nations unies pour les réfugiés ou le Comité international de la Croix-Rouge...
Un très grand nombre d'ONG ont aussi leur siège à Genève, comme CARE, Médecins Sans Frontières ou ATD Quart Monde.

La place des Nations unies

GENÈVE

Une sculpture insolite

Devant le palais des Nations unies, on peut voir depuis 1997 une gigantesque chaise dont un pied est cassé (*Broken chair*). Cette statue de Daniel Berset, propriété de l'ONG Handicap International, nous rappelle les dangers des mines anti-personnelles.

Broken chair

Le Lac Léman

Et le week-end...

Les Genevois aiment partir en randonnée en haut du mont Salève (qui est en France). De là, on a une vue superbe sur toute la région de Genève. On l'appelle d'ailleurs « Le balcon de Genève ».

Ou bien ils partent faire un tour autour du lac Léman dont les rives sont absolument magnifiques.

Genève, grand centre scientifique

Le CERN (Conseil européen pour la recherche nucléaire ; aujourd'hui, Organisation européenne pour la recherche nucléaire) a été créé en 1954. C'est le plus grand laboratoire de physique des particules du monde. Des milliers de physiciens venus du monde entier y travaillent.

Le quartier de Carouge

Le CERN

Un quartier très vivant, Carouge

C'est le quartier branché de Genève, très vivant et coloré, avec des bars et des restaurants où on peut déjeuner en terrasse, des marchés et des animations en toute saison et à toute heure. Ne ratez pas la Fête de la tomate au mois de juillet. C'est beau, c'est gai, c'est bon !

Genève, c'est aussi...

- **Le vieux Genève dans la ville haute**
  Pour voir l'hôtel de ville et la maison de jeunesse de Rousseau.
- **Les bains de Pâquis, au bord du lac Léman**
  Pour se baigner, déjeuner ou se délasser dans un hammam.
- **Les bateaux Mouettes**
  Pour passer en quelques minutes sur l'autre rive du lac.

DOSSIER CULTUREL

MONTRÉAL

Géographie
Montréal est une île de 100 km², bordée par le fleuve Saint-Laurent et la rivière Outaouais, au centre-est du Canada, dans la province du Québec.

Spécialités culinaires
La poutine, qui est faite avec des frites, du fromage frais (de type cheddar) et de la sauce brune. Le sirop d'érable à mettre sur les crêpes ou les gaufres ou encore dans les yaourts.

Montréal, c'est...
Environ 2 millions d'habitants (4 avec sa banlieue)
La deuxième ville du Canada, après Toronto
La capitale du Québec, « La Belle Province »
La deuxième ville francophone du monde
Une ville cosmopolite : un habitant sur quatre est né à l'étranger
700 km de pistes cyclables
Des hivers très longs avec des températures allant jusqu'à −25º ou −30º

Des expressions canadiennes
« C'est ma blonde » (= C'est mon amoureuse)
« C'est mon cheum » (= C'est mon amoureux)
« Je sors avec ma gang » (= Je sors avec ma bande de copains)
« Donne-moi un bec ! » (= Embrasse-moi !)

La ville de Montréal

Un quartier magique : le Mont-Royal

Le Mont-Royal domine la ville de Montréal. C'est un quartier qui a un grand charme : ses maisons d'époque victorienne avec leurs escaliers extérieurs, son carré Saint-Louis et surtout son côté « village » bohème chic et non-conformiste attirent beaucoup d'artistes, en particulier des écrivains et des peintres.

La poutine

Le Mont-Royal

88 quatre-vingt-huit

MONTRÉAL

Un dépanneur de Montréal

Une véritable institution : le dépanneur

« Qu'est-ce qu'on deviendrait sans notre dépanneur ? » Le dépanneur, c'est « la petite épicerie du coin de la rue », toujours ouverte, qui dépanne et où on trouve un peu de tout, du lait, de la bière, du vin, du pain, des gâteaux... sans avoir besoin d'aller au supermarché (attention, un supermarché en France, c'est une épicerie à Montréal).

La ville où l'on s'amuse

L'été
Chaque année au mois de juillet, le Festival Juste pour rire, mondialement connu, attire des centaines de milliers de visiteurs. Sketches, spectacles de rue, théâtre, chansons... Pendant deux semaines, l'humour est roi !

Mais ce n'est pas le seul festival. L'été, l'animation est intense, surtout au moment des Francofolies et du Festival de jazz.

L'hiver
En février, la Fête Montréal en Lumière est un rendez-vous gastronomique et culturel qui attire plus de cent mille personnes chaque année. La nuit blanche, événement qui la suit, est l'occasion de s'amuser en plein air et d'oublier le froid.

Le Festival Juste pour rire

Montréal en Lumière

Un match de hockey sur glace

Un club fétiche : les Canadiens de Montréal

Le hockey sur glace est le sport national au Québec. Et les Canadiens de Montréal, le club fétiche de Montréal. C'est la plus ancienne équipe de hockey du monde, une légende !

Montréal, c'est aussi...

- **Le vieux Montréal et, juste à côté, le Vieux-Port**
Pour se balader dans la végétation typique de l'île.
- **Le jardin botanique**
Pour voir les « jardins culturels » qui invitent au voyage, de la Chine au Japon, en passant par les Premières Nations.

quatre-vingt-neuf 89

LA FRANCOPHONIE ÉCONOMIQUE DE 1 À 5

1 Institution

L'Organisation internationale de la francophonie (OIF) est une institution dont les membres (des États ou gouvernements participants) partagent ou ont en commun la langue française.

2 Foires internationales emblématiques

Le Salon international de la haute horlogerie
Genève

La Fête de la BD
Belgique

3 Marques

Peugeot
France

Louis Vuitton
France

Leonidas
Belgique

4 Secteurs d'activités

Produits de luxe
France

Biotechnologie
Belgique

Industrie textile
Tunisie et Maroc

Secteur pharmaceutique
Suisse

5 Produits emblématiques

Le savon de Marseille
France

Le couteau suisse
Suisse

La chope à bière
Belgique

Le sirop d'érable
Canada

Le tissu « pagne »
Afrique de l'Ouest

90 quatre-vingt-dix

5
SPORT ET SANTÉ AU FUTUR

DÉCOUVERTE
pages 92-95

Premiers regards
- Découvrir le lexique du sport
- Découvrir le lexique des parties du corps
- Parler des bienfaits du sport

Premiers textes
- Enrichir le lexique du sport
- Connaître l'histoire de Décathlon, une entreprise française
- Parler de l'industrie du sport et du sport 2.0

OBSERVATION ET ENTRAÎNEMENT
pages 96-103

Grammaire
- L'impératif (rappel)
- Le futur simple
- Les marqueurs du futur
- L'expression de l'hypothèse (1) : *Si* + verbe au présent, verbe au futur
- Les degrés de certitude

Lexique
- Le lexique du sport
- Décrire des douleurs et des symptômes
- Le lexique du corps et de la santé
- Les nouvelles technologies

Phonétique
- Prendre des risques
- La liaison (1)
- Les consonnes de liaison
- Les oppositions [s] / [z] et [ʃ] / [ʒ]

REGARDS CULTURELS
pages 104-105

Les documents
- Les nouveaux sports à la mode

La vidéo
- Vie connectée, vie augmentée

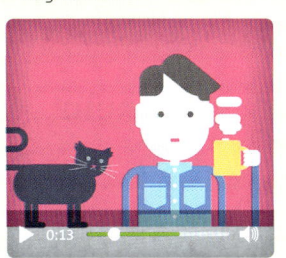

À visionner sur : espacevirtuel.emdl.fr

TÂCHES FINALES
page 106

Tâche 1
- Créer et présenter la tendance sportive de demain

Tâche 2
- Écrire un article sur la santé du futur

+ DE RESSOURCES SUR espacevirtuel.emdl.fr

— Des activités autocorrectives (grammaire / lexique / culture / CE / CO)
— Des nuages de mots sur le sport et la santé

quatre-vingt-onze 91

DÉCOUVERTE / PREMIERS REGARDS

Ma santé
p. 10

DOSSIER SPÉCIAL
SANTÉ ET SPORT

Connaissez-vous les bienfaits de ces sports ? Faites le point sur vos connaissances avec le questionnaire de la page 24.

Français, bougez-vous !

Aujourd'hui, nous savons tous que le sport est bon pour la santé, mais nous sommes de plus en plus sédentaires : un Français sur cinq déclare ne pas ou ne plus faire de sport.

Pourtant, pratiquer 30 minutes d'exercice physique par jour peut avoir des bienfaits sur notre santé physique et mentale (protéger notre cœur, rester en forme, réduire le stress, nous aider à mieux dormir, à mieux manger…).

Lisez notre dossier et vous commencerez (si vous n'en êtes pas convaincu) ou continuerez à faire du sport !

L'AVIRON

LA NATATION

LA MARCHE

LE JUDO

LE PILATES

LE BASKET

92 quatre-vingt-douze

SANTÉ ET SPORT : TESTEZ VOS CONNAISSANCES p. 24

NOS SPÉCIALISTES SANTÉ DONNENT LEUR AVIS : TESTEZ VOS CONNAISSANCES

« Ce sport peut être pratiqué à tous les âges. C'est une des meilleures manières d'entraîner ses muscles à son rythme et en plein air. »
Dr. Pierre-Yves Le Moal

« C'est un sport complet et physique. En général, les arts martiaux permettent de muscler l'ensemble du corps. Ils font aussi travailler les articulations et ils facilitent la concentration et la maîtrise de soi. »
Dr. Hakim Baden

« Ce sport nautique est complet ; on muscle tout le corps : le ventre, les bras ainsi que les jambes. Quand il est pratiqué à deux, il permet de travailler la synchronisation. »
Dr. Laurent Éon

« C'est un sport intense, idéal pour les jeunes. Il demande un bon esprit d'équipe et de la coordination. Il muscle les jambes (les cuisses et les mollets) mais aussi le haut du corps (les épaules, les bras et les poignets). En plus, il est bon pour le cœur ! »
Dr. Esther Verdier

« C'est la première chose que je recommande aux patients qui se plaignent d'avoir mal au dos. C'est une activité qui assouplit et muscle le dos. »
Dr. Rozenn Hubert

« Cette activité est bonne pour affiner sa silhouette et je la recommande souvent pour accompagner une perte de poids. Mais c'est aussi une bonne manière d'évacuer le stress car on apprend à contrôler ses mouvements et sa respiration. »
Dr. Isabelle Ballay

> « Le sport va chercher la peur pour la dominer, la fatigue pour en triompher, la difficulté pour la vaincre. »

Pierre de Coubertin, historien et pédagogue français, XIX-XXe siècle (fondateur des Jeux Olympiques)

1. LE SPORT, C'EST LA SANTÉ !

A. Lisez le titre et l'introduction du dossier. Quels sont leurs objectifs ? Cochez les bonnes réponses.

☐ Encourager les Français à faire du sport.
☐ Informer des risques du sport sur la santé.
☐ Informer des bienfaits du sport sur la santé.

B. Lisez les recommandations des spécialistes santé. De quel sport parle chacun d'eux ?

C. Parmi les sports mentionnés, quel sport vous intéresse le plus ? Quels sont les bienfaits de ce sport ? Parlez-en entre vous.

• Je préfère le basket. Ça fait travailler tout le corps : les bras, les jambes... Et toi ?

D. Classez les sports présentés dans le magazine dans les catégories suivantes. Connaissez-vous d'autres sports de ces catégories ?

sports d'endurance   sports collectifs   fitness

sports nautiques   sports de combat

💬 *Et vous ?*
Pensez-vous que vous faites assez de sport ?

quatre-vingt-treize **93**

DÉCOUVERTE / PREMIERS TEXTES

2. SPORT ET INNOVATION TECHNOLOGIQUE

A. Connaissez-vous l'entreprise Décathlon ? Y a-t-il une entreprise semblable dans votre pays ?

B. Lisez l'article et associez un titre à chaque paragraphe.

| Un bel avenir | Hier et aujourd'hui | Décathlon : les chiffres | Une marque innovante et grand public |

TOUT-SPORT

Décathlon, leader mondial du sport

16/10/2016

DÉCATHLON Cette entreprise spécialisée dans la distribution de produits sportifs est née en 1976. L'idée était simple mais originale : le magasin offrait un grand choix de produits sportifs en libre-service et à bas prix. Depuis son ouverture, Décathlon a toujours progressé : 10 ans après sa création, l'entreprise a ouvert son premier magasin hors de France, en Allemagne, et encore 10 ans plus tard, en 1996, elle a créé ses « Marques Passions ». Aujourd'hui, elle possède 20 marques aux noms exotiques (Tribord, Quechua, Kalenji...) qui représentent près de 60 disciplines comme les sports nautiques, le tennis, le vélo, la randonnée ou le fitness.

Comment une petite entreprise du nord de la France est-elle devenue un géant de l'équipement sportif ? Tout d'abord, grâce à son concept : proposer des produits innovants mais à des prix attractifs, ce qui lui permet de vendre à un public très large. Elle s'adresse aux amateurs de sport comme aux professionnels et elle propose des produits courants et bon marché, d'autres spécialisés et plus chers. L'innovation est au cœur du système Décathlon : chaque année, près de 10 % des produits sont renouvelés et l'entreprise organise même les *Innovation Awards by Décathlon* où chaque équipe présente la nouveauté la plus marquante. Certains produits ont eu un grand succès et sont devenus des classiques, comme, par exemple, le vélo TILT 720 de B'TWIN.

Aujourd'hui, l'entreprise est présente dans 22 pays et possède près de 900 magasins. Le marché international représente 60 % de son chiffre d'affaires. En 2014, ce chiffre d'affaires était de plus de 8 milliards d'euros.

Si l'entreprise continue d'innover, elle progressera encore à l'international, en particulier en Amérique du sud et en Chine, où elle fabrique une partie de ses produits et où elle progresse beaucoup. Elle améliorera sa position de leader à l'étranger et pourra essayer de conquérir les États-Unis, un marché difficile où les concurrents sont nombreux.

QUELQUES PRODUITS STARS DE DÉCATHLON

La tente 2 secondes Quechua

Le vélo B'TWIN (TILT 720 NOIR)

C. Quelles sont les clés du succès de cette entreprise ? Et ses défis pour le futur ?

💬 *Et vous ?*
Connaissez-vous une entreprise qui utilise le même type de stratégie ? Laquelle ?

3. SPORTIFS CONNECTÉS

A. Lisez le document. Y a-t-il des objets qui vous intéressent ? Que vous utilisez ? Lesquels et pourquoi ?

• J'ai une console sans manette. J'aime bien parce que je fais du tennis sans sortir de chez moi et c'est vraiment du sport !

B. Lisez l'article du magazine *Sport 2.0* et dites quel objet conviendrait le mieux aux cas suivants.

si vous aimez jouer en réseau   si vous aimez la mode   si vous voulez améliorer vos performances

pour vous encourager à maintenir une pratique régulière

SPORT 2.0 — SEPTEMBRE · 29

DES IDÉES POUR LES SPORTIFS BRANCHÉS !

POUR VOUS MOTIVER
Ce bracelet enregistre chacune de vos activités sportives durant la journée et communique vos performances à votre smartphone. Le fonctionnement est simple : chaque jour, vous vous fixez un but à atteindre et ce petit appareil vous informe des kilomètres que vous avez parcourus, des calories brûlées, de votre rythme cardiaque...

UNE MONTRE INTELLIGENTE
Voici une montre connectée pour mieux compter les points lors d'un match de tennis et éviter les erreurs d'arbitrage. L'application propose aussi d'enregistrer vos scores et de mémoriser toutes vos données pour vous aider à progresser.

UNE CONSOLE NOUVELLE GÉNÉRATION
Vous aimez jouer en ligne ? Vous voulez vous entraîner sans sortir de la maison ? C'est possible avec cette console de jeux vidéo. Vous trouverez un grand choix de jeux dans toutes les disciplines (tennis, ping pong, boxe, fitness, danse...).

DES CHAUSSURES UNIQUES
Vous avez envie de personnaliser vos chaussures de sport ? Certaines marques proposent aux internautes de créer leur modèle de baskets en fonction du sport qu'ils aiment et de leur style.

DU YOGA, OUI, MAIS CONNECTÉ !
Pour les adeptes de la méditation, voici un tapis de yoga connecté qui détecte votre position. Un coach virtuel vous accompagne et corrige vos postures grâce à une application.

DES CAPTEURS POUR MESURER VOS PERFORMANCES
Ces capteurs sont à placer sur votre planche de surf ou sur vos skis pour recueillir des informations sur vos performances. Il existe même des capteurs capables de mesurer vos sauts sportifs. Ils les enregistrent en 3D, ce qui permet de visualiser vos figures : c'est idéal pour les joueurs de basket ou de volley-ball.

LE SPORT 2.0 EST LE SPORT DE DEMAIN. SES AVANTAGES SONT NOMBREUX. EN VOICI QUELQUES-UNS :
- Vous prenez soin de votre santé.
- Vous augmentez votre sécurité.
- Vous progressez plus vite.
- Vous partagez vos performances sur les réseaux sociaux.
- Vous augmentez votre motivation.
- Vous êtes coaché et c'est moins cher.
- Vous vous amusez !

C. Pour vous, quels sont les principaux avantages du sport connecté : êtes-vous d'accord avec le magazine ? Discutez-en entre vous.

💬 *Et vous ?*
Connaissez-vous d'autres idées branchées pour les sportifs ?

OBSERVATION ET ENTRAÎNEMENT / GRAMMAIRE ET LEXIQUE

4. NOUVELLES TECHNOLOGIES, NOUVELLES PATHOLOGIES

A. Observez les photos de l'affiche. À votre avis, de quel thème s'agit-il ? Vérifiez vos hypothèses sur le site de l'Institut Français de la Santé.

Vous reconnaissez-vous ?

Plus d'informations sur le site de l'Institut Français de la Santé, www.ifs.en

www.ifs.en

VOUS AVEZ UN DE CES SYMPTÔMES ?
- Le soir, vous avez du mal à vous endormir facilement.
- Vous avez souvent mal au cou ou mal à l'épaule.
- Vous avez des douleurs au poignet.
- Parfois, dans la journée, vous avez mal aux yeux ou mal à la tête.
- Vous n'arrivez plus à vivre sans votre smartphone.

QUELLE EST LEUR ORIGINE ?

Les nouvelles technologies améliorent notre vie : elles nous relient aux autres, elles nous rendent plus efficaces au travail, elles nous facilitent l'accès à l'information. Mais elles peuvent aussi provoquer de nouveaux problèmes de santé. Ce n'est pas la technologie qui est mauvaise pour l'homme : c'est sa mauvaise utilisation qui peut avoir des conséquences négatives sur le corps et l'esprit.

NOS RECOMMANDATIONS :

Il ne faut pas abuser des bonnes choses : utilisez les appareils électroniques avec modération.

- Vous avez oublié votre smartphone à la maison ? Vous n'avez plus de batterie ? Ne paniquez pas, il est utile, très utile peut-être, mais pas vital.
- Limitez l'utilisation d'appareils électroniques avant d'aller vous coucher et, la nuit, éteignez votre portable !
- Quand vous lisez, adaptez votre éclairage à votre environnement.
- Ne baissez pas la tête vers votre smartphone ou votre liseuse électronique : levez plutôt votre appareil à la hauteur de vos yeux.
- Forcez-vous à vous tenir droit(e) tout au long de la journée, surtout quand vous êtes assis(e).
- N'hésitez pas à pratiquer des exercices de relaxation musculaire.
- Faites des pauses de temps en temps. Alternez les activités avec et sans appareils électroniques.

B. Associez chaque symptôme à la photo qui lui correspond.

C. Lisez les recommandations de l'IFS. Les suivez-vous ? Allez-vous les suivre ? Parlez-en entre vous.

D. Complétez ce rappel sur l'impératif. Aidez-vous de la rubrique « Nos recommandations ».

L'IMPÉRATIF (RAPPEL)

IMPÉRATIF AFFIRMATIF	IMPÉRATIF NÉGATIF
limite*	....
limitons	....
....	ne limitez pas
....	ne fais pas
faisons	ne faisons pas
....	....
force-toi**	ne te force pas
forçons-nous**	ne nous forçons pas
....	....

L'impératif se conjugue à .... personnes différentes. Il se construit sans pronom sujet.
*Le **-s** de la 2ᵉ personne du singulier des verbes en **–er** disparaît.
À l'impératif affirmatif, les pronoms personnels sont derrière le verbe et, pour la 2ᵉ personne du singulier on utilise **toi. Les verbes **être**, **avoir** et **savoir** sont irréguliers.

5. CHERCHEZ L'ERREUR...

A. Damien et Martine travaillent constamment sur un ordinateur, ce qui leur provoque des problèmes de santé. Lisez la description de leurs symptômes et écoutez l'interview du spécialiste. Parle-t-il des problèmes de Damien ou de ceux de Martine ?

Martine a souvent mal au cou, à l'épaule et au dos.

Damien a souvent mal aux yeux et parfois, il a mal à la tête.

B. Réécoutez l'interview. Quelles sont les origines de ces problèmes ? Quelles sont les recommandations du spécialiste ?

C. Observez les formes surlignées et complétez le tableau à l'aide des ces mots.

(l')oreille (la) main (la) jambe (les) yeux
(le) ventre (les) dents (la) cheville (les) mollets

DÉCRIRE DES DOULEURS

Avoir mal Avoir des douleurs	au .... à l' .... à la ..../..../.... aux ..../..../....

D. De plus en plus de personnes se plaignent de douleurs provoquées par l'utilisation d'appareils électroniques. Écoutez ce micro-trottoir et complétez le tableau suivant. Quels conseils donneriez-vous à ces personnes ? Aidez-vous de l'interview du spécialiste et des recommandations du site de l'IFS (p. 96).

l'ordinateur l'écran la souris
le clavier la tablette le smartphone

	PROBLÈMES	APPAREILS UTILISÉS	CONSEILS
1.			
2.			
3.			
4.			

Et vous ?
Quelles précautions prenez-vous ?

L'IMPÉRATIF (RAPPEL)

EX. 1. Judith a du mal à s'endormir. Transcrivez les conseils que lui a donnés son médecin.

• Pour vous détendre, prenez un bain chaud avant d'aller dormir.

EX. 2. Lisez ces conseils et cochez ceux qui sont à l'impératif. Recopiez la première lettre de chacun de ces verbes pour découvrir le mot mystère.

☐ 1. Si vous êtes trop fatigué, sortez faire une promenade !
☐ 2. La course à pied permet de faire du sport en pein air.
☐ 3. Partagez vos performances sportives grâce à une montre connectée.
☐ 4. Il faut faire du yoga et de la méditation, ça fait du bien.
☐ 5. N'oublie pas d'éteindre ton portable une heure avant d'aller dormir !
☐ 6. Passer une journée sans être connecté de temps en temps, ça fait du bien.
☐ 7. Ne restez pas des heures devant votre écran d'ordinateur, faites des pauses pour reposer vos yeux.
☐ 8. Tiens-toi droite pour éviter d'avoir mal au dos.

Mot mystère : ....

DÉCRIRE DES DOULEURS

EX. 3. Cette année, Benjamin a eu beaucoup de problèmes de santé. Observez les photos et dites où il a eu mal.

1. Il a eu mal au cou.
2. .... 
3. .... 
4. .... 
5. ....
6. ....

+ d'exercices : page 181

quatre-vingt-dix-sept **97**

OBSERVATION ET ENTRAÎNEMENT / GRAMMAIRE ET LEXIQUE

6. LA SANTÉ DU FUTUR

A. Lisez les prédictions de ces personnes sur ce que sera la santé demain et classez-les de la plus probable à la moins probable à votre avis.

◯ Bruno ◯ Maissa ◯ Éliot ◯ Izel ◯ Henri ◯ Émilien

Pour vous la santé du futur, ce sera quoi ?

Bruno, étudiant en médecine
« Aujourd'hui, on prend des médicaments, mais demain, on se **soignera** mieux grâce à l'électronique et je **participerai** à l'aventure de cette nouvelle médecine : c'est merveilleux ! »

Izel, agente immobilière
« J'imagine un futur où les scientifiques **fabriqueront** des prothèses que nous **commanderons** par la pensée. »

Maissa, professeure et chercheure
« Actuellement, les personnes qui ont un organe défaillant doivent attendre une greffe. Dans quelques années, on **imprimera** ces organes en 3D. »

Émilien, commercial
« Il y **aura** des robots partout, pour nous aider à la maison, pour accompagner les personnes âgées. On **aura** peut-être même des robots comme collègues. Vous ne me croyez pas ? Vous **verrez**… »

Éliot, écrivain
« Je suis sûr que nous **augmenterons** nos capacités grâce à la technique et nous **deviendrons** peut-être des super-héros ! »

Henri, vendeur
« En 2050, j'aurai 90 ans, mais nous **vivrons** certainement plus longtemps et j'espère que nous **vieillirons** en bonne santé… »

B. Observez les formes verbales surlignées et complétez le tableau suivant.

LE FUTUR SIMPLE

	RADICAL	TERMINAISONS
Je / J'	participer-	….
Tu	commander-	-as
Il / Elle / On	imprimer-	….
Nous	vieillir-	….
Vous	verr-	….
Ils / Elles	fabriquer-	….

C. Comparez votre classement avec celui de vos camarades. Êtes-vous d'accord ? Pour vous, comment sera la santé du futur ?

- Je pense qu'on sera capables de prévoir les maladies à l'avance.
- Certaines, peut-être, mais je pense qu'il y aura de nouvelles maladies !

7. UN DRÔLE D'AVENIR

A. Voici des prédictions sur l'avenir trouvées sur Internet. Qu'en pensez-vous ? Vous semblent-elles réalistes ?

Dans quelques années, les salles de sport offriront un environnement en 3D pour faire de l'aérobic.

En 2050, 1 personne sur 5 aura plus de 60 ans et la moitié de la population sera allergique.

Un jour, nous mangerons de la viande produite *in vitro*.

Dans quelques dizaines d'années, l'eau vaudra de l'or.

Un jour, les enfants ne sauront plus écrire à la main.

Dans le futur, on fera du sport par la pensée.

Les sportifs s'entraîneront contre leurs propres avatars ou contre leurs clones.

Bientôt, les médecins consulteront et soigneront le plus souvent à distance.

Il y aura de nouvelles maladies comme la « dépression de la longévité » ou la phobie des robots.

B. Observez le tableau des marqueurs du futur et dites quand ces prédictions pourraient se réaliser.

- passer des vacances sur la Lune
- payer uniquement avec une monnaie virtuelle
- ne plus utiliser de pétrole
- conduire des voitures volantes
- avoir une alimentation uniquement synthétique
- voir disparaître l'ours polaire

LES MARQUEURS DU FUTUR

Pour situer un événement ou une action dans l'avenir, on utilise différentes expressions comme :
- ce soir
- demain matin / demain midi / demain après-midi / demain soir
- après-demain
- dans 3 jours / dans 20 ans / dans 2 siècles…
- lundi prochain / le week-end prochain / la semaine prochaine / le mois prochain / l'année prochaine
- bientôt
- le 27 mai
- en 2050
- un jour

C. Comment vivrons-nous dans un siècle ? En groupes, discutez-en, puis écrivez un petit texte pour décrire la vie à cette époque (environnement, travail, santé, loisirs…). Ensuite, lisez tous les textes de la classe. Avez-vous la même vision du futur ?

Dans un siècle, la téléportation existera, nous pourrons passer un week-end à l'autre bout de l'univers…

LE FUTUR SIMPLE

EX. 1. Complétez l'horoscope du jour avec les verbes suivants, comme dans l'exemple.

s'améliorer | rencontrer | voir | décider
avoir | être | ~~passer~~ | ne pas prendre

Gémeaux, 21 mai - 21 juin

Amour : Si vous êtes en couple, vous *passerez* une belle journée. Si vous êtes célibataire, vous ….. peut-être quelqu'un.

Argent : Si vous avez eu des difficultés dernièrement, les choses ….. car vous ….. de risques inutiles.

Travail : Vous ….. beaucoup d'énergie et votre chef le ….. !

Santé : Vous ….. en forme aujourd'hui. Vous ….. peut-être de vous remettre au sport !

EX. 2. Comment vous voyez-vous plus tard ? Écrivez un petit texte pour vous décrire et décrire votre vie dans 20 ans.

travail | loisirs | famille | lieu de résidence | …

LES MARQUEURS DU FUTUR

EX. 3. Complétez la frise chronologique avec les expressions de temps suivantes.

demain | en 2022 | dans 6 mois | après-demain
le mois prochain | la semaine prochaine

aujourd'hui

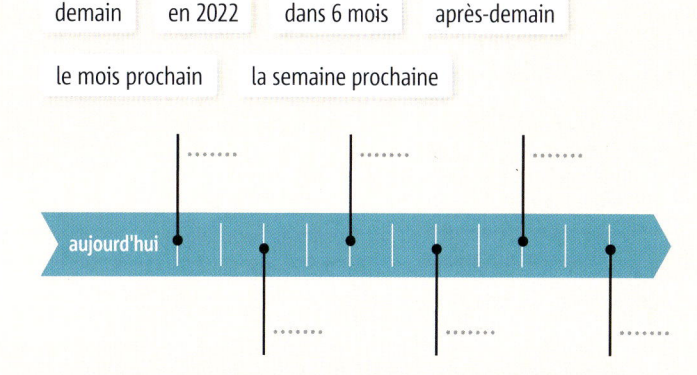

EX. 4. Lisez ces prédictions et dites si vous y croyez ou non. Si oui, dites dans combien de temps vous pensez qu'elles se réaliseront.

faire du tourisme sur d'autres planètes | se téléporter
vivre dans des villes sous-marines | lire dans les pensées
voyager dans des avions sans pilote | être immortel
parler tous une langue unique

• *Dans un siècle, je suis sûr que nous passerons nos vacances sur Mars.*

+ d'exercices : pages 182-183

OBSERVATION ET ENTRAÎNEMENT / GRAMMAIRE ET LEXIQUE

8. À VOS MARQUES... PRÊTS ?... PARTEZ !

A. Lisez la première partie de l'article. La course à pied est-elle à la mode aussi dans votre pays ? La pratiquez-vous ?

Le Marathon de Paris, c'est parti !

Par Philippe Rahbé

La course à pied est de nouveau à la mode, pour différentes raisons. Tout d'abord, parce que c'est une activité gratuite ou presque : une bonne paire de chaussures suffit. Ensuite, on peut courir n'importe où, en ville comme à la campagne. Enfin, c'est un engagement personnel et c'est aussi un moment pour soi, ou pour se retrouver entre amis. Le Marathon de Paris est sans doute une des courses les plus appréciées au monde. Il existe depuis une quarantaine d'années et il propose un parcours de 42 kilomètres à travers la capitale, des Champs-Élysées à l'avenue Foch. Le record actuel est de 2 heures, mais chacun peut courir à son rythme. Alexandre Doré, notre expert sportif, nous livre de précieux conseils pour faire la course, dans de bonnes conditions.

Les Champs-Élysées, Marathon de Paris, avril 2015.

Vous êtes débutant et il s'agit de votre premier marathon : dans ce cas, si vous terminez la course, ce sera déjà une belle victoire ! Mais, pour y arriver, vous devrez vous entraîner régulièrement et commencer au moins 3 mois avant la date. Si vous voulez avoir une idée de ce que représente le Marathon de Paris, marchez rapidement sans vous arrêter pendant 42 km.

Si vous mettez en place un plan d'entraînement, vous pourrez améliorer progressivement votre endurance.

Comment faire ? Planifiez vos sorties plusieurs mois à l'avance et alternez les sorties longues et les courtes, la marche et la course. Si vous voulez éviter les problèmes physiques le jour de la course, vous devrez préparer votre corps à l'effort. Pour cela, il faudra renforcer vos muscles. Si vous êtes sportif mais que vous n'avez pas l'intention de courir pendant des mois, vous pourrez continuer à pratiquer d'autres sports, car ils feront travailler différents muscles et ils amélioreront votre rythme cardiaque.

Faites très attention à votre alimentation, surtout les derniers jours avant la course. Si vous ne mangez pas de manière adaptée, vous aurez certainement du mal à tenir le rythme. Au contraire, si vous privilégiez les féculents, la viande rouge ou le poisson, vous apporterez de l'énergie à votre corps et il récupérera plus facilement après l'effort.

N'oubliez pas de vous hydrater correctement le jour du marathon, mais ne prenez qu'une petite bouteille d'eau avec vous, car les organisateurs vous offriront de l'eau tout au long du parcours.

À certains moments, vous vous arrêterez de courir pour marcher un peu : ce n'est pas grave ! Vous souffrirez moins et vous irez jusqu'au bout de la course.

Et n'oubliez pas : l'essentiel c'est de participer !

B. Lisez les conseils de l'expert et dites quels sont ceux qui concernent la préparation...

- physique
- alimentaire
- psychologique

C. Comment sont formulés les conseils ? Observez-les et complétez la règle de l'expression de l'hypothèse avec les temps verbaux qui conviennent.

L'EXPRESSION DE L'HYPOTHÈSE (1)

Si + ... , ...

D. Voici de bonnes et de mauvaises habitudes. Quelles conséquences peuvent-elles avoir sur nos pratiques sportives « en général » ?

- s'entraîner régulièrement
- demander trop d'efforts à son corps
- ne pas boire assez d'eau
- être bien équipé
- manger trop gras et trop sucré

• Si vous demandez trop d'efforts à votre corps, vous aurez probablement mal aux muscles et aux articulations, et vous serez fatigué.

9. LE JOUR J

A. Lisez ce forum de passionnés de course à pied. Ils vont tous participer au Marathon de Paris. Que pensez-vous de leur manière de se préparer ?

Comment vous préparez-vous pour le marathon ? Que ferez-vous le jour J ?

Marathonienne : Pour bien vivre l'effort le jour de la compétition, il faut s'entraîner. C'est **certainement** la meilleure manière de réussir le marathon. Alors, la veille du jour J, je m'entraînerai toute la journée ! J'espère battre mon record cette année.

1,2,3 : Moi, je ferai le maximum pour terminer la course et je la terminerai **sans doute**, mais si je n'y arrive pas, je ne serai pas déçu. Je suis débutant et pour moi, le défi, c'est de participer à mon premier marathon.

Paléo : Tu as raison, Marathonienne, mais attention ! J'ai beaucoup couru ces derniers jours pour progresser mais j'ai trop forcé et maintenant, j'ai mal aux mollets. J'espère que je supporterai les 42 kilomètres !

Semi56 : Je suis invité à un mariage deux jours avant la compétition. Je vais **sûrement** faire la fête, manger gras et boire de l'alcool… Je verrai bien si je supporte ou pas l'effort.

Foudecourse : Le jour J ? Je ne prendrai pas de petit déjeuner. Comme ça je serai plus léger pour courir et j'irai plus vite.

B. Lisez le tableau suivant et illustrez-le avec des exemples tirés du forum.

LES DEGRÉS DE CERTITUDE

+	Certainement (pas) Sûrement (pas)	......
	Sans doute (pas) Probablement (pas)	Ex. : *Tu auras **probablement** mal aux jambes.*
−	Peut-être (pas)	Ex. : *Je n'arriverai **peut-être pas** à terminer la course.*

C. Parmi les participants du forum, à votre avis, qui a des chances de terminer la course ? Et de faire une bonne performance ? Pourquoi ?

• Si « 1,2,3 » ne court pas trop vite au début et marche un peu, il terminera sans doute la course : son objectif n'est pas la performance, je pense donc qu'il réussira.

D. Écoutez les impressions de certains coureurs juste à la fin du marathon. Quels participants du forum reconnaissez-vous ?

PISTE 34

L'EXPRESSION DE L'HYPOTHÈSE (1)

EX. 1. Conjuguez les verbes entre parenthèses au temps qui convient.

CINQ BONNES RAISONS DE SE (RE)METTRE AU SPORT

1. Si vous .... (vouloir) affiner votre silhouette, le sport .... (accélérer) votre perte de poids.
2. Si vous .... (aimer) les vêtements de sport, vous .... (avoir) une bonne raison de faire du shopping !
3. Si vous .... (pratiquer) une activité sportive régulière, vous .... (lutter) contre le stress.
4. Si vous .... (faire) du sport trois fois par semaine, votre cœur .... (se fatiguer) moins vite pendant l'effort.
5. Si vous .... (courir) 30 minutes par jour, vous .... (augmenter) votre espérance de vie.

EX. 2. Pensez à un sport ou à une autre activité de loisir que vous aimez et essayez de convaincre un camarade que c'est le meilleur sport ou loisir, en utilisant trois bons arguments.

> Mon loisir préféré : la musique.
> - Si tu joues de la guitare, tu auras plus de succès avec les filles.
> - ....
> - ....

EX. 3. Conjuguez les verbes aux temps qui conviennent et reliez les deux colonnes pour former des phrases complètes.

1. Si tu .... (se coucher) trop tard,
2. Si le match .... (avoir lieu) à 20 h,
3. Si vous .... (ne pas s'entraîner),
4. S'ils .... (courir) à leur rythme,
5. Si elle .... (participer) à la course,

a. elle .... (terminer) sûrement pas.
b. on .... (pouvoir) le voir après le travail.
c. ta journée .... (être) difficile demain.
d. le coach ne vous .... (sélectionner) pas.
e. ils .... (se fatiguer) moins et ils .... (finir) probablement la course.

EX. 4. Parmi ces activités de loisir, lesquelles ne commenceriez-vous probablement (pas) / peut-être (pas) / certainement (pas) ? Discutez-en entre vous.

faire du théâtre	faire un marathon
suivre des cours de cuisine	faire du fitness
sauter en parachute	faire de la peinture

• Je ferai peut-être de la peinture un jour, quand j'aurai plus de temps. Et toi ?

+ d'exercices : page 183

cent un **101**

OBSERVATION ET ENTRAÎNEMENT / LEXIQUE

LE SPORT

1. Complétez cet abécédaire avec les sports ou activités de loisirs vus dans l'unité et d'autres que vous connaissez.

MON ABÉCÉDAIRE DES SPORTS

- **A** ....
- **B** ....
- **C** ....
- **D** ....
- **E** escalade, escrime, équitation
- **F** ....
- **G** golf, gymnastique
- **H** ....
- **I** iaïdo
- **J** ....
- **K** ....
- **L** lutte
- **M** musculation, motocross
- **N** ....
- **P** pilates, ping-pong
- **Q** qi gong
- **R** ....
- **S** ....
- **T** ....
- **U** ultimate frisbee
- **V** ....
- **W** water polo
- **Y** ....
- **Z** zumba

2. Complétez les dialogues et retrouvez de quel sport il s'agit.

1. m'entraîner | courir | compétition

- En ce moment, je vais .... tous les matins. Je fais 60 kilomètres par semaine.
- Tu peux encore t'améliorer ?
- Oui, si j'arrive à bien ...., je pourrai atteindre les 80 kilomètres par semaine, et je serai prête alors pour la ....
Sport : c....

2. arts martiaux | combat | performance | gagner

- Pourquoi est-ce que tu détestes perdre ? Le plus important c'est de participer au ...., non ?
- Oui mais quand je fais du sport, je recherche la .... avant tout, et mon objectif, c'est de ....
- D'accord, mais ce n'est pas vraiment ce que l'on doit chercher dans les ....
Sport : j....

3. Regroupez les mots de ce nuage. Quelles catégories avez-vous utilisées ?

football, aviron, boxe, natation, course, pilates, squash, judo, yoga, handball, badminton, snowboard, ski, karaté, surf, ping-pong, plongée, rugby, basket

LES NOUVELLES TECHNOLOGIES

4. Associez les images et les mots suivants.

1. 2. 3. 4. 5. 6. 7.

- ○ la liseuse électronique
- ○ la souris
- ○ le jeu vidéo
- ○ les réseaux sociaux
- ○ le clavier
- ○ la tablette
- ○ l'ordinateur

LE CORPS ET LA SANTÉ

5. De quelle(s) partie(s) du corps s'agit-il ?

1. Elle permet de manger et de parler : ....
2. Elles servent à écouter et à entendre : ....
3. Il permet de respirer et de sentir : ....
4. Il relie le bras et la main : ....
5. Elles servent à marcher avec des chaussures : ....
6. Il tient la tête : ....
7. Ils servent à lire : ....

6. Lisez les séries et barrez l'intrus comme dans l'exemple.

1. entraînement / activité / mouvement / ~~sédentaire~~
2. dépression / stress / bien-être / angoisse
3. soigner / protéger / blesser / guérir
4. médicaments / symptômes / maladie / endurance
5. sommeil / vieillir / s'endormir / se coucher
6. médicament / docteur / patient / spécialiste

7. Voici des expressions imagées. Retrouvez la partie du corps qu'elles utilisent en vous aidant des images. Y a-t-il des expressions semblables dans votre langue ?

1. Avoir le .... long → avoir beaucoup d'influence
   ☐ pied / ☐ bras

2. Être .... en l'air → être étourdi
   ☐ jambe / ☐ tête

3. Casser les .... → ennuyer quelqu'un
   ☐ mains / ☐ pieds

4. Avoir le .... sur la main → être généreux
   ☐ cœur / ☐ cou

5. Avoir la .... verte → être un bon jardinier
   ☐ main / ☐ dent

OBSERVATION ET ENTRAÎNEMENT / PHONÉTIQUE — 5

ÉCHAUFFEMENT

PRENDRE DES RISQUES

1. Suivez les étapes ci-dessous pour découvrir certaines de vos limites.

A. Mettez-vous debout en cercle dans une posture agréable.
B. Inspirez puis prononcez le son [a] le plus fort et le plus longtemps possible.
C. Dites à haute voix comment était ce [a] : **long** / **bref**, **doux** / **fort**, etc.
D. Maintenant, dites ce que vous avez ressenti physiquement lors de cette action : battements du cœur, tremblements, etc.
E. Inspirez, puis prononcez à nouveau le son [a] en essayant de le faire plus fort et plus longtemps que la première fois.

A. PROSODIE

LA LIAISON (1)

La liaison est le fait d'insérer à l'oral un son consonne entre deux mots qui se suivent afin de créer un enchaînement consonantique.
Ex. : *petit organe* = [pəti] + [ɔrgan] → [pətitɔrgan]

De manière générale, on fait la liaison à l'intérieur d'un élément rythmique et on ne fait pas la liaison entre deux éléments rythmiques. Plus on fait de liaisons, plus le style sera soutenu.

2. A. Ajoutez les exemples ci-dessous à la suite des règles correspondantes.

ils ont appris   c'est aussi efficace   ses avantages

nous évoluons   dans un magazine   on apprend

sans être connecté   leurs écrans   un mauvais écran

trop urgent

Certaines liaisons sont obligatoires :
1. Après **un, des, les, ces, mon, ton, son, mes, tes, ses, nos, vos, leurs, aux, aucun, tout, quels, quelles, quelques** et tous les nombres. Ex. : ....
2. Adjectif + Nom. Ex. : ....
3. Après **on, nous, vous, ils, elles**. Ex. : ....
4. Après **est** du verbe **être** et **ont** du verbe **avoir**. Ex. : ....
5. Après un adverbe court. Ex. : ....
6. Après **dans, chez, sans, en**. Ex. : ....

2. B. Lisez à voix haute les liaisons ci-dessus.

B. PHONIE-GRAPHIE

LES CONSONNES DE LIAISON

En français, il y a cinq principaux sons consonnes de liaison : [**z, t, n, r, p**]. Il n'y a pas toujours de lien entre la forme sonore et celle écrite :

/t/ → peti**t** **o**rteil [pətitɔrtɛj]
grand **o**rteil [grɑ̃tɔrtɛj]

/z/ → deu**x** **é**quipes [døzekip]
troi**s** **é**quipes [trwazekip]

⚠ /v/ → uniquement pour **neuf ans** [nœvɑ̃] et **neuf heures** [nœvœr] ; mais, par exemple, **neuf enfants** [nœfɑ̃fɑ̃]

3. A. Écoutez et retrouvez le son consonne de liaison qui convient [z, t, n, r, p, v].
PISTE 35

	LIAISON	SON
1	Neu**f** **a**ns	[ ]
2	L'alimentation es**t** **i**mportante	[ ]
3	Un lége**r** **a**ccident	[ ]
4	Tro**p** **u**rgent	[ ]
5	Un bo**n** **e**ntraîneur	[ ]
6	De gro**s** **e**ffets secondaires	[ ]

3. B. Faites une phrase sur la thématique de la santé en incluant trois des liaisons précédentes, puis lisez-les.

C. PHONÉTIQUE

LES OPPOSITIONS [s] / [z] ET [ʃ] / [ʒ]

4. Écoutez les deux textes suivants et répétez-les. Faites attention aux oppositions [s] / [z] et [ʃ] / [ʒ].
PISTE 36

1.
« **S**i, à l'aveni**r**, l'entrepri**s**e continue d'innover, elle
  [s]   [z]
progre**ss**era encore à l'interna**t**ional,
    [s]   [s]
en particulier en Amérique du **s**ud et en **Ch**ine. »
                 [s]   [ʃ]

2.
« J'ima**g**ine un futur où les **sc**ientifiques
  [ʒ] [ʒ]   [s]
fabriqueront des prothè**s**es que
         [z]
nous commanderons par la pen**s**ée. »
               [s]

5. Lisez les vire-langues suivants en essayant d'aller le plus vite possible.

1. Des singes agiles et sages.
2. Sachez soigner ces six chatons si sages.
3. Un chasseur sachant chasser sans son chien.

cent trois 103

REGARDS CULTURELS

ESSAYEZ UN NOUVEAU SPORT CET ÉTÉ !

Vous avez envie de perdre quelques kilos, de retrouver la forme ou simplement de vous éclater, mais le badminton, le volley ou le pédalo, ça ne vous dit rien, cette année ? Alors, ces nouveaux sports sont peut-être faits pour vous.

EN PISCINE

L'AQUABIKE

Vous connaissez l'aquagym, mais connaissez-vous l'aquabike ? Ce sport est né en Italie dans les années 90 et, comme son nom l'indique, c'est un mélange d'aquagym et de vélo. Vous êtes sur un vélo fixé au sol d'une piscine, dans une eau à 31°. Vous avez de l'eau jusqu'à la ceinture et vous pédalez en musique. Ce sport, qui se pratique maintenant un peu partout en France, aide à perdre du poids, à affiner la silhouette, à améliorer la circulation du sang et à augmenter les capacités cardiaques et respiratoires.

EN SALLE DE SPORT

YOGA BIKRAM

Toujours le yoga, mais chaud, très chaud ! En avant pour une séance de yoga bikram ! Pendant une heure et demie, vous êtes dans une pièce chauffée à plus de 40°. Vous enchaînez rapidement une série de postures, assez difficiles, et vous devez tenir chacune au moins une minute. Cette activité est très physique et même pénible au début. Mais, après quelques séances, vous constaterez que vous êtes plus souple, plus tonique et plus calme. En plus, la chaleur, un peu comme dans un hammam, nettoie votre peau de toutes ses impuretés. Attention : cardiaques s'abstenir !

VOUS PRÉFÉREZ FAIRE DU SPORT EN GROUPE ?

POUND

Le nouveau sport à la mode dans les salles de fitness, c'est le pound. Vous joignez l'utile à l'agréable : vous brûlez vos calories en musique ! C'est en Californie que cette pratique sportive est née : avec deux bâtons (les sticks), vous marquez le tempo d'une musique très rock tout en faisant travailler tous les muscles de votre corps par toute une série de mouvements alternés. Ce sport permet d'évacuer le stress et il est aussi excellent pour le cœur ! Il est arrivé en France en 2014 et déjà la plupart des salles de fitness vous le proposent aujourd'hui.

ULTIMATE FRISBEE

Vous aimez le jeu collectif ? Alors, l'ultimate frisbee va vous plaire ! Le frisbee, vous connaissez, bien sûr ! Mais l'ultimate frisbee, peut-être pas. Il existe aux États-Unis depuis la fin des années 60 et il devient de plus en plus populaire en France, en salle mais aussi en plein air, par exemple sur les immenses plages de Normandie ou de la côte atlantique. Pourquoi ce succès ? C'est un sport simple, sympa, convivial, qui s'adresse à tous et à toutes et qui ne coûte rien... ou presque. Il faut un grand terrain, un pré ou une plage, et beaucoup copains car il faut réunir deux équipes, de 7 sur l'herbe ou de 5 sur plage. On se fait des passes et il s'agit d'atteindre le but de l'adversai Attention, c'est très plaisant mais c'est aussi très fatigant !

104 cent quatre

SUR LA PLAGE

LE PADDLE SURF

Cette manière de se déplacer existe depuis des siècles à Hawaï et il est arrivé en France vers 2005. Le principe est simple : vous êtes debout sur une grande planche de surf et vous pagayez pour avancer ; sur un lac si vous désirez le silence, le calme, l'équilibre ; ou sur la mer, dans les vagues, si vous recherchez des émotions plus fortes. Dans les deux cas, vous faites travailler tous vos muscles ! L'endroit idéal en France pour pratiquer ce sport est la côte landaise, avec le lac de Soustons pour le paddle soft et les vagues du Vieux Boucau pour les émotions fortes.

LE PADDLE YOGA

C'est une variante du paddle. Vous êtes sur votre planche de surf et vous pratiquez les postures du yoga en harmonie avec la mer. Attention : vous êtes sur l'eau, c'est donc difficile de garder l'équilibre, surtout lorsque vous changez de posture. Mais cela vous permettra de faire travailler tous vos muscles. Vous pouvez faire des stages de paddle yoga sur les plages de Bretagne (à Carnac, par exemple), des Landes (à Hossegor) ou encore sur le lac d'Annecy.

10. DES SPORTS À LA MODE

A. Regardez les photos sans lire le texte. Quelle est votre photo préférée ? Pourquoi ?

B. Parcourez rapidement les différents textes. Parmi tous les sports présentés, lesquels connaissez-vous déjà ?

C. Existent-ils dans votre pays ? Si oui, depuis quand ? Ont-ils du succès ?

11. À CHACUN SON SPORT !

A. Quel est le sport qui convient le mieux à une personne qui veut maigrir ?

B. Si vous avez des problèmes cardiaques, quel sport devez-vous absolument éviter ?

C. Vous avez l'intention de faire une randonnée à bicyclette dans les Pyrénées cet été. Lequel de ces sports pourra vous y préparer le plus efficacement ?

12. À VOUS

A. Il existe d'autres « nouveaux sports ». Informez-vous sur Internet, choisissez-en un et écrivez un article en expliquant pourquoi à votre avis c'est un sport intéressant.

- la zumba
- le body pump
- le cross fit
- l'immersive fitness
- le core
- ...

B. À deux : un de vous veut apprendre à pratiquer un des sports présentés ici. L'autre lui donne toutes les informations demandées : possibilité ou non de suivre des cours, matériel nécessaire, bienfaits, risques, précautions à prendre, etc.

+ DE RESSOURCES SUR
espacevirtuel.emdl.fr

Vie connectée, vie augmentée
Demain, tous les aspects de notre vie pourraient être « augmentés » grâce aux objets connectés.

cent cinq 105

TÂCHES FINALES

TÂCHE 1 — SPORT : LA MODE DE DEMAIN

1. Vous allez créer le prochain sport à la mode. En groupes, sélectionnez deux sports que vous aimez et que vous trouvez compatibles.

- Je fais du roller, je trouve que c'est sympa.
- Moi, j'aime le volley et le basket.
- On peut imaginer un sport collectif en roller ?

2. Donnez un nom à votre nouveau sport et remplissez sa fiche technique.

3. Préparez et faites en classe une présentation de ce nouveau sport.

- Le sport que vous pratiquerez demain sera le basket-roll. Ce sera un sport intense qui s'adressera surtout à un public jeune. Il vous aidera à vous maintenir en forme…

4. Quels sont ceux qui ont le plus ou le moins de chance d'être réellement pratiqués demain ? Pourquoi ?

Les deux sports choisis : le basket et le roller
Nom du nouveau sport : le basket-roll
Public : pour des sportifs et les personnes qui maîtrisent bien le roller
Bénéfices pour la santé : bon pour le cœur, pour muscler tout le corps…
Conseils : sport à pratiquer en plein air, sur des terrains de basket — se protéger les coudes, les genoux et la tête

Le basket-roll !
Basket + Roller

CONSEILS
- Soyez originaux dans le choix des deux sports que vous combinerez.
- Pensez à illustrer votre présentation avec des images.
- Vous pouvez expliquer brièvement les règles de votre sport.
- Soyez convaincants lors de votre présentation.

TÂCHE 2 — SANTÉ : À NOUVELLES MALADIES, NOUVEAUX MÉTIERS

1. Vous allez écrire un article sur la santé du futur. Pour cela, lisez les exemples des rubriques « Les maladies du futur » et « Les métiers du futur ». Ensuite, formez deux groupes. Chacun des groupes complètera une des rubriques.

2. Lorsque vous avez terminé de rédiger votre rubrique, faites-la lire à l'autre groupe et inversement.

3. Tous ensemble, pensez à un titre pour votre article et rédigez un chapeau commun pour vos deux rubriques. Rassemblez ensuite les différents éléments pour former l'article de la classe.

4. Dans votre article, quels sont les métiers et les maladies qui vous semblent les plus probables ? les moins probables ? La classe partage-t-elle le même avis ?

- La dépression de la longévité me semble peu probable parce qu'on ne deviendra sûrement jamais immortels.

---

1. Les maladies du futur :
La dépression de la longévité. Aujourd'hui, notre espérance de vie augmente grâce aux progrès scientifiques et techniques. Dans 30 ans, nous serons presque tous centenaires, et dans quelques siècles, nous serons peut-être immortels. Certaines personnes auront du mal à vivre si longtemps et feront une dépression.

2. Les métiers du futur liés à la santé :
Un gestionnaire d'e-mortalité. Il s'agit d'un professionnel spécialisé dans les nouvelles technologies qui s'occupera de la gestion de la e-réputation des personnes après leur mort.

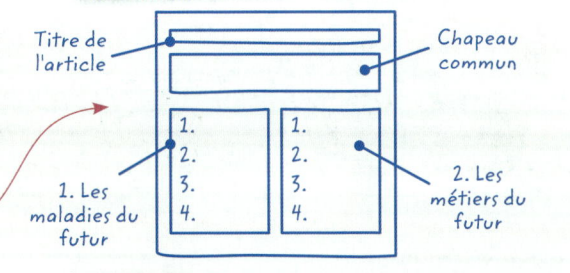

Titre de l'article — Chapeau commun
1. Les maladies du futur : 1. 2. 3. 4.
2. Les métiers du futur : 1. 2. 3. 4.

CONSEILS
- Avant la discussion collective, vous pouvez classer les maladies et métiers du futur des plus probables aux moins probables.
- Pensez à un titre original pour le lecteur.
- N'oubliez pas : le chapeau doit être court et bien introduire le thème de l'article.

106 cent six

6
AVEC PLAISIR !

DÉCOUVERTE
pages 108-111

Premiers regards
- Les transports publics en France
- Découvrir les expressions de l'obligation, de l'interdiction et du conseil
- Parler des comportements polis ou impolis

Premiers textes
- Découvrir le lexique du savoir-vivre
- Découvrir quelques règles du savoir-vivre à la française et les comparer avec celles de son pays

OBSERVATION ET ENTRAÎNEMENT
pages 112-119

Grammaire
- L'expression de l'obligation, de l'interdiction et du conseil
- Le conditionnel présent

Lexique
- L'expression des sentiments
- Les formules de sollicitation, d'acceptation, de refus, de justification
- Les formules de politesse

Phonétique
- Les intentions (1)
- La liaison (2)
- Le *e* muet
- Les *e* consécutifs

REGARDS CULTURELS
pages 120-121

Les documents
- Expériences interculturelles

La vidéo
- Métro : Où est la politesse ?

À visionner sur : espacevirtuel.emdl.fr

TÂCHES FINALES
page 122

Tâche 1
- Imaginer une situation conflictuelle et la jouer devant la classe

Tâche 2
- Préparer un guide du savoir-vivre

+ DE RESSOURCES SUR espacevirtuel.emdl.fr

— Des activités autocorrectives (grammaire / lexique / culture / CE / CO)
— Un nuage de mots sur la politesse

cent sept 107

DÉCOUVERTE / PREMIERS REGARDS

RESTONS CIVILS SUR TOUTE LA LIGNE

1. QUI BOUSCULE 5 PERSONNES EN MONTANT NE PARTIRA PAS PLUS VITE POUR AUTANT.
Restons civils sur toute la ligne
www.ratp.fr

2. QUI ROUCOULE AU MILIEU DU PASSAGE CRÉE FORCÉMENT 1 EMBOUTEILLAGE.
Restons civils sur toute la ligne
www.ratp.fr

3. QUI PARESSE AUX HEURES DE POINTE RISQUE 2 OU 3 PLAINTES.
Restons civils sur toute la ligne
www.ratp.fr

4. QUI SALIT 1 SIÈGE À L'ALLER RISQUE AU RETOUR DE SE TACHER.
Restons civils sur toute la ligne
www.ratp.fr

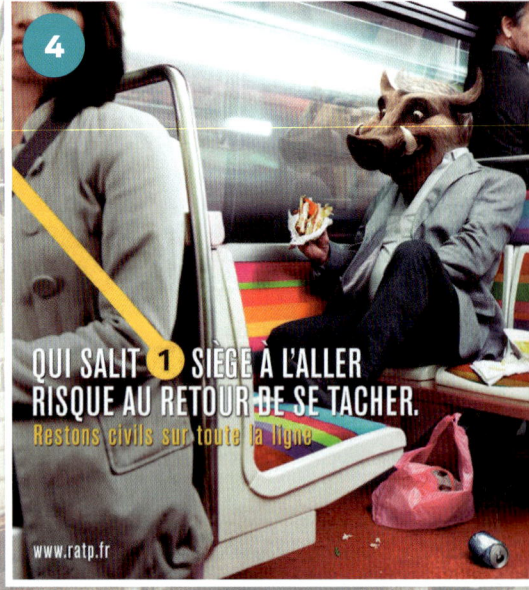

5. QUI VOYAGE LE DOS CHARGÉ ENLÈVE SON SAC A DOS POUR MOINS GÊNER.
Restons civils sur toute la ligne
www.ratp.fr

6. BLOQUER LES 2 PORTES AU DÉPART MET TOUS LES VOYAGEURS EN RETARD.
Restons civils sur toute la ligne
www.ratp.fr

6

> "La politesse coûte peu cher et achète tout."
>
> Montaigne, écrivain français, XVIe siècle

1. ON N'EST PAS DES BÊTES

A. Observez cette campagne de sensibilisation. À qui s'adressent ces affiches ? Quel est leur but ?

B. Lisez les conseils suivants et dites quelle affiche illustre chaque conseil.

- .... Si le métro est plein, il vaut mieux ne pas s'asseoir.
- .... Il est préférable d'enlever son sac à dos quand il y a beaucoup de monde.
- .... Il ne faut pas bousculer les gens quand on monte.
- .... Il vaut mieux rester à droite dans les escaliers pour laisser passer les gens pressés.
- .... Il est interdit de monter dans le métro après le signal sonore.
- .... Ne mangez pas dans le métro pour ne pas salir les sièges.

C. Avez-vous déjà été témoin d'incivilités dans les lieux publics ? Racontez vos expériences à la classe.

- Moi, je vois souvent des gens qui passent devant moi quand je suis dans une file d'attente, à la Poste par exemple. Certains n'ont pas la patience d'attendre leur tour. C'est vraiment impoli !

D. Observez les animaux sur les images et retrouvez ce qu'ils symbolisent.

1. le taureau
2. les perruches
3. le paresseux
4. le sanglier
5. la tortue
6. l'âne

- .... l'amour
- .... la grossièreté
- .... la bêtise
- .... la force
- .... la saleté
- .... le fait d'être chargé

Et vous ?
Connaissez-vous d'autres moyens pour lutter contre les incivilités ?

cent neuf **109**

DÉCOUVERTE / PREMIERS TEXTES

2. L'ART D'ÊTRE FRANÇAIS

A. Connaissez-vous le savoir-vivre à la française ?
Pour le découvrir, faites le test.

CONNAISSEZ-VOUS LES RÈGLES DU SAVOIR-VIVRE *à la française* ?

AU RESTAURANT

1. **Quand on ne termine pas son repas, on peut demander à emporter les restes à la maison.**
   A C'est très courant.
   B Ça ne se fait pas.
   C Ça se fait de plus en plus, mais beaucoup de Français se sentent encore mal à l'aise et n'osent pas le demander.

2. **À la fin du repas, on laisse un pourboire au serveur.**
   A On doit obligatoirement laisser 10 % de l'addition.
   B On laisse un pourboire si on est particulièrement satisfait du service.
   C On ne laisse jamais de pourboire, c'est très mal vu.

CHEZ DES AMIS

3. **Vous êtes invité à dîner chez des amis.**
   A Vous apportez quelque chose : une bouteille de vin, un dessert, des fleurs…
   B Vous apportez l'apéritif.
   C Vous n'apportez rien.

4. **Au moment de l'apéritif, quand tout le monde lève son verre pour trinquer, on dit :**
   A « Félicitations ! »
   B « Santé ! »
   C « Buvons ! »

EN SOCIÉTÉ

5. **Quand vous rencontrez votre voisin le matin, comment le saluez-vous si vous ne le connaissez pas très bien ?**
   A Vous lui serrez la main.
   B Vous lui faites la bise.
   C Vous lui dites seulement « Bonjour ».

6. **Au travail, on vous présente une personne pour la première fois. Vous lui dites :**
   A « Vous êtes charmant(e). »
   B « Enchanté(e). »
   C « Avec plaisir. »

7. **Quand vous entrez dans un magasin :**
   A Vous dites « Bonjour » au vendeur.
   B Vous lui serrez la main.
   C Vous ne dites rien et vous ne faites rien.

RÉPONSES : 1.C 2.B 3.A 4.B 5.C 6.B 7.A

B. Quelles règles s'appliquent dans votre pays ?

110 cent dix

3. SIMPLE COMME BONJOUR

A. Lisez ce document. À qui s'adresse ce site ? Quels sont ses objectifs ?

B. Quels sont les problèmes évoqués dans les témoignages ? Dans ces situations, que fait-on dans votre pays ?

Bien vivre votre expérience !

Vous allez vous installer en France ? Vous venez d'y arriver ? Profitez des conseils d'autres étrangers installés en France.

ABSA 29 ans
Sénégalaise

Mon expérience : Au début de mon séjour, je me perdais souvent dans les rues ou dans les transports. Alors, j'arrêtais un inconnu et je lui disais, avec un grand sourire : « Vous pouvez me dire comment aller... ? », mais sans dire « Bonjour monsieur » ou « Bonjour madame » ou « Excusez-moi » et je ne comprenais pas pourquoi les gens avaient l'air agacés. Plus tard, j'ai compris qu'ils me trouvaient impolie, car on doit toujours saluer quand on s'adresse à quelqu'un et s'excuser quand on lui demande quelque chose.
Mon conseil : N'oubliez jamais ces formules de politesse.

ALI 53 ans
Marocain

Mon expérience : Quand j'ai commencé à vivre en France, je demandais très souvent à mes voisins de me rendre de petits services. Je sonnais chez eux et je leur demandais : « Vous pouvez me prêter deux chaises ? » ou : « Je pourrais imprimer ce document ? ». Dans ma culture, on a l'habitude de s'aider comme ça. Plus tard, j'ai compris que ce n'est pas habituel de sonner chez ses voisins et que ça les dérange : on le fait seulement en cas d'urgence.
Mon conseil : Faites attention à ne pas les solliciter trop souvent.

JONATHAN 35 ans
Canadien

Mon expérience : En France, on dit : « c'est simple comme bonjour » pour dire que quelque chose est facile. Mais c'est très compliqué ici de savoir comment dire bonjour ! Au Canada, on a l'habitude de se serrer la main ou de se serrer dans les bras. Quand je suis arrivé en France, j'ai eu du mal à comprendre à qui, quand et comment faire la bise. J'étais toujours gêné quand je devais saluer quelqu'un. Maintenant, je n'ai plus ce problème.
Mon conseil : Si vous avez des doutes, serrez seulement la main à la personne pour éviter les situations gênantes...

C. Écoutez la conversation entre Axelle, 24 ans, et une amie. Quelle est la nationalité d'Axelle ? Quel problème culturel rencontre-t-elle en France ?

D. Quelles difficultés ont les étrangers quand ils arrivent dans votre pays ?

Et vous ?
Avez-vous déjà vécu une situation semblable à l'étranger ? Quelle était la différence culturelle ?

OBSERVATION ET ENTRAÎNEMENT / GRAMMAIRE ET LEXIQUE

4. VOISINS, VOISINES

A. Lisez ce document. En groupes, choisissez les trois règles les plus importantes à respecter pour être un bon voisin. Ensuite, expliquez à la classe pourquoi vous les avez choisies.

CHARTE DU BON VOISINAGE

1. Respectez les voisins qui vivent au-dessous de chez vous, enlevez vos chaussures ! Il vaut mieux marcher en chaussons ou pieds nus, c'est plus discret.

2. Pour la tranquillité de tous, il ne faut pas jeter les sacs poubelles dans les containers après 22 h. Attendez le lendemain pour les descendre.

3. Pour la sécurité de l'immeuble, il est préférable de ne pas laisser entrer d'inconnus. Si une personne vous semble suspecte, prévenez le gardien / la gardienne.

4. Il est interdit de laisser les vélos ou les poussettes en bas de l'escalier. Rangez-les dans le local à vélos.

5. Pour le bien-être de tous, il est recommandé de limiter le volume sonore de vos appareils.

6. Pour le confort de tous, il n'est pas permis de faire des travaux le soir et le week-end.

7. Quand vous quittez votre appartement, il faut éviter de claquer votre porte. Fermez-la doucement pour ne pas réveiller tout l'immeuble.

8. Pour des raisons de sécurité, il est obligatoire de fermer à clé la porte de la cave.

B. Complétez le tableau à l'aide de la charte.

L'EXPRESSION DE L'OBLIGATION, DE L'INTERDICTION ET DU CONSEIL

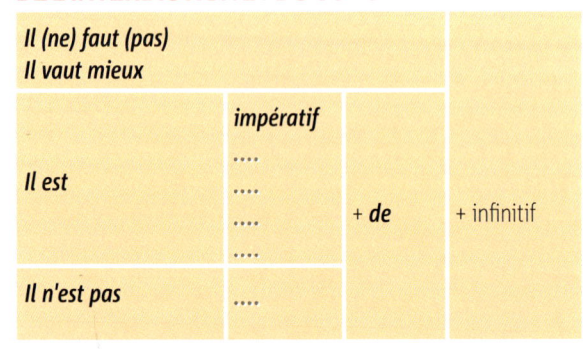

Il (ne) faut (pas) Il vaut mieux		
Il est	*impératif*	+ *de* + infinitif
Il n'est pas	....	

C. Quelles formes expriment un conseil, une obligation ou une interdiction ?

D. En groupes, rédigez une charte sur un de ces thèmes.

- le bon conducteur
- le bon employé
- le bon ami
- le bon colocataire
- ...

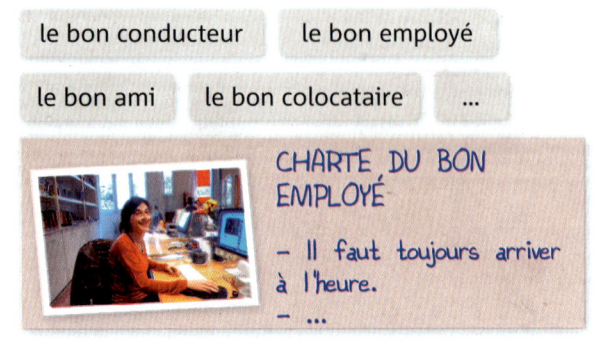

CHARTE DU BON EMPLOYÉ
- Il faut toujours arriver à l'heure.
- ...

5. SAVOIR VIVRE ENSEMBLE

A. Observez ce document. À qui s'adresse-t-il ? Quel est l'objectif de cette réunion ?

RÉUNION
des habitants de l'immeuble

Mardi 4 mars à 18 h 30
Chez M. Jolivet (1ᵉ étage gauche)

Venez discuter entre voisins et proposer vos idées pour une meilleure cohabitation !

PISTE 38

B. Écoutez un extrait de cette réunion entre voisins et notez les problèmes évoqués.

PROBLÈMES ÉVOQUÉS
- La voisine ne ramasse pas les crottes de son chien.
- ...

C. Les habitants de l'immeuble ont laissé des messages dans la boîte aux lettres de M. Arnaud, le syndic. Comment réagissent-ils ? Quelles expressions correspondent aux sentiments positifs ? Aux sentiments négatifs ?

Cher monsieur Arnaud,
Ce matin, j'ai encore trouvé des crottes devant l'entrée de l'immeuble. C'est inadmissible ! Tout le monde était d'accord pour faire des efforts. Je trouve ça intolérable !
Mme Braques (2ᵉ étage gauche)

Monsieur Arnaud,
Merci beaucoup pour la réunion entre voisins. C'est agréable de pouvoir parler sans se disputer. J'apprécie ces moments conviviaux. C'est bien d'organiser des réunions comme celle-ci !
Jamel (3ᵉ étage droite)

Bonjour,
Tout d'abord, merci de nous avoir écouté, c'est très gentil à vous et j'ai trouvé la réunion très utile. Je voudrais vous dire, à propos de la télévision de M. Clément, que ça ne me dérange pas du tout.
M. Beaumont (4ᵉ étage gauche)

Monsieur Arnaud,
Merci d'avoir rappelé les règles du tri sélectif. Malheureusement, certains habitants ne veulent rien entendre. C'est agaçant !!!
Une habitante qui en a marre !

L'EXPRESSION DES SENTIMENTS

Ça	m'	énerve / agace
	me	dérange / gêne / plaît
Je trouve ça / C'est		énervant / gênant / inadmissible / intolérable / agréable / parfait / gentil / génial / bien / agaçant
J'apprécie / J'en ai assez		Je ne supporte pas / J'en ai marre

D. Choisissez une de ces situations et dites ce qui peut vous énerver ou ce que vous pouvez apprécier.

- Quand je suis au supermarché...
- Quand je mange au restaurant...
- Quand je suis au cinéma...
- Quand je suis en vacances...
- Quand on me parle français...
- Quand je suis dans les transports...

💬 **Et vous ?**
Avez-vous déjà eu des problèmes de voisinage ?

L'EXPRESSION DE L'OBLIGATION ET DE L'INTERDICTION

EX. 1. Identifiez si les phrases suivantes expriment l'obligation (O) ou l'interdiction (I).
1. Il est obligatoire de trier ses déchets. *O*
2. Il n'est pas permis de fumer dans les lieux publics. ....
3. Il faut éviter de faire du bruit après 22 h. ....
4. Il est interdit de téléphoner au volant. ....
5. Dans les transports, il faut laisser sa place aux femmes enceintes ou aux personnes âgées. ....
6. Quand on est invité à dîner chez des amis, il ne faut pas se resservir soi-même. ....

EX. 2. Écrivez des phrases pour dire les obligations et les interdictions ci-dessus d'une autre manière.
1. *Il faut trier ses déchets.*

L'EXPRESSION DU CONSEIL

🔊 PISTE 39

EX. 3. Écoutez et associez chaque extrait à un conseil ci-dessous.
1. À la caisse du supermarché, il vaut mieux laisser la priorité aux femmes enceintes. → Extrait n°....
2. Au cinéma, évitez de faire du bruit. → Extrait n°....
3. Quand vous êtes invité à dîner chez des amis, il vaut mieux arriver un peu après l'heure prévue. → Extrait n°....
4. Quand vous êtes au téléphone, il est préférable de rester discret. → Extrait n°....
5. Il est recommandé de ne pas fumer en présence de non-fumeurs. → Extrait n°....

L'EXPRESSION DES SENTIMENTS

EX. 4. Complétez les phrases avec une expression qui convient.

| énerve | apprécié | gentil | marre | génial | énervant |

1. Quentin est toujours en retard, **ça m'**.... !
2. J'aime bien les vacances. **C'est** .... de ne rien faire.
3. Ça fait une heure que cette alarme sonne ! **J'en ai** ....! **C'est** ....!
4. Ce matin, un jeune homme m'a aidé à porter ma valise dans le métro. **Je trouve ça** très .... de sa part. **J'ai** beaucoup .... son aide.

EX. 5. Voici différentes situations. Comment réagissez-vous ?

1. Vous êtes avec des amis qui n'arrêtent pas de consulter leurs portables.
2. Vous êtes à l'aéroport et il y a une longue queue pour embarquer. 
3. En bas de chez vous il y a une salle de concerts. 
4. Vous rentrez du travail et il y a un embouteillage. 

1. *Ça m'énerve !*

+ d'exercices : pages 185-186

OBSERVATION ET ENTRAÎNEMENT / GRAMMAIRE ET LEXIQUE

6. JOYEUX ANNIVERSAIRE

A. Lisez ces échanges de mails et cochez les bonnes réponses. Soulignez dans le texte les phrases qui justifient votre réponse (attention, il peut y en avoir plusieurs).

De : pierre-legal@mail.en
À : lapeniche@mail.en
Objet : Fête d'anniversaire

Bonjour,

Je vous écris parce que je **voudrais** organiser une fête surprise sur votre péniche pour l'anniversaire de ma femme durant le week-end de Pâques.

Je **souhaiterais** savoir s'il est possible de réserver ce week-end-là et combien de personnes on **pourrait** inviter.

Merci,

Pierre Legal

De : lapeniche@mail.en
À : pierre-legal@mail.en
Objet : Re : Fête d'anniversaire

Cher monsieur,

Vous trouverez en pièce jointe les informations sur le nombre de personnes que nous pouvons accueillir sur notre péniche. Vous verrez que cela dépend de la salle que vous **voudriez** réserver.

Pour le week-end de Pâques, nous avons des disponibilités, mais je vous **conseillerais** de réserver le plus vite possible : c'est toujours un week-end très demandé et nous **pourrions** être complets.

Cordialement,

L'équipe de La péniche

De : pierre-legal@mail.en
À : lapeniche@mail.en
Objet : Re : Fête d'anniversaire

Bonjour,

Merci beaucoup pour ces renseignements.
J'**aurais** une dernière question concernant le repas : **serait**-il possible d'organiser un dîner dansant ?
Bien à vous,

P. Legal

De : lapeniche@mail.en
À : pierre-legal@mail.en
Objet : Re : Fête d'anniversaire

Cher monsieur,

Oui, nous **pourrions** organiser un dîner dansant. Vous trouverez en pièce jointe les différentes formules proposées pour le repas. Nous **pourrions**, par exemple, vous proposer une formule buffet mais il **faudrait** alors nous prévenir au moins une semaine à l'avance.

Cordialement,

L'équipe de La péniche

---

1. Pierre Legal écrit à La péniche pour...
   - ☐ **a.** savoir s'il peut réserver la péniche durant le week-end de Pâques.
   - ☐ **b.** connaître la capacité d'accueil de La péniche.
   - ☐ **c.** connaître les tarifs des réservations.

2. Combien de personnes La péniche peut-elle accueillir ?
   - ☐ **a.** 100 personnes.
   - ☐ **b.** 200 personnes.
   - ☐ **c.** Cela dépend de l'espace privatisé.

3. Pierre veut faire un dîner dansant.
   - ☐ **a.** Vrai. ☐ **b.** Faux. ☐ **c.** On ne sait pas.

4. La péniche propose...
   - ☐ **a.** un apéritif. ☐ **b.** un goûter. ☐ **c.** un buffet.

5. On peut informer La péniche du choix de la formule quand on veut.
   - ☐ **a.** Vrai. ☐ **b.** Faux. ☐ **c.** On ne sait pas.

La péniche — Discothèque - Club privé

Une soirée sur une péniche : original et inoubliable !

B. Observez ces trois phrases au conditionnel et associez-les à leur signification.

1. « Il **faudrait** alors nous prévenir à l'avance. »
2. « Nous **pourrions** être complets. »
3. « J'**aurais** une dernière question. »

.... Demander quelque chose poliment.
.... Donner un conseil.
.... Donner une information incertaine.

C. Observez les verbes ci-dessus et complétez le tableau.

LE CONDITIONNEL PRÉSENT

Emploi :
On utilise le conditionnel présent pour :
- demander quelque chose poliment (avec les verbes *pouvoir, souhaiter, vouloir, préférer, aimer*...).
- donner un conseil (avec les verbes *falloir, devoir, être*...).
- donner une information incertaine (avec tous les verbes).

Il est formé avec :
- le radical du .... (*devr-, pourr-, ser-*).
- les terminaisons de .... (*-ais, -ais, -ait, -ions, -iez, -aient*).

D. Pierre a vu ces deux publicités qui lui ont donné d'autres idées pour organiser la fête d'anniversaire de sa femme. Choisissez un des lieux et écrivez son mail de demande d'informations.

LE CONDITIONNEL PRÉSENT

EX. 1. Reformulez les phrases suivantes de façon courtoise ou atténuée.

1. Je veux un renseignement.
2. Vous devez faire une réservation.
3. Vous pouvez me donner les horaires du spectacle ?
4. Il faut arriver 15 minutes avant la séance.
5. Il ne faut pas faire de bruit après 22 h.

EX. 2. Complétez les phrases en utilisant le conditionnel présent.

1. Vous .... (pouvoir) écrire « joyeux anniversaire » sur le gâteau ?
2. La météo dit qu'il .... (pouvoir) pleuvoir ce soir-là. Mais j'hésite à annuler la fête.
3. Tu .... (devoir) demander à un DJ de s'occuper de la musique.
4. Nous .... (souhaiter) un buffet pour 30 personnes.
5. Il .... (falloir) faire un cadeau commun, c'est plus simple.

EX. 3. Associez chaque phrase ci-dessus avec ses fonctions.

- demander quelque chose poliment : ....
- donner un conseil : ....
- donner une information incertaine : ....

EX. 4. Une amie vous demande de l'aider à rédiger un mail pour s'inscrire dans une école de langues. Réécrivez-le de manière plus polie. Ensuite, comparez votre mail avec celui de plusieurs camarades.

> Bonjour,
>
> J'ai besoin des renseignements suivants :
> - Quand commencent les cours et combien de temps ils durent ?
> - Je veux aussi savoir combien coûtent les leçons.
> - Je peux vous rencontrer quand j'arriverai ?
> Répondez-moi rapidement.
>
> Merci beaucoup,
>
> Bianca

DONNER UN CONSEIL

EX. 5. Julia demande des conseils à son collègue pour faire un cadeau à sa copine. Complétez leur conversation avec un des verbes suivants au conditionnel présent.

| avoir | pouvoir | vouloir | aimer | profiter |

- **Pierre :** Alors Julia, tu as trouvé une idée de cadeau pour l'anniversaire de ta copine ?
- **Julia :** Non, pas encore. Je .... lui faire un cadeau sympa. Tu .... une idée ?
- **Pierre :** Tu .... lui offrir un bijou.
- **Julia :** C'est une bonne idée mais elle en a déjà beaucoup et j'.... être plus originale.
- **Pierre :** Et pourquoi pas un voyage à deux ? Comme ça, tu .... toi aussi de ton cadeau !
- **Julia :** Ah oui ! Bonne idée : à Rome !

+ d'exercices : pages 186 - 187

cent quinze **115**

OBSERVATION ET ENTRAÎNEMENT / GRAMMAIRE ET LEXIQUE

7. LES SANS-GÊNE

A. Lisez ce forum. Pensez-vous qu'aujourd'hui les enfants sont mal élevés et les adultes impolis ? Pourquoi ?

FORUM : LES SANS-GÊNE

ANNE-LAURE
Le 14-08-2015

Parfois, quand on a des invités à la maison, il ne se comportent pas toujours comme ils devraient. Il y en a qui sont vraiment sans-gêne : ils laissent leurs enfants faire ce qu'ils veulent. Et ce ne sont pas toujours des inconnus !

Par exemple, mon neveu de cinq ans quitte toujours la table sans demander la permission ; ma sœur ne lui dit jamais rien, c'est inadmissible !

Les enfants d'aujourd'hui sont mal élevés, mais c'est à cause de leurs parents, qui ne sont pas assez stricts avec eux. Ils devraient au moins leur apprendre à demander les choses poliment. Notre fille nous demande toujours : « Maman, est-ce que je peux aller jouer dans ma chambre ? »

YACINE
Le 15-08-2015

Moi aussi, j'en ai assez de voir tous ces gens impolis. Ils sont partout : au travail, dans les magasins... Ils ne savent plus dire « Bonjour », « S'il vous plaît », « Merci », « Au revoir ».

L'autre jour, une vieille dame est passée devant moi à la caisse d'un supermarché et elle ne m'a même pas demandé : « Monsieur, je suis pressée, ça vous ennuie de me laisser passer avant vous ? »

BERNADETTE
Le 15-08-2015

Il ne faudrait pas généraliser... J'ai six petits-enfants et ils sont tous très bien élevés. Ils demandent toujours la permission. Par exemple, s'ils veulent regarder la télévision, ils me demandent : « Mamie, on pourrait regarder la télé, s'il te plaît ? ». Ou bien leurs parents me demandent : « Ça te dérange si les enfants allument la télé ? ». Et ils n'oublient jamais de remercier.

B. Relevez les différentes formules pour demander la permission et complétez le tableau.

DEMANDER LA PERMISSION

- Verbe **pouvoir** au présent de l'indicatif ou au conditionnel.
  Ex. : *est-ce que je peux aller jouer dans ma chambre*
- **Ça / cela** + **te / vous** + **dérange** ou **ennuie si**...
  Ex. : *Ça te dérange si les enfants allument la télé*
- **Ça / cela** + **te / vous** + **dérange** ou **ennuie de** + infinitif
  Ex. : *ça vous ennuie de me laisser passer avant vous ?*

C. À votre tour, participez au forum : racontez vos expériences et donnez votre opinion.

8. TROP C'EST TROP !

A. Sylvie écoute son répondeur. Elle va sûrement s'énerver. Pourquoi ?

B. Réécoutez les messages et complétez le tableau.

QUI ?	DEMANDE QUOI ?	POURQUOI ? / POUR QUOI FAIRE ?
1. Marie	la voiture	garage - utiliser
2. Sa fille	voiture	elle finit les examens
3. Son fils	voiture	il a eu un petit accident
4.		
5.		

C. Retrouvez qui dit les phrases suivantes, puis complétez le tableau.

A. « **Tu peux** me passer ta voiture ce midi ? »
B. « Est-ce que **tu pourrais** me prêter ta voiture ? »
C. « **Pourrais-je** vous emprunter la vôtre ? »
D. « **Tu me prêtes** ta voiture demain après-midi ? »

DEMANDER UN SERVICE

Pour demander un service, on peut utiliser :
- une question au présent.
  Ex. : ....
- une question avec **pouvoir** au présent et au conditionnel + infinitif.
  Ex. : ....

D. Quand utilise-t-on une formule ou une autre ?

9. PAS DE PROBLÈME !

A. Sylvie s'est calmée et elle répond aux messages. Quelles demandes accepte-t-elle ?

1. Chéri, **pas de problème** pour la voiture ce midi. Bisous

2. Félicitations ma chérie ! Oui, tu as le droit de t'amuser un peu. **C'est d'accord** pour la voiture ce week-end. Gros gros bisous

3. Non, non et non ! C'est la troisième fois que tu me la demandes pour la même raison ! Tu es un danger public ! **Il n'en est pas question** !

4. Bonjour Anne, merci d'emmener quand même les enfants. Je vous laisse **bien sûr** ma voiture demain après-midi. Bonne soirée

5. Bonjour maman, pour la voiture, **ce serait avec plaisir mais**, ce week-end, c'est vraiment impossible : je l'ai déjà promise à Chloé. **Je suis vraiment désolée**. Je t'appelle ce soir. Je t'embrasse

B. Classez dans le tableau les expressions surlignées ci-dessus.

ACCEPTER ET REFUSER

ACCEPTER	bien entendu avec plaisir	volontiers	....
REFUSER	je regrette, mais...	....	....

C. À deux, vous allez demander, accepter ou refuser un service. Lancez deux fois le dé. Le premier chiffre vous indiquera qui parle et à qui, et le deuxième, le service demandé. Ensuite, inversez les rôles.

- 2 : « Un chef à son employé » et 5 : « Arroser ses plantes ». Moi, je suis le chef et toi, l'employé.
- D'accord.
- Pourriez-vous venir arroser mes plantes pendant mes congés ?
- Oui, bien sûr...

Qui à qui ?	Service demandé
1. une mère à sa fille	1. garder son chat
2. un chef à son employé	2. l'aider à déménager
3. un inconnu à une inconnue	3. fermer la fenêtre
4. un fils à son père	4. lui prêter 15 euros
5. un étudiant à son professeur	5. arroser ses plantes
6. une amie à son ami	6. lui acheter son journal

DEMANDER UN SERVICE OU LA PERMISSION

EX. 1. Demandez de deux manières différentes...

1. de vous prêter un stylo.
   a. à votre chef : Pourriez-vous me prêter un stylo
   b. à un collègue : Pourrais-tu me prêter un stylo

2. de répéter une phrase.
   a. à un professeur : Pourriez-vous répéter la phrase
   b. à un camarade : Pourrais-tu répéter la phrase

3. à l'aéroport, de garder un moment vos bagages.
   a. à un ami : À l'aéroport, peut-tu garder un moment ma bagages
   b. à un inconnu : Pourriez-vous garder mes bagages ?

4. de vous aider à déménager.
   a. à un ami : Pourrais-tu m'aider à déménager
   b. à un voisin : Pourriez-vous m'aider à déménager

EX. 2. Écoutez les trois dialogues et complétez le tableau.
PISTE 41

	OBJET OU SERVICE DEMANDÉ	FORMULE UTILISÉE
1.		
2.		
3.		

ACCEPTER ET REFUSER

EX. 3. Entourez la réponse qui convient.

1. • Tu m'accompagnes au cinéma demain ?
   ◦ **Non, pas question** / Non merci / **Oui, d'accord**, j'ai très envie de voir le dernier film de François Ozon.

2. • Si tu veux, je peux te déposer.
   ◦ **C'est gentil** / Oui, bien sûr / **Je suis vraiment désolée**, mais je préfère marcher.

3. • Ça vous dérange si je fume ?
   ◦ **Je regrette, mais** / Non, pas du tout / **Pas de problème**, je ne supporte pas la fumée.

4. • Tu as apporté le livre ?
   ◦ Pas de problème / Bien entendu / **Je suis vraiment désolé**, j'ai complètement oublié.

5. • Tu pourrais me ramener après le concert ?
   ◦ Avec plaisir / **Pas de problème** / Je regrette, c'est sur ma route.

6. • Vous pouvez m'aider ?
   ◦ Oui bien sûr / Pas de problème / **Désolée**, mais je suis pressé.

EX. 4. Écoutez la suite des conversations : cochez et complétez le tableau.
PISTE 42

	IL / ELLE ACCEPTE	IL / ELLE REFUSE	FORMULE UTILISÉE
1.	✓		Pas de problem
2.		✓	Il n'en pas question
3.		✓	Je sois vraiment désolé

+ d'exercices : page 187

cent dix-sept **117**

OBSERVATION ET ENTRAÎNEMENT / LEXIQUE

LA POLITESSE

1. Quelles formules de politesse pourriez-vous utiliser dans les cas suivants ?

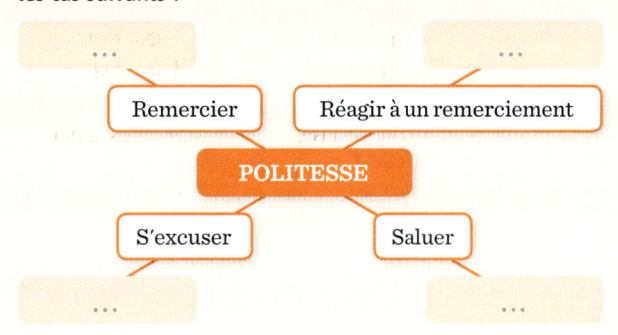

- Remercier → ....
- Réagir à un remerciement → ....
- S'excuser → ....
- Saluer → ....

POLITESSE

2. Complétez les conseils qu'un père donne à son enfant pour lui apprendre à être poli.

1. Quand tu arrives à l'école, tu dois dire .... à la maîtresse.
2. Quand tu pars, tu dois lui dire ....
3. À chaque fois que tu veux quelque chose, il faut dire .... .
4. Lorsqu'on te donne ce que tu veux, il faut dire ....
5. Si quelqu'un te dit « merci », tu peux lui répondre : .... .
6. Si tu fais une bêtise ou que tu bouscules quelqu'un tu dois dire .... ou .... .

3. Cochez la ou les bonnes réponses.

1. On vous propose un café. Vous n'aimez pas ça, vous dites :
   - ☐ Avec plaisir.
   - ☐ Merci beaucoup.
   - ☐ Non merci.
2. Vous bousculez une personne ; vous dites :
   - ☐ De rien.
   - ☐ Pardon.
   - ☐ Attention !
3. Vous demandez à un ami de vous prêter son portable ; vous lui dites :
   - ☐ S'il vous plaît.
   - ☐ S'il te plaît.
   - ☐ Pardon.
4. Vous avez fini votre journée de travail ; vous dites à vos collègues :
   - ☐ À demain.
   - ☐ Adieu.
   - ☐ À bientôt.
5. Vous dînez chez une amie et vous cassez un verre. Vous vous excusez ; elle vous dit :
   - ☐ De rien.
   - ☐ Ce n'est rien.
   - ☐ Je suis vraiment désolé(e).
6. À la fin d'une soirée, un ami vous demande si vous pouvez le raccompagner en voiture ; pour accepter, vous répondez :
   - ☐ De rien.
   - ☐ Ce n'est rien.
   - ☐ Oui, bien sûr.

4. Complétez ces phrases avec le mot qui convient.

| poliment | poli(e) | impoli(e) |

1. Elle demande toujours la permission avant de sortir de table. Elle est .... .
2. Ce client ne salue jamais les employés quand il entre dans un magasin. Il est .... .
3. Elle demande toujours les choses très .... : elle dit « Est-ce que tu pourrais... ? », « Est-ce que ça te dérange... ? »

| mal élevé | sans-gêne | bien élevé |

4. Cet enfant dit toujours « S'il te plaît » quand il demande quelque chose. Il est .... .
5. Quand il est invité chez quelqu'un, il fait comme chez lui : s'il veut quelque chose, il se sert lui-même. Il est .... .
6. Le fils de Sandra ne dit jamais merci. Il est .... .

ÉCRIRE UN MAIL

5. Complétez ce mail avec les expressions suivantes.

| cordialement | en pièce jointe |
| renseignements | informations |
| bonjour |

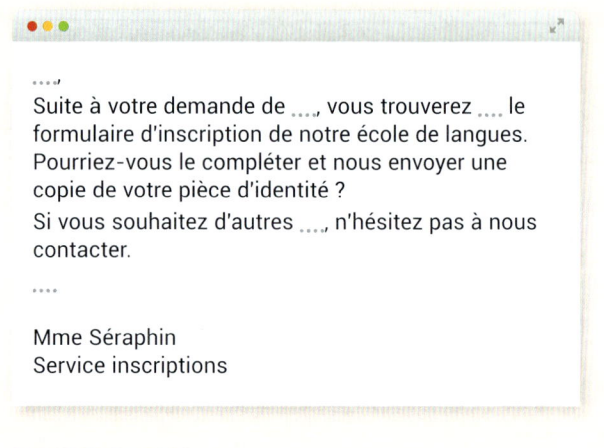

....,
Suite à votre demande de ...., vous trouverez .... le formulaire d'inscription de notre école de langues. Pourriez-vous le compléter et nous envoyer une copie de votre pièce d'identité ?
Si vous souhaitez d'autres ...., n'hésitez pas à nous contacter.

....

Mme Séraphin
Service inscriptions

SAVOIR-VIVRE

6. Que faites-vous dans votre pays ? Complétez les phrases avec les verbes suivants, puis répondez aux questions.

| serrez | laissez | faites | offrez | enlevez | paie |

1. Quand vous êtes invité(e) chez des amis, ...-vous vos chaussures ?
2. Quand vous arrivez au travail, est-ce que vous .... la main de vos collègues ?
3. Pour remercier une personne, que lui ....-vous ?
4. ....-vous la bise à vos amis pour leur dire bonjour ?
5. Au restaurant, est-ce que vous .... toujours un pourboire ?
6. Si vous allez au restaurant en couple, qui .... l'addition ?

LES VERBES *PRÊTER, EMPRUNTER, RAPPORTER* ET *RENDRE*

7. Complétez ce dialogue avec les verbes suivants conjugués.

| emprunter | rapporter | rendre | prêter |

- **Julie :** Allô Marc ? C'est Julie.
- **Marc :** Salut Julie !
- **Julie :** Je voudrais savoir si c'est bien toi qui m'.... deux chaises.
- **Marc :** Oui, effectivement, tu me les ....
- **Julie :** Est-ce que ça te dérange de me les .... avant ce week-end ? J'en ai besoin.
- **Marc :** Pas de problème, je te les .... demain.

118 cent dix-huit

OBSERVATION ET ENTRAÎNEMENT / PHONÉTIQUE   6

ÉCHAUFFEMENT

LES INTENTIONS (1)

1. Suivez les étapes ci-dessous pour apprendre à transmettre des intentions sans parole.

A. Marchez en essayant de prendre le plus d'espace possible.
B. Fixez un point dans l'espace puis dirigez-vous vers celui-ci.
C. Immobilisez-vous puis mimez le verbe **bailler** sans ajouter de parole.
D. Marchez de nouveau, fixez puis dirigez-vous vers un point et immobilisez-vous en mimant le verbe **crier**.
E. Faites la même chose avec les verbes : **pleurer**, **sourire** et **être fatigué(e)**.

A. PROSODIE

LA LIAISON (2)

En français, certaines liaisons sont interdites. De manière générale, on ne fait pas de liaison entre deux groupes rythmiques.

- Devant un **h** aspiré : Le**s h**éros d'aujourd'hui.
- Nom singulier + adjectif : Je n'aime pas cet étudian**t im**poli.
- Sujet + verbe : Quelqu'u**n e**st en retard !
- Après le verbe : Pierre Legal écri**t à** La péniche.
- Adverbe + adjectif : C'est vraimen**t im**possible !
- Après **quand**, **comment**, **combien** sauf dans **Quand est-ce que** et **Comment allez-vous** : Vous pouvez me dire commen**t a**ller là-bas ?
- Après **et** : La politesse coûte peu cher e**t a**chète tout.

2. Écoutez puis lisez les phrases des exemples en respectant l'interdiction de la liaison.
PISTE 43

1. Le**s h**éros d'aujourd'hui.
2. Je n'aime pas cet étudian**t im**poli.
3. Quelqu'u**n e**st en retard ?
4. Pierre Legal écri**t à** La péniche.
5. C'est vraimen**t im**possible !
6. Vous pouvez me dire commen**t a**ller là-bas ?
7. La politesse coûte peu cher e**t a**chète tout.

B. PHONÉTIQUE

LE E MUET

Le maintien ou la chute du **e** muet dépend de la personne, du contexte, de l'humeur et de la variété régionale du français. De manière générale, plus le registre est soutenu et plus on prononce les **e**. Cependant, on ne prononce pas le **e** muet :
- en fin de mot : chais(e)
- dans la 2e syllabe et au-delà : cordial(e)ment
- dans certains verbes au futur ou au conditionnel : il dans(e)ra, il dans(e)rait

3. Écoutez et cochez la phrase que vous entendez.
PISTE 44
1. ☐ Je le dis.   ☐ Je dis.
2. ☐ Je le note.   ☐ Je note.
3. ☐ Je te remercie.   ☐ Je remercie.
4. ☐ Je te salue.   ☐ Je salue.
5. ☐ Je le prête.   ☐ Je prête.
6. ☐ Je te fais la bise. ☐ Je fais la bise.

4. A. Écoutez et répétez les verbes suivants sans prononcer le **e** muet.
PISTE 45

1. prêterait : /pʀɛt/ /ʀɛ/
2. poserait : /poz/ /ʀɛ/
3. préférerais : /pʀefɛʀ/ /ʀɛ/
4. mangeraient : /mɑ̃ʒ/ /ʀɛ/

4. B. Écoutez ces phrases et répétez les verbes au conditionnel sans prononcer le **e** muet.
PISTE 46

1. Si j'avais 100 €, je te les prêterais volontiers.
2. Quelle question ne poserait-on jamais à un repas de famille ?
3. La journée a été fatigante, je préférerais ne pas avoir à cuisiner ce soir.
4. D'après une étude, les enfants mangeraient mieux à la cantine qu'à la maison.

C. PHONIE-GRAPHIE

LES E CONSÉCUTIFS

À l'oral spontané, quand plusieurs **e** se suivent dans des mots grammaticaux (**je**, **te**, **le**, etc.), la personne qui parle peut garder les deux **e** ou supprimer le 1er ou le 2e en fonction de ce qui est le plus important pour elle.
Ex. : Je le sais /ʒə lə sɛ/. → neutre
Je le sais /ʒlə sɛ/. → **le** est le plus important
Je le sais /ʒə lsɛ/. → **je** est le plus important

5. Écoutez les mini-dialogues suivants et complétez avec le ou les mots grammaticaux que vous entendez (me, te, le).
PISTE 47

1.
● J'ai une nouvelle voiture.
○ Tu peux .... la prêter ?
2.
● J'ai ton ordinateur !
○ Tu .... donneras tout à l'heure.
3.
● Tu nous manques et nous ne .... disons pas assez souvent.
○ Vous aussi, vous me manquez.
4.
● Et lui, c'est Aron !
○ Vous .... connaissez aussi ?

REGARDS CULTURELS

FRANCOPHONIE

On est tous francophones, d'accord, mais on ne se comprend pas toujours…

On a tendance à penser que, si on vient de deux pays différents mais qu'on partage la même langue, on se comprendra toujours. En réalité, ce n'est pas si évident, car la langue a des particularités locales qui peuvent provoquer des malentendus. Voici les témoignages de francophones qui ont vécu cette expérience lors d'un voyage dans un autre pays francophone.

Allô, ça va bien ?

Quand je suis arrivé à Montréal, je trouvais bizarre que les gens disent « Allô, ça va bien ? » pour dire « Bonjour ». C'est peut-être à cause du *Hello* anglais ? Et même s'il est cinq ou six heures du soir, ils disent très souvent « Bonjour » au lieu de « Au revoir » quand ils s'en vont.

FRANÇOIS, *Belge*

Tu as fait un peu ?

J'ai vécu au Bénin pendant quelques années. Un collègue, quand on sortait du travail, me demandait toujours : « Tu as fait un peu ? ». Je ne comprenais vraiment pas : Fait quoi ? Un peu de quoi ? Un jour, je me suis un peu fâché et j'ai répondu : « Tu penses que je ne fais rien ? »

Finalement, j'ai compris que très souvent, ça voulait simplement dire : « Tu as passé une bonne journée ? »

PHILIPPE, *Français*

Doucement

Il y a beaucoup de gens au marché Dantokpa de Cotonou, au Bénin : on te bouscule, on te marche sur les pieds… Et tout le monde dit : « Doucement, doucement ». Au début, je ne comprenais pas : c'était moi qui était bousculée ! Pourquoi est-ce qu'on me répondait « doucement » et qu'on ne me disait pas « pardon » ?
Un jour, j'ai répondu un peu violemment à une dame : « Eh ! vous ne pouvez pas faire un peu attention ?! Vous m'avez marché sur le pied ! ». Et la dame a répondu : « Mais enfin, je vous ai dit "doucement", non ? ». Et je me suis rendu compte alors que « doucement » là-bas veut dire : « Excusez-moi, je suis désolé(e) ».

PASCALE, *Belge*

120 cent vingt

Sauriez-vous... ?

L'autre jour, j'étais dans le train et une dame m'a demandé : « Pardon, sauriez-vous m'aider à monter ma valise ? » J'étais un peu étonné parce qu'en France, on dirait : « Pourriez-vous m'aider à monter ma valise ». Plus tard, on m'a expliqué que les Belges disent souvent « savoir » au lieu de « pouvoir » !

JEAN, *Français*

On se vouvoie ou on se tutoie ?

Je viens du Québec et j'ai un problème pour savoir comment m'adresser aux gens en France. Par exemple, est-ce que je peux dire « tu » ou est-ce que je dois vouvoyer ?

Chez nous, on tutoie beaucoup plus facilement qu'ici. Le premier jour de mon stage à Bordeaux, j'ai tutoyé mes collègues ; j'ai vu que certains étaient surpris et même un peu choqués. Surtout les gens plus âgés que moi. Et encore plus mes supérieurs !

Un jour, j'ai parlé de ce problème à une amie et elle m'a dit qu'on doit toujours attendre qu'on nous propose de dire « tu ». Et avec les gens plus âgés, avec tes chefs ou avec les gens que tu ne connais pas ou pas très bien, il faut toujours dire « vous ». Je ne pense jamais à demander : « On se vouvoie ou on se tutoie ? »

MARC, *Canadien*

- Ça va ?
- Oui, je suis ici.

J'ai longtemps vécu en Afrique, au Sénégal. Au début, je ne comprenais pas : quand je demandais aux gens : « Ça va ? », on me répondait : « Oui, je suis ici » au lieu de dire : « Ça va, merci ». J'avais toujours envie de répondre : « Je ne suis pas aveugle, je vois bien que vous êtes là ! »

MATHILDE, *Française*

10. PAS SI SIMPLE...

A. Lisez le titre du texte et regardez le dessin. À votre avis, de quoi va-t-il être question dans cet article ?

B. Lisez les titres de ces témoignages. Connaissez-vous ces expressions ? À votre avis, que signifient-elles ?

11. QUEL EST LE PROBLÈME ?

A. Lisez les témoignages. Quel est leur point commun ?

B. Comment ces personnes réagissent-elles ? Pourquoi ?

- Il / Elle est surpris(e).
- Il / Elle s'énerve.
- Il / Elle a des problèmes avec les personnes rencontrées.
- Il / Elle ne comprend rien.
- ...

- Jean est surpris parce qu'il ne savait pas qu'en Belgique on dit souvent « savoir » au lieu de « pouvoir ».

12. ON SE TUTOIE ?

A. Mettez en commun vos connaissances sur l'usage du *tu* et du *vous* en France.

Posez-vous ces questions :
- Qui tutoie-t-on ? Dans quel contexte ? Selon quels critères (âge, situation sociale...) ?
- Qui doit-on toujours vouvoyer ?
- Si on hésite entre *vous* et *tu*, qu'est-ce qu'il faut faire ?
- Peut-on passer du *tu* au *vous* ?

B. Dans les pays ou régions où votre langue est parlée, peut-on rencontrer des problèmes semblables ?

+ DE RESSOURCES SUR espacevirtuel.emdl.fr

Métro : Où est la politesse ?
Les gens sont-ils polis dans le métro ?

cent vingt et un **121**

TÂCHES FINALES

TÂCHE 1 — EN SCÈNE !

1. En groupes, vous allez imaginer une situation qui peut devenir conflictuelle dans laquelle chacun aura un rôle. Définissez la situation.

- au supermarché
- dans un parc
- au cinéma
- au restaurant
- dans le bus
- …

	Acteur n°1	Acteur n°2	Acteur n°3
Politesse (/10)	8	6	5
Performance théâtrale (/5)	3	4	2
Correction de la langue (/5)	2	5	3
TOTAL	13	15	10

Marc nous a tous invité à déjeuner au restaurant et il se rend compte au moment de payer qu'il n'a pas d'argent.

2. Préparez le dialogue et répétez plusieurs fois la scène.

3. Chaque groupe joue la scène devant la classe et les autres évaluent leur performance à l'aide de la grille.

4. Qui a obtenu la meilleure note ?

CONSEILS
- Imaginez les personnages, le scénario et le conflit.
- Pensez à des situations réalistes que vous avez vécues ou auxquelles vous avez assisté.
- Adaptez le plus possible la langue à la situation.

TÂCHE 2 — QUESTION DE SAVOIR-VIVRE

1. En groupes, vous allez préparer un guide du savoir-vivre concernant un pays de votre choix pour les étrangers qui voudraient le visiter. À l'intérieur de chaque groupe, répartissez-vous les thèmes suivants.

- au restaurant
- au travail
- entre amis
- en cours
- …

2. Faites la liste des règles de savoir-vivre importantes et qu'il faut respecter dans ce pays.

*– Quand on est invité, on ne doit jamais arriver juste à l'heure.
– Il faut enlever ses chaussures dans l'entrée.*

3. Pour chaque thème, écrivez plusieurs questions avec trois réponses possibles. Ensuite, pour chaque question, donnez la réponse en expliquant la règle.

4. Chaque groupe rassemble ses questions. Échangez votre questionnaire avec celui d'un autre groupe. Ensuite, faites le questionnaire et commentez ensemble les résultats.

CONSEILS
- Pensez aux règles qui peuvent poser des problèmes particuliers aux étrangers.
- Pensez aux comportements et aux formules de politesse.
- N'hésitez pas à demander des informations supplémentaires aux autres groupes.

1. Lorsque vous êtes invité à dîner chez quelqu'un, à quelle heure devez-vous arriver ?

a. À l'heure prévue.
b. 5 minutes après l'heure prévue.
c. 15 minutes après l'heure prévue.

1. C Il vaut mieux arriver 15 minutes après pour laisser le temps à votre hôte de se préparer.

7 VIVRE AUTREMENT

DÉCOUVERTE
pages 124-127

Premiers regards
- Découvrir le lexique de la consommation
- Parler des changements de notre mode de vie

Premiers textes
- Découvrir le lexique de l'environnement
- Les différents mouvements *slow*

OBSERVATION ET ENTRAÎNEMENT
pages 128-135

Grammaire
- Les adjectifs qualificatifs
- La place de l'adjectif
- Les pronoms démonstratifs
- L'expression du but

Lexique
- Le lexique de la consommation
- Le lexique de l'écologie
- Le lexique du vivre ensemble

Phonétique
- Les intentions (2)
- L'intonation
- Le son [R]

REGARDS CULTURELS
pages 136-137

Les documents
- L'obsolescence programmée

La vidéo
- La Ruche qui dit oui

À visionner sur : espacevirtuel.emdl.fr

TÂCHES FINALES
page 138

Tâche 1
- Proposer un projet et le soumettre aux principes du financement participatif

Tâche 2
- Élaborer une fiche projet et proposer des solutions pour améliorer le monde

+ DE RESSOURCES SUR espacevirtuel.emdl.fr

— Des activités autocorrectives (grammaire / lexique / culture / CE / CO)
— Deux nuages de mots sur la consommation et l'écologie

cent vingt-trois 123

DÉCOUVERTE / PREMIERS REGARDS

« AU SECOURS, LE MONDE VA TROP VITE ! »

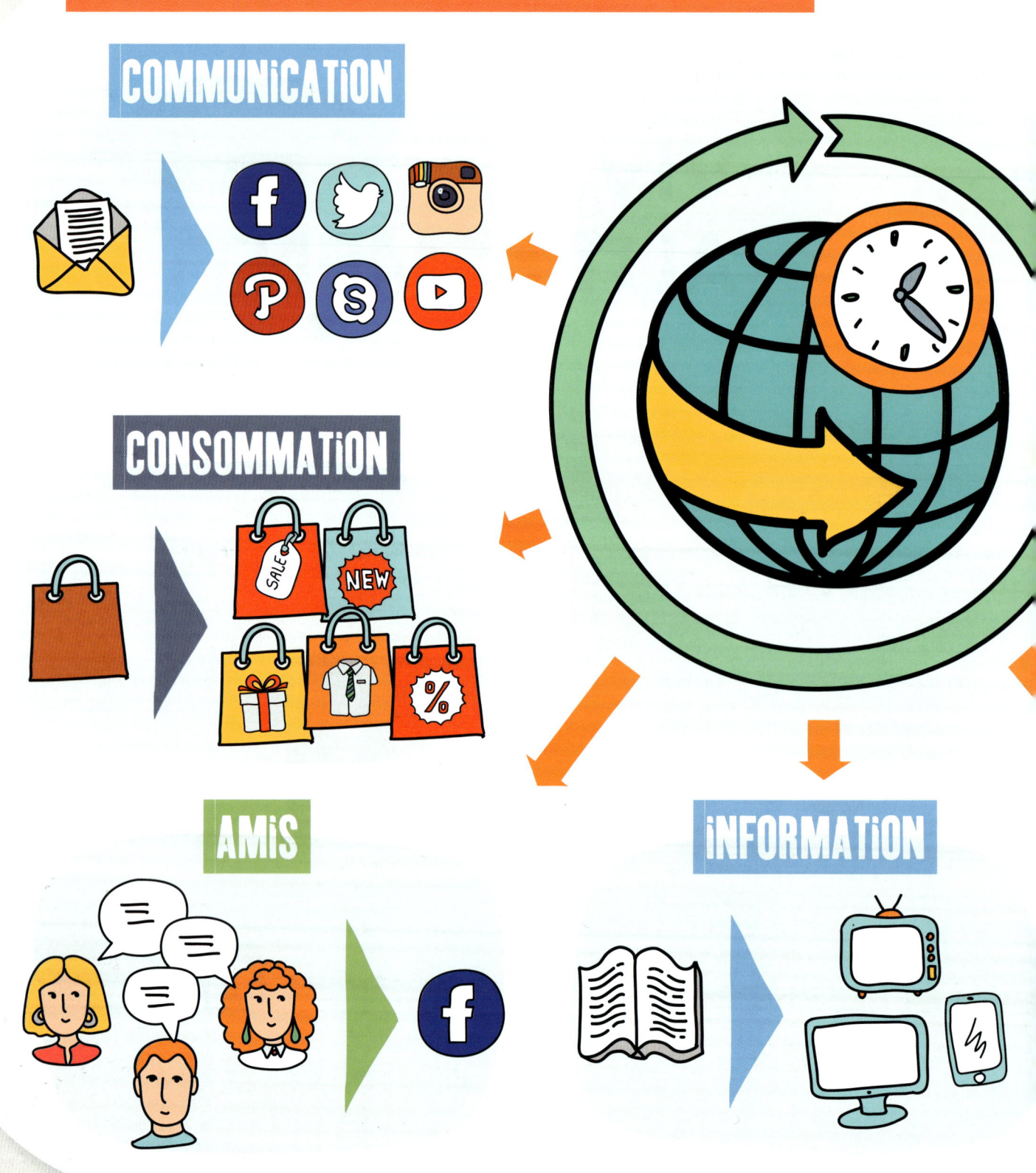

COMMUNICATION

CONSOMMATION

AMIS

INFORMATION

124 cent vingt-quatre

> **Ce n'est pas l'homme qui arrête le temps, c'est le temps qui arrête l'homme.**
>
> Chateaubriand, écrivain français, XIXe siècle

ALIMENTATION – how we eat

TRAVAIL

LOGEMENT

1. LE TEMPS DE L'URGENCE

A. Regardez le titre de l'infographie et le dessin central. Qu'est-ce qu'ils vous évoquent ?

- Pour moi, il représente bien notre époque parce que...

B. Regardez l'infographie. Qu'est-ce qui a changé entre hier et aujourd'hui ? Pourquoi ?

la communication	le travail
l'alimentation	l'information	les amis
la consommation	le logement

AVANT	MAINTENANT
On s'écrivait des lettres ou on se téléphonait. ...	On envoie des mails, des photos ou des vidéos, mais on n'écrit plus à la main. ...

C. Comparez votre analyse avec un camarade. Voyez-vous les choses de la même manière ?

- C'est vrai qu'aujourd'hui on envoie des mails mais c'est aussi écrire, non ?
- D'accord, mais ce n'est pas pareil, on tape le texte sur un clavier.
- Ah oui ? Et les cartes postales ?

D. Êtes-vous d'accord avec le titre du document ? Discutez-en entre vous.

💬 *Et vous ?*
Comparez le titre de cette double page et la citation de Chateaubriand : qu'en pensez-vous ?

cent vingt-cinq **125**

DÉCOUVERTE / PREMIERS TEXTES

2. PRENEZ LE TEMPS DE VIVRE !

A. Lisez le titre de la page Internet et observez le logo. À votre avis, que recommande ce site ?

B. Lisez les présentations des mouvements *slow*. Pensez-vous qu'ils vont continuer de se développer ? Pourquoi ?

www.lejustetemps.en

Slow attitude !

Nous passons notre temps à courir : au travail, entre nos rendez-vous, nos mails et nos responsabilités ; dans les transports, même nos pauses sont chronométrées. Nous courons après l'argent, après le temps qui court... D'où vient cette accélération ? Le monde est-il devenu fou ?
Le premier mouvement *slow* (« lent » en anglais) est né dans les années 80 pour lutter contre cette urgence permanente. Depuis, beaucoup d'autres mouvements de ce type sont nés.

En quoi consiste la *slow attitude* ? Quels sont les objectifs de cette art de la lenteur ?

- Oser ralentir notre rythme de vie
- Privilégier la qualité et non plus la quantité
- Favoriser le collectif plus que l'individuel

SLOW FOOD

Pour quoi faire ?
- Pour éduquer au goût, promouvoir l'alimentation et les traditions culinaires locales, retrouver le plaisir de manger

Comment faire ?
- Prendre le temps d'être à table, de partager ses repas
- Mieux choisir nos aliments, les connaître, les cuisiner et les déguster dans la convivialité
- Rencontrer des producteurs locaux et découvrir des produits oubliés

Slow Food®
Ô Toulouse Projets et Formation

SLOW CITY

Pour quoi faire ?
- Pour mettre en valeur le patrimoine urbain, développer le commerce de proximité, mieux préserver l'environnement et améliorer notre qualité de vie

Comment faire ?
- Multiplier les espaces verts et les zones piétonnes
- Privilégier les transports non polluants, réduire la circulation et les bruits
- Diminuer les déchets et renforcer le recyclage

cittaslow

SLOW MANAGEMENT

Pour quoi faire ?
- Pour rétablir l'équilibre entre notre vie personnelle et notre vie professionnelle
- Pour favoriser le bien-être au travail

Comment faire ?
- Ne pas faire plus, mais faire mieux
- Gérer nos priorités et encourager la coopération, l'écoute et la confiance
- Développer la responsabilité sociale des entreprises.

SLOW MADE

Pour quoi faire ?
- Pour valoriser l'artisanat et les métiers de la création
- Pour produire de manière plus durable

Comment faire ?
- Redonner tout son prix au temps, indispensable dans les métiers de l'art
- Valoriser le savoir-faire et le respect de l'environnement

C. Voici des initiatives respectueuses des principes du mouvement *slow*. Selon vous, à quel mouvement appartiennent-elles ?

- Disco soupes
- Ateliers du goût ────────────────→ slow food
- Conférence « Construire plus vert »
- Rencontres producteurs-consommateurs   slow city
- Apprentissage du recyclage à l'école
- Festival Euro Gusto   slow management
- Autonomie des horaires de travail
- Festival des métiers d'art   slow made

D. Écoutez ces personnes parler de leurs expériences *slow* et complétez le tableau. Parmi les mouvements présentés dans l'activité A, lesquels sont évoqués dans les témoignages ?

PISTE 48

ÉLENA — *Cheffe d'entreprise*

ARTHUR — *Père famille*

MAJID

	POURQUOI CE CHOIX D'UN MOUVEMENT *SLOW* ?	COMMENT SE TRADUIT-IL ?	EST-IL POSITIF ? POURQUOI ?
1. Élena	slow management	fixer la travailler et travailler à la maison	oui, elle est plus productif et heureux
2. Arthur	slow food	pour les enfants	oui, qualité de vie très encourageant pour les enfants
3. Majid	slow made	fabrication dans la industrie	oui, il produire plus mieux

3. LA LENTEUR EN MOUVEMENT

A. Voici trois logos de mouvements *slow*. En groupes, faites des recherches et préparez une petite présentation écrite ou orale du mouvement que vous avez choisi. Aidez-vous des présentations de l'activité 2.

de quel secteur s'agit-il ?   pour quoi faire ?   comment faire ?

1. SLOW TRAVEL
2. SLOWMONEY
3. association SLOW COSMETIQUE

B. Lisez ou écoutez les présentations des différents groupes. Parmi tous les mouvements *slow* présentés, lequel vous intéresse le plus ? Pourquoi ?

- J'aime beaucoup les principes du zz. On respecte l'environnement et on privilégie les produits locaux : je trouve que c'est important.

Et vous ?
Connaissez-vous d'autres mouvements slow ?

OBSERVATION ET ENTRAÎNEMENT / GRAMMAIRE ET LEXIQUE

4. VOUS AVEZ DIT : « LOCAVORE » ?

A. Le mot « locavore » est une contraction de « -vore », « qui se nourrit », et d'un autre mot. À votre avis, de quel mot s'agit-il ? Quelles personnes désigne-t-il ? Vérifiez vos hypothèses en lisant les interviews.

ALIMENTATION

Qui sont les locavores ?

Cette tendance slow, née aux États-Unis, est de plus en plus répandue en France. Les locavores consomment des produits locaux, cultivés à 250 kilomètres maximum de leur domicile. Rencontre avec deux consommateurs responsables.

Justine, Toulouse
Comment êtes-vous devenue locavore ?
Je consommais déjà beaucoup de produits bio, mais j'ai décidé de faire encore plus d'efforts. Notre planète va mal et nous devons chercher des solutions durables si nous voulons la protéger. Nous importons des produits que nous produisons, c'est absurde ! Nous mangeons des fraises toute l'année sans respecter le cycle des saisons. Je veux privilégier l'option la plus responsable.

Avec la mondialisation, ce combat n'est-il pas perdu d'avance ?
Si nous changeons tous nos habitudes et si nous nous engageons pour la protection de la planète, nous pourrons éviter la catastrophe écologique. Commençons par consommer des fruits et des légumes qui voyagent moins, achetons chez les petits producteurs des produits frais, sains et sans ces emballages plastiques inutiles et polluants. Commençons par limiter nos déchets, par recycler et moins jeter. Ce sera déjà un grand geste pour l'environnement !

Êtes-vous exclusivement locavore ?
Non, j'achète encore du café colombien.

Élias, Rouen
Comment êtes-vous devenu locavore ?
Je viens d'avoir mon deuxième enfant. J'ai envie de donner le meilleur à mes enfants, je ne veux pas les nourrir avec des légumes malades et plein de produits chimiques. Et puis, j'adore manger, j'aime les produits qui ont du goût ! Je sais que, si j'achète des produits de saison, je mangerai de belles tomates bien rouges et pas les tomates vertes qu'on vend toute l'année dans les supermarchés.

Et vos enfants ?
Ma fille a 6 ans et elle est engagée elle aussi : elle choisit avec moi les paniers de légumes et on cuisine tous les deux des produits frais et de qualité. Elle sait qu'on mange des fraises en été et pas en hiver, et elle ne croit pas qu'ils existe des poissons carrés et congelés !

Êtes-vous exclusivement locavore ?
Non, c'est difficile, parce qu'il y a des produits exotiques que nous consommons tous. C'est pour ça que nous appliquons « l'exception Marco Polo », c'est-à-dire que nous consommons certains produits comme le thé, le café et le chocolat.

Et vous ? Seriez-vous prêts à changer vos habitudes alimentaires pour consommer de manière plus responsable ?

Si oui, voici quelques propositions :

- Devenez locavore
- Devenez végétarien (vous ne mangez plus de viande ni de poisson) ou végétalien (vous ne mangez plus aucun produit d'origine animale)
- Participez à des événements pour la planète (Disco soupes...)
- Consommez bio
- Devenez déchétarien (vous consommez essentiellement des produits gratuits ou récupérés dans les poubelles des supermarchés)
- Achetez des produits avec le label « commerce équitable »

B. Relisez les interviews. Pour quelles raisons Justine et Élias sont-ils locavores ? Que pensez-vous de ce mouvement ?

- ☐ pour protéger l'environnement
- ☐ pour la santé
- ☐ pour participer à l'économie locale
- ☐ pour faire des économies

● Je trouve que c'est intéressant mais trop strict.
○ Qu'est-ce que tu veux dire quand tu dis « trop strict » ?

C. Complétez le tableau suivant avec des exemples tirés des interviews.

LA PLACE DE L'ADJECTIF

APRÈS LE NOM

La plupart des adjectifs se placent après le nom.
Ex. : *des produits **chimiques***

On place aussi derrière le nom des adjectifs qui indiquent…
- la couleur
  Ex. : *de belles tomates bien rouges*
- la forme
  Ex. : *poissons carrés*
- l'état – state
  Ex. : *catastrophe écologique*
- la provenance
  Ex. : *produits exotiques*

AVANT LE NOM

On place devant le nom…
- les adjectifs courants et courts comme ***beau, joli, bon, mauvais, grand, petit, jeune, vieux…***
  Ex. : *les petits producteurs*
- Les nombres numéraux et ordinaux
  Ex. : ….

D. Seriez-vous capable de manger autrement ? Quels sont les avantages et les inconvénients de ces propositions ? Parlez-en à plusieurs.

● Je ne deviendrai jamais locavore !
○ Pourquoi ? : C'est un bon choix, tu manges mieux et tu as une consommation responsable.
● Oui, mais je consomme trop de produits exotiques, ce mouvement est trop strict pour moi…

LES ADJECTIFS QUALIFICATIFS

EX. 1. Mélissa et Serge ont des modes de vie opposés. Complétez avec l'adjectif qui convient à la bonne forme.

| responsable | lumineux | agréable | local | cher |
| biologique | nouveau | ~~équilibré~~ | vieux (old) |

1. Mélissa a une alimentation très **équilibrée** et une consommation *responsable*. Elle achète des produits à des producteurs *locaux*, tous de sa région. Elle donne ses *vieux* objets et elle crée de *nouveaux* vêtements à partir des anciens. Elle partage un appartement *lumineux* avec deux colocataires, elle trouve que c'est moins *cher* et plus *agréable*.

| nouveau | nécessaire | ~~respectueux~~ |
| usagé | intéressant | ennuyeux | vieux |

2. Serge n'est pas très **respectueux** de l'environnement. Il sait que c'est important mais il ne fait pas les efforts *nécessaires*. Il ne recycle pas : il jette tous ses objets *usagés* dans la même poubelle. Il travaille à quelques kilomètres de chez lui : il pourrait donc prendre les transports en commun, mais il préfère utiliser sa *vieille* voiture. Heureusement, comme il trouve le trajet *ennuyeux* quand il est seul, il fait du covoiturage : il rencontre de *nouvelles* personnes chaque matin, avec qui il a souvent des conversations *intéressantes*.

EX. 2. À votre tour, décrivez votre mode de vie en vous aidant des adjectifs suivants.

- moderne
- vieux
- petit
- grand
- long
- agréable
- économique
- écologique
- sucré
- salé
- cher
- chimique
- original
- biologique
- industriel
- naturel
- polluant
- frais
- (dés)équilibré
- …

LA PLACE DE L'ADJECTIF

EX. 3. Lisez ce texte sur les déchétariens et barrez les adjectifs mal placés.

Les poubelles : Un trésor est caché dedans

Les déchétariens, *freegans* en anglais, sont de **nouveaux** consommateurs ~~nouveaux~~. Ce sont des ~~engagées~~ personnes **engagées** qui luttent contre le gaspillage alimentaire. Comment les déchétariens luttent-ils ? Ils récupèrent les ~~jetés~~ aliments **jetés** dans les poubelles des ~~grandes~~ surfaces **grandes**. Ils s'engagent à n'acheter que les ~~nécessaires~~ produits **nécessaires** afin de préserver l'environnement. En effet, chaque année, nous jetons des tonnes d'aliments : des ~~laitiers~~ produits **laitiers**, des ~~industriels~~ produits **industriels** ou encore des fruits et légumes. Ce sont pourtant des ~~comestibles~~ produits **comestibles** mais rejetés pour des **esthétiques** raisons **esthétiques**. Car aujourd'hui, tout le monde veut acheter des ~~rondes~~ tomates **rondes** et des ~~rouges~~ fraises **rouges** mais cela ne garantit pas un produit de **bonne** qualité ~~bonne~~.
Aux États-Unis, ce ~~original~~ mouvement **original** existe depuis 1999. En France, il fait de plus en plus d'adeptes, surtout depuis la crise économique. La loi n'interdit pas l'action car la **première** personne ~~première~~ qui récupère un déchet en devient propriétaire. Seule interdiction : fouiller dans les containers des supermarchés, et c'est la **mauvaise** nouvelle ~~mauvaise~~ pour les déchétariens, car c'est surtout là qu'ils récupèrent leurs aliments.

➜ **+ d'exercices :** page 189

cent vingt-neuf **129**

OBSERVATION ET ENTRAÎNEMENT / GRAMMAIRE ET LEXIQUE

5. SE LOGER AUTREMENT !

A. Ces personnes ont choisi de se loger différemment. Lisez leurs témoignages et dites s'ils sont convaincus ou non de leur mode de logement actuel.

Vivre autrement : ils ont testé et ils racontent…

L'un est infographiste, l'autre est dessinateur et ils ont un point commun : un jour, ils ont décidé de se loger autrement. Voici le bilan, subjectif bien sûr, de leur expérience.

« Vivre avec des gens qu'on ne connaît pas, ce n'est pas toujours facile. »

Guy, dessinateur, 56 ans

J'ai toujours vécu seul mais, <u>ces dernières années</u>, j'ai eu des difficultés financières, alors je me suis décidé à ouvrir mon appartement à des inconnus. C'est difficile de trouver les bons colocataires. Il y a ceux qui pensent qu'ils sont à l'hôtel et qui ne participent à rien. Il y a aussi celles qui cherchent un nouveau mari et qui confondent la colocation avec un site de rencontres. Mais le pire colocataire, c'est celui qui ne participe jamais aux tâches ménagères !
Je vis en colocation uniquement pour des raisons économiques : pour partager le loyer et diviser le prix des factures. Sinon, je vivrais seul, c'est sûr !

« Nous partageons deux valeurs : le vivre ensemble et l'écologie. »

Axel, infographiste, 37 ans

J'ai choisi le logement participatif parce que je rêvais de vivre dans un éco-quartier. J'ai rencontré d'autres particuliers sensibles à la protection de l'environnement. Pour construire nos logements, on a privilégié des matériaux naturels, comme le bois, et l'énergie solaire. C'est une aventure enrichissante, car on vit vraiment ensemble, on partage des espaces de vie commune comme le jardin et on a de vrais échanges entre voisins. On n'a pas tous choisi le logement participatif pour les mêmes raisons : <u>il y a ceux qui l'ont choisi</u> parce qu'ils n'avaient assez d'argent pour avoir un grand jardin comme celui qu'on a maintenant et il y a ceux qui, comme moi, l'ont vraiment choisi pour des raisons écologiques. Dans mon éco-quartier, il y a beaucoup de jeunes couples, mais aussi des familles avec enfants et même une retraitée. De tous les propriétaires, c'est celle qui est la plus active et la plus solidaire : elle garde très souvent les enfants et elle organise des repas collectifs. Ses tartes sont excellentes, meilleures que celles de ma mère !

B. Selon vous, quels sont les avantages et les inconvénients de chacune de ces expériences ? Complétez le tableau suivant puis discutez-en en groupes.

COLOCATION

✓	✗
On paie moins. On se sent moins seul.	Il faut faire des efforts : ce n'est pas facile de vivre avec des inconnus.

COLOCATION INTERGÉNÉRATIONNELLE AVEC UNE PERSONNE ÂGÉE

✓	✗
…..	…..

LOGEMENT PARTICIPATIF

✓	✗
…..	…..

• Je n'aimerais pas vivre avec une personne âgée.
◦ Je ne suis pas d'accord, ça peut être très enrichissant parce que…

C. Illustrez le tableau à l'aide d'exemples tirés du document.

LES PRONOMS DÉMONSTRATIFS

	MASCULIN	**FÉMININ**
SINGULIER	celui	celle
PLURIEL	ceux	celles

• Suivi d'un pronom relatif (*qui*, *que*, *où*)
  Ex. : *Il y a ceux qui l'ont choisi*
• Suivi d'une préposition (*de*)
• Ex. : *Ces dernières*

6. TRAVAILLER AUTREMENT

A. Le télétravail et le co-working sont deux modes de travail à la mode. Faites des recherches pour en savoir plus et partagez vos informations avec la classe.

B. Lisez ce document. Des quatre modes de travail présentés, lequel aimez-vous le plus ?

- Celui qui m'intéresse le plus, c'est l'open space parce que j'aime bien être avec mes collègues et leur parler.
- Non, pas moi, je préfère le bureau individuel, celui que j'ai est calme et lumineux, je m'y sens bien.

Travailler, oui, mais comment ?

Le marché du travail évolue et les modes de travail aussi. Voici l'avis de nos journalistes sur quatre modes de travail actuels.

Babette a testé → **Le bureau individuel**
- ✓ « C'est plus calme. »
- ✗ « On est plus seul. »

Lionel a testé → **Le télétravail**
- ✓ « On est plus libre et plus autonome. »
- ✓ « C'est moins stressant. »
- ✗ « On est isolé. »

L'open space
- ✓ « C'est plus convivial. »
- ✓ « On communique mieux. »
- ✗ « C'est bruyant. »

Le co-working
- ✓ « C'est moins cher que de louer un local. »
- ✓ « On se construit un réseau professionnel. »

C. Partagez-vous les avis des journalistes ? Discutez-en entre vous.

- Je suis d'accord avec Lionel : avec le télétravail, on est plus libre mais je trouve que c'est difficile d'avoir une limite entre la vie personnelle et professionnelle.
- Oui, c'est vrai, l'espace de la maison et du travail est le même mais si tu as un bureau, c'est bien, non ?

LES PRONOMS DÉMONSTRATIFS

EX. 1. Complétez ce témoignage avec le pronom démonstratif qui convient.

> **Solange, 21 ans, colocataire d'Angèle, 77 ans**
> « De toutes les colocations, ce n'est pas _celle_ que je voulais, mais j'ai choisi la colocation intergénérationnelle parce que c'était la moins chère (je ne paie presque pas de loyer) et puis, petit à petit, je me suis habituée à vivre avec une personne âgée. Si je compare mon logement à .... que j'avais l'année dernière, je suis gagnante, car j'ai plus d'espace et un jardin. Si je pense à l'ambiance, c'est sûr que .... qu'il y avait dans ma résidence universitaire était plus sympa, mais ici j'étudie plus, je me concentre mieux et je me sens comme à la maison. Quand je compare ma colocation à .... de mes amis, je me dis que je suis .... qui a le plus de chance. »

EX. 2. Vous cherchez deux colocataires, un garçon et une fille. Parmi ces candidats, lesquels choisissez-vous ? Pourquoi ? Parlez-en à deux.

	Marielle	Moussa
PRÉNOM :	Marielle	Moussa
ÂGE :	37 ans	38 ans
MÉTIER :	serveuse	plombier
LOISIRS :	sports nautiques	lecture
QUALITÉS :	tolérante	drôle et énergique
DÉFAUTS :	étourdie	fumeur

	Alice	Michel
PRÉNOM :	Alice	Michel
ÂGE :	46 ans	57 ans
MÉTIER :	commerciale	libraire
LOISIRS :	bricolage	cinéma, pêche
QUALITÉS :	sérieuse	calme
DÉFAUTS :	timide	désordonné

- Toi, tu préfères qui ?
- Alice, parce que c'est celle qui bricole, c'est bien pratique.

LES ADJECTIFS ET LES PRONOMS DÉMONSTRATIFS

EX. 3. Complétez le dialogue avec l'adjectif ou le pronom démonstratif qui convient.

                              masc.   fem.
| celui (x 2) | ceux (x 2) | ce (x 2) | cet | cette |

- Tu cherches toujours un espace de co-working ?
- Oui, j'ai fait quelques visites _cette_ semaine, j'ai privilégié _celui/ceux_ qui étaient dans mon quartier pour ne pas perdre de temps le matin.
- Tu sais, Charlotte travaille à « La Créative » et elle aime beaucoup _ce_ local. Elle y a rencontré beaucoup de personnes intéressantes pour son travail.
- C'est justement _ce_ que je cherche. Tu sais où se trouve _cet_ espace ?
- Oui, près de chez toi.
- C'est n'est pas _celui_ de la rue des lilas ? Parce que c'est un de _ceux_ que j'ai visités, il avait l'air bien.
- Oui, c'est ça _celui_ qui est à côté de la librairie Circonflexe.

+ d'exercices : page 190

cent trente et un 131

OBSERVATION ET ENTRAÎNEMENT / GRAMMAIRE ET LEXIQUE

7. CONCEVOIR L'ÉCONOMIE AUTREMENT

A. L'économie collaborative est une économie entre particuliers, avec ou sans échange d'argent. Elle est de plus en plus présente en France. Regardez l'infographie. Ces pratiques existent-elles dans votre pays ? En connaissez-vous d'autres ?

- En Australie, pour les voyages, il existe le WWOOFing. Tu loges dans une ferme et c'est gratuit si tu travailles un peu.

ÉCONOMIE COLLABORATIVE

LOGEMENT
Colocation
Logement participatif
Location / vente entre particuliers

TRAVAIL
Co-working

TRANSPORTS
Covoiturage
Location entre particuliers
Parking chez l'habitant

VOYAGES
Loger chez l'habitant
Échange d'appartements

ALIMENTATION
Achats groupés aux producteurs
Manger chez l'habitant

FINANCES
Financement participatif
Prêts entre particuliers

Pour qui ?

« Les pragmatiques »

Dans quel but ? *(in order to)*
- Afin d'acheter au juste prix
- Afin de gagner un peu d'argent
- Afin de faire des économies
- Afin de trouver ce qu'on ne trouve pas ailleurs

« Les bioéthiques »

Dans quel but ?
- Pour être plus solidaire
- Pour consommer différemment
- Pour faire des échanges sans intermédiaires
- Pour ne plus gaspiller
- Pour ne pas posséder un produit sans l'utiliser

B. Lisez l'encadré « Pour qui ? ». Êtes-vous plutôt « pragmatique » ou « bioéthique » ?

C. Comment exprime-t-on le but ? Regardez le tableau et cherchez des exemples dans le même encadré.

L'EXPRESSION DU BUT

Pour	+ infinitif ne pas + infinitif ne plus + infinitif
Afin	de + infinitif d' + infinitif

D. Pratiquez-vous la consommation collaborative ? Dans quels secteurs et dans quel but ? Discutez-en entre vous.

- J'achète des vêtements, des livres et parfois des meubles à des personnes qui habitent près de chez moi grâce à une application sur mon smartphone. Je le fais pour gagner du temps, c'est plus rapide que d'aller dans les magasins.
- Moi aussi, je le fais, mais c'est pour payer moins cher.

132 cent trente-deux

8. L'UNION FAIT LA FORCE

A. Le financement participatif vous semble-t-il une initiative intéressante ? Pourquoi ?

- C'est une bonne idée parce que c'est solidaire.
- Moi, je crois que c'est du marketing...

DOSSIER | L'ÉCONOMIE DU PARTAGE

Financer le rêve des autres

Le financement participatif (ou *crowdfunding* en anglais) se développe de plus en plus en France. Il permet de financer des projets grâce à des internautes, via des sites Internet. Les secteurs sont nombreux : culture, écologie, commerce, technologie, voyages, solidarité, sport, etc. L'internaute choisit un projet parmi ceux qui sont sélectionnés par le site. Il peut alors faire un don ou faire un prêt. Parfois, il peut même faire des suggestions pendant l'élaboration du projet (choisir une photo ou un dessin pour la couverture d'un album de musique ou d'une BD par exemple). Si le projet fonctionne et obtient son financement dans les temps imposés, ceux qui ont fait un don recevront un exemplaire du produit créé ou visiteront le nouveau commerce. Dans tous les cas, ils auront la satisfaction d'avoir participé à la réalisation d'un rêve. Les sites de *crowdfunding* se sont multipliés cette année, ce qui confirme la tendance : la finance solidaire se développe.

B. Dans quels secteurs seriez-vous prêt à faire un don ? Pour quels types de projets ?

la solidarité	le sport et les loisirs	le patrimoine
l'immobilier	la presse	la technologie	l'édition
la culture	les voyages	l'écologie	le commerce

- Je pourrais faire un don pour la création d'un commerce original ou pour un projet solidaire.
- Moi, j'aimerais bien financer un projet sportif...

C. Écoutez l'émission de radio et dites dans quels secteurs les Français participent le plus et pour quelles raisons. Ensuite, comparez-les à vos réponses de l'activité B. Avez-vous les mêmes intérêts que les Français ?

PISTE 49

L'EXPRESSION DU BUT

EX. 1. Répondez aux questions suivantes en utilisant différentes expressions de but.

Dans quel but...
...faites-vous des dons ?
...travaillez-vous ?
...achetez-vous des produits d'occasion ?
...faites-vous du sport ?
...voyagez-vous ?
...étudiez-vous des langues étrangères ?

L'EXPRESSION DU BUT ET DE LA CAUSE

EX. 2. Lisez ces fragments du témoignage de Lila sur le covoiturage et dites quelles phrases expriment le but (B) ou les causes (C).

1. « Je fais des économies. » : ....
2. « L'essence coûte trop cher. » : ....
3. « Je ne pollue plus autant. » : ....
4. « Je partage un moment de convivialité. » : ....
5. « Si tout le monde fait la même chose, il y aura moins d'embouteillages. » : ....
6. « Je ne stresse plus au volant. » : ....
7. « J'aime bien cet esprit d'entraide. » : ....
8. « Je n'aime pas conduire. » : ....
9. « Je participe au développement durable. » : ....

EX. 3. À présent, en petits groupes, sélectionnez les arguments les plus convaincants de Lila et écrivez un texte en faveur du covoiturage. Ensuite, comparez-les. Avez-vous privilégié les mêmes arguments ?

EX. 4. Complétez l'interview avec une expression de cause ou de but. Parfois, plusieurs réponses sont possibles.

| afin de | pour | grâce à | parce que (x 2) | à cause de |

.... bien expliquer le concept à nos lecteurs, pourriez-vous nous dire à qui s'adresse « Dînons chez moi » ?
▶ Bien sûr, ... la variété de propositions, le site répond aux goûts de tous. Par exemple, si vous aimez la cuisine asiatique, il y aura sans doute un repas pour vous .... nos cuisiniers amateurs viennent de tous les pays.

Lucas, pourquoi avez-vous décidé de créer un site ... partager des repas chez l'habitant ?
▶ .... dîner chez quelqu'un, c'est plus convivial que d'aller au restaurant. Mais c'est aussi pour permettre aux gens qui ont un petit budget de manger un bon repas sans dépenser trop d'argent.

Vous ne pensez pas qu'... vous, les restaurants vont perdre des clients ?
▶ Non, pas du tout ! Nous ne sommes pas des professionnels, c'est différent. Nous proposons une expérience culinaire mais surtout une rencontre humaine.

+ d'exercices : pages 191

cent trente-trois 133

OBSERVATION ET ENTRAÎNEMENT / LEXIQUE

LE LEXIQUE DE LA CONSOMMATION

1. Complétez la grille de mots croisés à l'aide des définitions suivantes.

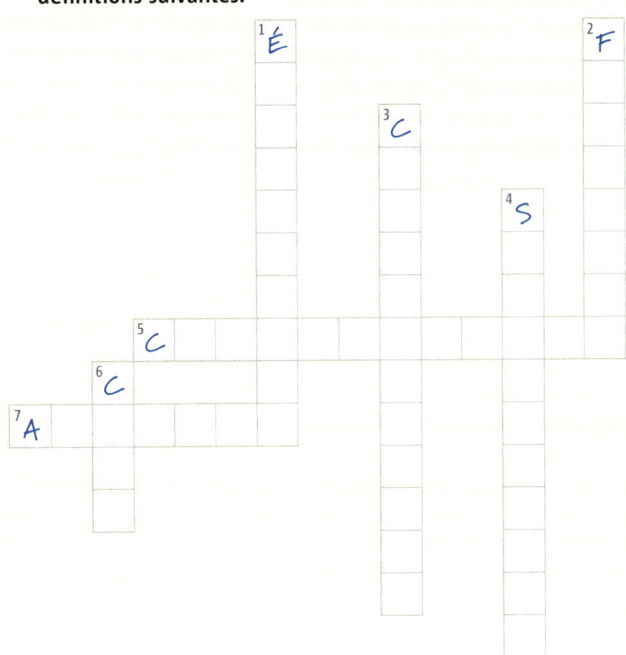

1. (v.) Synonyme de « faire des économies ».
2. (v.) Donner de l'argent pour subventionner un produit ou un service.
3. (n.f.) Action de consommer.
4. (n.m.) Synonyme de « grande surface ».
5. (n.m.) Personne qui achète des produits pour les consommer.
6. (adj.) Contraire de « bon marché ».
7. (v.) Payer quelque chose pour l'acquérir.

LE LEXIQUE DE L'ÉCOLOGIE

2. Que vous évoque chacun de ces mots ? Complétez ces schémas.

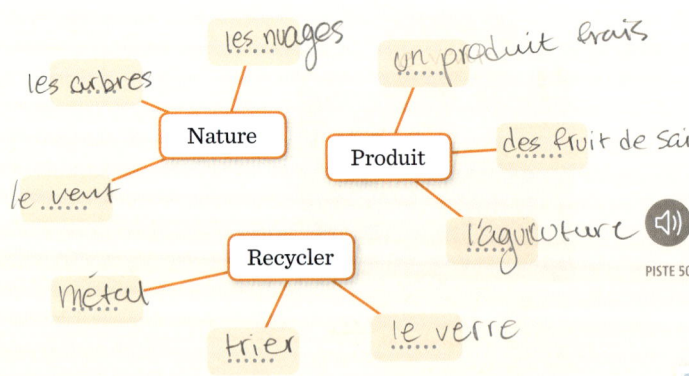

Nature : les nuages, les arbres, le vent
Produit : un produit frais, des fruit de saison, l'agriculture
Recycler : métal, trier, le verre

3. Lisez les séries et barrez l'intrus comme dans l'exemple.

1. recycler / trier / ~~polluer~~ / protéger
2. produit bio / produit de saison / produit frais / ~~produit chimique~~
3. commerce local / ~~commerce international~~ / commerce de proximité / petit commerce
4. biologique / ~~industriel~~ / écologique / environnemental
5. déchets / poubelle / emballage (packaging) / ~~durable~~

4. Dites si ces comportements sont bons ou mauvais pour l'environnement.

- Recycler le verre, le papier ou le plastique : bon
- Gaspiller de la nourriture : ....
- Acheter des produits emballés : ....
- Utiliser systématiquement la voiture : ....
- Acheter des produits biologiques : ....
- Jeter des objets qui ne fonctionnent plus : ....
- Demander un sac plastique quand on fait ses courses : ....
- Consommer local : ....
- Trier ses déchets : ....
- Utiliser des produits jetables : ....

5. Et vous ? Quels sont vos bons et mauvais gestes ?

Mes bons gestes	Mes mauvais gestes
	Je gaspille de l'eau parce que je passe trop de temps sous la douche.

LE LEXIQUE DU VIVRE ENSEMBLE

6. Comment vivez-vous avec les autres ? Utilisez les expressions suivantes pour répondre à cette question.

faire confiance à...   être engagé(e) dans...
collaborer avec...   participer à...   partager... avec...

• Je fais confiance à mes amis, ma famille et mes collègues, mais pas aux inconnus...

7. Écoutez les témoignages et donnez le profil de chaque personne. Expliquez vos choix. PISTE 50

solidaire   économe   convivial

1. ADRIEN    2. LÉO    3. GABRIEL

8. Trouvez le maximum de mots commençant par co-.

Colocation, ...

OBSERVATION ET ENTRAÎNEMENT / PHONÉTIQUE   7

ÉCHAUFFEMENT
LES INTENTIONS (2)

1. Suivez les étapes ci-dessous pour partager et recevoir des intentions.

A. Debout, deux à deux, en face l'un de l'autre.
B. Regardez-vous en silence pendant 1 minute.
C. Maintenant, votre partenaire devient votre miroir et doit reproduire ce que vous faites.
D. Articulez un son voyelle (ex. : /u/) sans faire de bruit puis un mot et enfin une phrase.
E. Changez les rôles puis faites le point sur les sons, les mots et les phrases que vous avez compris de l'autre.

A. PROSODIE
L'INTONATION

> L'intonation sert à structurer l'énoncé mais aussi à exprimer des nuances de sens, d'attitudes, d'émotions.
> - Une intonation montante signale un élément important, en cours ou à venir. Son but est de maintenir l'attention de l'interlocuteur.
> - Une intonation descendante marque la fin d'une idée ou une transition vers un nouvel énoncé.

2. Écoutez puis lisez à haute voix les phrases suivantes en respectant l'intonation indiquée, sans trop l'exagérer.
(PISTE 51)

1. Aujourd'h**ui** ↗ , le bien-être au travail est fondament**al** ↘ .
2. Vous sav**ez** ↗ , pour un chef d'entrepr**ise** ↗ , le bien-être des employ**és** ↗ , c'est import**ant** ↘ .
3. Nous jetons des tonnes d'alim**ents** ↗ : des produits lait**iers** ↗ , des produits industr**iels** ↗ ou encore des fruits et lég**umes** ↘ .
4. Pour v**ous** ↗ , cette expérience est posit**ive** ? ↗

B. PHONÉTIQUE
LE SON [R]

> En général, le [R] en français se prononce avec la langue plate et le bout de la langue près des dents du bas. Il faut sentir une vibration au niveau de la gorge.

3. A. Imaginez et prononcez le son [R]. Imaginez que vous êtes énervé(e) et faites comme le chien [RRRRRRR] pour sentir une vibration au fond de la gorge.

3. B. Écoutez et répétez les mots suivants en exagérant l'articulation du son [R].
(PISTE 52)

1. *Gras* prononcé « grrrrrrrrrrras »
2. *Moderne* prononcé « moderrrrrrrrrne »
3. *Locavore* prononcé « locavorrrrrrrrre »
4. *Beurre* prononcé « beurrrrrrrre »

4. Écoutez et dites si vous entendez le son [R] dans le 1er ou le 2e mot. Cochez la bonne réponse.
(PISTE 53)

	1er MOT	2e MOT
1		
2		
3		
4		
5		

5. Prononcez les phrases suivantes en faisant attention à l'enchaînement *pour* + voyelle.

1. Je le fais pou**r ê**tre plus solidaire.
2. Je l'achète pou**r a**voir à manger.
3. Tu l'envoies pou**r é**changer des informations.
4. Il veut le savoir pou**r o**rganiser ce repas.
5. Elles vont au marché pou**r a**cheter des légumes.

C. PHONIE-GRAPHIE

6. Lisez les vire-langues suivants en prenant le temps de prononcer le son [R].

1. Quatre petites truites crues.
2. Treize très gros gras grands rats gris grattent.
3. Trois tortues à triste tête trottaient sur trois toits très étroits. 

7. Écoutez et prononcez les phrases suivantes en faisant attention à la prononciation du [R] dans les terminaisons verbales.
(PISTE 54)

1. Je **mangerai** de belles tomates bien rouges.
2. Le monde **serait**-il devenu fou ?
3. Moi, je n'**aimerais** pas vivre avec une personne âgée.
4. La musique **serait** de la soul et le bar s'**appellerait** « Soul musique ».

cent trente-cinq **135**

REGARDS CULTURELS

L'OBSOLESCENCE PROGRAMMÉE

Une lectrice de Colmar nous écrit, furieuse : « Ma mère a gardé sa cuisinière plus de quarante ans et elle est restée impeccable jusqu'à la fin. Et moi, en dix ans, c'est la troisième fois que je dois changer la mienne ! La qualité des produits électroménagers baisse, ou est-ce une arnaque des fabricants ? »

Chère madame, la qualité n'a pas baissé. Enfin, pas toujours. Mais oui, cela ressemble bien à une arnaque ! En fait, les cuisinières, comme la plupart du matériel électroménager ou informatique, sont conçues pour tomber en panne au bout de quatre à cinq ans. Et c'est pour cela que, quand vous faites venir un réparateur parce que votre sèche-linge ou votre ordinateur est en panne, il vous regarde avec pitié et il vous dit : « Mais ma pauvre dame ! Votre appareil a plus de cinq ans ! Il est obsolète ! Ce n'est pas réparable, les pièces n'existent plus. Le plus simple est d'en acheter un autre plus récent ». Cette réalité a un joli nom : « l'obsolescence programmée ».

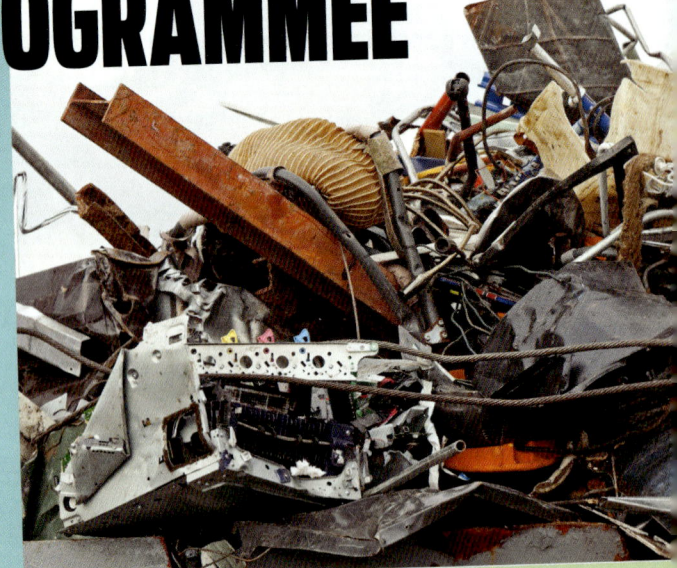

« OBSOLÈTE »

Bref, la durée de vie des appareils est de plus en plus courte. Avant, on faisait réparer ou on réparait soi-même les appareils défectueux. C'est fini ! Dans les nouveaux modèles, lorsqu'un élément casse, il faut tout changer. Vous voulez quelques exemples ?

IMPRIMANTES
Les imprimantes grand public rendent l'âme au bout de 3 à 4 ans.

ORDINATEURS PORTABLES
Les ordinateurs portables et les écrans plats ont en général une durée de vie de 4 à 5 ans. Et les fabricants soudent tous les composants pour nous empêcher de les réparer.

BATTERIES
Les batteries de smartphones et de tablettes ne dépassent pas deux à trois ans d'utilisation.

L'IMPACT ÉCOLOGIQUE

Actuellement, à peine 40 % des équipements qui tombent en panne sont réparés. Les autres sont tout simplement jetés. On imagine bien l'impact écologique que cela représente : des milliers de télévisions, de portables, de matériel électro-ménager s'entassent dans les déchèteries… alors que certains pourraient encore très bien fonctionner.

DEPUIS QUAND CETTE POLITIQUE DE L'OBSOLESCENCE PROGRAMMÉE EXISTE-T-ELLE ?

Elle est née au moment de la grande crise de 1929, avec les ampoules électriques. Elles duraient des milliers d'heures. C'était intolérable pour les grands fabricants d'ampoules, qui ont décidé de ne plus fabriquer des ampoules d'une durée de vie supérieure à 1 500 h. Comme vous le constatez tous les jours, vos ampoules électriques ne durent jamais très longtemps.

IL EXISTE DIFFÉRENTES MANIÈRES DE RENDRE UN APPAREIL OBSOLÈTE :

- Une seule pièce ne fonctionne plus et c'est terminé : l'appareil est mort !
- Les problèmes de compatibilité. Ceux qui ont un ordinateur connaissent bien ce problème : on leur dit que leur appareil est trop vieux, que par exemple il n'est pas assez puissant pour pouvoir utiliser les nouveaux logiciels.
- Les dates de péremption des produits alimentaires (« À consommer jusqu'au… ») sont beaucoup plus courtes que nécessaire et on jette des produits que l'on pourrait encore consommer.
- On persuade le client que sa télé, sa tablette, son ordinateur, son mobile sont démodés. Cela fonctionne très bien en particulier avec les jeunes, qui veulent avoir le dernier modèle. C'est ce qu'on appelle parfois « l'obsolescence programmée esthétique ».

Recyclerie de la Porte de Clignancourt, à Paris

QUE FAIRE POUR LUTTER CONTRE CETTE OBSOLESCENCE PROGRAMMÉE ?

L'ACTION DES POUVOIRS PUBLICS

En France, la loi du 22 juillet 2015 a décidé que cette pratique était illégale. Les coupables risquent jusqu'à 300 000 euros d'amende et même la prison. L'initiative est bonne, mais comment prouver que le fabricant a volontairement réduit la durée de vie de son produit ? Et comment les consommateurs peuvent-ils savoir si leurs appareils ne fonctionnent plus à cause de cette politique d'obsolescence programmée ?

L'ACTION DE CHACUN D'ENTRE NOUS, VOUS, MOI, NOUS : NE JETEZ PLUS !

- **Réparez ou faites réparer !** Il existe de plus en plus de sites qui sont là pour vous donner un coup de main, le plus souvent gratuitement.
- **Donnez !** Des associations comme Emmaüs récupèrent, réparent, puis revendent à bas prix les appareils (ordinateurs, téléphones, réfrigérateurs, etc.) qui ne vous conviennent plus. Vous faites une bonne action et c'est bon pour la planète !

ALORS, UNE SEULE CONSIGNE :

STOP AU GASPILLAGE !!

9. OBSOLESCENCE PROGRAMMÉE ?

A. Regardez les photos. À votre avis, quel est le thème de cet article ?

B. Lisez l'article. Qu'est-ce que « l'obsolescence programmée » ?

10. DES PRATIQUES COURANTES

A. Quels sont, selon le journaliste, les « principaux » objets programmés pour tomber en panne au bout de quelques années ?

B. Depuis quand et pourquoi cette politique de l'obsolescence programmée existe-t-elle ?

C. Laquelle des mesures mentionnées dans l'article pour lutter contre l'obsolescence programmée vous paraît la plus efficace ? Pourquoi ? Parlez-en entre vous.

11. MOI ET MES APPAREILS

Faites une enquête dans la classe sur la durée de vie de vos appareils. Remplissez individuellement le questionnaire, puis mettez en commun vos réponses et commentez-les.

1. Depuis quand avez-vous ces appareils ?
- votre cuisinière
- votre lave-linge, votre sèche-linge
- votre lave-vaisselle
- votre téléviseur
- votre ordinateur
- votre téléphone portable
- votre tablette

2. Si ce ne sont pas les premiers, qu'avez-vous fait des précédents ?
- ☐ Je les ai jeté(e)s.
- ☐ Je les ai gardé(e)s (mis à la cave, au grenier...).
- ☐ Je les ai donné(e)s.

+ DE RESSOURCES SUR **espacevirtuel.emdl.fr**

La Ruche qui dit oui
Manger sain, local et plus équitable.

cent trente-sept 137

TÂCHES FINALES

TÂCHE 1 — FINANCE-MOI SI TU VEUX !

1. Vous allez proposer un projet qui vous motive et le soumettre aux principes du financement participatif. En groupes, définissez quel va être votre projet. Pour cela, parlez entre vous de vos goûts et vos intérêts, et choisissez ensemble un secteur d'activité.

- J'aimerais bien ouvrir un commerce.
- Oui, moi aussi. Un restaurant, ce serait sympa, non ?
- Et pourquoi pas un bar ?

2. Définissez votre projet, déterminez vos besoins et préparez votre argumentaire.

3. Défendez votre projet devant l'ensemble de la classe.

- Avec votre aide, le « Soul musique » deviendra le premier café soul de Berlin à proposer des concerts de soul le soir plusieurs fois par semaine et des cours de cuisine le midi…

Secteur : Commerce
Description du projet : Ouvrir un bar musical avec des concerts plusieurs soirs par semaine. La musique serait de la soul et le bar s'appellerait « Soul musique »…
De l'argent, oui mais pour quoi faire ? Pour louer un local dans la ville de Berlin / pour acheter les meubles et le matériel…
Arguments chocs : Aider les jeunes artistes à se faire connaître - proposer un lieu convivial pour ceux qui aiment la soul - …

Soul musique

4. Une fois les présentations terminées, votez individuellement pour le projet que vous aimeriez financer (sauf le vôtre) et expliquez pourquoi. Quels sont les deux projets les plus financés ? Pour quelles raisons ?

CONSEILS
- Pensez à structurer votre présentation.
- Vous pouvez proposer une courte vidéo pour illustrer votre proposition.
- Essayez d'être convaincants lors de votre présentation.

TÂCHE 2 — POUR UN MONDE MEILLEUR

1. En groupes, choisissez un des domaines suivants pour réfléchir aux problèmes qui se posent, aux solutions possibles et aux résultats attendus.

| le travail | le logement | l'éducation | l'écologie |
| la santé | la pauvreté | la culture | … |

2. Présentez votre travail sous forme d'une fiche projet.

3. Affichez toutes les fiches, lisez-les et prenez des notes. Êtes-vous d'accord avec les différents projets ? Avez-vous des idées à ajouter ?

4. Échangez tous ensemble vos remarques et vos idées pour améliorer les différents projets.

- Pour le domaine « écologie » : les transports en commun, c'est une bonne option pour lutter contre la pollution mais on peut aussi utiliser des voitures électriques.

Notre domaine : L'écologie
Pourquoi ce choix ? Parce que protéger l'environnement est indispensable pour notre avenir…
Changer les choses, dans quel but ? Afin de vivre mieux, de respecter la planète et de préserver les générations futures.
Propositions : 1. Limiter les transports polluants pour…
Résultats : Il y aurait moins de pollution et moins de maladies…

CONSEILS
- Choisissez le domaine qui vous inspire le plus.
- Faites des recherches sur Internet pour vous renseigner sur le domaine choisi par votre groupe.
- Organisez vos arguments et proposez des exemples pour être bien compris.

8
AU TRAVAIL !

DÉCOUVERTE
pages 140-143

Premiers regards
- Découvrir le lexique du travail
- Comprendre et commenter des dessins humoristiques sur le travail

Premiers textes
- Enrichir le lexique du travail
- Parler des critères pour être heureux au travail
- Parler des caractéristiques de l'entreprise idéale

OBSERVATION ET ENTRAÎNEMENT
pages 144-151

Grammaire
- L'expression du souhait : *espérer que...*, futur simple ; *vouloir* au conditionnel..., infinitif
- La négation (rappel)
- L'expression de l'hypothèse (2) : *si* + imparfait..., conditionnel présent
- L'expression de l'opposition : *par contre, alors que*
- Les adverbes en *-ment*

Lexique
- Les conditions de travail
- Les valeurs du travail
- Les conflits au travail

Phonétique
- La prise de parole
- Les pauses
- Les voyelles nasales

REGARDS CULTURELS
pages 152-153

Les documents
- Les start-up françaises

La vidéo
- Co-working L'Arrêt Minute

À visionner sur :
espacevirtuel.emdl.fr

TÂCHES FINALES
page 154

Tâche 1
- Organiser une conférence sur les conflits dans le monde du travail

Tâche 2
- Élaborer un questionnaire afin de décrire votre vision idéale du travail

+ DE RESSOURCES SUR espacevirtuel.emdl.fr

— Des activités autocorrectives (grammaire / lexique / culture / CE / CO)
— Un nuage de mots sur le monde du travail

cent trente-neuf 139

DÉCOUVERTE / PREMIERS REGARDS

EXPOSITION « Dessine-moi »
LE TRAVAIL

LE MONDE DU TRAVAIL VU PAR DES DESSINATEURS FRANÇAIS

140 cent quarante

8

Aurel, Deligne, Lasserpe, et Mutio réfléchissent au sens du travail et à sa place dans nos vies. L'exposition réunit des dessins et caricatures de presse pleins d'humour qui posent tous une question fondamentale : et l'Homme dans tout ça ?

> « Le travail éloigne de nous trois grands maux : l'ennui, le vice et le besoin. »
>
> Voltaire, écrivain et philosophe, XVIIIe siècle

1. LE TRAVAIL, C'EST LA SANTÉ ?

A. Regardez l'exposition et associez chaque thème à son ou ses dessins. Plusieurs réponses sont possibles.

THÈME	DESSINS
la discrimination au travail	….
les conditions de travail	….
les conflits au travail	….
les relations au travail	….
l'accès à l'emploi	….

B. Associez chaque dessin à sa légende.

DESSINS	LÉGENDES
….	Quel plaisir de travailler chez soi !
….	Vivement la retraite !
….	À travail égal, salaire égal ?
….	Quand les patrons boivent, les employés trinquent !
….	Grands diplômes, petits boulots.
….	L'entreprise s'attaque au stress.

C. Lequel de ces dessins préférez-vous ? Pourquoi ?

positif   comique   ironique

réaliste   cruel   …

D. Cherchez un dessin sur le travail dans votre pays. Présentez-le en expliquant pourquoi vous l'avez choisi.

💬 *Et vous ?*
Êtes-vous d'accord avec cette expression : « Le travail, c'est la santé ! » ?

cent quarante et un **141**

DÉCOUVERTE / PREMIERS TEXTES

2. LE BONHEUR EST DANS LE TRAVAIL

A. Que faut-il pour être heureux au travail ? Parlez-en entre vous.

B. Lisez cet article et comparez votre vision du bonheur professionnel avec celle des Français.

Se sentir heureux au travail. Oui, mais comment ?

Francenquête a posé la question à 5 000 travailleurs français.

73 % des Français se sentent heureux dans leur vie professionnelle. Mais il n'y a pas qu'une seule façon d'être épanoui au travail : si on devait faire la liste des conditions à remplir, on pourrait sans doute écrire plusieurs pages ! Pourtant, pour la plupart des gens, le plus important, c'est d'avoir de bonnes relations entre collègues. Ensuite, c'est d'être passionné par son travail. Enfin, beaucoup de salariés sont également sensibles à la reconnaissance de leurs supérieurs : 94 % des personnes dont le travail est reconnu par leur patron sont heureuses au travail. **Caroline Malker** est responsable du service des Ressources humaines d'une entreprise de 250 salariés. Elle témoigne : « *Aujourd'hui, le salaire n'est pas le premier critère dans le choix d'un poste. Les employés recherchent autant la sécurité de l'emploi que le bien-être au travail. Ce qui compte aujourd'hui, c'est la stabilité : les travailleurs espèrent obtenir un CDI plutôt que de multiplier les petits contrats précaires.* »

C. Relisez l'article et complétez ce schéma avec les critères manquants.

Ce qui rend heureux au travail
en nombre de points de satisfactions

- +51 ...
- +41 ...
- +37 ...
- +29 Bonnes conditions matérielles
- +25 Travail utile à la société
- +23 Travail non pénible
- +17 Travail non précaire

Source : Sondage ViaVoice

D. Classez ces critères du plus important au moins important pour vous. Comparez votre classement avec celui d'autres camarades et parlez-en entre vous.

3. MERCI, PATRON !

A. Qu'est-ce qui vous importerait le plus si vous deviez changer d'entreprise ? Parlez-en entre vous.

- taille de l'entreprise
- espace de travail
- travail à l'étranger
- nature du contrat
- durée du poste
- ...

B. Le blog Pensées d'entreprises a réalisé un micro-trottoir sur l'entreprise idéale. Découvrez le point de vue de Romain, l'une des personnes interrogées, et retrouvez les informations suivantes.

- Quelles valeurs ?
- Quelle taille d'entreprise ?
- Quelle ambiance ?
- Quel type de locaux ?

C. Lisez le questionnaire proposé sur le blog et complété par un internaute. A-t-il le même point de vue que Romain ?

BLOG-ESE
http://www.leblogdelentreprise.en

PENSÉES D'ENTREPRISES

03 OCT

QUELLE EST L'ENTREPRISE IDÉALE ?

publié le 03/10/2015

Participez à notre enquête : donnez votre avis en répondant à ce questionnaire.

1. Si vous pouviez choisir votre entreprise idéale, elle serait :
- ☑ Une PME (petite ou moyenne entreprise, de 20 à 249 salariés)
- ☐ Une TPE (très petite entreprise, de 1 à 19 salariés)
- ☐ Une ETI (entreprise de taille intermédiaire, de 250 à 4 999 salariés) ou une GE (grande entreprise, 5 000 salariés et plus)

2. Quel type de contrat souhaiteriez-vous ?
- ☐ Un CDD (contrat à durée déterminée) ou un contrat en intérim
- ☑ Un CDI (contrat à durée indéterminée)
- ☐ Des missions en freelance

3. Comment aimeriez-vous travailler ?
- ☐ seul
- ☑ en binôme
- ☐ en équipe

4. Où aimeriez-vous travailler ?
- ☐ Dans un bureau fermé et individuel
- ☐ Dans un bureau ouvert et partagé (open-space)
- ☑ À l'extérieur

5. Si vous deviez vous expatrier pour le travail, quelle serait votre destination préférée ?
- ☐ L'Europe
- ☐ L'Afrique
- ☑ L'Amérique du nord
- ☐ L'Amérique du sud
- ☐ L'Asie
- ☐ L'Océanie

D. À votre tour, répondez au questionnaire du blog et comparez vos réponses entre vous.

OBSERVATION ET ENTRAÎNEMENT / GRAMMAIRE ET LEXIQUE

4. LES MÉTIERS DE DEMAIN ?

A. Lisez l'article. Connaissez-vous d'autres activités déjà gérées par des robots ? Quelles autres activités le seront prochainement ?

DES MÉTIERS D'AVENIR

Le monde du travail est en pleine mutation : des métiers apparaissent, d'autres se transforment, d'autres disparaissent, remplacés par des robots.

Vous voulez emprunter un livre dans une bibliothèque ? L'employé vous demande sans doute de rechercher les références et de remplir un formulaire sur un ordinateur. Un robot magasinier ira chercher votre livre sur son étagère. Quand vous viendrez le rendre, il le remettra à sa place.

Dans les pharmacies, aussi, des robots gèrent de la même manière les médicaments.

Les robots suppriment déjà des emplois, mais ils devraient aussi créer de nouveaux métiers. Avez-vous déjà entendu parler du « légisboteur » ou du « numéropathe » ?

Le premier est l'avocat qui sera chargé de défendre les droits des robots qui travailleront pour les hommes.

Le second sera le médecin de notre monde de demain : il soignera les pathologies provoquées par le numérique, qui sera présent dans toutes nos activités.

Bibliothécaire, un métier en danger ?

Deviendriez-vous légisboteur ?

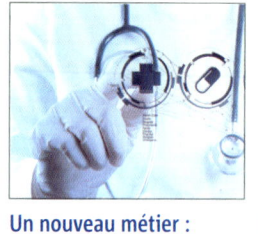

Un nouveau métier : numéropathe

Le pharmacien de demain ?

---

publié par MILA Le 16 octobre 2015
J'espère que les pharmaciens ne disparaîtront pas ! Leurs conseils sont tellement utiles ! Je pense qu'un des métiers les plus nécessaires, demain, sera celui de numéropathe.

publié par NICO Le 16 octobre 2015
Et moi, j'espère que les emplois du futur permettront aussi de développer les relations entre les hommes. Imaginez tous ces robots dans nos vies ! Quelle angoisse ! Je ne voudrais pas vivre dans un monde robotisé !

publié par ALINA Le 15 octobre 2015
Pourquoi ne voulez-vous pas de robots dans nos vies ?! Je ne vous comprends pas : au contraire, ce serait bien ! Ils seront peut-être plus efficaces et plus patients avec les clients et, nous, on travaillera moins et on aura plus de vacances ;-) Heureusement que tout le monde n'est pas comme toi ! Tu me donnes envie de devenir légisboteure pour défendre les droits des robots.

B. Lisez les commentaires des internautes. Avec qui êtes-vous plutôt d'accord ?

C. Complétez le tableau avec les phrases utilisées dans les commentaires.

L'EXPRESSION DU SOUHAIT

- **Espérer que**..., verbe au futur
  Ex. : ....
- **Vouloir** au conditionnel..., verbe à l'infinitif
  Ex. : ....

D. Voici quatre métiers qui existeront peut-être demain. À votre avis, en quoi consisteraient-ils ? Faites des recherches si nécessaire. Les quels souhaiteriez-vous voir apparaître et pourquoi ?

- J'espère qu'il y aura des murateurs !
- Moi aussi : j'adore l'art urbain !

murateur

bonheur

toitaginier

foulanceur

5. POUR LE MEILLEUR ET POUR LE PIRE !

A. Ce classement du magazine *Carrières* vous surprend-il ? À votre avis, quels critères permettent d'établir ce classement ? Parlez-en entre vous.

- cadre de travail *(frame)*
- niveau de stress
- salaire
- perspectives d'évolution — *possibilitys of growth w/in work*

CARRIÈRES

25/01/14

LES MEILLEURS ET LES PIRES MÉTIERS : PODIUMS 2015

Qui n'a jamais rêvé de devenir journaliste ? Certains métiers qui étaient très populaires il y a quelques années ne le sont plus. D'autres ne le sont pas encore, même s'ils commencent à attirer de plus en plus de jeunes diplômés. C'est le cas de cuisinier, par exemple. Avec *Carrières*, vous ne pourrez plus rien ignorer des meilleurs des pires métiers de l'année !

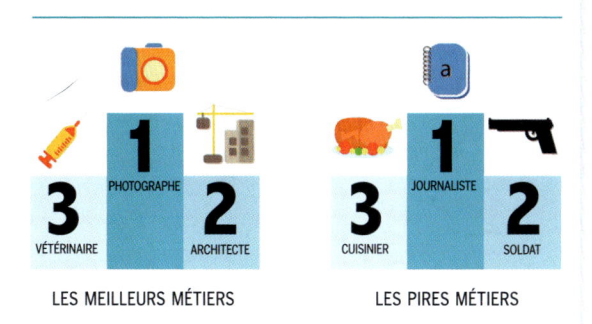

LES MEILLEURS MÉTIERS
1. PHOTOGRAPHE
2. ARCHITECTE
3. VÉTÉRINAIRE

LES PIRES MÉTIERS
1. JOURNALISTE
2. SOLDAT
3. CUISINIER

B. Complétez le tableau avec les exemples tirés de l'article.

LA NÉGATION (RAPPEL)

	EXEMPLES
• NE... PLUS	Ex. : *Il y a quelques années ne le sont plus*
• NE... PAS ENCORE	Ex. : *D'autre ne le sont pas encore*
• NE... JAMAIS	Ex. : *qui n'a jamais rêvé*

C. Faites des recherches et présentez les podiums des meilleurs et des pires métiers dans votre pays.

D. Les critères de classement des métiers peuvent aussi être très personnels. Quel est pour vous le métier le plus ou le moins...

- original
- ennuyeux
- utile
- intéressant
- ...

• Pour moi, le métier le plus utile, c'est médecin parce que les maladies ne disparaîtront jamais.

L'EXPRESSION DU SOUHAIT

EX. 1. Complétez ce témoignage avec les expressions suivantes.

1. je voulais
2. je voudrais
3. j'espère que

Mon avenir ? J'y pense depuis longtemps. Quand j'étais petite, *1.* devenir vétérinaire. Et puis, j'ai grandi et je me suis intéressée à la culture. Aujourd'hui, je viens de terminer les Beaux-Arts et *2.* ouvrir une galerie. C'est un projet difficile, mais *3.* je réussirai.

EX. 2. Répondez aux questions en utilisant les verbes suivants. Conjuguez-les si nécessaire.

espérer être vouloir devenir

1. • Ton entretien d'embauche s'est bien passé ?
   ○ Oui, j'espère que je .... prise. — *serai*
2. • Pourquoi est-ce que tu fais des études de droit ?
   ○ Parce que je souhaite .... juge. — *devenir*
3. • Tu as décidé de faire une nouvelle formation ?
   ○ Oui, je .... changer de métier. — *voudrais*
4. • Tu as préparé la réunion de demain ?
   ○ Oui, ... que ça se passera bien. — *j'espère*

EX. 3. Formulez cinq souhaits que vous aimeriez réaliser absolument dans votre vie. Comparez-les entre vous.

1. Je voudrais avoir l'occasion de créer ma propre entreprise.
2. J'espère que je courrai un marathon
3. Je voudrais m'inscrire dans une école parisienne
4. ....
5. ....

LA NÉGATION (RAPPEL)

🔊 PISTE 56

EX. 4. Écoutez Marjorie, qui évoque ses expériences professionnelles lors d'un entretien d'embauche pour un stage dans un service hospitalier de médecine du sport.

1. Quels métiers n'a-t-elle jamais faits ? *professeur de français*
2. Quel métier est-ce qu'elle ne pourra plus faire ? *danses*
3. Quel métier l'intéresse mais qu'elle ne l'a pas encore fait ? *psychologue*

EX. 5. Complétez la fiche suivante, puis comparez vos réponses.

1. Vous l'avez déjà fait mais ne le ferez plus : ....
2. Vous ne l'avez pas encore fait mais vous rêvez de le faire : ....
3. Vous ne l'avez jamais fait et vous n'avez pas envie de le faire : ....

+ d'exercices : page 193

cent quarante-cinq **145**

OBSERVATION ET ENTRAÎNEMENT / GRAMMAIRE ET LEXIQUE

6. LE BIEN-ÊTRE AU TRAVAIL

A. Lisez ces définitions ; faites des recherches et complétez-les (types de harcèlement ou de discrimination ; symptômes du burn-out, etc).

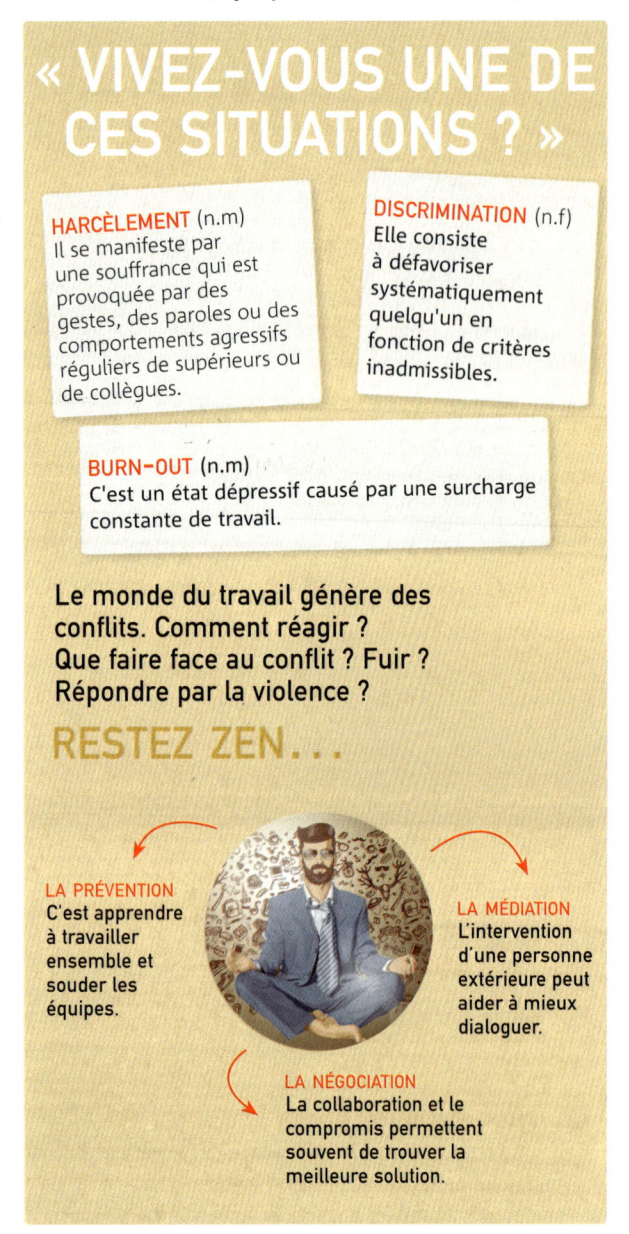

« VIVEZ-VOUS UNE DE CES SITUATIONS ? »

HARCÈLEMENT (n.m)
Il se manifeste par une souffrance qui est provoquée par des gestes, des paroles ou des comportements agressifs réguliers de supérieurs ou de collègues.

DISCRIMINATION (n.f)
Elle consiste à défavoriser systématiquement quelqu'un en fonction de critères inadmissibles.

BURN-OUT (n.m)
C'est un état dépressif causé par une surcharge constante de travail.

Le monde du travail génère des conflits. Comment réagir ? Que faire face au conflit ? Fuir ? Répondre par la violence ?

RESTEZ ZEN...

LA PRÉVENTION
C'est apprendre à travailler ensemble et souder les équipes.

LA MÉDIATION
L'intervention d'une personne extérieure peut aider à mieux dialoguer.

LA NÉGOCIATION
La collaboration et le compromis permettent souvent de trouver la meilleure solution.

B. Lisez les solutions proposées. Lesquelles vous paraissent les plus appropriées à chacune de ces situations ? Pourquoi ? Donnez des exemples.

| stage | écoute | dialogue |

| sensibilisation | formation | ... |

- Je pense que la meilleure solution pour lutter contre le burn-out, c'est la prévention parce qu'il faut réagir dès les premiers symptômes de fatigue.

C. Connaissez-vous d'autres types de conflits au travail et d'autres solutions possibles ?

7. IL N'Y A PAS DE PROBLÈME, QUE DES SOLUTIONS !

A. Lisez ces messages échangés sur le forum anti-conflit. Quelles situations vivent Ali, Camille et Magali ? Que pensez-vous de leurs réactions et des conseils qu'on leur propose ?

≡ FORUM ANTI-CONFLIT

ALI
Posté le 15-08-2015 à 10h06

Bonjour à tous. Alors voilà, je vous écris car, depuis plusieurs mois, ça se passe mal avec un collègue. Il est de plus en plus agressif et je n'arrive plus à discuter avec lui. L'ambiance est insupportable. Ah, si je pouvais me le permettre, j'arrêterais de travailler !

DENIS
Posté le 15-08-2015 à 11h24

Tout quitter n'est pas une solution ! Si j'étais toi, je ferais appel à un médiateur, il pourra vous aider à trouver l'origine du problème.

CAMILLE
Posté le 13-08-2015 à 15h

Bonjour à tous,
Suite à mon congé maternité, ma responsable ne me donne plus aucun vrai travail. Je m'ennuie beaucoup au bureau alors que je pourrais m'occuper de mon fils. Si je pouvais, je prolongerais mon congé maternité !

COACH_ANTI_CONFLIT
Posté le 13-08-2015 à 18h10

Chère Camille,
Il ne faut pas abandonner. Par contre, cette situation ne peut pas durer. Si j'étais vous, j'irais me renseigner auprès des syndicats. Dans ce cas, la loi vous protège : vous devez retrouver le même poste avec les mêmes responsabilités.

MAGALI
Posté le 08-07-2015 à 10h46

Trop de stress au boulot ; je craque ! Depuis quelques temps, mon chef me donne trop de tâches à faire en même temps et je n'arrive plus à suivre le rythme ! Je travaille trop, je n'ai plus de soirées en famille et je suis toujours stressée. Je ne dors plus, je me sens très mal et je suis très déprimée. Si j'osais, je me mettrais en arrêt maladie.

COACH_ANTI_CONFLIT
Posté le 08-07-2015 à 13h32

Le burn-out est une maladie. Si j'étais à votre place, je commencerais par aller voir votre médecin, il pourra vous conseiller. Mais ce qui est sûr, c'est que vous avez besoin de repos !

B. Observez cette phrase du forum et complétez la règle. Ensuite, trouvez d'autres exemples sur le forum.

Ah, **si je pouvais** me le permettre, **j'arrêterais** de travailler !

L'EXPRESSION DE L'HYPOTHÈSE (2)

> Pour exprimer une hypothèse qui a peu de chances de se réaliser, on utilise :
> *Si* + ..., verbe au .....

Autres exemples sur le forum :
....

C. Que feriez-vous dans les situations d'Ali, Camille et Magali ?

- Moi, si j'étais Ali, je changerais de travail.

D. Pensez à une situation de conflit que vous avez vécue et résumez-la dans un petit texte. Aidez-vous des catégories proposées. Ensuite, mélangez et redistribuez les textes au hasard. En petits groupes, lisez chacun des textes et proposez des solutions.

| au travail | en classe | en voyage |
| en couple | entre amis | en famille |

Rania : Au bureau, deux de mes collègues ne se supportent plus. Ils sont devenus très agressifs et ça perturbe toute l'équipe. Que faire ?

- Si j'étais à la place de Rania, ...
- Moi, non, je pense qu'elle devrait...

Et vous ?
Avez-vous déjà géré des conflits sur un lieu de travail ?

L'EXPRESSION DE L'HYPOTHÈSE (2)

EX. 1. Complétez les phrases avec la forme qui convient.

1. Si mon patron me le propose, je .... (changer) de poste.
2. Si les syndicats étaient plus actifs, les salariés .... (obtenir) plus d'avantages.
3. Si elle ne prend pas de congés, elle .... (pouvoir) s'occuper de ses enfants pendant leurs vacances.
4. Si un médiateur était intervenu, l'ambiance ne .... (être) pas aussi mauvaise.

EX. 2. Complétez les conseils suivants d'un manager à son équipe en conjuguant les verbes au temps qui convient.

prendre (1)   communiquer (2)   pouvoir (3)
travailler (4)   participer (5)

1. Si l'ambiance était meilleure, vous .... mieux. *travailleriez*
2. Si vous .... plus entre vous, il y aurait moins de conflits. *communiqueriez*
3. Si vous .... plus pendant les réunions, cela améliorerait le dialogue dans l'équipe. *participiez*
4. Si vous .... vos responsabilités, je vous laisserais plus d'autonomie. *preniez*
5. Si vous pouviez vous libérer pour le 15, nous .... prévoir une autre réunion. *pourrions*

EX. 3. Complétez ces phrases avec vos idées puis faites-les deviner avec des dessins ou des photos.

1. Si j'avais un très bon salaire, ...
2. Si je pouvais changer de métier, ...
3. Si j'étais chef d'entreprise, ...
4. Si j'avais le bureau idéal, ...

- Si tu avais un très bon salaire, tu irais au travail à cheval ?
- Non ! J'achèterais un cheval !

EX. 4. Complétez votre portrait chinois professionnel.

1. Si j'étais une entreprise, ...
2. Si j'étais une qualité, ...
3. Si j'étais un patron, ...
4. Si j'étais un métier, ...
5. Si j'étais un robot, ...

+ d'exercices : page 194

OBSERVATION ET ENTRAÎNEMENT / GRAMMAIRE ET LEXIQUE

8. LE CHOC DES GÉNÉRATIONS

A. Observez l'infographie. À quelle génération appartenez-vous ? Vous reconnaissez-vous dans toutes ses caractéristiques ?

- J'appartiens à la génération des baby-boomers mais je ne suis pas du tout matérialiste !

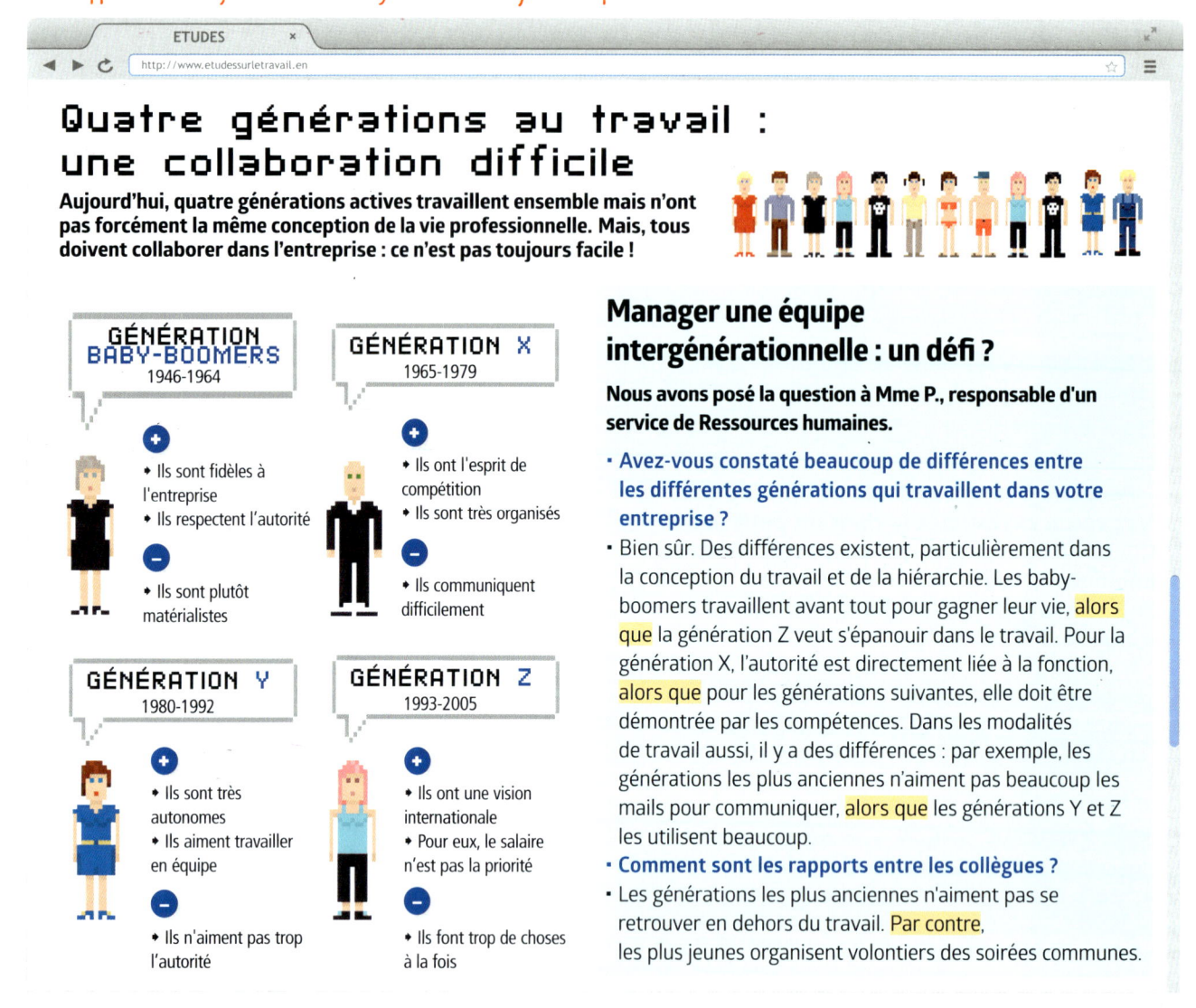

Quatre générations au travail : une collaboration difficile

Aujourd'hui, quatre générations actives travaillent ensemble mais n'ont pas forcément la même conception de la vie professionnelle. Mais, tous doivent collaborer dans l'entreprise : ce n'est pas toujours facile !

GÉNÉRATION BABY-BOOMERS
1946-1964

+
- Ils sont fidèles à l'entreprise
- Ils respectent l'autorité

−
- Ils sont plutôt matérialistes

GÉNÉRATION X
1965-1979

+
- Ils ont l'esprit de compétition
- Ils sont très organisés

−
- Ils communiquent difficilement

GÉNÉRATION Y
1980-1992

+
- Ils sont très autonomes
- Ils aiment travailler en équipe

−
- Ils n'aiment pas trop l'autorité

GÉNÉRATION Z
1993-2005

+
- Ils ont une vision internationale
- Pour eux, le salaire n'est pas la priorité

−
- Ils font trop de choses à la fois

Manager une équipe intergénérationnelle : un défi ?

Nous avons posé la question à Mme P., responsable d'un service de Ressources humaines.

- Avez-vous constaté beaucoup de différences entre les différentes générations qui travaillent dans votre entreprise ?
- Bien sûr. Des différences existent, particulièrement dans la conception du travail et de la hiérarchie. Les baby-boomers travaillent avant tout pour gagner leur vie, **alors que** la génération Z veut s'épanouir dans le travail. Pour la génération X, l'autorité est directement liée à la fonction, **alors que** pour les générations suivantes, elle doit être démontrée par les compétences. Dans les modalités de travail aussi, il y a des différences : par exemple, les générations les plus anciennes n'aiment pas beaucoup les mails pour communiquer, **alors que** les générations Y et Z les utilisent beaucoup.
- Comment sont les rapports entre les collègues ?
- Les générations les plus anciennes n'aiment pas se retrouver en dehors du travail. **Par contre**, les plus jeunes organisent volontiers des soirées communes.

B. Lisez l'interview. Par rapport à l'infographie, quels sont les nouveaux critères générationnels qui apparaissent dans l'interview ?

C. Observez les formes surlignées dans l'interview et complétez le tableau.

L'EXPRESSION DE L'OPPOSITION

Pour marquer une opposition entre deux faits, on peut utiliser :
- .....
Ex. : *Les baby-boomers travaillent avant tout pour gagner leur vie, ... la génération Z veut s'épanouir dans le travail.*
- .....
Ex. : *Les générations les plus anciennes n'aiment pas se retrouver en dehors du travail. ....., les plus jeunes organisent volontiers des soirées communes.*

D. En petits groupes, imaginez les caractéristiques de la génération bêta (2015-2030) et présentez-la aux autres en la comparant avec les générations actuelles.

- La génération bêta passera son temps libre avec des robots, alors que la génération Z continuera à passer du temps ensemble.

Et vous ?
Dans votre pays, y a-t-il également des différences entre les générations ? Lesquelles ?

9. INCUBATEURS D'ENTREPRISE

A. Pour les futurs entrepreneurs, il existe des « incubateurs d'entreprise ». À votre avis, qu'est-ce que c'est ? Faites une recherche si nécessaire.

B. Observez maintenant l'appel à candidature de l'incubateur Midi-Pyrénées. Quels sont les critères de sélection des candidats ?

INCUBATEUR D'ENTREPRISE MIDI-PYRÉNÉES
Appel à candidatures
6 juillet - 6 septembre

Vous avez envie de travailler **LOCALEMENT** ?
Vous êtes prêts à travailler **DUREMENT** ?
Vous souhaitez vous investir **LONGUEMENT** ?
STARTUP

C. Observez les questions de l'appel à candidature et complétez le tableau puis la règle correspondante.

LES ADVERBES EN -MENT

ADJECTIF AU MASCULIN	ADJECTIF AU FÉMININ	ADVERBE
dur	dure	….
local	locale	….
long	longue	….

Les adverbes sont invariables.
Pour former un adverbe, on ajoute le suffixe **–ment** à l'adjectif au ….. .
Ex. : *Vous êtes prêts à travailler ….ment ?*

D. Rédigez à votre tour un appel à candidature original. (vous pouvez utiliser d'autres adverbes).

> Vous avez certainement beaucoup d'imagination. Rejoignez notre start-up « Vis tes rêves » pour développer une application qui transforme automatiquement les rêves en réalité.

Et vous ?
Pouvez-vous imaginer le principe de l'incubateur d'entreprise appliqué à d'autres domaines ?

L'EXPRESSION DE L'OPPOSITION

EX. 1. Choisissez les expressions qui conviennent.

par contre (x 2)   alors que   également   aussi

1. 33% de baby-boomers sont stressés par les nouvelles technologies, …. les générations X, Y et Z les utilisent facilement.
2. J'aime travailler en équipe et …. réaliser des projets en commun. …., le dialogue est indispensable pour éviter les malentendus entre collègues.
3. Manager une équipe intergénérationnelle est un défi passionnant. …. c'est un défi très compliqué ! Mais il est …. très enrichissant.

EX. 2. Imaginez les textes de ces campagnes publicitaires contre la discrimination au travail.

> On pense que je vais être une gêne pour l'entreprise alors que je peux partager mon expérience avec les plus jeunes.

….   ….

LES ADVERBES EN -MENT

EX. 3. Formez des adverbes à partir des adjectifs suivants.

1. fort : *fortement*
2. personnel : *personnellement*
3. rapide : *rapidement*
4. actif : *activement*
5. confortable : *confortablement*
6. efficace : *efficacement*

EX. 4. Marcel et Léa sont deux employés de la même entreprise. Complétez leurs témoignages en transformant en adverbes les adjectifs entre parenthèses.

1. **Marcel, 55 ans, génération des baby-boomers :** J'aime travailler avec des jeunes : Léa, par exemple, travaille *durement* (dur) et écoute toujours *…* (attentif) les conseils. Et *(attentivement)* puis, lorsqu'elle ne sait pas quelque chose, elle le dit *immédiatement* (immédiat).

2. **Léa, 23 ans, génération Z :** Avec Marcel, je comprends tout ! Il m'explique les choses …. (clair) et on avance …. (efficace) dans nos projets. Ce que je préfère, c'est qu'il ne s'énerve jamais. Il réagit toujours très …. (calme) !

EX. 5. Écoutez la publicité du site d'achats en ligne Toktoktok et notez les trois avantages de l'entreprise.
PISTE 57

EX. 6. Complétez la liste des engagements de Toktoktok envers ses clients.

1. Avec Toktoktok, vous serez livré …. chez vous.
2. Vous serez …. satisfait de nos services.
3. Si vous trouvez moins cher ailleurs, vous serez …. remboursé.

+ d'exercices : page 195

OBSERVATION ET ENTRAÎNEMENT / LEXIQUE

TYPES DE CONTRATS ET MODALITÉS DE TRAVAIL

1. Associez ces modalités de travail aux définitions correspondantes.

1. un contrat d'intérim
2. un CDD
3. le travail en freelance
4. le télétravail
5. un CDI

   a. C'est quand un travailleur indépendant travaille pour diverses entreprises.
   b. C'est quand on travaille à distance en utilisant Internet.
   c. C'est un contrat qui n'a pas de durée limitée.
   d. C'est un contrat qui a une durée limitée.
   e. C'est une mission provisoire, souvent courte, par exemple pour remplacer un salarié absent dans une entreprise.

2. Nadia est au chômage. Écoutez cet entretien téléphonique avec un conseiller de Pôle Emploi, l'agence officielle française d'aide à l'emploi, et complétez sa fiche.

- Nature du poste : ….
- Fonction : ….
- Disponibilité : ….
- Type de contrat : ….
- Rémunération : ….

3. En petits groupes, interrogez-vous sur vos emplois passés, actuels ou souhaités en vous aidant de la fiche de l'activité 2.

LES VALEURS DU TRAVAIL

4. Voici les pictogrammes figurant sur la charte des valeurs d'une entreprise : identifiez leur signification.

1. l'écoute
2. le dialogue
3. l'innovation
4. l'engagement
5. l'esprit d'équipe

LES CARACTÉRISTIQUES DU TRAVAIL

5. Formez des paires opposées à partir des mots de ce nuage.

stable RECONNU PRÉCAIRE ennuyeux inutile utile DÉVALORISANT INTÉRESSANT

LES CONFLITS AU TRAVAIL

6. Complétez le forum avec les conseils suivants.

- prendre un congé maladie
- changer de bureau
- consulter les syndicats
- faire appel à un médiateur

Camille : Je suis victime de harcèlement moral de la part de mon supérieur. Il me fait constamment des réflexions sexistes.

Philippe : Si j'étais toi, je …. Il peut vous aider à dialoguer.

Fatima : J'ai vécu la même chose ! Tu devrais …. Ils donnent de bons conseils dans ce genre de situation.

Camille : Merci de vos conseils. Je suis très fatiguée et démoralisée par ce comportement.

Carla : Moi, si j'étais à ta place, je commencerais par … ! Et ensuite, tu pourrais ….

AU FIL DE L'UNITÉ

7. Continuez cette grille de mots croisés avec d'autres mots appartenant au lexique du travail.

P	A	T	R	O	N
O					
S	A	L	A	I	R	E
T					
E					

OBSERVATION ET ENTRAÎNEMENT / PHONÉTIQUE   8

ÉCHAUFFEMENT
LA PRISE DE PAROLE

1. Suivez les étapes ci-dessous pour améliorer votre prise de parole.

A. Debout en cercle, imaginez une porte devant vous.
B. Ouvrez la porte, entrez et regardez attentivement.
C. Dites : « c'est moi... » et présentez-vous en quelques phrases.
D. Pensez aux sensations ressenties (peur, excitation, etc.) pendant les différentes étapes : avant d'ouvrir la porte, en regardant autour de vous, lorsque vous vous êtes présenté(e).

A. PROSODIE
LES PAUSES

> Les silences sont parfois aussi importants que les mots. Ils permettent de respirer et donc d'améliorer son efficacité vocale. C'est aussi une manière de laisser le temps à son interlocuteur de comprendre ce que vous venez de dire. Quand on est stressé, on a tendance à parler plus rapidement et à faire moins de pauses silencieuses.

2. Lisez le texte suivant en prenant le temps de faire une pause silencieuse et de prendre une longue inspiration entre chaque groupe rythmique.

Pour moi... une entreprise idéale... ça serait... une entreprise... basée en France... pas trop loin de chez moi... d'environ 30 personnes qui travaillent... dans une ambiance plutôt jeune et dynamique...

B. PHONÉTIQUE
LES VOYELLES NASALES

> Les voyelles nasales en français sont au nombre de 3 : /ɛ̃ ɑ̃ ɔ̃/. On les réalise en faisant passer l'air par le nez et par la bouche.

3. Écoutez et prononcez longuement les sons suivants en faisant attention aux indications articulatoires.
PISTE 59

1. [ɛ̃] (*heiiiiiiiin*) : la bouche souriante et ouverte, la langue en avant.
2. [ɑ̃] (*eeeeeeeeen*) : la bouche bien ouverte, la langue un peu en arrière.
3. [ɔ̃] (*ooooooon*) : la bouche arrondie et presque fermée, la langue très en arrière.

4. Écoutez et cochez le son qui est différent des quatre autres.
PISTE 60

	SON 1	SON 2	SON 3	SON 4	SON 5
1					X
2					
3					
4					

5. A. Classez les mots ci-dessous en fonction du son nasal présent.

internaute   conducteur   patron
entreprise   passionnant

[ɛ̃]	[ɑ̃]	[ɔ̃]
comme **In**ternet	comme **en**tretien	comme expressi**on**

5. B. Écoutez-les et vérifiez vos réponses.
PISTE 61

5. C. Faites une phrase avec un des mots de l'exercice précédent, regardez autour de vous en silence et lisez-la à haute voix.

C. PHONIE-GRAPHIE

6. Complétez les phrases suivantes avec les graphies qui conviennent pour chaque voyelle nasale. Ensuite, enregistrez-vous en les lisant.

Jean, 40 ans
« Je p...se que le m...de du travail est très stress...t ! On sait mainten...t que se sentir bi... dans son ...treprise est très import...t pour être efficace. Il faut égalem...t beaucoup de motivati... pour réussir. »

Manon, 25 ans
« Sel... moi, il est de plus en plus difficile d'obtenir un ...tretien d'...bauche de nos jours. Et je ne parle pas d'obtenir un ...ploi. C'est presque missi... ...possible. »

REGARDS CULTURELS

LES FRANÇAIS CHAMPIONS DES START-UP !

On imagine parfois les Français comme des gens frileux, mettant leurs économies sous leur matelas, rêvant tous d'être fonctionnaires et de rester quarante ans dans le même bureau.
C'est totalement faux ! Ce sont les rois des start-up ! Ils en créent chaque jour des centaines et pour beaucoup, c'est le succès. Bref, la France se réveille : elle est redevenue une terre d'innovation !

QU'EST-CE QU'UNE START-UP ?

En français, c'est une « jeune pousse », une nouvelle entreprise qui, presque toujours maintenant au moyen d'Internet, lance sur le marché un nouveau produit ou un nouveau service, à l'initiative de quelques entrepreneurs pleins de confiance dans leur projet… et pleins d'audace. En effet, il faut avoir le goût du risque et accepter de travailler beaucoup, et souvent des années, avant de réussir.

Quelques exemples bien connus aux États-Unis : Apple (1976), Microsoft (1994), eBay (1995), Facebook (2004), Airbnb (2008)… À chaque fois, la même image nous revient : celles de quelques étudiants qui, au fond d'un garage, bricolent, inventent, se passionnent et se lancent.

Il y a des start-up qui sont parties de rien et sont devenues de véritables empires !

Bien sûr, les États-Unis sont le paradis des start-up, mais en France aussi, il existe quelques réussites éclatantes : Free (1999), l'un des principaux fournisseurs d'accès à Internet en France, Price Minister (2000), qui est le eBay français, Meetic (2001), le site de rencontres amoureuses sur Internet, ou encore Ynsect (2011), service d'écoute gratuite de musique à la demande en streaming.

Mais la réussite la plus spectaculaire est peut-être BlaBlaCar, entreprise créée en 2006 : c'est un site de covoiturage qui met en relation des conducteurs et des passagers qui souhaitent partager leurs frais de voyage. À l'aspect financier s'ajoute une idée de convivialité : on fait des économies, on se montre soucieux d'écologie, mais en même temps on se fait des relations au cours du voyage (le blabla = le bavardage). Depuis, la petite start-up est devenue une très grande entreprise qui existe dans 19 pays, dont l'Inde et le Mexique.

ET MOI, ET MOI, ET MOI…
COMMENT MONTER MA START-UP ?

Vous croyez à votre projet, vous êtes sûr que c'est l'idée du siècle. Très bien mais… accrochez-vous ! D'abord, il faut aimer le risque. Et puis, il faut avoir bien réfléchi non seulement au produit ou au service que vous voulez lancer mais aussi à sa clientèle : à qui allez-vous vous adresser ? Il faut aussi savoir prendre des décisions rapidement. C'est très important : une start-up n'a pas beaucoup de temps pour se faire connaître. Il vous faudra également beaucoup d'énergie et d'implication. Et vous devrez oublier les 35 heures maximum de travail par semaine ! Votre temps de travail hebdomadaire sera plutôt de 70 heures ou plus.

ET LE FINANCEMENT ?

Contrairement à ce qu'on imagine souvent, il existe de très nombreuses aides publiques et des financements privés. Mais il faut avoir d'abord un maximum de fonds propres (vos économies, celles de votre famille, de vos amis…) avant de remplir votre dossier. En effet, ce que vous pourrez recevoir ne pourra pas dépasser vos fonds propres. Pour convaincre ensuite les pouvoirs publics ou les investisseurs privés de vous aider, il faudra leur présenter un dossier complet, très argumenté, démontrant que votre projet est solide et viable. Alors, vous êtes prêt ?

QUELQUES PETITES START-UP FRANÇAISES

Pani Vending

Dans une machine, des baguettes de pain pré-cuites attendent le client. À n'importe quelle heure du jour ou de la nuit, vous mettez une pièce et hop !, au bout de quelques minutes, votre baguette sort toute chaude et bien croustillante.

Jimini's – Les insectes qui croustillent

Vous voulez offrir à vos amis un apéritif original : cette start-up vous livrera à domicile des boîtes d'insectes croustillants à déguster.

& Louis Adrien

Ils vous livreront chez vous en moins d'une heure des boîtes pleines de produits délicieux découverts chez des petits producteurs locaux un peu partout en France. Ouvrez votre boîte, vous y trouverez les meilleurs fromages, la charcuterie la plus authentique, une bouteille d'excellent vin et du pain frais.

drivy

C'est un service de location de voitures entre particuliers d'une même ville ou d'un même secteur géré par des applications Internet et mobile. C'est beaucoup moins cher et plus simple qu'une location « normale ».

10. START-UP ?

A. Avant de lire le texte, regardez la première photo avec, au centre, une pousse d'arbre. À votre avis, qu'est-ce qu'elle veut représenter ou exprimer ?

B. Lisez les deux premiers paragraphes. Quel est le sens de l'expression anglaise « start-up » ? Que pensez-vous de l'expression équivalente proposée en français ?

11. DES START-UP PAR MILLIERS

A. Connaissiez-vous ces start-up françaises ? Lesquelles ?

B. Faites une liste avec les conseils les plus importants pour monter une start-up, mentionnés dans le texte. À votre avis, manque-t-il quelque chose ?

C. Lisez la rubrique « Quelques petites start-up françaises ». Laquelle vous paraît la plus intéressante. Pourquoi ?

12. D'AUTRES START-UP

A. Par groupes, recherchez sur Internet des informations complémentaires sur ces start-up. Présentez-les à l'ensemble de la classe.

- Meetic
- Blablacar
- Free
- Price Minister

B. Présentez à la classe une start-up de votre pays qui vous paraît intéressante.

C. En groupes, imaginez un nouveau produit ou service qui pourrait avoir du succès. Définissez précisément votre clientèle et préparez vos arguments pour défendre votre projet. Présentez-le à vos camarades en essayant de les convaincre de participer à son financement.

+ DE RESSOURCES SUR
espacevirtuel.emdl.fr

Co-working L'Arrêt Minute
Travailler seul dans une dynamique de groupe.

cent cinquante-trois 153

TÂCHES FINALES

TÂCHE 1 — LES CONFLITS, IL FAUT LES GÉRER !

1. Vous allez organiser une conférence sur les conflits dans le monde du travail. En petits groupes, proposez plusieurs situations de conflit. Inspirez-vous des domaines suivants.

- relations entre collègues
- discrimination
- rapports hiérarchiques
- inégalités
- …

2. Dans chaque groupe, sélectionnez un conflit et préparez des conseils pour le régler.

- Si nous étions dans cette situation, nous ferions appel à un médiateur pour organiser une réunion de conciliation.

3. Chaque groupe présente la situation conflictuelle et les solutions qu'il a imaginées devant la classe. Le public intervient à la fin de chaque présentation pour réagir, poser des questions et discuter des solutions.

CONSEILS
- Pour les groupes : pensez à vous répartir à l'avance les prises de parole.
- Pour le public : prenez des notes et préparez vos interventions à l'avance.

Dans notre groupe, nous avons choisi une situation de conflit entre deux collègues. La première chose à faire serait de trouver l'origine du problème…

TÂCHE 2 — QUEL EST VOTRE VISION IDÉALE DU TRAVAIL ? MENEZ L'ENQUÊTE !

1. Vous allez élaborer un questionnaire afin de décrire votre vision idéale du travail. Faites une liste des critères à prendre en compte dans les domaines suivants. Vous pouvez en proposer d'autres.

- Type d'entreprise : taille, …
- Conditions de travail : horaires, …
- Organisation du travail : travail en équipe, …
- Valeurs de l'entreprise : responsabilité sociale, …
- …

2. Formez des groupes. Chaque groupe choisit un domaine et rédige les questions correspondantes. Pour chaque question, proposez trois réponses possibles.

3. Tous ensemble, regardez les questions et organisez-les pour constituer le questionnaire. Chacun en reçoit un exemplaire.

4. Rassemblez les questionnaires, analysez les résultats et commentez-les tous ensemble.

1. Dans l'idéal, quels seraient vos horaires de travail ?

a. Des horaires flexibles.
b. Le matin, uniquement.
c. Pas d'horaires fixes (travail par projets).

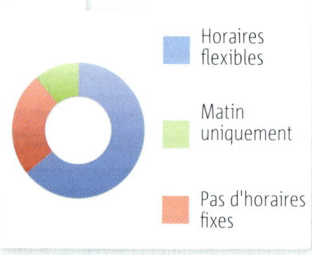

- Horaires flexibles
- Matin uniquement
- Pas d'horaires fixes

CONSEILS
- Pour formuler vos questions, aidez-vous du questionnaire de la page 143.
- Si vous le pouvez, réalisez votre questionnaire en ligne !
- Proposez une présentation originale de vos résultats !
- Vous pouvez présenter vos résultats sous forme de graphiques.

PRÉPARATION AU DELF A2

DELF A2

LE DELF

Le Diplôme d'Études en Langue Française (DELF) est un diplôme délivré par le Centre International d'Études Pédagogiques (CIEP), établissement public du ministère de l'Éducation nationale français.
Le diplôme est valable à vie ; il est reconnu dans plus de 170 pays.

LE NIVEAU A2

Le niveau A2 correspond à 180 à 220 heures d'apprentissage.
Le candidat de niveau A2 est capable de :
- comprendre des phrases simples sur des sujets familiers et de la vie quotidienne (informations personnelles et familiales, achats, travail, environnement, loisirs),
- décrire et présenter des gens, des conditions de vie et des activités quotidiennes,
- parler de sa formation et de ses projets,
- décrire des événements et expériences personnelles,
- réaliser des taches simples de la vie quotidienne,
- utiliser les formules de politesse et d'échange les plus courantes.

CONSEILS GÉNÉRAUX

- Avant l'examen, pratiquez les différentes épreuves.
- Vérifiez la durée des épreuves et gérez bien votre temps.
- Pour chaque exercice, prenez le temps de bien lire les consignes.
- N'en faites pas trop ! Il vaut mieux donner une réponse courte mais correcte.

LES ÉPREUVES

NATURE DES ÉPREUVES	DURÉE	NOTE SUR
COMPRÉHENSION DE L'ORAL (CO) Réponse à des questionnaires de compréhension portant sur quatre courts documents enregistrés ayant trait à des situations de la vie quotidienne (2 écoutes). Durée maximale des documents : 5 min.	25 min. environ	25
COMPRÉHENSION DES ÉCRITS (CE) Réponse à des questionnaires de compréhension portant sur quatre courts documents écrits ayant trait à des situations de la vie quotidienne.	30 min.	25
PRODUCTION ÉCRITE (PE) Rédaction de deux brèves productions écrites (lettre amicale ou message) : · Décrire un événement ou des expériences personnelles. · Écrire pour inviter, remercier, s'excuser, demander, informer, féliciter, etc.	45 min.	25
PRODUCTION ORALE (PO) Épreuve en trois parties : · monologue suivi. · exercice en interaction. · dialogue simulé.	6 à 8 min. (préparation : 10 min.)	25
Seuil de réussite pour obtenir le diplôme : 50/100 Note minimale requise (pour chaque épreuve) : 5/25	Durée totale des épreuves : 2 h	Note totale sur : 100

PRÉPARATION AU DELF A2 / COMPRÉHENSION DE L'ORAL

Vous allez entendre 2 fois un document. Il y a 30 secondes de pause entre les 2 écoutes, puis vous avez 30 secondes pour vérifier vos réponses. Lisez d'abord les questions.

EXERCICE 1 / SUIVRE DES INSTRUCTIONS

PISTE 62 ▶ Vous étudiez en France et vous avez acheté un téléphone portable. Vous appelez le service client.

1. À quelle heure pouvez-vous joindre le service client en semaine ?

   De .... à ....

2. Sur quelle touche de votre téléphone devez-vous appuyer si...

PROBLÈME	TOUCHE Nº
Vous avez perdu votre téléphone.	
Vous voulez savoir combien va vous coûter votre prochaine facture.	
Vous voulez ajouter une option « Internet illimité » à votre forfait.	

3. Que devez-vous faire en cas de problème technique ?

   ....

4. Combien coûte l'appel ?

   .... / minute

EXERCICE 2 / MESSAGE VOCAL

PISTE 63 ▶ Vous étudiez en France, dans une école de langues. Vous entendez ce message sur votre répondeur.

1. Pourquoi Mme Lindon vous demande-t-elle de venir à Belangues ?

   ☐ Pour vous inscrire au nouveau cours.
   ☐ Pour retirer votre diplôme.
   ☐ Pour vous inscrire à l'examen du DELF.

2. Où se trouvent les bureaux du service des examens ? (2 éléments)

   ....

3. Quels sont les horaires du service des examens ?

BELANGUES
Service des examens
Ouvert
du lundi au samedi
De 9 h à 13 h
et de 15 h à 19 h

Bureau des examens
HORAIRES D'OUVERTURE
Du lundi au vendredi
de 9 h à 15 h
et de 17 h à 19 h

BELANGUES
Département des examens
HORAIRES D'ACCUEIL
DU PUBLIC
Matin : 9 h - 13 h
Après-midi : 15 h - 19 h

4. Qu'est-ce que vous devez apporter ?

   ....

EXERCICE 3 / ÉMISSION DE RADIO

PISTE 64 ▶ Vous êtes en France ; vous entendez cette émission à la radio.

1. Quel est le thème de cette émission ?

   ☐ Les vacances.
   ☐ Une nouvelle radio.
   ☐ Un festival de musique.

2. Quand a lieu le festival de la ville d'Arras ?

   Du .... au ....

3. Quel jour et à quelle heure se produit le groupe Brigitte ?

   ....

4. Qu'est-ce qu'on peut gagner ?

   ☐   ☐   ☐

5. Pour jouer, il faut appeler le...

   03.21.01. ....

EXERCICE 4 / CONVERSATION

PISTE 65 ▶ Vous êtes en France ; vous entendez cette conversation entre une fille, son père et sa mère (2 écoutes). Associez les éléments.

a. La grand-mère   1. adore passer ses vacances à la plage.
b. La fille   2. n'aime pas prendre l'avion.
c. Le frère   3. ne voyage pas avec la famille.
d. Le père   4. propose de partir en Corse.
e. La mère   5. va chercher un hôtel.

a.	b.	c.	d.	e.

CONSEILS
- Avant les écoutes, lisez bien les questions et soulignez les mots importants.
- Pour chaque question, vous ne devez cocher qu'une seule case.

cent cinquante-sept 157

PRÉPARATION AU DELF A2 / COMPRÉHENSION DE L'ORAL

EXERCICE 5 / SITUATIONS

PISTE 66   Écoutez 2 fois l'enregistrement. Associez chaque dialogue à une image.

A. Dialogue nº : ….

B. Dialogue nº : ….

C. Dialogue nº : ….

D. Dialogue nº : ….

E. Dialogue nº : ….

F. Dialogue nº : ….

PRÉPARATION AU DELF A2 / COMPRÉHENSION DES ÉCRITS

EXERCICE 1 / PETITES ANNONCES

Vous êtes en France. Vous lisez ces annonces dans un journal.

PRO BÂT

Réalise tous vos travaux de peinture.

DEVIS GRATUIT & INFORMATIONS :
06.18.98.18.24

DEUX FOIS OUI !
Wedding planner

Notre équipe vous accompagne dans l'organisation et la direction artistique de votre mariage.

....

Planification, invitations, décoration…
tout notre savoir-faire et notre créativité pour rendre cette journée unique et inoubliable !

....

Contact : infos@deuxfoisoui.en

Une excellente idée pour un cadeau unique !

....

Vous souhaitez offrir
UN CADEAU ORIGINAL ET PERSONNALISÉ
pour un événement spécial ?

....

Le site Internet **www.cadeauchanson.en**
propose de composer une chanson personnalisée avec le prénom du destinataire.

Vous recherchez une esthéticienne à domicile ?

Faites appel au réseau
BELLE & ZEN !

Nous venons chez vous pour réaliser des soins du visage, du corps, des manucures ou encore du maquillage.

Rendez-vous sur www.belleetzen.en

BIO CENTRE
Cours de tai-chi, qi gong, yoga, méditation

....

Enfants et adultes, tous niveaux.
Infos : www.biocentre.en

Quelle annonce allez-vous conseiller à vos amis ?

VOS AMIS	ANNONCE Nº
Stéphane et Alix veulent se marier l'an prochain.	
Fanny aimerait repeindre son nouvel appartement.	
Rose veut pratiquer un nouveau sport.	
Aline veut se faire maquiller mais elle n'a pas de temps.	
Louis cherche une idée de cadeau pour les 70 ans de sa grand-mère.	

cent cinquante-neuf 159

PRÉPARATION AU DELF A2 / COMPRÉHENSION DES ÉCRITS

EXERCICE 2 / MAIL PROMOTIONNEL

Vous recevez ce mail. Répondez aux questions suivantes.

De : contact@decmaison.en
Sujet : Bienvenue au club VIP ! Notre cadeau : 30 € pour vous !

DECMAISON
TOUT POUR LA MAISON : MEUBLES, DÉCORATION, JARDIN.

Félicitations !
Vous êtes maintenant un client VIP !

VOS AVANTAGES :
- 10 % de réduction sur toutes vos commandes
- Service client personnalisé à cette adresse : clientvip@decmaison.en
- Ventes privées exclusives
- Livraison à domicile gratuite à partir de 50 € d'achat

VOTRE CADEAU :
- Un chèque de 30 €** à utiliser sur www.decmaison.en

** Tapez le code VIP30 à la fin de votre commande.

---

1. Que peut-on acheter sur le site decmaison.en ?

☐ (vêtements)
☐ (ordinateurs)
☐ (meubles)

2. Comment contacter le service client ?

....

3. Vrai ou faux ? Cochez la bonne réponse et copiez la phrase qui justifie votre réponse.

	VRAI	FAUX
1. Le client bénéficie toujours de 10 % de réduction. Justification :		
2. Le client bénéficie toujours de la livraison gratuite. Justification :		

4. Que faut-il faire pour obtenir les 30 € de réduction ?

☐ Taper un code.
☐ Téléphoner.
☐ Dépenser 200 €.

EXERCICE 3 / INSTRUCTIONS

Pour préparer votre voyage en France, vous consultez une page Internet de covoiturage. Répondez aux questions suivantes.

Voyagez moins cher - Covoiturage
http://www.covoiture.en

Co voiture

Partager un trajet en voiture ? C'est simple et économique. Réservez facilement votre place en ligne et voyagez moins cher.

RECHERCHEZ VOTRE TRAJET
- Entrez vos villes de départ et de destination, et la date de votre voyage.
- Consultez le profil des conducteurs : photo, nom, âge et opinions des passagers.
- Choisissez votre conducteur préféré.

RÉSERVEZ PAR CARTE BANCAIRE
- Réservez votre place avec une carte bancaire sur notre site et recevez un code de réservation.
- Votre conducteur est prévenu de votre réservation par mail.

VOYAGEZ
- Donnez votre code de réservation au conducteur.
- Et c'est parti ! Bonne route !

DONNEZ VOTRE OPINION !
- Après le voyage, connectez-vous sur notre site et donnez votre opinion sur votre chauffeur.

PRÉPARATION AU DELF A2 / COMPRÉHENSION DES ÉCRITS

1. Comment peut-on réserver ?

☐ (téléphone)

☐ (wifi)

☐ (personnes)

2. Vrai ou faux ? Cochez la bonne réponse et copiez la phrase qui justifie votre réponse.

	VRAI	FAUX
1. On n'a pas d'information sur le conducteur avant le départ. Justification :		
2. Il faut donner l'argent directement au conducteur. Justification :		

3. Que peut-on faire après le voyage ?

....

EXERCICE 4 / ARTICLE DE PRESSE

Vous lisez cet article dans un magazine français. Répondez aux questions.

UN INCROYABLE CONCOURS POUR ÉTUDIANTS SURDOUÉS

La seconde édition du concours **Ma thèse en 180 secondes** vient de commencer. Avec ce concours, des étudiants en doctorat doivent résumer des années de recherche en seulement trois minutes !

En effet, le concours **Ma thèse en 180 secondes** permet aux étudiants de présenter leur sujet de recherche, en français et en termes simples, à un public non spécialiste. Chacun doit faire un exposé rapide mais clair sur son projet de recherche en trois minutes et avec une seule diapositive !

27 candidats venus de toute la France ont été sélectionnés pour la finale nationale qui se déroulera à Nancy le 3 juin prochain. Le lauréat défendra la France lors de la finale internationale le 1er octobre à Paris.

1. Qui peut participer au concours ?

☐ Les professeurs d'université.
☐ Tous les étudiants.
☐ Les étudiants en doctorat.

2. Vrai ou faux ? Cochez la bonne réponse et copiez la phrase qui justifie votre réponse.

	VRAI	FAUX
1. Les étudiants doivent faire une présentation en anglais. Justification :		
2. Le public est composé de scientifiques. Justification :		

3. Combien de personnes participent à la finale française ?

....

4. Quand aura lieu la finale internationale ?

....

CONSEILS

- Si vous ne comprenez pas tout, pas de stress ! Cherchez l'information qui vous permet de répondre à la question.
- Ne rédigez pas de longues phrases, répondez directement aux questions et soyez précis.
- Pour les questions « Vrai ou faux ? », vous devez copier la partie du texte qui justifie votre réponse.

cent soixante et un 161

PRÉPARATION AU DELF A2 / PRODUCTION ÉCRITE

LORS DE CETTE ÉPREUVE DE PRODUCTION ÉCRITE, VOUS DEVREZ RÉDIGER 2 COURTS MESSAGES (LETTRE, MAIL...) QUI PORTENT SUR DES SUJETS DE LA VIE QUOTIDIENNE.

DANS LE PREMIER EXERCICE, VOUS DEVREZ DÉCRIRE UN ÉVÉNEMENT OU UNE EXPÉRIENCE PERSONNELLE.

POUR LE SECOND EXERCICE, ON VOUS DEMANDERA D'ÉCRIRE POUR INVITER, REMERCIER OU FÉLICITER UNE PERSONNE OU LUI DEMANDER QUELQUE CHOSE.

QUELQUES CONSEILS POUR L'EXAMEN

- N'oubliez pas les formules de politesse : **bonjour, au revoir, à bientôt**...
- **Tu** ou **vous** ? Choisissez bien en fonction de votre interlocuteur.
- Lisez bien les différentes parties de la consigne pour ne rien oublier !
- Utilisez toutes les informations transmises par les textes et les images.

EXERCICE 1 / RACONTER UNE EXPÉRIENCE

Vous découvrez ce concours sur Internet. Vous décidez de participer (minimum 60 mots).

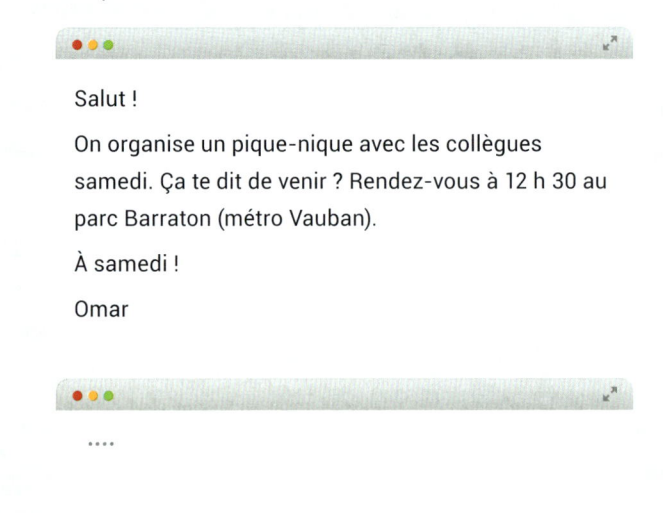

CONCOURS SPÉCIAL RENTRÉE

SOUVENIRS D'ÉCOLE

Un professeur, un copain, un jour qui a marqué votre mémoire...

À GAGNER !
* 1 appareil photo polaroid
* 50 albums photos personnalisés

Racontez-nous votre meilleur souvenir d'école.

EXERCICE 2 / RÉPONDRE À UNE INVITATION

Vous travaillez en France. Vous recevez ce mail de votre collègue Omar et vous lui répondez. Vous ne pouvez pas accepter son invitation et vous expliquez pourquoi. Vous vous excusez et vous proposez une autre activité (minimum 60 mots).

Salut !

On organise un pique-nique avec les collègues samedi. Ça te dit de venir ? Rendez-vous à 12 h 30 au parc Barraton (métro Vauban).

À samedi !

Omar

.....

162 cent soixante-deux

PRÉPARATION AU DELF A2 / PRODUCTION ORALE

L'ÉPREUVE DE PRODUCTION ORALE COMPORTE TROIS PARTIES.
1. L'ENTRETIEN DIRIGÉ (VOIR EXERCICE 1)
2. LE MONOLOGUE SUIVI (VOIR EXERCICE 2)
3. L'EXERCICE EN INTERACTION (VOIR EXERCICE 3)

QUELQUES CONSEILS POUR L'EXAMEN

L'entretien dirigé :
- L'épreuve commence dès que vous êtes face à votre examinateur ! Saluez-le, puis il commence immédiatement à vous poser les questions de l'exercice 1.
- Soyez attentifs aux questions de l'examinateur. Écoutez bien et répondez directement. Faites des phrases courtes.
- Soyez zen ! L'examinateur va vous poser des questions courtes, sur des thèmes simples (vous, votre travail, votre maison....) pas la peine de stresser !

Le monologue suivi :
- Vous pouvez choisir entre 2 sujets, lisez-les bien et choisissez celui sur lequel vous pourrez parler le plus facilement !
- Vous avez 2 minutes pour préparer cette partie. N'écrivez pas tout ! Notez juste les idées principales et organisez votre présentation à l'aide de quelques mots.
- Ne lisez pas vos notes ! Soyez clair et spontané.

L'exercice en interaction :
- Choisissez bien le sujet.
- Utilisez les 4 minutes de préparation pour noter quelques idées et du vocabulaire utile. Ne rédigez rien ! Il s'agit d'un exercice d'improvisation !
- Soyez spontané et actif ! Posez des questions et répondez à celles de l'examinateur, faites des propositions.
- N'oubliez pas les formules de politesse : *s'il te plaît*, *merci*, *au revoir*…
- Choisissez *tu* ou *vous* en fonction de la situation proposée.
- Si vous ne comprenez pas quelque chose, demandez à l'examinateur de répéter.

EXERCICE 1 / ENTRETIEN DIRIGÉ

Répondez à ces questions.

1. Présentez votre famille. Vous êtes marié(e) ? Vous avez des enfants ?
2. Où habitez-vous ? Vous aimez votre quartier ? Comment est votre maison / appartement ?
3. Quelle est votre profession ? Quels sont vos horaires de travail ?

EXERCICE 2 / MONOLOGUE SUIVI

Préparez une présentation de 2 minutes sur le thème suivant :

Langues :
- *Quelles langues parlez-vous ou étudiez-vous ?*
- *Comment avez-vous étudié ces langues et pourquoi ?*
- *Quelle(s) langue(s) parle-t-on dans votre famille ? Au travail ?*

EXERCICE 3 / EXERCICE EN INTERACTION

Vous êtes chez un ami français. Vous décidez de commander votre dîner sur Internet. Vous choisissez le type de cuisine et les plats que vous allez commander et vous commentez les prix avec votre ami.

CLICRESTO / près de chez vous

SHOUKRAN
Cuisine marocaine
Couscous, tajine
Menu à partir de 15 €

AY PAPITO
Restaurant mexicain
Tacos, fajitas, burritos
Menu déjeuner 12 h - 14 h
15 % de remise à partir de 30 € de commande

MYKONOS
Spécialités grecques
Cette semaine : 10 % de remise pour toute commande

C'EST BIO !
Pizzeria
Votre pizza élaborée avec 100 % de produits bio

SUSCHIC
Cuisine japonaise
Sushi, sashimi, maki
10 % de réduction à partir de 40 € de commande

HEN HAO
Restaurant chinois
Livraison en 20 min.
Menus à 10 €, 15 € et 20 €

EXERCICES

EXERCICES

EXERCICES / UNITÉ 1

LE PASSÉ COMPOSÉ

1. A. *Être* ou *avoir* ? Classez les verbes selon leur construction au passé composé.

~~apprendre~~   s'inscrire   faire   trouver
recevoir   s'installer   dire   étudier

ÊTRE	AVOIR
	apprendre

1. B. Complétez les phrases avec les verbes ci-dessus au passé composé. Il y a plusieurs possibilités.

- Je .... un mail de Manon, elle est en Russie. Elle .... il y a deux mois !
- En Russie ! Incroyable ! Elle .... facilement du travail là-bas ?
- Elle .... plusieurs stages puis elle .... un poste dans son secteur.
- Et comment elle .... le russe ?
- Elle .... dans une école de langues. Je lui .... qu'on va aller la voir à Moscou.

2. Complétez les phrases en conjuguant le verbe au passé composé.

1. Tu **as partagé** ton expérience avec eux. (partager)
2. Vous .... l'arabe grâce à un cours en ligne. (apprendre)
3. Le responsable de l'atelier .... de la formation des apprentis. (s'occuper)
4. Je .... mon expérience au Brésil sur mon CV. (ajouter)
5. Vous .... les étudiants à remplir l'enquête de satisfaction. (aider)
6. Elles .... à ce type de formation. (s'intéresser)
7. Nous .... en Italie pour apprendre l'italien. (partir)
8. Je .... une formation à distance. (suivre)
9. Elle .... ses études après la naissance de son bébé. (reprendre)
10. Vous .... dessinateur grâce à quelle formation ? (devenir)

3. Complétez ce dialogue avec les verbes conjugués au passé composé à la forme négative, comme dans l'exemple.

se sentir   aller   oser   s'adapter

- Dana se plaît aux États-Unis ?
- Oui, mais elle **ne s'est pas adaptée** à son nouveau poste.
- Pourquoi ?
- Dès les premiers jours, elle .... à l'aise avec son chef et elle .... lui en parler.
- C'est dommage ! Et elle .... en parler à ses collègues ?

4. A. Écoutez Léna et remettez ses expériences dans l'ordre chronologique (de 1 à 6).

A. étudier en Chine : ....
B. travailler dans un laboratoire : ....
C. obtenir un diplôme de médecine : ....
D. ouvrir un cabinet en France : ....
E. suivre un cours à distance de phytothérapie : ....
F. quitter son travail : ....

4. B. Réécrivez l'histoire de Léna en utilisant le passé composé.

Léna a obtenu un diplôme de médecine.

5. Conjuguez les verbes au passé composé (faites l'élision si nécessaire).

APPRENTISSAGES De l'école au travail il n'y a qu'un pas... qu'ils préfèrent de ne pas franchir. 4 jeunes se sont accordés une année avant de chercher du travail. Ils racontent leur expérience.

Charlotte, Lille, 27 ans.

▶ Je .... (1) mon diplôme de droit après 5 ans d'études à la fac. Avant de commencer à travailler dans mon secteur, je .... (2) de partir un an en Australie. Là-bas, je .... (3) dans des fermes en échange d'un lit et d'un repas. Ça .... (4) une expérience extraordinaire. Mais comme j'étais souvent seule, je .... (5) mon anglais ! Enfin, pas beaucoup...

décider   être   obtenir
travailler   ne pas améliorer

Samuel et Fatima, Nantes, 22 ans.

▶ Après nos études, ... (6) en Espagne et nous y .... (7) pendant 6 mois. Je .... (8) comme serveur. Fatima, elle, ... (9) des cours à l'université d'été de Séville. Elle .... (10) l'expérience ! Elle est timide, avant elle n'osait pas parler en public. En Espagne, elle .... (11) à être plus autonome. Après l'Espagne, nous .... (12) d'aller à Dublin pour apprendre l'anglais.

adorer   partir   travailler   décider
suivre   apprendre   rester

Noureddine, Valence, 24 ans.

▶ Je .... (13) mes études de commerce mais je .... (14) ma formation. Je .... (15) de ne pas chercher de travail tout de suite et de réfléchir à mon avenir professionnel. Un jour, je .... (16) rendre visite à un ami qui est apprenti chez un ébéniste. Je .... (17) plusieurs fois à l'atelier et le chef m'.... (18) d'essayer.

décider   retourner   ne pas aimer
terminer   proposer   aller

cent soixante-cinq **165**

EXERCICES / UNITÉ 1

LES PRONOMS COI

6. Choisissez le pronom complément qui convient.

1. Paul a rencontré l'association Nouvel avenir pour changer de vie. On **le / lui** a conseillé de reprendre ses études.
2. Tu as vu Olivia ! Elle **t' / lui** a raconté son expérience au Chili ?
3. Nous sommes allés à l'ambassade du Canada parce que nous voulons nous installer là-bas l'année prochaine. Ils **nous / leur** ont recommandé de chercher un travail rapidement.
4. Je n'ai pas de nouvelles de Nadia depuis 5 ans. J'hésite à **lui / leur** écrire.
5. Je suis une formation à distance avec un professeur. Chaque semaine, je dois **me / lui** envoyer des exercices.
6. Karim et Olivia ont vécu 5 ans en Italie, ils peuvent **te / leur** conseiller pour ton voyage à Milan.

7. Complétez les dialogues avec des pronoms COI. Faites l'élision si nécessaire.

1.
- Tu as des nouvelles de Max ?
- Oui, il .... a téléphoné hier.
- Il .... a parlé de son nouveau blog sur la pâtisserie ?
- Oui, c'est super, il a déjà beaucoup d'abonnés. Les gens .... demandent des conseils, des astuces... Il est très content !

2.
- Alors, il est comment le nouveau formateur ?
- Il est très bien ! Il écoute les stagiaires, il .... donne des conseils, il est vraiment sympa.
- Tu .... as demandé des informations sur les cours en ligne ?
- Oui, il .... a conseillé de regarder sur Internet et il .... a donné une liste de sites utiles.

3.
- Vous avez dit à vos parents que vous partez un an au Mexique ?
- Oui, on .... a annoncé notre départ hier.
- Et comment ils ont réagi ?
- Très bien. La mère de Nora .... a donné beaucoup de conseils pratiques.
- Moi, je vais .... donner un bon plan culturel : vous devez absolument visiter le site de Teotihuacan, c'est génial !
- Ok, super. Merci !

4.
- Il est bien le cours de couture ?
- Oui, j'adore ! J'ai déjà fait une jupe et une robe, et mon professeur .... a félicité. J'apprends beaucoup et je trouve ça très utile.
- Oui, tu peux faire tes propres vêtements.
- Oui, mais je fais aussi des vêtements pour les autres. Maintenant, je fais une chemise pour mon mari. Je veux .... offrir pour son anniversaire.
- J'aimerais apprendre à coudre aussi... Tu peux voir avec ton professeur si je peux encore m'inscrire ?
- Bien sûr. Demain, j'ai cours, je vais .... demander, d'accord ?

L'EXPRESSION DE LA CAUSE

8. Reliez les éléments pour former des phrases.

1. La prof adore utiliser les outils numériques en classe
2. Paul ne veut pas suivre une formation à distance
3. Tout le monde peut se former gratuitement
4. Le formateur a décidé de créer une plateforme sur Internet
   - A. car il a du mal à se concentrer seul devant son ordinateur.
   - B. grâce aux MOOCs.
   - C. car ils motivent les élèves.
   - D. parce qu'elle permet de travailler en équipe ou en autonomie.

9. Répondez aux questions comme dans l'exemple.

1. Comment ont-ils connu des gens dans leur nouvelle ville ? (grâce / réseaux sociaux) → *Grâce aux réseaux sociaux.*
2. Pourquoi a-t-il décidé de s'expatrier ? (parce que / trouver un nouveau travail) → ....
3. Comment tu as trouvé ce stage ? (grâce / ami) → ....
4. Tu parles cinq langues ! Comment tu as fait ? (parce que / vivre dans beaucoup de pays) → ....
5. Comment ils ont trouvé leur nouveau logement ? (grâce / site Internet) → ....
6. Comment tu as trouvé ces bons plans ? (grâce / Internet) → ....
7. Comment tu connais l'opinion des internautes sur ton blog ? (car / laisser des commentaires) → ....

EXPRIMER SES ÉMOTIONS ET SES DIFFICULTÉS

10. Complétez le texte avec les expressions proposées à la forme qui convient.

avoir peur   oser   se sentir   avoir du mal   arriver

- Coucou maman. Alors, tu t'es inscrite au cours d'anglais ?
- Non, je n' .... pas. À mon âge, je .... ridicule.
- Mais c'est un groupe de débutants ! Tout le monde a le même niveau que toi !
- Oui mais j' .... de parler en public.
- Tu veux qu'on cherche un cours en ligne ?
- Quoi ? Ah non, l'informatique, ce n'est pas pour moi. J' .... à allumer l'ordinateur ! Et je n' .... jamais à me connecter à Internet.
- Allez, je suis sûre que tu peux y arriver ! Tu veux que je passe chez toi et on choisit un cours ensemble ?

DONNER SON AVIS

11. A. Lisez le document et répondez aux questions.

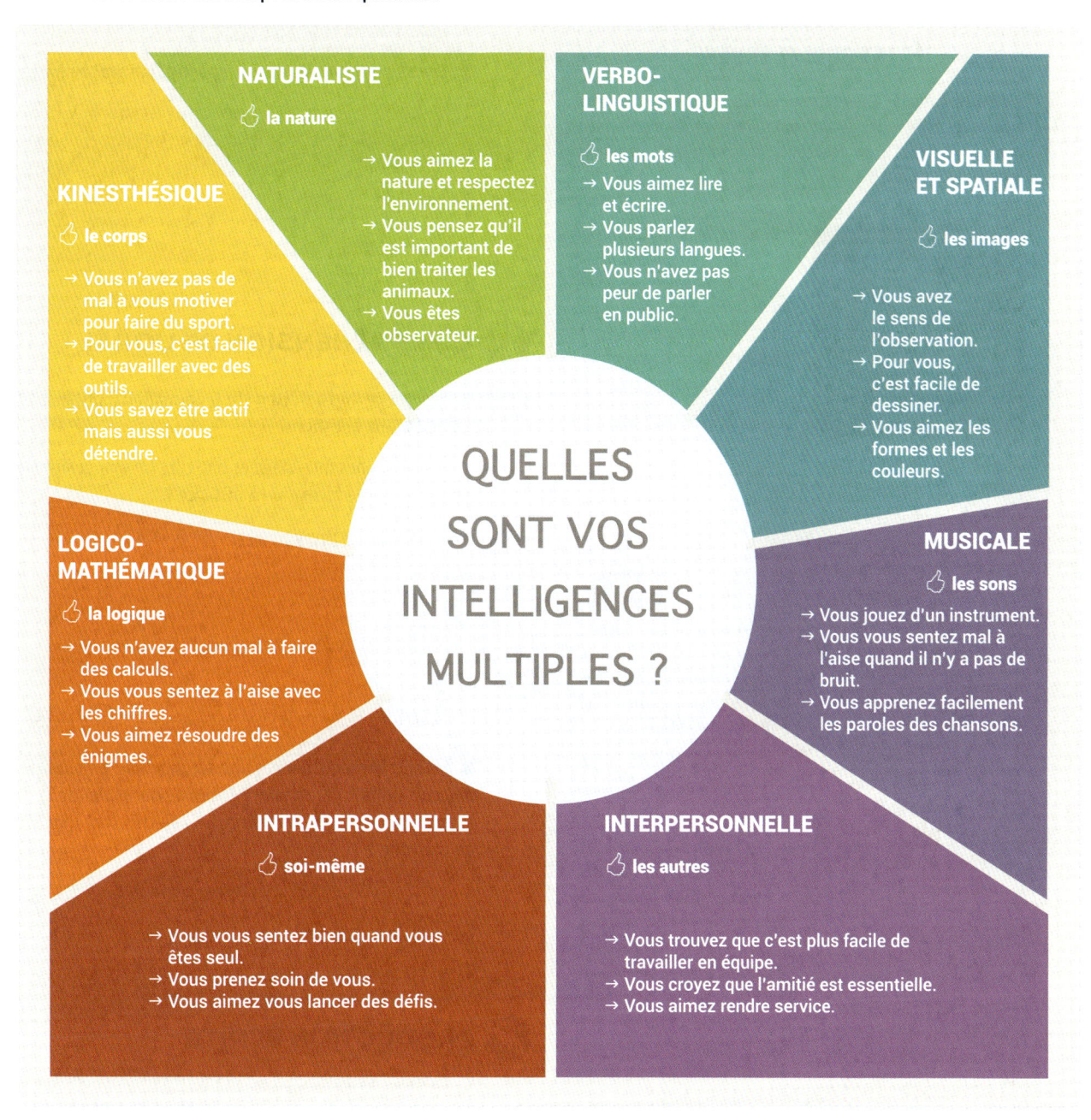

QUELLES SONT VOS INTELLIGENCES MULTIPLES ?

NATURALISTE
👍 la nature
→ Vous aimez la nature et respectez l'environnement.
→ Vous pensez qu'il est important de bien traiter les animaux.
→ Vous êtes observateur.

VERBO-LINGUISTIQUE
👍 les mots
→ Vous aimez lire et écrire.
→ Vous parlez plusieurs langues.
→ Vous n'avez pas peur de parler en public.

KINESTHÉSIQUE
👍 le corps
→ Vous n'avez pas de mal à vous motiver pour faire du sport.
→ Pour vous, c'est facile de travailler avec des outils.
→ Vous savez être actif mais aussi vous détendre.

VISUELLE ET SPATIALE
👍 les images
→ Vous avez le sens de l'observation.
→ Pour vous, c'est facile de dessiner.
→ Vous aimez les formes et les couleurs.

LOGICO-MATHÉMATIQUE
👍 la logique
→ Vous n'avez aucun mal à faire des calculs.
→ Vous vous sentez à l'aise avec les chiffres.
→ Vous aimez résoudre des énigmes.

MUSICALE
👍 les sons
→ Vous jouez d'un instrument.
→ Vous vous sentez mal à l'aise quand il n'y a pas de bruit.
→ Vous apprenez facilement les paroles des chansons.

INTRAPERSONNELLE
👍 soi-même
→ Vous vous sentez bien quand vous êtes seul.
→ Vous prenez soin de vous.
→ Vous aimez vous lancer des défis.

INTERPERSONNELLE
👍 les autres
→ Vous trouvez que c'est plus facile de travailler en équipe.
→ Vous croyez que l'amitié est essentielle.
→ Vous aimez rendre service.

1. Pour une personne qui a une intelligence verbo-linguistique, parler en public…
   ☐ c'est compliqué.
   ☐ c'est facile.
2. Avec une intelligence musicale…
   ☐ on n'arrive pas à se concentrer quand il y a du bruit.
   ☐ c'est facile d'apprendre en musique.
3. Les personnes qui ont développé une intelligence intrapersonnelle…
   ☐ trouvent la solitude agréable.
   ☐ ont l'impression de perdre leur temps quand ils sont seuls.
4. Pour un « naturaliste », observer la nature…
   ☐ c'est important.
   ☐ c'est inutile.
5. Avec une intelligence logico-mathématique,
   ☐ on trouve les calculs faciles.
   ☐ on a du mal à faire des calculs.

11. B. Sur le document, trouvez les affirmations qui vous correspondent et découvrez quelles sont vos intelligences.

ACTIVITÉS LANGAGIÈRES

COMPRÉHENSION DES ÉCRITS

A. Lisez cet article et répondez aux questions.

C'EST QUOI CE TRUCK ?

À 36 ans, Nathalie a perdu son emploi. Licenciée du jour au lendemain, elle a décidé de s'autoformer et de monter son propre commerce : un *food truck*, un restaurant ambulant installé dans un camion.

Comment a commencé votre aventure ?

J'ai travaillé pendant 12 ans dans le marketing. J'ai été licenciée car l'entreprise a fermé. J'ai tout de suite pensé : voilà l'occasion de réaliser mon rêve. J'ai toujours voulu ouvrir un restaurant. J'ai commencé à chercher mais, avec mon budget, impossible de louer ou d'acheter un local et tout le matériel… Un jour, un copain m'a parlé d'une mode venue des États-Unis : le *foodtruck*.

Et l'idée vous a plu ?

J'ai adoré le concept ! Le plus difficile a été de trouver le camion. Je n'arrivais pas à me décider. Finalement, j'ai choisi un vieux camion Citroën très vintage.

Et l'aventure a commencé !

Non, pas tout de suite ! D'abord, il a fallu réparer et aménager le camion. Pour la partie mécanique, j'ai dû faire appel à des professionnels. Mais, pour le reste, j'ai pu compter sur mon entourage ! Un ami architecte m'a fait les plans de l'aménagement du camion. Mon père, qui adore bricoler, s'est chargé des travaux. Un vrai travail d'équipe ! Grâce à eux, j'ai pu équiper le camion à ma façon et avec très peu d'argent.

Comment avez-vous appris à cuisiner ?

J'ai toujours adoré la cuisine. Je connais plein de recettes et je suis très créative, j'avais donc une bonne base. Mais je voulais améliorer ma formation. Ma sœur m'a recommandé de chercher des MOOCs sur Internet. J'ai donc découvert la formation en ligne grâce à elle. C'est une façon efficace, pratique et gratuite d'apprendre !

Vous avez commencé il y a 6 mois. Comment ça se passe ?

C'est extraordinaire ! Le matin, je fais mon marché, puis je m'installe dans le quartier des bureaux pendant l'heure du déjeuner. J'ai déjà des habitués, je trouve ça encourageant ! Ça montre que les clients sont satisfaits, non ? C'est très attractif pour les gens parce que c'est une nouvelle façon de faire la pause déjeuner. En général, ils trouvent ça pratique et sympa.

1. Cochez la bonne réponse.

1. Pourquoi Nathalie a-t-elle changé de carrière professionnelle ?
- ☐ Elle a obtenu un poste plus important.
- ☐ Elle a perdu son travail.
- ☐ Elle s'est installée dans une nouvelle ville.

2. Comment a-t-elle restauré l'intérieur du camion ?
- ☐ Elle a tout fait seule.
- ☐ Elle a embauché une agence.
- ☐ Elle a demandé de l'aide à ses proches.

3. Que pensent les clients de son *food truck* ?
- ☐ Ils trouvent le concept trop compliqué.
- ☐ Ils trouvent que c'est une bonne idée.
- ☐ Ils n'osent pas tester sa cuisine.

2. Lisez à nouveau l'article et répondez par *vrai* ou *faux*.

1. Nathalie a toujours rêvé d'ouvrir un restaurant : **V** / **F**
2. Nathalie n'a pas pu ouvrir un restaurant car c'était trop cher : **V** / **F**
3. Nathalie a eu du mal à trouver un camion : **V** / **F**
4. Sa sœur lui a recommandé de s'autoformer sur Internet : **V** / **F**
5. Nathalie achète elle-même ses produits : **V** / **F**

COMPRÉHENSION DE L'ORAL

B. Écoutez ce micro-trottoir sur la formation à distance et répondez aux questions.

1. Les personnes interviewées ont-elles un avis positif (+) ou négatif (-) sur la formation à distance ?

PERSONNE INTERVIEWÉE	+	-
1. Anne		
2. Matthieu	X	
3. Sara		
4. Philippe		

2. Écoutez l'enregistrement une seconde fois. Entourez les adjectifs utilisés par chaque personne pour parler de la formation à distance. Attention, les adjectifs sont tous écrits au masculin !

1. difficile / décourageant / ennuyeux / inutile
2. important / gratuit / rapide / pratique
3. motivant / tutoré / interactif / ludique
4. encourageant / efficace / informel / motivant

PRODUCTION ÉCRITE

C. Et vous ? Quelles sont vos premières impressions sur votre apprentissage du français ? Comment vous sentez-vous ? Qu'est-ce qui vous a semblé facile / difficile ?

Salut,
…..

EXERCICES / UNITÉ 2

LES PIÈCES DE LA MAISON

1. Écoutez les différents sons et dites à quelle pièce de la maison ils correspondent.

jardin   salle de bains   cuisine   chambre   garage

1. ....   3. ....   5. ....
2. ....   4. ....

LES ADJECTIFS QUALIFICATIFS

2. Écoutez l'enregistrement. Comme dans l'exemple, dites si vous entendez un adjectif au masculin ou au féminin. Ensuite, écrivez les deux formes de l'adjectif et prononcez-les.

	J'ENTENDS		J'ÉCRIS	
	MASCULIN	FÉMININ	MASCULIN	FÉMININ
1	X		vert	verte
2				
3				
4				
5				
6				
7				
8				
9				

3. Complétez les phrases avec les adjectifs proposés. N'oubliez pas l'accord en genre et en nombre !

grand   pollué   stressé   ancien   intéressant   lumineux

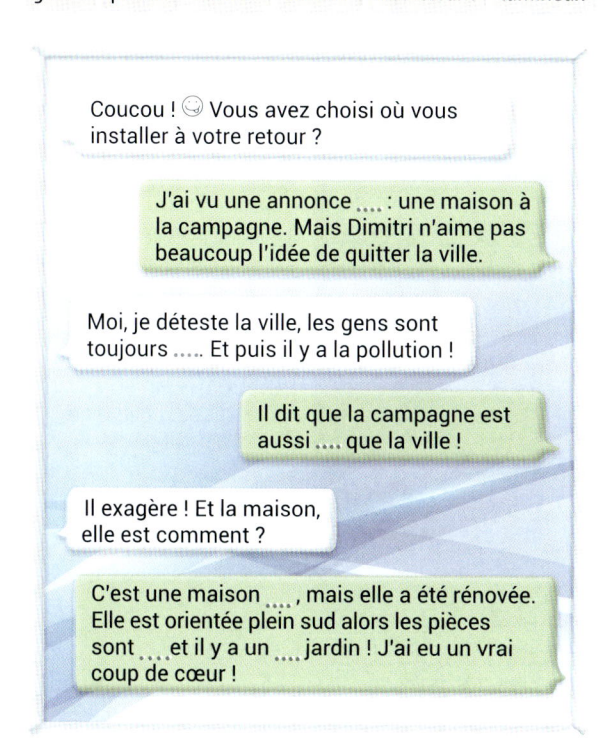

> Coucou ! 🙂 Vous avez choisi où vous installer à votre retour ?

> J'ai vu une annonce .... : une maison à la campagne. Mais Dimitri n'aime pas beaucoup l'idée de quitter la ville.

> Moi, je déteste la ville, les gens sont toujours ..... Et puis il y a la pollution !

> Il dit que la campagne est aussi .... que la ville !

> Il exagère ! Et la maison, elle est comment ?

> C'est une maison ...., mais elle a été rénovée. Elle est orientée plein sud alors les pièces sont .... et il y a un .... jardin ! J'ai eu un vrai coup de cœur !

LES EXPRESSIONS LEXICALES

4. A. Écoutez le dialogue et complétez le bon de commande de Zoé.

référence	produit	matière	quantité	couleur
IND-62	table de salon			
IND-58				
MOD-12				

4. B. Comme dans l'exemple, décrivez un endroit que vous appréciez.

à la maison   au travail   dans votre ville

J'aime beaucoup mon bureau, il est lumineux et spacieux. J'ai une table de travail en bois rouge et une chaise rouge aussi...

LE PRONOM Y

5. À quoi fait référence le pronom *y* dans ces phrases ?

le musée   la bibliothèque   le centre-ville

l'armoire   la baignoire

1. J'allume des bougies, je la remplis d'eau et je m'**y** installe avec un bon livre : ....
2. On **y** trouve tous les services et les commerces nécessaires : ....
3. C'est ma grand-mère qui me l'a offerte. J'**y** range tous mes livres : ....
4. Pour moi, c'est un endroit intéressant, on **y** découvre des tableaux anciens et modernes : ....
5. C'est l'endroit le plus ordonné de mon appartement, j'**y** range tous mes vêtements : ....

6. Soulignez l'élément qui se répète et transformez la phrase avec le pronom *y*, comme dans l'exemple.

1. Mon appartement est lumineux, je me sens bien dans <u>mon appartement</u>. → *Mon appartement est lumineux, je m'y sens bien.*
2. Ce restaurant est très convivial. On mange bien dans ce restaurant. → ....
3. Mon salon ? C'est la pièce que je préfère. Je mange et je reçois mes amis dans mon salon. → ....
4. La maison est chaleureuse et elle a une terrasse. On peut prendre le petit déjeuner sur la terrasse. → ....
5. Karine organise sa fête samedi. Je suis invité à la fête de Karine. → ....
6. Je fais mon jogging dans ce parc. Je passe beaucoup de temps avec mes enfants dans ce parc, c'est très agréable. → ....

cent soixante-neuf **169**

EXERCICES / UNITÉ 2

7. Répondez aux questions en remplaçant le complément par *y* (faites l'élision si nécessaire).

1. Partez-vous souvent en vacances à l'étranger ? Où ? → ....
2. Mangez-vous souvent au restaurant le midi ? → ....
3. Dormez-vous souvent à l'hôtel dans le cadre de votre travail ? → ....
4. Avez-vous déjà dormi dans un logement insolite ? Lequel ? → ....

LES PRÉPOSITIONS DE LIEU

8. Observez le dessin et cochez la réponse correcte.

1. Les magazines sont...
   ☐ sur la table basse.
   ☐ dans le tiroir.

2. La sculpture se trouve...
   ☐ sur l'étagère, à droite des livres.
   ☐ sur l'étagère, à gauche des livres.

3. Entre les deux canapés, on trouve...
   ☐ des livres.
   ☐ une lampe à pied.

4. Les tableaux sont...
   ☐ au-dessus du fauteuil.
   ☐ sous la lampe.

5. Les plantes sont...
   ☐ devant la fenêtre.
   ☐ à côté du pouf.

9. Choisissez l'expression qui convient.

| à côté de | dans | sur |
| au milieu de | en face de |

1. Ils ont aménagé un loft .... un ancien atelier, c'est magnifique !
2. Notre agence immobilière se trouve .... la banque. On la voit de la fenêtre.
3. Nous avons placé le lit .... la chambre, pour mieux circuler dans la pièce.
4. Tu as oublié tes clés .... la table.
5. La villa est très bien située, juste .... la plage. On peut y aller à pied.

10. A. Remettez les mots dans l'ordre pour former une phrase.

1. au-dessus / tableau / ce / la / Je / mettre / vais / de / commode.
2. situé / d' / un / appartement / Son / est / au-dessus / bar.
3. face / L' / trouve / du / hôtel / se / en / parc.
4. passe / mon / des / Je / heures / dans / salon.
5. lampe / le / poser / Tu / peux / la / sur / bureau.

10. B. Écoutez les 5 situations et dites à quelle phrase de l'activité 10A elles correspondent.
PISTE 6

SITUATION	A	B	C	D	E
PHRASE					

LES COMPARATIFS

11. Reliez les éléments de chaque colonne pour former une phrase.

1. Les deux chambres sont aussi...
2. Tu dois réfléchir plus...
3. Mes nouveaux voisins sont aussi...
4. Je passe autant...
5. On peut faire autant...
6. Dans mon nouvel appart, il y a moins...

A. ...avant d'acheter cet appart.
B. ...de placards que dans l'ancien.
C. ...lumineuses l'une que l'autre.
D. ...de temps chez moi qu'au bureau.
E. ...d'activités à la ville qu'à la campagne !
F. ...sympas que les précédents.

12. A. Observez ces hôtels insolites et comparez-les comme dans l'exemple.

| coûter | intimité | meubles | confortable |
| espace | options incluses |

HÔTEL*** POSÉIDON**
Suite 60 m² à partir de 390 €
Baignoire hydro-massage, lit grand confort, salon.
INCLUS : *Cocktail de bienvenue*

HÔTEL DANS MA BULLE
Bulle pour deux personnes, (24 m²) à partir de 390 €.
INCLUS : *Dîner gastronomique sous les étoiles, 1 bouteille de champagne*

1. L'hôtel Poséidon coûte aussi cher que l'hôtel dans ma bulle.
2. ....
3. ....
4. ....
5. ....
6. ....

12. B. Et vous ? Que pensez-vous de ces deux hôtels ? Utilisez la comparaison.

| original | grand |
| intéressant | intime |

1. ....
2. ....
3. ....
4. ....

LE SUPERLATIF

13. Écoutez le reportage et cochez la réponse correcte.
PISTE 7

1. Le plus souvent, les Français partent...
   - ☐ en France.
   - ☐ à l'étranger.
2. La région méditerranéenne est la destination...
   - ☐ qui a le moins de succès.
   - ☐ qui a le plus de succès.
3. La majorité des Français choisissent de se loger chez un membre de leur famille...
   - ☐ parce que c'est le type de logement le plus convivial.
   - ☐ parce que c'est le type de logement le moins cher.
4. Les jeunes de 20 à 24 ans...
   - ☐ sont la catégorie de la population qui part le plus.
   - ☐ sont la catégorie de la population qui part le moins.
5. Pour l'organisation des vacances, Internet est le moyen...
   - ☐ le plus utilisé.
   - ☐ qui a le moins d'utilisateurs.

14. Complétez les phrases avec les mots suivants.

| rapidement | recommandées | insécurité |
| parle | bruit | tranquille |

1. L'été, je préfère aller à la montagne, c'est la destination la plus .... Il y a moins de monde qu'à la mer ou qu'en ville.
2. Nous avons trouvé un appartement, nous espérons emménager le plus .... possible.
3. Tu peux téléphoner dans le bureau, c'est la pièce où il y a le moins de .... .
4. M. Noiret n'est pas très agréable, c'est le voisin qui .... le moins.
5. Je n'aime pas le quartier où vit Agnès, c'est là qu'il y a le plus d'.... ; il y a beaucoup de vols.
6. Lyon est une des villes les plus .... pour la gastronomie française.

15. Complétez les dialogues avec le superlatif qui convient.

1. AU MAGASIN DE MEUBLES

| la moins | le plus | les plus |

- HOMME : Alors ? On prend quoi ?
- FEMME : Pour moi, les chaises en bois sont .... jolies. Et en plus c'est l'option .... chère !
- HOMME : Parfait ! Et puis ça ira bien avec la décoration du séjour.
- VENDEUR : Vous avez fait votre choix ? Qu'est-ce qui vous plaît .... ?
- HOMME : On va prendre les 6 chaises en bois et la table en verre.

2. À L'AGENCE IMMOBILIÈRE

| la plus | le moins |
| la moins | le plus (x 2) |

- VENDEUR : Bonjour M. Bernart, alors, vous vous êtes décidé ? Le duplex ou l'appartement ?
- M. BERNART : Le duplex me plaît vraiment, mais c'est .... proche de mon travail.
- VENDEUR : Et l'appartement ?
- M. BERNART : C'est l'option .... pratique. Il est à 5 minutes à pied du bureau. Mais je n'aime pas beaucoup le salon. C'est la pièce .... bien orientée. Et pour moi, le salon, c'est important !
- VENDEUR : Pensez aux avantages et aux inconvénients. Qu'est-ce qui est .... important pour vous ?
- M. BERNART : Je crois que .... important, c'est d'être bien chez soi. Je vais prendre le duplex !

cent soixante et onze 171

ACTIVITÉS LANGAGIÈRES

COMPRÉHENSION DES ÉCRITS

OÙ DORMIR ?

😊 LE MOINS CHER

Hôtel LE JARDIN
12 rue des Treilles, infos@hotellejardin.en

Chambres doubles à partir de 55 €.
Petit hôtel plein de charme, dans une zone tranquille, à 20 min à pied du centre. Chambres petites mais propres et confortables. Sdb avec douche. Accueil convivial !

👍 LE BON PLAN

STUDIOTEL
162 avenue Montaigne, studiotel@studiotel.en

Studio 2 à 3 personnes, à partir de 60 €.
Studio 40 m², cuisine équipée. Sdb avec douche, parking gratuit. Studio récemment rénové, meublé dans un style contemporain. Idéal si vous voyagez en couple. Proche du centre, vous y êtes en 10 minutes à pied !

♥ LE COUP DE CŒUR

Hôtel DÉCALÉ
22 rue Françoise Dolto, info@decalehotel.en

Chambres doubles à partir de 79 €.
En plein centre-ville, à côté du théâtre.
Un hôtel décoré avec beaucoup de goût. Les meubles et la déco proviennent de brocantes et de vide-greniers, authenticité garantie ! Chambres spacieuses et lumineuses, tout confort. Sdb équipées de baignoires. On vous recommande de réserver à l'avance !

👌 LE PLUS CHIC

Hôtel DE BROGLIE
36 rue du 14 juillet. reservations@hoteldebroglie.en

Chambres doubles à partir de 145 €.
C'est sans aucun doute l'hôtel le plus élégant de la ville. Situé dans un quartier calme, vous y trouvez le luxe et l'intimité des grands hôtels. À votre arrivée, dirigez-vous vers votre table de nuit, une boîte de chocolats et un panier de fruits de saison vous y attendent ! Nous vous recommandons les chambres avec terrasse, un peu plus chères. Vous pouvez y prendre votre petit déjeuner avec vue sur un petit parc très agréable.

A. Lisez ce texte et cochez la réponse correcte.

1. Quel hôtel se trouve le plus proche du centre ?
   ☐ l'hôtel Décalé
   ☐ l'hôtel Le Jardin
2. Quel est l'hôtel le plus cher ?
   ☐ l'hôtel Décalé
   ☐ l'hôtel De Broglie
3. Quel hôtel est décoré dans le style contemporain ?
   ☐ Studiotel
   ☐ l'hôtel Le Jardin
4. Dans quel hôtel vous offre-t-on un cadeau de bienvenue ?
   ☐ l'hôtel De Broglie
   ☐ l'hôtel Le Jardin

B. À quel hôtel correspondent les différentes affirmations ?

1. On peut y réserver une chambre avec terrasse. → ....
2. On peut y prendre un bain. → ....
3. Pour y dormir, il faut dépenser au moins 145 €. → ....
4. On peut y garer sa voiture gratuitement. → ....
5. On y trouve des chambres à 55 €. → ....
6. Pour y arriver, il faut marcher plus de 15 minutes depuis le centre-ville. → ....

COMPRÉHENSION DE L'ORAL

C. Écoutez cette émission de radio et répondez aux questions.

1. Associez chaque émission à l'opinion du journaliste.

1. *Téva Déco*   A. C'est la plus pratique.
2. *D&co*   B. C'est la plus ancienne.
3. *L'Hebdo Maison +*   C. C'est la plus variée.
4. *La Maison France 5* D. C'est la plus populaire.

2. Retrouvez les éléments de chaque émission.

relooker un appartement	suivre les conseils d'un avocat
des inspirations nouvelles	aménager une pièce
des bons plans shopping	choisir les objets
des conseils simples	de la couleur

TÉVA DÉCO	D&CO	L'HEBDO MAISON +	LA MAISON FRANCE 5

PRODUCTION ÉCRITE

D. C'est comment chez vous ? Vous aimez votre maison / appartement ? Quel est l'objet de décoration que vous préférez chez vous et où se trouve-t-il ?

172 cent soixante-douze

EXERCICES / UNITÉ 3

L'IMPARFAIT DE L'INDICATIF

1. A. Présent, passé composé ou imparfait ? Écoutez les séries. Dans quel ordre entendez-vous les phrases ?

	PRÉSENT	PASSÉ COMPOSÉ	IMPARFAIT
envoyer	2	1	3
penser			
changer			
trier			
admirer			
travailler			

1. B. Écrivez les verbes entendus puis entraînez-vous à les prononcer.

J'ai envoyé – j'envoie – j'envoyais

2. A. Écoutez l'enregistrement et associez chaque personne à un événement.

1. Philippe
2. Rémi
3. Najoua
   A. Élections présidentielles de 1981
   B. Victoire de *The Artist* aux Oscars
   C. Début de la révolution de jasmin

2. B. Écoutez à nouveau l'enregistrement et dites où étaient ces personnes et ce qu'elles faisaient le jour de ces événements.

1. Le soir des élections présidentielles de 1981, ….
2. Au moment de la victoire de *The Artist*, ….
3. Le premier jour de la révolution de jasmin, ….

3. Lisez le texte et choisissez la forme qui convient.

MODE
Le temps passe et les modes reviennent.
Un exemple avec la tendance hipster.

Pour être un parfait hipster, vous devez absolument retrouver…

1. L'appareil photo que vos parents **utilisaient / utilisiez** dans les années 70.
2. Les pulls que votre grand-mère vous **tricotait / tricotiez** chaque hiver. 
3. Le vélo avec lequel **se déplaçait / vous déplaciez** votre grand-père. 
4. Les nœuds papillon que vos tantes **offrait / offraient** à toute la famille dans les années 60. 
5. Les vinyles qu'**écoutait / écoutaient** votre oncle, fan de jazz. 
6. Les chemises à carreaux que vous **portais / portiez** dans les années 90. 

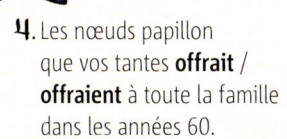

LES MARQUEURS DU PRÉSENT ET DU PASSÉ

4. Associez les questions aux réponses qui conviennent, puis écoutez le dialogue pour vérifier.

1. C'était comment au village quand tu étais jeune ?
2. Est-ce que les garçons et les filles étudiaient ensemble ?
3. Après l'école, vous faisiez quoi ?
4. Vous deviez vous ennuyer, surtout à la campagne, non ?
5. Quand est-ce que le changement a commencé ?
   A. Pas du tout ! On allait se promener ou pêcher.
   B. Dans les années 70.
   C. Souvent, on devait aider les parents.
   D. Non, avant, nous étions séparés.
   E. C'était très différent à cette époque-là.

5. Complétez ce texte avec les verbes conjugués à l'imparfait.

Jamais sans ma place

La grande place d'Arras un jour de marché, Charles Desavary

En 1914, la place et l'hôtel de ville d'Arras sont complètement détruits. Après la guerre, les habitants décident de tout reconstruire à l'identique. Jean-Pierre Roche, professeur d'histoire, nous explique pourquoi.

`acheter` `être` `vendre` `vivre` `installer`

▶ Le marché de la grande place d'Arras existe depuis le XIe siècle. À l'époque, les marchands y …. leurs étals tous les jours et y …. leurs produits. Les habitants, eux, y …. des céréales, de la viande, des légumes, etc. Le marché d'Arras …. connu dans toute la région.

▶ D'autre part, la plupart des familles bourgeoises …. dans les maisons construites autour de la place.

`représenter` `utiliser` `il y a` `servir` `diriger`

▶ Au XVe siècle, l'hôtel de ville …. de lieu de réunion pour le conseil municipal qui …. la vie publique. Le bâtiment, avec son architecture gothique, …. la puissance et la richesse de la ville. Au-dessus du bâtiment, …. une tour appelée « le Beffroi ». On l'…. pour surveiller la ville et prévenir les habitants en cas d'attaque ou d'incendie.

`trouver` `vouloir` `réunir` `penser` `être`

▶ Vous vous rendez compte ? À cette époque-là, la place et l'hôtel de ville …. les activités commerciales, résidentielles et politiques de la ville. On y …. toutes les classes sociales, les plus riches comme les plus pauvres. Les habitants ne …. pas oublier ces symboles de leur identité ! En plus, ils …. que tout reconstruire, c'…. dire aux Allemands : « Même avec des bombes, vous ne pouvez pas nous détruire ».

cent soixante-treize **173**

EXERCICES / UNITÉ 3

6. Complétez les textes avec les marqueurs temporels qui conviennent.

`dans les années`   `aujourd'hui`   `autrefois`

1. **Les Halles, Paris** : ...., ce quartier était un quartier populaire habité par des ouvriers et leurs familles. .... 90, la mairie a complètement restauré le centre-ville. ...., c'est un quartier commercial, avec des commerces de proximité et des magasins de vêtements.

`à cette époque-là`   `dans les années`   `de nos jours`

2. ...., c'est agréable de se déplacer dans le centre-ville : il y a des pistes cyclables, des zones piétonnes et il y a moins de voitures. Mais .... 80, c'était horrible ! ...., tout le monde prenait sa voiture et il y avait toujours des embouteillages.

`aujourd'hui`   `maintenant`   `en ce moment`

3. Les meubles des années 50 avaient totalement disparu mais, ..., on les retrouve dans les catalogues : car .... ils sont de nouveau à la mode. Avant, on les jetait mais, ..., ils sont très recherchés et ils coûtent cher !

LES EXPRESSIONS DE LA CONTINUITÉ ET DISCONTINUITÉ TEMPORELLES

7. Écoutez le dialogue et dites si les affirmations sont vraies (V) ou fausses (F). *PISTE 12*

1. Thierry a arrêté de faire du jogging : **V** / **F**
2. Thierry ne fume plus : **V** / **F**
3. Thierry déjeune au restaurant tous les jours : **V** / **F**

8. Observez l'image et utilisez les expressions proposées pour décrire l'évolution du rôle de la femme dans la société.

La femme aujourd'hui

`toujours`   `encore`   `continuer à`   `ne plus`

`faire le ménage`   `rester à la maison`   `s'occuper des enfants`

`lire`   `cuisiner`   `travailler`   `...`

LA SUBORDONNÉE AVEC QUAND

9. Construisez des phrases comme dans l'exemple, puis associez chaque souvenir à une photo.

1. Être petit (je) / ressembler à mon grand-père (je) → *Quand j'étais petit, je ressemblais à mon grand-père.*
2. Partir en voyage (nous) / conduire toujours (ma mère) → ....
3. Aller à la plage (nous) / préparer un pique-nique pour toute la famille (ma mère) → ....
4. Tomber malade (je) / me préparer une soupe de légumes (ma grand-mère) → ....

LES ADJECTIFS INDÉFINIS

10. Observez le graphique et écrivez cinq phrases sur l'équipement des ménages français, comme dans l'exemple.

tous   toutes   certains   certaines   quelques

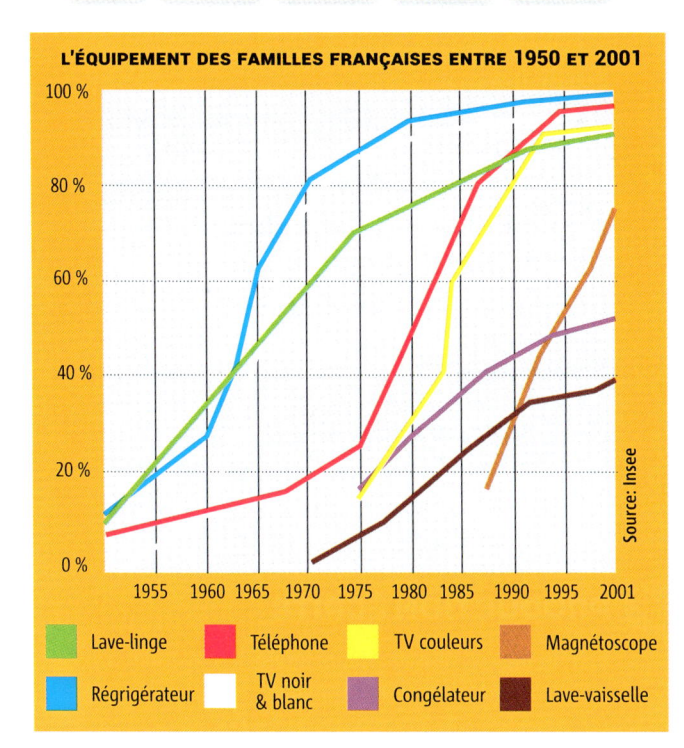

L'ÉQUIPEMENT DES FAMILLES FRANÇAISES ENTRE 1950 ET 2001

Source : Insee

Lave-linge — Téléphone — TV couleurs — Magnétoscope
Réfrigérateur — TV noir & blanc — Congélateur — Lave-vaisselle

— *En 1988, quelques familles françaises avaient un magnétoscope.*

11. Transformez ces phrases avec les adjectifs qui conviennent, comme dans l'exemple.

tous   toutes   aucun

1. Dans les années 60, peu de familles possédaient une voiture.
→ *Dans les années 60, seules quelques familles possédaient une voiture.*
2. Dans les années 70, le congé parental n'était pas ouvert aux hommes. → ....
3. De nos jours, chaque événement est commenté sur les réseaux sociaux. → ....
4. Aujourd'hui, les femmes ont le droit de voter à partir de 18 ans. → ....

LES PRONOMS INDÉFINIS

12. Complétez les textes avec les pronoms indéfinis puis identifiez le personnage correspondant à chaque texte.

Madame Préhistorique
Madame Roisoleil 
Madame Maisoixantehuit 

1.

quelques-uns   la plupart   tous

L'époque où j'étais étudiante est restée gravée dans ma mémoire. .... des étudiants de mon université étaient dans la rue. .... participaient même aux émeutes ! Ensuite, le mouvement s'est étendu aux travailleurs, jusqu'à la grève générale : on avait l'impression que la France entière était unie. Les gens descendaient dans la rue, ... avaient quelque chose à revendiquer.
Je suis Madame → ....

2.

la plupart   tous   aucun   quelques-uns

Je suis une vieille ancêtre. Ma famille et moi vivions avec d'autres familles dans une grande caverne. Nous nous partagions les responsabilités. .... les hommes partaient à la chasse et ramenaient de la viande. Nous, les femmes, nous restions à la maison. .... d'entre nous s'occupaient des enfants et les autres préparaient les repas. Nous formions un grand clan. .... de nous ne savait pas lire, mais .... savaient dessiner, et ils passaient des heures dans la caverne à dessiner des lions, des mammouths et tous les animaux qu'on chassait.
Je suis Madame → ....

3.

beaucoup   quelques-uns   tous   la plupart

À cette époque, je vivais à Versailles. Le château accueillait une foule incroyable et .... de gens voulaient voir le roi. ...., des privilégiés, pouvaient assister à son dîner, mais .... devaient se contenter de le croiser dans le parc. C'était le lieu de détente préféré du roi. Il y organisait des fêtes incroyables qui faisaient le bonheur de .....
Je suis Madame → ....

13. Écoutez l'enregistrement et répondez aux questions.

PISTE 13

1. Dans le livre *Les Français et leurs souvenirs*, on commente...
   ☐ beaucoup d'événements historiques
   ☐ peu d'événements historiques
2. Combien de femmes nées dans les années 60 s'appellent Catherine, Sylvie ou Christine ?
   ☐ Quelques-unes
   ☐ Beaucoup
3. Sur les jeunes des années 60, on dit que...
   ☐ la plupart aimaient les Beatles
   ☐ aucun ne connaissait les Beatles
4. Dans les années 70, combien de familles ont la télé ?
   ☐ La plupart
   ☐ Toutes
5. Dans le livre, quelle quantité d'anecdotes peut-on lire sur les émissions de télé des années 70 ?
   ☐ Aucune
   ☐ Beaucoup
6. Selon la journaliste, combien de personnes nées dans les années 80 ne connaissent pas les mangas ?
   ☐ Aucune
   ☐ La plupart

cent soixante-quinze 175

ACTIVITÉS LANGAGIÈRES   3

COMPRÉHENSION DES ÉCRITS

A. Lisez le texte et répondez aux questions.

Grandes & petites Histoire(s) de France

Ce livre vous invite à entrer dans l'intimité (secrets de famille, santé, loisirs…) des grands personnages de l'Histoire de France pour mieux comprendre ces hommes et leur époque. Grâce à de nombreuses archives et à plusieurs découvertes archéologiques récentes, on connaît aujourd'hui beaucoup de détails de la vie privée des personnages historiques que l'auteur de ce livre nous invite à découvrir.
Que mangeait-on à la table de Charlemagne ?
Saviez-vous que Louis XIV était un bon danseur et qu'il portait des chaussures à talons ?
Vous êtes-vous déjà demandé pourquoi Napoléon passait la main sous son gilet ?
Quel était le plat préféré du général de Gaulle ?
Un livre pour en apprendre plus sur l'Histoire de France et sur les grands hommes (et femmes) de notre Histoire qui continuent à nous fasciner.

1. Quel est le thème de ce livre ?
☐ Les grands événements de l'Histoire de France.
☐ L'archéologie en France.
☐ La vie privée des personnages historiques.

2. Quelles sont les trois phrases qui appartiennent le plus probablement à ce livre ?
☐ L'empereur adorait le fromage qu'il consommait après chaque repas.
☐ À cette époque, le roi en personne chantait et dansait dans les pièces qu'on présentait à la Cour.
☐ Napoléon pensait attaquer les Russes par surprise.
☐ La Grande Armée de Napoléon réunissait 700 000 hommes environ.
☐ Après cent ans de guerre avec l'Espagne, les ministres cherchaient un moyen d'établir la paix.
☐ Les sœurs de Bonaparte détestaient sa femme, Joséphine.

B. Relisez le texte et dites si les affirmations sont vraies (V) ou fausses (F).

1. Le livre dévoile les secrets de personnages historiques. **V / F**
2. De nos jours, on ne connaît aucun élément sur la vie privée des rois de France. **V / F**
3. Dans le livre, on trouve des informations sur l'alimentation des personnages historiques. **V / F**

COMPRÉHENSION DE L'ORAL

C. Écoutez le dialogue et répondez aux questions.
PISTE 14

1. Qui parle ?
☐ Une grand-mère et ses petits-enfants.
☐ Une scientifique et des journalistes.
☐ Une guide et des touristes.

2. De qui parle-t-on ?
☐ Du roi François Ier et de l'artiste Léonard de Vinci.
☐ Du roi François Ier et de l'artiste Michel-Ange.
☐ Du roi Louis XIV et de l'artiste Léonard de Vinci.

D. Réécoutez l'enregistrement et dites si les affirmations sont vraies (V) ou fausses (F).
PISTE 14

1. Leonardo da Vinci habitait au château du Clos Lucé quand il est mort. **V / F**
2. Léonard de Vinci travaillait pour le roi de France. **V / F**
3. Autrefois, les rois interdisaient aux artistes de vivre dans leurs châteaux. **V / F**
4. Le roi et l'artiste avaient une mauvaise relation. **V / F**
5. La majorité des membres de la famille du roi aimaient Léonard de Vinci. **V / F**

PRODUCTION ÉCRITE

E. Vous lisez ce message sur un forum. Vous décidez d'y participer et de donner votre opinion.

MATTHIEU.C / En ce moment, je lis beaucoup d'articles qui parlent du passé comme d'une époque merveilleuse. « Famille, travail, amis… c'était mieux avant. » « Autrefois, on vivait mieux. » Je trouve ça étrange… Et vous, qu'en pensez-vous ? Pensez-vous que la vie était plus facile autrefois ?

176 cent soixante-seize

EXERCICES / UNITÉ 4

LES ÉTAPES DE LA VIE

1. Écoutez l'enregistrement et dites pour quelle raison et à quel moment de leur vie les trois personnes ont changé.

| une séparation | la perte d'un proche | l'âge adulte |
| un changement de classe | l'enfance | l'adolescence |

1. ....   2. ....   3. ....

L'OPPOSITION PASSÉ COMPOSÉ / IMPARFAIT

2. A. Écoutez l'enregistrement. Comme dans l'exemple, dites si vous entendez un verbe au passé composé ou à l'imparfait.

	PASSÉ COMPOSÉ	IMPARFAIT
1		X
2		
3		
4		
5		
6		
7		
8		
9		

2. B. Écoutez à nouveau l'enregistrement, puis écrivez les verbes aux deux temps du passé et prononcez-les.

1. j'ai caché, je cachais
2. ....
3. ....
4. ....
5. ....
6. ....
7. ....
8. ....
9. ....

3. Complétez les témoignages avec les verbes conjugués au passé composé ou à l'imparfait.

se marier

1. Dans les années 30, tout le monde .... jeune. La tradition était forte à cette époque-là, tous les couples .... à l'église.
2. À notre époque, c'est différent, quand mon mari et moi nous ...., nous avions 31 ans et nous .... à la mairie.

tomber

3. À cette époque-là, il n'était pas sérieux, il .... amoureux toutes les semaines !
4. Quand il .... amoureux de Carine, il a commencé à vivre une vie plus stable.

raconter

5. Pendant les repas de famille, mon grand-père .... toujours des anecdotes. Un jour, il nous .... sa rencontre avec le président de la République !

4. A. Complétez ces messages en conjuguant les verbes au passé composé ou à l'imparfait. Mettez l'apostrophe si nécessaire.

Marta : Ce matin, alors que je .... (travailler) dans ma boulangerie, une cliente me .... (dire) : « Vous pouvez retirer ces croissants de ma vue s'il vous plaît ? J'essaye de faire un régime moi ! » 😅
26 commentaires · Le 24/07/2015 à 09:10

Thierry : Mon fils a la grippe. Je .... (demander) discrètement au médecin s'il .... (vouloir) bien marquer sur l'ordonnance qu'il .... (devoir) manger des légumes pour guérir. Résultat : Ça .... (fonctionner) !
110 commentaires · 21/07/2015 à 18:55

Ely : Je .... (aider) Matthieu à faire ses comptes aujourd'hui et nous .... (comprendre), enfin, pourquoi il n' .... (arriver) pas à faire des économies : il .... (dépenser) 10 % de son salaire dans des applications pour son smartphone !!!
109 commentaires · Le 19/07/2015 à 20:20

Jean : La mère d'une amie me .... (demander) de faire du « house-sitting » dans sa magnifique villa à Nice. Je .... (passer) une semaine magnifique entre la plage et la piscine. Le problème, c'est que quand .... (rentrer) chez moi, je .... (découvrir) que mon appartement .... (être) vide. 😂
123 commentaires · Le 19/07/2015 à 08:24

Camille : Je .... (réussir) à convaincre mon ami Steph de m'accompagner au concert de M hier. Il ne .... (vouloir) pas venir et il .... (dire) qu'il ne .... (aimer) pas ce chanteur. Quand M .... (proposer) à quelqu'un de monter sur scène avec lui, devinez qui .... (monter) ? Steph !
44 commentaires · Le 16/07/2015 à 09:59

4. B. À vous ! Écrivez un message pour raconter quelque chose qui vous est arrivé cette semaine.

Moi : ....

0 commentaire · À l'instant

cent soixante dix-sept **177**

EXERCICES / UNITÉ 4

5. Écoutez le dialogue et cochez les étapes qui correspondent à la vie de Paul.

- ☐ Naissance en banlieue parisienne
- ☐ Adolescence à Marseille
- ☐ Déménagement en Corse
- ☐ Installation en Bretagne
- ☐ Divorce
- ☐ Rencontre avec sa 2e femme
- ☐ Maladie de sa mère
- ☐ Retour dans sa ville de naissance
- ☐ Retrouvailles avec Sophie

6. Lisez cet extrait du livre Les *Lisières* et complétez-le avec les verbes conjugués au passé composé ou à l'imparfait.

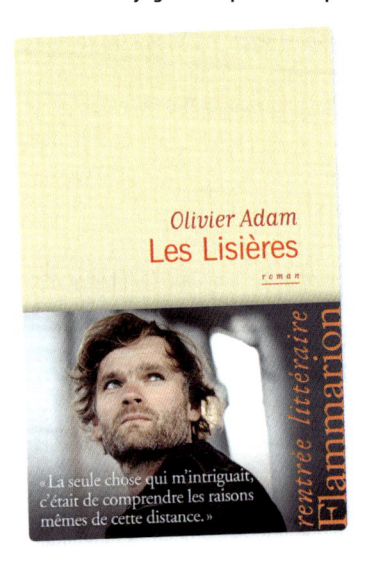

Après son divorce, Paul retourne dans la maison où il vivait avec sa femme Sarah et ses enfants Manon et Clément.

« Je .... (se lever) et je .... (rejoindre) Manon dans sa chambre. Au passage, je .... (apercevoir) le lit où je .... (dormir) encore six mois plus tôt. Avec Sarah nous .... (être) les meilleurs amis du monde. Des amis qui .... (vivre) sous le même toit. Mais ça ne .... (servir) à rien de discuter, elle ne me .... (aimer) plus, ce .... (être) tout, elle .... (avoir) besoin d'air, elle .... (avoir) besoin d'être libre, elle n'en .... (pouvoir) plus de me porter à bout de bras depuis tant d'années, elle .... (avoir) assez avec ses petits patients à l'hôpital. Eux .... (être) vraiment malades. »

Texte adapté de *Les Lisières*, Olivier Adam, **Éditions J'ai Lu.**

LES MARQUEURS TEMPORELS DU PASSÉ

7. Remettez les étapes de la vie de ce couple dans l'ordre chronologique.

> En Italie, deux amoureux séparés par la guerre pendant leur adolescence se sont retrouvés grâce à Facebook.

.... De 1944 à 1945, Giovanni, qui était prisonnier, ne pouvait pas contacter Antonia.

.... À la fin de la guerre, Antonia, qui croyait que Giovanni était mort, s'est mariée avec un autre homme et elle a eu deux enfants. De son côté, Giovanni a été libéré mais il n'a pas retrouvé Antonia. Il s'est marié lui aussi.

1 Adolescents, Antonia et Giovanni étaient amoureux.

.... En 2013, devenus veufs tous les deux, ils se sont retrouvés grâce à Facebook.

.... Pendant la seconde guerre mondiale, Giovanni a dû partir au front. Puis il a été emprisonné.

.... Ils se sont mariés en décembre 2014, 70 ans après leur première rencontre.

LES PRONOMS RELATIFS

8. Reconstituez les questions avec le pronom relatif qui convient, puis répondez-y à plusieurs.

1. Quel est l'événement **que**
2. Quel est l'événement **qui**
   - **A.** tu préfères fêter avec ta famille ?
   - **B.** a le plus marqué ton enfance ?

3. Quel est le métier **qui**
4. Quel est le métier **que**
   - **C.** te faisait rêver quand tu étais petit ?
   - **D.** tu as toujours détesté ?

5. Quel est le moment de ta vie **que**
6. Quel est le moment de ta vie **qui**
   - **E.** a été le plus difficile pour toi ?
   - **F.** tu trouves le moins intéressant ?

9. Complétez avec le pronom relatif qui convient.

1. où   qui

a. Tu te souviens de la baby-sitter .... gardait les enfants quand ils étaient petits ?
b. Dans ma chambre, j'avais une boîte secrète .... je gardais mes secrets.

2. où   qui

c. Elle a changé de personnalité au moment .... elle a commencé à voyager.
d. Quand je l'ai vu, j'ai tout de suite compris que c'était une histoire d'amour .... commençait.

3. qui   que

e. J'ai montré à Julien la voiture .... je réparais.
f. J'ai parlé avec l'employé .... réparait la voiture.

4. qui   que

g. Nous avons pu faire le voyage .... nous rêvions de faire depuis des années.
h. Nous étions de jeunes adultes .... rêvaient de faire le tour du monde.

10. A. Complétez les phrases avec les pronoms relatifs, *que qui, où*.

1. Théo a été surpris...
   ☐ par les bruits .... il a entendus chez sa voisine.
   ☐ par les bruits .... venaient de la rue.
2. Sur sa terrasse, Théo voyait l'appartement de Léna,...
   ☐ .... n'était pas éclairé.
   ☐ .... il y avait un incendie.
3. Dans l'appartement, la police a trouvé Luc,...
   ☐ .... Théo n'aimait pas beaucoup.
   ☐ .... voulait demander Léna en mariage.
4. Avant de s'évanouir, Luc a vu des policiers...
   ☐ .... entraient dans l'appartement.
   ☐ .... il a bousculés.
5. C'est une anecdote...
   ☐ .... a fait rire Léna.
   ☐ .... a fait pleurer Léna.

10. B. À présent, écoutez le dialogue et cochez les bonnes réponses ci-dessus. *PISTE 18*

11. A. Lisez la présentation de ce livre et complétez le texte avec les pronoms relatifs *que* et *qui*.

Ce n'est pas toi que j'attendais
Fabien Toulmé

C'est l'histoire d'une rencontre entre un père et son bébé pas comme les autres. Quand Fabien a appris la trisomie de sa fille Julia, son monde s'est écroulé. Comment vivre avec un handicap .... nous fait peur ? Comment aimer un enfant différent, ... on a imaginé parfait pendant 9 mois ?
Entre colère, doute, moments de tristesse et bonheurs inattendus, l'auteur raconte le chemin .... l'a conduit vers sa fille.

Une histoire d'amour drôle, touchante et sincère, sur le thème universel de la différence.

11. B Lisez les phrases et dites si les affirmations sont vraies (V) ou fausses (F).

1. C'est un livre qui parle de la relation entre Fabien et sa fille, Julia : **V / F**
2. Fabien n'a pas peur de la trisomie : **V / F**
3. Pendant 9 mois, Fabien ne savait pas que sa fille serait handicapée : **V / F**
4. Dans le livre, Fabien raconte les bons et les mauvais moments qu'il a vécus : **V / F**
5. C'est une histoire qui ne fera pas rire le lecteur : **V / F**

ÊTRE EN TRAIN DE + INFINITIF

12. Écoutez ces appels et dites ce que les personnes étaient en train de faire. *PISTE 19*

1. Il ...   3. Ils ...   5. Ils ...
2. Elle ... 4. Elle ...

13. Observez et décrivez les dessins, comme dans l'exemple.

1.

rentrer à la maison   préparer le repas

Quand elle est rentrée à la maison, son mari était en train de préparer le repas.

2.

entrer   rire

....

3.

tomber   payer

....

cent soixante dix-neuf 179

ACTIVITÉS LANGAGIÈRES

COMPRÉHENSION DES ÉCRITS

A. Lisez l'article et répondez aux questions.

♡ COUP DE CŒUR

♪ CHRISTINE & THE QUEENS
La pop française a trouvé sa reine

La chanson française attendait depuis longtemps une nouvelle icône. Elle l'a enfin trouvée avec **Christine & The Queens**.

Grâce à son premier album, *Chaleur humaine*, unique et intense, elle est devenue en moins d'un an la nouvelle star de la pop française.

Christine, bonjour. Alors, première surprise, vous ne vous appelez pas Christine mais Héloïse. Pourquoi avez-vous changé de nom ?

C'est une longue histoire… J'ai toujours voulu travailler dans le monde artistique. Adolescente, je jouais du piano et je faisais du théâtre mais je n'étais pas à l'aise sur scène. De 2008 à 2010, j'ai fait des études pour devenir metteur en scène. Mais les professeurs ne m'aidaient pas, ils essayaient de me décourager. Ils me disaient qu'il n'y avait pas beaucoup de femmes metteurs en scène, que c'était difficile… C'était décourageant ! Je garde un mauvais souvenir de cette époque. J'avais beaucoup de choses à exprimer, mais je ne trouvais pas la façon de le faire…

En 2010, j'ai vécu une rupture amoureuse. Je me sentais déprimée alors, j'ai décidé de quitter la France… et je suis partie à Londres. C'est une ville où je me suis toujours sentie à l'aise. J'avais l'habitude de sortir seule le soir et, un jour, j'ai rencontré un groupe d'artistes dans un club. C'était des travestis, des drag-queens ; à l'époque, elles présentaient un numéro musical plein de liberté, d'humour et de générosité, ça m'a inspirée.

Voilà enfin l'explication du nom « & The Queens », et « Christine » alors ?

J'étais très angoissée à l'époque, j'avais honte de ma voix. Ce sont les Queens qui m'ont encouragée à remonter sur scène pour chanter et qui m'ont aidée à devenir « Christine ». C'est un personnage que j'ai inventé. Quand je devenais Christine, je jouais un rôle et c'était plus facile d'exprimer mes sentiments. Voilà, Christine & The Queens, c'est l'histoire d'une belle rencontre qui m'a permis de me sentir bien.

Et c'est aussi l'histoire d'un succès ! En quelques mois *Chaleur humaine* s'est placé parmi les albums les plus vendus. Comment vous le vivez ?

C'est étrange, ce n'est pas un album commercial… On ne pensait pas qu'il pouvait rencontrer ce succès et maintenant tout le monde le connaît. D'ailleurs, mon père était en train de conduire quand il a entendu pour la première fois une de mes chansons à la radio. Il a été tellement surpris qu'il a failli avoir un accident ! Mon entourage est très fier mais, pour moi, le succès, c'est aussi beaucoup de pression…

Source des informations : Émission C à vous

1. Pourquoi Héloïse n'a-t-elle pas continué dans le monde du théâtre ?

☐ Elle avait peur de ne pas y arriver parce qu'il y avait beaucoup de concurrence.
☐ Ses professeurs la poussaient à faire du théâtre mais elle avait honte sur scène.
☐ Elle ne se sentait pas très bien sur scène et ses professeurs ne l'ont pas assez encouragée.

2. Pourquoi Héloïse a-t-elle choisi le pseudonyme « Christine & The Queens » ?

☐ Quand elle était à Londres, elle a joué le rôle de Christine dans une comédie musicale où elle chantait les chansons du groupe Queen.
☐ Quand elle était à Londres, elle a rencontré une artiste qui s'appelait Christine Queen et qui lui a appris à chanter.
☐ Quand elle était à Londres, des artistes drag-queens l'ont aidée à inventer le personnage de Christine pour monter sur scène.

3. Comment a réagi la famille d'Héloïse face à son succès ?

☐ Son père était mal à l'aise et il a eu un accident à cause du stress.
☐ Son succès a été une surprise mais sa famille est très fière.
☐ Ses parents ne voulaient pas qu'elle chante. Aujourd'hui, ils ne lui parlent plus.

B. Citez :

1. deux moments négatifs qu'Héloïse a vécus dans sa vie.
2. deux activités artistiques qu'elle a pratiquées.
3. deux événements qui ont changé sa vie.

COMPRÉHENSION DE L'ORAL

C. Écoutez le dialogue et cochez les phrases exactes. Il peut y avoir plusieurs réponses.
PISTE 20

1. Le garçon et sa petite amie parlent…

☐ du père du garçon, qui a beaucoup changé à un moment de sa vie.
☐ de leurs parents, qui viennent de se rencontrer pour la première fois.
☐ de la mère du garçon, qui a beaucoup pleuré quand elle a pris sa retraite.

2. La jeune fille trouve le père…

☐ agréable. ☐ gentil. ☐ étrange. ☐ généreux.

3. Selon le garçon, avant le père était…

☐ sérieux. ☐ célèbre. ☐ moderne. ☐ beau. ☐ sévère.

4. Quand le garçon s'est perdu, à 4 ans…

☐ il a pleuré. ☐ il a parlé à un policier. ☐ il a eu peur.
☐ il s'est assis sur un banc.

5. Aujourd'hui, le père :

☐ joue avec ses petits-enfants. ☐ il prend des cours de cuisine.
☐ fait du sport. ☐ il est plus tranquille.

PRODUCTION ÉCRITE

D. Vous lisez ce message sur un forum et vous envoyez un post pour raconter votre expérience.

Psycho
Cette rencontre qui a changé ma vie

Vous aussi, vous avez rencontré une personne à un moment-clé de votre existence ? Une personne qui a changé votre vie ? Racontez-nous les circonstances de cette rencontre et ce qu'elle a changé pour vous.

180 cent quatre-vingts

EXERCICES / UNITÉ 5

LE SPORT

1. Écoutez les enregistrements et dites de quel sport il s'agit.

la course à pied   la randonnée   le basket-ball
la natation   le tennis

1. ....
2. ....
3. ....
4. ....
5. ....

2. Parmi les propositions suivantes, attribuez un titre à chaque paragraphe de l'article.

PARENTS

CHOISIR UN SPORT pour bébé

Tout comme les adultes, les petits sont de plus en plus sédentaires. Voici des idées d'activités pour initier votre enfant au sport !

yoga   bébé-nageur   vélo   bébé-fitness

....

Âge : À partir de 4 mois.
Description : Vous accompagnez votre bébé dans l'eau, vous jouez avec lui et, petit à petit, il apprend à se sentir à l'aise dans l'eau !
Bienfaits : Votre enfant s'amuse, développe la coordination de ses mouvements et se détend (idéal avant d'aller dormir).

....

Âge : À partir de 12 mois.
Description : Seul ou en groupe, votre bébé apprend à reproduire différentes postures. Assis, debout ou couché, il découvre son propre corps et apprend à le maîtriser.
Bienfaits : Votre enfant développe ses capacités physiques (équilibre, souplesse et concentration).

....

Âge : À partir de 18 mois.
Description : Une activité en plein air et en famille ! Avec votre aide, votre enfant apprend à pédaler et à s'orienter, il devient plus autonome.
Bienfaits : Votre enfant gagne de l'assurance, développe sa motricité et améliore son équilibre.

....

Âge : À partir de 2 ans.
Description : Votre enfant saute, se baisse, lève les bras ou les jambes pour passer différents obstacles ou pour attraper un ballon.
Bienfaits : Votre enfant développe sa force et renforce ses os et ses muscles.

L'IMPÉRATIF

3. Complétez les dialogues avec le verbe qui convient, conjugué à l'impératif.

contrôler   consulter   prendre   ~~faire~~

- Qu'est-ce que tu me conseilles pour mon régime ?
- Les recommandations typiques : *fais* du sport, ... ton alimentation, ... soin de toi.
- Je sais, mais ça ne marche pas !
- Alors .... un spécialiste, un diététicien, par exemple.

éteindre   oublier   se calmer   arrêter

- On est tous les deux à table et on ne se parle pas, ça n'a pas de sens ! Et .... de regarder ton portable toutes les 2 minutes, ça m'énerve !
- .... J'attends un appel important du bureau. Et puis, ... la télé si tu veux qu'on parle !
- Je suis désolé, je suis stressé en ce moment, ... ce que je viens de dire.

éteindre   ne pas oublier   utiliser
laisser   ne pas abuser

- Docteur, les adolescents sont de grands utilisateurs d'appareils électroniques. Quels conseils leur donneriez-vous pour éviter les problèmes de santé ?
- Alors, avant toute chose, je leur dirais : .... que votre corps n'a pas terminé sa croissance et que vous devez en prendre soin.
- Et sur l'utilisation du téléphone portable, par exemple ?
- .... du téléphone ! Quand vous appelez, ... un kit mains libres ou une oreillette pour éviter le contact direct avec l'oreille et la proximité avec le cerveau.
- Et que diriez-vous aux jeunes qui dorment à côté de leur téléphone portable ?
- C'est une erreur, le soir .... votre téléphone et .... votre corps se reposer un peu !

4. Complétez cette brochure en conjuguant les verbes à l'impératif.

augmenter   se concentrer   être   courir   respecter   boire
s'amuser   ne pas acheter   ne pas partir   s'hydrater

10 conseils pour réussir votre marathon

AVANT LA COURSE

.... de vêtements ou de chaussures neufs pour le jour du marathon.

.... 2 litres d'eau minérale par jour.

.... votre consommation de sucres lents pendant une semaine.

.... 6 kilomètres par jour pendant une semaine.

PENDANT LA COURSE

.... les règles de sécurité.

.... trop vite. Il faut garder de l'énergie !

.... régulier et concentré pour tenir le rythme et éviter les blessures.

.... sur vous-même, les autres coureurs ont leur propre rythme.

.... régulièrement (buvez un peu d'eau toutes les 10 - 15 minutes).

.... ! L'ambiance du marathon est amicale et festive, alors, profitez de ce moment !

cent quatre-vingt-un 181

EXERCICES / UNITÉ 5

LE CORPS ET LA SANTÉ

5. Écoutez les conseils du docteur et reliez les éléments des deux colonnes.
PISTE 22

1. Si vous avez mal à la gorge...
2. Si vous avez mal à l'estomac...
3. Si vous avez mal à la tête...
4. Si votre bébé a mal aux dents...
5. Si vous avez mal aux jambes après le sport...

   A. ... ne le laissez pas allongé et donnez-lui un bain.
   B. ... étirez-vous, buvez beaucoup d'eau et mangez des fruits et légumes.
   C. ... allongez-vous au calme dans une pièce sans lumière et ne consommez pas de chocolat ou de fromage.
   D. ... ne parlez pas et buvez des boissons chaudes à base de citron et de miel.
   E. ... mangez tranquillement et mâchez bien les aliments.

6. Faites des phrases à partir des éléments proposés comme dans l'exemple.

1. yeux / écran
   Sophie a mal aux yeux parce qu'elle passe toute la journée devant un écran d'ordinateur.

2. jambes / étirements
   Damien ....

3. tête / jeu vidéo
   Nicolas et Jin ....

4. poignet / souris
   La secrétaire ....

5. épaule / surf
   Lucie ....

6. pieds / chaussures neuves
   Les enfants ....

LE FUTUR SIMPLE

7. Reliez les éléments des deux colonnes pour former des phrases.

1. Le marathon de Paris...
2. Plus de 50 000 personnes...
3. Chaque coureur...
4. Les télévisions de 187 pays...
5. Les organisateurs...
6. Le coureur le plus rapide...

   A. ...participeront à la course.
   B. ...terminera sa course en un peu plus de 2 heures.
   C. ...distribueront 24 tonnes de bananes et plus de 482 000 bouteilles d'eau.
   D. ...aura lieu le 3 avril prochain.
   E. ...diffuseront la course.
   F. ...parcourra 42,195 kilomètres.

8. Complétez ces prédictions avec le verbe qui convient conjugué au futur.

vivre   augmenter   obliger   devoir
marcher   écrire   partir   soigner

1. Vos petits-enfants .... en vacances dans l'espace.
2. Décathlon .... son chiffre d'affaires l'an prochain.
3. L'homme .... sur mars avant 2035.
4. Dans un siècle, la multiplication des allergies nous .... à changer notre alimentation.
5. Dans 50 ans, les médecins .... exclusivement leurs patients à distance.
6. Demain, nous .... tous sans stylo.
7. Un jour, l'homme .... manger des insectes pour survivre.
8. En 2050, nous .... jusqu'à 120 ans.

LES MARQUEURS DU FUTUR

9. Complétez les dialogues avec le marqueur qui convient.

un jour   en   dans   le mois prochain   après-demain

1.
• Tu viendras nous rendre visite, demain ?
◦ Non, désolée, demain, c'est mercredi, j'ai mon cours de danse.
• Et .... ?
◦ Jeudi, oui, pas de problème.

2.
• Tu participeras au tournoi de surf, cette année ?
◦ Oui, je m'entraîne depuis des mois ! La compétition aura lieu .... 3 semaines !

3.
• Les scientifiques estiment qu' .... 2050 les réserves de pétrole seront vides.
◦ Ah bon ?

4.
• Cette entreprise a du succès ?
◦ Oui, elle va ouvrir deux nouveaux magasins .... !

5.
• Tu crois qu' .... les robots remplaceront les collègues ?
◦ Je ne sais pas mais j'espère qu'on ne fera pas un clone du chef !

10. Écoutez l'enregistrement et associez les dates aux événements.

DATES
1. Le 13 juin
2. Ce soir
3. Demain après-midi
4. Le week-end prochain
5. Bientôt
6. L'année prochaine

ÉVÉNEMENTS
A. Entraînement de l'équipe
B. Communication des horaires
C. Entraînement de Maëlle et Béa
D. Absence de Béa à l'entraînement
E. Jour de la finale
F. Passage en 2ᵉ division

L'EXPRESSION DE L'HYPOTHÈSE (1)

11. Écoutez l'enregistrement et associez chaque intervention à la photo qui lui correspond.

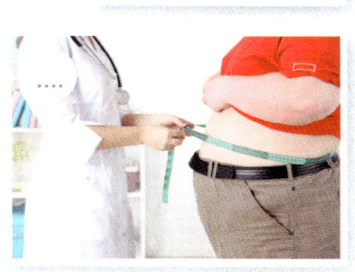

12. A. Reliez un comportement à sa conséquence possible.

COMPORTEMENTS
1. Faire de la méditation. **(tu)**
2. S'entraîner régulièrement. **(vous)**
3. Faire un usage excessif des nouvelles technologies. **(il)**
4. Avoir un mode de vie sain. **(elles)**
5. Consulter un médecin. **(tu)**
6. Ne pas travailler dur. **(les débutants)**

CONSÉQUENCES
A. Recevoir des conseils pour soigner sa dépression.
B. Être plus détendu.
C. Ne pas arriver à progresser.
D. Vivre longtemps et en bonne santé.
E. Avoir des problèmes de santé.
F. Améliorer son niveau.

12. B. Comme dans l'exemple, faites des phrases à l'aide du pronom entre parenthèses.

1. Si tu *fais de la méditation, tu seras plus détendu.*

13. A. Complétez la liste suivante avec d'autres conseils.

Les bons gestes pour éviter les douleurs liées aux nouvelles technologies

1. Ne baissez pas la tête vers votre portable.
2. Tenez-vous droit.
3. ....
4. ....
5. ....
6. ....

13. B. Formulez une hypothèse avec chaque action proposée.

1. *Si tu ne baisses pas la tête vers ton portable quand tu l'utilises, tu n'auras pas mal au cou.*

LES DEGRÉS DE CERTITUDE

14. Classez ces événements du plus probable (1) au moins probable (5) pour vous et écrivez une phrase pour l'expliquer.

.... Dans le futur, l'homme ne mangera plus de viande.
.... Paris accueillera les prochains Jeux olympiques.
.... Dans 50 ans, on utilisera des prothèses et on ne fera plus de greffes.
.... Dans un siècle, on jouera au golf sur la Lune.
.... Dans le futur, les robots travailleront à notre place.

1. *Peut-être que, dans le futur, l'homme ne mangera plus de viande.*
2. ....
3. ....
4. ....
5. ....

cent quatre-vingt-trois **183**

ACTIVITÉS LANGAGIÈRES 5

COMPRÉHENSION DES ÉCRITS

A. Lisez le texte et répondez aux questions.

À vos marques, prêts, connectés !

Téléchargez les meilleures applications sur votre smartphone et (re)mettez-vous au sport !

RUNNING

Si vous êtes un fou de course, vous ne vous séparerez plus de votre application.
Les applications de course à pied enregistrent vos performances (temps, distance et vitesse) et calculent la quantité de calories brûlées.

LES +
- Visualisez votre parcours sur un plan grâce au GPS.
- Comparez vos performances avec d'autres utilisateurs.
- Vous êtes fier de votre performance ? Prenez-vous en photo. L'application enverra le cliché sur les réseaux sociaux avec un résumé de vos performances.

FITNESS – YOGA – PILATES

Si vous préférez le fitness, le yoga ou le pilates, il existe des applications très utiles.
La plupart proposent des vidéos d'exercices à pratiquer tous les jours.

LES +
- Pratiquez les postures grâce aux vidéos.
- Suivez les conseils de nutrition et de santé proposés.
- Sur certaines applications, recevez les conseils d'un coach en temps réel.

VIE QUOTIDIENNE

Si vous n'êtes pas sportif, il existe aussi des applications qui vous aideront à faire de l'exercice ! Elles permettent de suivre votre activité quotidienne : elles mesurent vos pas et la distance que vous parcourez chaque jour.

LES +
- Fixez-vous de petits objectifs quotidiens : allez acheter le pain à pied et l'application vous enverra un message de félicitations !
- Comparez vos scores avec vos amis, cela vous motivera certainement !
- Progressivement, augmentez votre activité et essayez de marcher 30 minutes par jour.

1. Pour quelles disciplines propose-t-on des applications ? ....
2. Citez trois choses qu'on peut calculer avec les applications sportives : ....
3. Citez trois choses qu'on peut partager avec les autres via les applications : ....

B. Lisez à nouveau l'article et répondez par vrai (V) ou faux (F).

1. Les applications de running donnent des indications sur la météo. **V / F**
2. Si vous faites un selfie, vous pourrez l'envoyer à vos amis avec l'application de running. **V / F**
3. Si vous téléchargez une application de yoga, vous verrez certainement des vidéos qui expliquent comment réaliser les postures. **V / F**
4. Sur votre application de fitness, vous aurez peut-être la possibilité de parler avec un coach. **V / F**
5. Avec une application, les personnes qui ne font pas de sport ne se motiveront probablement pas à bouger plus. **V / F**

COMPRÉHENSION DE L'ORAL

C. PISTE 25 Écoutez le dialogue et retrouvez les caractéristiques de ces deux méthodes de yoga parmi les éléments suivants.

pour les sportifs | pour les débutants | pour les enfants
pour fortifier les muscles | pour découvrir la philosophie zen
pour se relaxer | le plus facile | le moins cher
le plus physique | commence demain soir
commence dans deux mois | commence la semaine prochaine

ASHTANGA-YOGA	HATHA-YOGA

PRODUCTION ÉCRITE

D. Vous recevez ce mail d'une amie française et vous lui répondez.

Coucou !

Je me suis blessée au poignet pendant mon cours de hip-hop cet été :(

Le médecin dit que je ne pourrai pas faire de sport intensif pendant un an !

J'aimerais faire quelque chose pour rester en forme.

Et toi ? Quels sont tes projets pour l'année prochaine ? Est-ce que tu continueras la boxe ou est-ce que tu chercheras quelque chose de plus tranquille ? Si tu choisis un sport moins intense, on pourra s'inscrire ensemble !

Réponds-moi vite.

Bises.

Nathalie

EXERCICES / UNITÉ 6

L'EXPRESSION DE L'OBLIGATION, DE L'INTERDICTION ET DU CONSEIL

1. A. Écoutez l'enregistrement et associez les recommandations au(x) panneau(x) correspondant(s).

DIALOGUE	1	2	3	4	5
PANNEAU(X)					

1. B. Quelles recommandations pourrait-on vous faire dans les lieux suivants ?

dans une bibliothèque   dans un musée

dans un hôpital

2. Écoutez les cinq questions et associez la réponse qui convient à chacune d'elle, comme dans l'exemple.

- ☐ Oui, bien sûr, mais il vaut mieux les appeler pour les prévenir.
- ☐ Tu sais, quand il y a beaucoup de monde dans le métro, mieux vaut se lever pour ne pas gêner les gens et les laisser rentrer.
- ☐ En général, on se fait la bise, mais quand il y a une réunion importante avec des clients, on doit obligatoirement se serrer la main.
- ☑ Non, il est interdit de fumer dans les lieux publics.
- ☐ Oui, il est recommandé d'offrir quelque chose : une bouteille de vin ou des fleurs, par exemple.

3. Reliez pour reconstituer les conseils pour vivre en colocation.

1. Si vous avez un colocataire qui travaille la nuit,
2. Pour éviter de vous disputer parce que l'appartement est en désordre,
3. Si vous invitez des amis à la maison,
4. Pour éviter les problèmes avec les autres colocataires,

   A. il faut participer aux tâches ménagères.
   B. il est préférable de bien ranger ses affaires dans les pièces communes.
   C. il faut éviter de faire du bruit le matin.
   D. il vaut mieux prévenir les autres colocataires.

4. Lisez le document et reformulez les conseils pour se protéger pendant la canicule.

Il ne faut pas   Il est recommandé   Il faut

Il faut éviter   Il est préférable   Il vaut mieux

En période de canicule*, quels sont les bons gestes ?

Je mouille mon corps et je me ventile.

J'évite les efforts physiques.

Je bois régulièrement de l'eau.

Je maintiens ma maison au frais : je ferme les volets le jour.

Je mange en quantité suffisante.

Je ne bois pas d'alcool.

Je donne et je prends des nouvelles de mes proches.

http://www.inpes.sante.fr

* période de très grande chaleur

L'EXPRESSION DES SENTIMENTS

5. A. Associez chaque intervention à un sujet.

	VOISINAGE	RECYCLAGE	TRANSPORTS PUBLICS
1			
2			
3			

5. B. Réécoutez les dialogues et notez les formules utilisées pour exprimer les sentiments.

1. ....   2. ....   3. ....

cent quatre-vingt-cinq **185**

EXERCICES / UNITÉ 6

6. Choisissez la réponse qui convient à chaque question.

1. Comment ça se passe avec ton nouveau colocataire ?
   - ☐ Il met la musique très fort tous les soirs, ça me gêne pour étudier ; c'est insupportable.
   - ☐ Il ne supporte pas sa belle-mère.

2. Pourquoi tu ne veux plus inviter Alex ?
   - ☐ Il gare sa voiture sur le trottoir, je trouve ça inadmissible !
   - ☐ L'autre jour, il a fumé sans me demander la permission ; je ne supporte pas qu'on fume chez moi.

3. Comment a réagi le chef ?
   - ☐ Il était furieux ! Il ne tolère pas qu'on arrive en retard aux réunions.
   - ☐ Tout le monde trouve ça normal, c'est exaspérant !

4. Pourquoi dis-tu qu'il n'est pas poli, le fils de Paul ?
   - ☐ Il dit toujours « merci », c'est agréable.
   - ☐ Il ne dit jamais « merci », ça me dérange.

7. A. Complétez le dialogue à l'aide des expressions suivantes.

insupportable — vaut mieux — c'est énervant — ça m'agace — il ne faudrait pas — agaçant — c'est gênant — supporte

- Comment ça se passe avec ton nouveau collègue ?
- Pas très bien, il n'est pas très poli et tu sais que je ne .... pas les gens impolis !
- Oui, je sais. Mais qu'est-ce qu'il fait exactement ?
- Eh bien, pour commencer, il ne dit jamais bonjour le matin, ... ! Et le midi, pendant la pause déjeuner, il parle tout le temps, ... !
- Et tes autres collègues, ils le trouvent .... aussi ?
- Oui, mais nous n'osons pas lui dire, ...
- Et puis, ... le vexer, sinon la vie de bureau deviendrait .... !
- D'accord mais je pense qu'il .... lui parler, il pourrait changer et devenir un bon collègue.
- Oui je sais, tu as raison.

7. B. À présent, écoutez l'enregistrement pour vérifier.

LE CONDITIONNEL PRÉSENT

8. Écoutez l'enregistrement. Comme dans l'exemple, dites si vous entendez un futur ou un conditionnel.

	1	2	3	4	5	6	7	8	9	10
FUTUR	X									
CONDITIONNEL										

9. Complétez les messages avec le verbe qui convient conjugué au conditionnel.

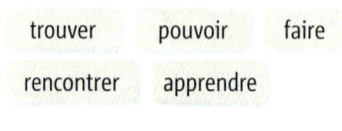

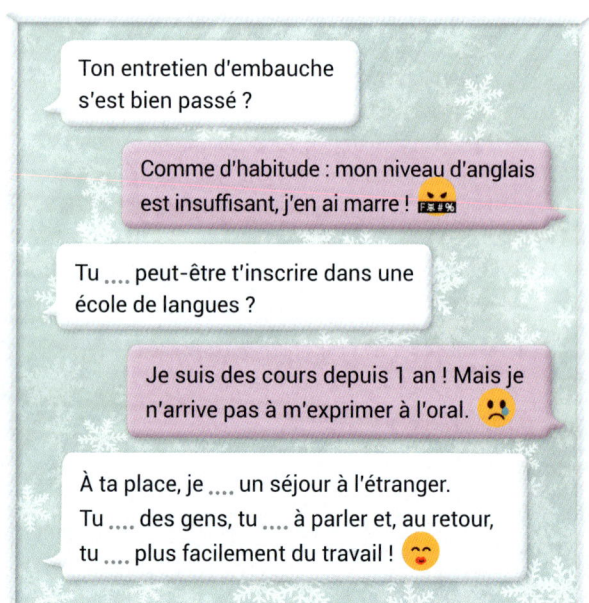

1.

commencer — préférer — pouvoir — dire

> Salut Olivia. Ça te .... de suivre un cours de cuisine avec moi ?

> Oui, bonne idée ! Ça .... quand ?

> On peut choisir la date. Il y a un cours qui commence en octobre et un autre en décembre.

> Moi, je .... octobre. Tu .... m'envoyer les tarifs ?

> Oui, pas de problème, je te passerai toutes les informations.

2.

trouver — pouvoir — faire — rencontrer — apprendre

> Ton entretien d'embauche s'est bien passé ?

> Comme d'habitude : mon niveau d'anglais est insuffisant, j'en ai marre !

> Tu .... peut-être t'inscrire dans une école de langues ?

> Je suis des cours depuis 1 an ! Mais je n'arrive pas à m'exprimer à l'oral.

> À ta place, je .... un séjour à l'étranger. Tu .... des gens, tu .... à parler et, au retour, tu .... plus facilement du travail !

3.

cacher   supporter   fermer   préférer   faire   laisser

> Coucou, c'était bien le repas chez ton couple d'amis ?
>
> Horrible ! Leur fils de 3 ans est INSUPPORTABLE. Il monte sur les meubles, il fait tout ce qu'il veut et, en plus, il est malpoli. 😡
>
> C'est exaspérant ! Moi, je ne .... pas ça chez moi ! Et tu vas les inviter ?
>
> Je .... éviter mais je suis un peu obligée, si je veux être polie. Qu'est-ce que tu .... à ma place ?
>
> Je ne .... aucun objet de valeur dans le salon, je .... tout dans une autre pièce et je .... la porte à clé !

DEMANDER LA PERMISSION

10. Écoutez l'enregistrement et dites à qui s'adressent le plus probablement ces différentes personnes. (PISTE 31)

1. ☐ au professeur de français   ☒ à un collègue
2. ☐ au chef   ☐ à un ami
3. ☐ à une dame dans la queue   ☐ à sa sœur
4. ☐ au directeur   ☐ à son meilleur ami
5. ☐ à ses parents   ☐ à son père
6. ☐ à sa grand-mère   ☐ à un serveur
7. ☐ au vendeur dans un magasin   ☐ à son amie

11. A. Dans quelles situations Elvire est-elle impolie ? Cochez les phrases qui illustrent ces situations et expliquez votre choix.

☐ Elle est à table : « Maman, je veux un dessert ! »
☐ Elle est au supermarché et elle veut prendre des bonbons, mais elle n'y arrive pas : « Vous pourriez m'aider, s'il vous plaît, madame ? »
☐ Elle arrive à l'école et dit à son professeur : « Salut, ça va ? »
☐ Elle prend le vélo d'un copain de l'école : « Je prends ton vélo ! »
☐ Elle achète une baguette à la boulangerie : « Merci, madame ! »
☐ Elle veut jouer avec la tablette : « Maman, je peux jouer avec la tablette, s'il te plaît ? »
☐ Elle est à table et elle veut se lever : « Je vais jouer dans ma chambre. »

11. B. Pour les phrases que vous avez cochées, proposez une manière plus polie de dire les choses.

DEMANDER UN SERVICE

12. Reformulez les phrases suivantes de façon courtoise et variée.

1. Va au magasin ! → *Tu pourrais aller au magasin ?*
2. Prête-moi ton téléphone. → ....
3. Rends ce livre à Olivier. → ....
4. Nous avons besoin d'une imprimante. → ....
5. Passe-moi la bouteille d'eau. → ....
6. Tu dois m'aider à traduire ce texte. → ....
7. Je veux que tu m'accompagnes à la gare. → ....
8. Toi, tu organises le repas. → ....

ACCEPTER ET REFUSER

13. Associez chaque phrase aux dessins correspondants.

.... C'est d'accord pour samedi, mon grand-père nous prête sa voiture.
.... Pas de problème, je viendrai voir le match chez toi.
.... Pas question de prendre le métro, on y va à pied !
.... On ne va pas encore regarder du foot à la télé, il n'en est pas question !
.... Non, non et non, tu ne prendras pas la voiture de ton grand-père.
.... On y va en métro, pas de problème !

A. 👍 📺 ⚽
B. 🚫 🚆
C. 👍 👵 🚗
D. 🚫 📺 ⚽
E. 🚫 👵 🚗
F. 👍 🚆

14. Imaginez une réponse positive ou négative pour chaque question.

1. • Tu veux encore un peu de gâteau ?
   ○ ....

2. • Je vais à la conférence d'Yves Coppens le vendredi 21. Tu veux venir avec moi ?
   ○ ....

3. • Moi aussi, je vais à la fête de Marc samedi. Tu veux que je passe te chercher ?
   ○ ....

4. • Tu peux rendre ce livre à Théo ?
   ○ ....

5. • Je vais rendre visite à Jeanne à l'hôpital. Vous voulez m'accompagner ?
   ○ ....

6. • Si tu cherches un ordinateur d'occasion, je peux te vendre le mien pour 800 €. Ça t'intéresse ?
   ○ ....

7. • Hélène, je pourrais emprunter ton vélo mercredi ?
   ○ ....

cent quatre-vingt-sept **187**

ACTIVITÉS LANGAGIÈRES 6

COMPRÉHENSION DES ÉCRITS

A. Lisez le mail que M. Durez a écrit à la mairie de sa ville et répondez aux questions.

> Madame, Monsieur,
>
> Je vis et travaille dans cette ville depuis des années et j'utilise tous les jours les transports en commun. Je souhaiterais attirer votre attention sur l'augmentation des incivilités dans le bus et le métro.
> Depuis quelque temps, les quais du métro sont pleins de déchets. On doit regarder où on met les pieds pour éviter de marcher au milieu des ordures, je trouve ça exaspérant ! Et même s'il est interdit de fumer à l'intérieur du métro, je vois tous les jours des gens fumer dans les escaliers ou sur le quai, c'est inadmissible !
> D'autre part, je ne supporte plus de voir les gens baisser les yeux vers leur téléphone quand une personne âgée ou une femme enceinte monte dans le bus pour ne pas leur céder la place !
> Les mauvaises habitudes se sont installées et nous devrions agir.
> Pourriez-vous réfléchir à une façon de rappeler les règles de savoir-vivre aux usagers ?
>
> Je vous remercie de votre attention.
>
> Cordialement,
> Pierre Durez

1. M. Durez...
- ☐ est satisfait de la qualité des transports de sa ville.
- ☐ trouve que les règles de politesse ne sont pas respectées dans les transports en commun.

2. Il écrit à la mairie de sa ville...
- ☐ pour décrire la situation et proposer des idées.
- ☐ pour décrire la situation et demander à la mairie de trouver des solutions.

B. Citez trois exemples d'incivilités constatées par M. Durez.

.....
.....
.....

COMPRÉHENSION DE L'ORAL

PISTE 32

C. Écoutez le dialogue et répondez aux questions.

1. Qui est Noelia ?
- ☐ Une professeure de français.
- ☐ Une étrangère qui vient d'arriver en France.

2. Quel est son problème ?
- ☐ Elle ne trouve pas de travail à cause de son mauvais niveau de français.
- ☐ Elle ne comprend pas bien les règles de politesse.

D. Écoutez à nouveau le dialogue et cochez la réponse correcte.

1. Le premier jour, Noelia...
- ☐ a serré la main à tous ses collègues.
- ☐ est arrivée en retard.

2. Noelia...
- ☐ a eu une réunion.
- ☐ a eu une formation.

3. Quand elle est entrée dans la salle, Noelia...
- ☐ n'a pas dit bonjour à son chef.
- ☐ a fait la bise à des clients de l'entreprise.

PRODUCTION ÉCRITE

E. Vous avez des problèmes de voisinage. Vous écrivez à un ami pour lui décrire la situation et lui demander de vous héberger quelques jours.

188 cent quatre-vingt-huit

EXERCICES / UNITÉ 7

LA PLACE DE L'ADJECTIF

1. Lisez le dialogue, puis complétez chaque espace à l'aide d'un nom et d'un adjectif choisis dans les listes ci-dessous.

LES NOMS : producteurs   produits   cuisine   ateliers   développement

LES ADJECTIFS : biologiques   durable   locaux   créative   ludiques

- Je vais au Salon du *développement durable* samedi. Ça te dit de venir ?
- Oui, pourquoi pas. Est-ce qu'il y a des .... pour les enfants ?
- Oui, les organisateurs proposent des cours de .... Les enfants apprennent à cuisiner avec des .... Et on peut aussi rencontrer des .... et acheter leurs produits.
- C'est super !

2. Remettez les mots dans l'ordre pour faire des phrases. Le premier mot est en majuscules.

1. faire / gestes / nos / beaucoup / On / peut / déchets / de / petits / pour / diminuer → .....
2. sensibilisés / des / Les / enfants / adultes / aujourd'hui / seront / engagés → .....
3. producteurs / privilégions / région / les / Nous / petits / de / notre → .....
4. consommation / continue / biologiques / La / France / de / produits / progresser / en / de → .....
5. Vous / vieux / à / une / recycler / pouvez / vos / meubles / ou / les / offrir / association → .....
6. Cet / à / les / enfants / aide / atelier / connaître / produits / mieux / régionaux / les → .....

3. Faites des propositions pour promouvoir le développement durable en vous aidant des noms et des adjectifs du nuage de mots.

mauvais   habitude   petit   responsabilité   local   transport   produit   comportement   bon   producteur   espace   vert   responsable   polluant   urbain   collectif   attitude   individuel

Nous devrions consommer plus de produits locaux et moins de produits exotiques.

4. Complétez cet article avec les adjectifs proposés. N'oubliez pas de faire l'accord en genre et en nombre.

SANTÉ
Trois pratiques alimentaires à la mode

LE *CLEAN-EATING*

durable   industriel   sain   frais   artificiel   petit   local

▸ Pour dépolluer le corps, les *clean-eaters* suppriment de leur alimentation tous les produits .... Ils estiment que ces produits contiennent une grande quantité d'éléments ...., dangereux pour la santé.

▸ Les *clean-eaters* évitent les supermarchés et achètent aux .... producteurs .... des produits .... qu'ils cuisinent eux-mêmes. Ainsi, ils s'assurent de consommer une cuisine .... et participent au développement .....

LE CRUDIVORISME

chimique   cru   grand   biologique

▸ Parce qu'ils considèrent que la cuisson des aliments élimine une .... partie des vitamines et minéraux, les crudivores consomment tous les produits ..... En général, ils mangent directement les produits, sans les éplucher. C'est pour cela qu'ils privilégient l'alimentation .... pour ne pas ingérer de produits .....

LE FLEXITARISME

excessif   responsable   flexible   rigide   bon   sain   occasionnel

▸ Parce que la consommation .... de viande a des conséquences sur la planète mais aussi sur notre santé, ces consommateurs .... ont décidé de limiter leur consommation de viande. Ils n'en achètent jamais, mais au restaurant, ou chez des amis, ils mangeront avec plaisir un .... plat à base de viande.

▸ Ce sont donc des végétariens ...., d'où leur nom. Ils considèrent que la consommation .... de viande est un mode de vie plus .... et moins .... que le végétarisme.

cent quatre-vingt-neuf **189**

EXERCICES / UNITÉ 7

LES PRONOMS DÉMONSTRATIFS

5. Écoutez le dialogue et répondez aux questions en cochant la bonne réponse.
(PISTE 33)

1. Quels produits consomme Aline ?
   - ☐ Ceux du supermarché.
   - ☐ Ceux des producteurs locaux.

2. Dans quel magasin les a-t-elle achetés ?
   - ☐ Celui de la rue François Iᵉʳ.
   - ☐ Celui de sa grand-mère.

3. Quels produits exotiques privilégie-t-elle ?
   - ☐ Ceux qui portent le label « commerce équitable ».
   - ☐ Ceux qui viennent du supermarché.

4. Quels vêtements porte-t-elle ?
   - ☐ Ceux en coton bio.
   - ☐ Ceux que sa sœur lui donne.

5. Contre qui Aline est-elle en colère ?
   - ☐ Contre ceux qui ne font pas d'efforts.
   - ☐ Contre ceux qui luttent pour la protection des animaux.

6. Lisez les dialogues et complétez les réponses à l'aide d'un pronom démonstratif, comme dans l'exemple.

1.
- Tu connais ce couple ?
  (vient d'emménager)
- Oui, c'est **celui qui vient d'emménager dans mon immeuble.**

2.
- Tu aimerais vivre dans ce quartier ?
  (préférer)
- Oui, c'est ...., parce que c'est un éco-quartier.
  Celui que je préfère

3.
- J'aimerais aller à la Disco soupe avec les enfants. Tes enfants seront là ?
  (les enfants de Camille)
- Oui, bien sûr ! Et .... seront là aussi.
  Ceux de Camille

4.
- Vous connaissez l'énergie solaire ?
  (utiliser)
- Oui, c'est .... à la maison.
  Celle que j'utilise (que : objet)

5.
- Tu peux me rendre le livre que je t'ai prêté le mois dernier ?
  (le livre parle de la fin du monde)
- .... ? Oui, je l'ai presque terminé. Je te l'apporte lundi.
  C'est celui qui parle de la fin du monde (qui : sujet)

6.
- Comment tu reconnais les produits biologiques ?
  (porter le label AB pour « Agriculture Biologique »)
- Ce sont ....
  Ceux qui portent le label

7.
- Dans quel magasin tu as acheté ces légumes ?
  (de mon frère)
- Dans ....
  Celui de mon frère

7. Reliez les éléments des deux colonnes pour former des phrases et complétez-les avec le mot qui convient.

1. Celui qui...
2. Celle qui...
3. Ceux qui...
4. Ceux qui...

A. partage sa voiture avec d'autres personnes pour moins polluer fait du c....
B. consomment des produits cultivés à moins de 250 kilomètres de chez eux sont des l....
C. achète moins et qui donne ou recycle ses produits lutte contre le g....
D. ne mangent pas de viande sont v....

8. A. Complétez la liste des profils de colocataires comme dans l'exemple. Aidez-vous des informations suivantes.

- Il organise tout.
- On l'a choisi pour de mauvaises raisons.
- Elle ne participe jamais aux tâches ménagères.
- Ils invitent toujours des amis.
- On les a rencontrés en discothèque.
- Elles se comportent comme nos "mamans".

LA COLOCATION

Enquête : Voici différents profils de colocataires. Reconnaissez-vous le vôtre ?

- Celui qui organise tout.
- ...

8. B. Imaginez quatre autres profils de colocataires.
1. Celui qui ....
2. ....
3. ....
4. ....

190 cent quatre-vingt-dix

L'EXPRESSION DU BUT

9. A. Lisez les phrases et entourez l'expression qui convient.

1. Denis voudrait partager sa voiture **pour ne plus** / afin d'être seul pendant ses trajets.
2. Catherine veut partager son appartement pour / **pour ne pas** faire des économies.
3. M. Dujardin veut faire la promotion de son entreprise de bricolage **afin de** / pour ne pas trouver de nouveaux clients.
4. Cécile propose des repas chez l'habitant **afin de** / pour ne plus valoriser l'entraide et la convivialité.
5. Anne-Sophie souhaiterait vendre ses vieux vêtements afin de ne pas / **pour** gagner un peu d'argent.
6. Antoine veut acheter une voiture neuve **pour ne plus** / afin d'avoir de problèmes mécaniques.
7. Amel cherche quelqu'un **pour** / pour ne pas garder ses enfants ; en échange, elle peut donner des cours de yoga.
8. Agathe consomme des produits locaux pour ne pas / **afin d'**encourager l'économie locale.

9. B. Observez cette affiche et indiquez quelles sont les personnes qui trouveront ce qu'elles cherchent lors de cet événement.

Denis trouvera des gens pour faire du covoiturage.

10. Écoutez l'enregistrement et devinez de quoi parlent les différentes personnes.

le covoiturage   le télétravail   la colocation

les repas chez l'habitant   le financement participatif

1. ....
2. ....
3. ....
4. ....
5. ....

11. A. Reliez ces actions à leurs objectifs.

ACTIONS
1. Utiliser une plateforme de financement participatif.
2. Être bénévole dans une association.
3. Manger chez l'habitant.
4. Récupérer les aliments non consommés.
5. Prendre les transports en commun.
6. Ne pas utiliser d'emballages plastiques.

OBJECTIFS
A. Financer son projet.
B. Réduire la pollution et protéger l'environnement.
C. Éviter le gaspillage.
D. Ne plus passer de temps dans les embouteillages.
E. Aider les autres.
F. Ne plus dîner seul et découvrir de nouveaux plats.

11. B. Comme dans l'exemple, rédigez une phrase pour exprimer le but.

Yann voudrait utiliser une plateforme de financement participatif pour financer son projet. / Pour financer son projet, Yann a utilisé une plateforme de financement participatif.

12. Dans quel but avez-vous choisi ou choisiriez-vous une de ces options ? Comparez vos réponses avec celles d'un camarade.

télétravail
covoiturage
consommer bio
producteur
co-working
colocation
changer de travail
manger chez l'habitant
faire du troc
couchsurfing

Je fais souvent du covoiturage pour économiser de l'argent et pour ne pas m'ennuyer pendant le trajet.

cent quatre-vingt-onze **191**

ACTIVITÉS LANGAGIÈRES 7

COMPRÉHENSION DES ÉCRITS

A. Lisez cet article et répondez aux questions.

Apprendre une langue (et bien plus…) grâce à l'économie collaborative

Quand on part étudier une langue dans un pays étranger, il est parfois difficile d'entrer en contact avec les natifs. Afin de pratiquer en dehors de la salle de classe, avez-vous pensé à l'économie collaborative ?

VIZEAT, L'OPTION TOUT EN UN

Sur le site vizeat.com, des habitants de plus de 55 pays vous ouvrent leur table. Quoi de mieux qu'un bon repas pour commencer la conversation et pratiquer votre prononciation ? En plus de la langue, vous découvrez la gastronomie et même les codes de politesse de vos hôtes de la façon la plus directe et authentique. Certains hôtes vous emmènent même au marché ou vous donnent un petit cours de cuisine afin de vous faire participer à l'élaboration du plat ! Et, cerise sur le gâteau, pour ceux qui prennent soin de leur esprit et de leur corps, de nombreux hôtes proposent des menus végétariens, bio ou encore locavores.

L'ÉCHANGE DE SERVICES, UNE OPTION VIEILLE COMME LE MONDE

Pour ceux qui savent réparer un ordinateur, celles qui savent peindre ou chanter, en résumé, pour tous ceux qui ont un don, la solution, c'est le troc ! Vous pourriez échanger vos services contre une heure de conversation dans la langue que vous souhaitez étudier. Avec l'esprit d'entraide, tout le monde est gagnant et vous ne dépensez pas un centime !

1. Cet article s'adresse :

☐ à ceux qui voudraient apprendre à cuisiner.
☐ à ceux qui souhaitent voyager moins cher.
☐ à ceux qui veulent apprendre une langue.

2. Quelles sont les deux formules proposées ?

.....

.....

3. Relisez l'article et dites si les propositions sont vraies (V) ou fausses (F).

1. Le site vizeat.com permet de trouver une table d'hôtes dans les pays francophones uniquement. **V / F**
2. Il est possible d'apprendre à cuisiner un plat typique. **V / F**
3. En général, les hôtes proposent des plats industriels. **V / F**
4. La deuxième option proposée consiste à prendre des cours particuliers dans une académie. **V / F**
5. La deuxième option est gratuite. **V / F**

COMPRÉHENSION DE L'ORAL

B. Écoutez le dialogue et répondez aux questions.

PISTE 35

1. Que propose Marion ?

☐ Elle échange des cours de yoga contre des visites touristiques.
☐ Elle accueille des touristes chez elle.
☐ Elle propose des billets de train pour voyager moins cher.

2. Selon Marion, les gens choisissent cette formule afin de / d'… (2 réponses)

☐ apprendre les langues.
☐ dépenser moins d'argent.
☐ ne plus polluer.
☐ ne pas favoriser les grandes entreprises.
☐ découvrir la culture avec un habitant du pays.

3. Où Marion pense-t-elle voyager ?

.....

PRODUCTION ÉCRITE

C. Que pensez-vous des nouvelles préoccupations pour l'environnement ? Vous ont-elles incité à changer vos habitudes (alimentation, transport, recyclage…) ? Dans quel but ?

EXERCICES / UNITÉ 8

L'EXPRESSION DU SOUHAIT

1. Complétez le texte en conjuguant les verbes entre parenthèses au temps qui convient. Il peut y avoir plusieurs possibilités.

L'année prochaine, j'... (aimer) vivre en Colombie. J'espère que Laura, ma petite amie, ... (pouvoir) me suivre. Elle étudie le chinois et elle ... (vouloir) partir à Pékin un an ou deux pour perfectionner son chinois. Je ... (souhaiter) la convaincre de venir avec moi à Medellín mais elle est colombienne et, pour elle, ce n'est pas une destination « exotique ». J'... (espérer) qu'elle changera d'avis. Je pourrais aussi la suivre. Finalement, quand j'y pense, j'... (aimer) bien aller en Asie, mais un an, ça me semble long.

2. À votre tour, partagez cinq souhaits avec un camarade.

3. Reliez les éléments des deux colonnes pour former des phrases.

1. Le nouveau patron va rénover les locaux. Il veut...
2. Depuis 2 ans, elle multiplie les emplois précaires. Elle espère...
3. Le nouveau ministre du Travail souhaiterait...
4. Elle est sensible à la reconnaissance de ses supérieurs. Elle voudrait...
5. Fatima a choisi le télétravail. Elle espère...

A. qu'elle trouvera bientôt un emploi stable.
B. modifier l'âge de la retraite.
C. pouvoir mieux concilier sa vie familiale et professionnelle.
D. créer un open-space.
E. avoir plus de compliments pour son travail.

4. Complétez cet article avec le verbe qui convient.

| voulaient | espère | voudrait | souhaiteraient |

Après un mois de conflit, les syndicats de l'usine Royer rencontreront leur patron demain. En grève depuis le 12 mai, les travailleurs ... obtenir l'amélioration de leurs conditions de travail.

« On fait un travail pénible, on touche juste le SMIC et maintenant le patron .... nous remplacer par des intérimaires ! »

témoigne Paul, employé de l'usine. Face à un marché du travail de plus en plus précaire, Paul ... qu'il obtiendra des garanties de stabilité ainsi qu'une augmentation de salaire. En ce qui concerne la rumeur de délocalisation de l'usine, les patrons et les actionnaires ont indiqué qu'ils ne ...pas aborder cette question lors de la rencontre de demain.

LA NÉGATION (RAPPEL)

5. Écoutez Maxime donner des nouvelles à un ami qu'il n'a pas vu depuis logtemps. Cochez les phrases qui décrivent sa situation actuelle. (PISTE 36)

1. ☐ Il n'étudie plus.
2. ☐ Il cherche du travail mais il ne trouve rien.
3. ☐ Il n'a pas encore terminé son stage.
4. ☐ Il n'a jamais étudié l'anglais.
5. ☐ Il n'a jamais obtenu de diplôme.
6. ☐ Il ne s'intéresse plus à la musique.
7. ☐ Il joue de la guitare.
8. ☐ En ce moment, il s'ennuie.
9. ☐ Il n'a jamais osé jouer en public.

6. À deux, à l'aide des négations et des verbes suivants, parlez de vos expériences !

| ne... plus | ne... pas encore | ne... jamais | perdre |
| faire | manger | acheter | porter |

- Qu'est-ce que tu n'as pas encore fait ?
○ Je ne me suis pas encore fait de tatouage, mais j'aimerais bien.
○ Ah bon ? Moi non !

7. Complétez le texte.

| ne... plus (x 3) | ne... pas encore (x 2) | ne...rien |

Le burn-out : une maladie de plus en plus fréquente
Anne Ringaux, psychothérapeute et médecin, nous en parle.

Comment explique-t-on l'augmentation des cas de burn-out ?
AR : C'est avant tout un problème de management. Voilà comment ça se passe : on confie au travailleur de plus en plus de responsabilités, de plus en plus de tâches. Bientôt, le travailleur ... considère ... son travail comme un emploi mais comme une « mission ». Il ... peut ... refuser à l'entreprise parce qu'on « compte sur lui ». Il subit une telle pression qu'il se croit indispensable.

À quel moment faut-il dire « stop » ?
AR : C'est une question très difficile car la personne qui ... s'est ... rendu compte de sa situation ne peut pas réagir. C'est pour cela que l'entourage (famille, amis, collègues...) est très important. En général, une personne au bord du burn-out ... est ... capable de « déconnecter ». Par exemple, je vois des patients qui étaient très sociables et qui ... sortent ... de chez eux le week-end parce qu'il .... ont ... terminé de préparer un dossier.

cent quatre-vingt-treize 193

EXERCICES / UNITÉ 8

L'EXPRESSION DE L'HYPOTHÈSE (2)

8. Écoutez ce micro-trottoir et cochez la réponse qui convient.

1. Si elle pouvait changer de métier...
   - ☐ elle travaillerait dans le milieu médical.
   - ☐ elle partirait à l'étranger.
   - ☐ elle serait bibliothécaire.
2. S'il recommençait ses études...
   - ☐ il étudierait le droit.
   - ☐ il étudierait mieux.
   - ☐ il pourrait trouver du travail.
3. Si elle pouvait tout recommencer...
   - ☐ elle ne changerait rien.
   - ☐ elle irait dans une autre université.
   - ☐ elle ferait des études de littérature.
4. S'il avait l'opportunité de changer son ambiance de travail...
   - ☐ il choisirait de s'expatrier.
   - ☐ il travaillerait pour une grande entreprise.
   - ☐ il préférerait un cadre de vie plus tranquille.

9. A. Reliez chaque proposition à sa conséquence possible.

1. Partir à l'étranger. **(je)**
2. Changer de métier. **(tu)**
3. Travailler à mi-temps. **(il)**
4. Travailler en équipe. **(vous)**
5. Monter son entreprise. **(elle)**
6. Avoir un travail passionnant. **(je)**
   - A. Développer ses propres projets.
   - B. Favoriser la bonne entente et la collaboration.
   - C. Découvrir de nouvelles cultures.
   - D. Se sentir épanoui.
   - E. Sortir de la routine.
   - F. Profiter plus des enfants.

9. B. Comme dans l'exemple, reformez des phrases à l'aide du pronom entre parenthèses.

Si je partais à l'étranger, je découvrirais de nouvelles cultures.

10. Imaginez la question ou la réponse.

1. • Q : ....
   ○ R : J'arrêterais de travailler !
2. • Q : ....
   ○ R : J'essaierais de discuter avec lui.
3. • Q : Que se passerait-il si on devait travailler sans ordinateurs ?
   ○ R : ....
4. • Q : Qu'est-ce que tu ferais si tu avais une augmentation ?
   ○ R : ....
5. • Q : ....
   ○ R : Le chômage augmenterait.
6. • Q : Que feriez-vous si vous étiez victime de harcèlement au travail ?
   ○ R : ....
7. • Q : Comment réagiriez-vous si votre chef vous demandait de travailler tous les week-ends ?
   ○ R : ....

11. Terminez les phrases en cochant l'option qui convient.

1. Si vous consultez un médiateur,
   - ☐ il vous donnera des conseils pour régler les conflits.
   - ☐ vous obtiendrez une augmentation.
2. S'il a encore mal au dos...
   - ☐ le médecin lui donnera un arrêt maladie.
   - ☐ il prendra un congé parental.
3. Si vous savez travailler en équipe,
   - ☐ vous utiliserez Internet.
   - ☐ vous gagnerez en productivité.
4. Si le client préfère commander sur Internet,
   - ☐ nous lui livrerons les produits à domicile.
   - ☐ nous communiquerons par mail.
5. Si tu préfères travailler en autonomie...
   - ☐ tu adoreras le télétravail.
   - ☐ tu auras une idée.

12. A. Observez ce schéma réalisé par une future maman qui hésite entre prendre un congé parental et reprendre le travail. Comme dans l'exemple, imaginez différentes conséquences en fonction de ses décisions.

Si elle met son bébé à la crèche, elle devra dépenser plus d'argent.

12. B. Imaginez d'autres situations probables.

1. Si elle prend un congé parental ....
2. Si elle se repose bien après la naissance ....
3. ....

LES ADVERBES

13. Transformez les phrases avec un adverbe comme dans l'exemple.

1. Il est sérieux quand il étudie. → *Il étudie sérieusement.*
2. Cette entreprise supprime des postes de façon régulière. → ....
3. Les nouvelles technologies nous permettent de travailler de manière plus efficace. → ....
4. Mes nouveaux collègues m'ont accueilli de façon chaleureuse. → ....
5. Il est poli quand il s'adresse aux clients. → ....

14. Complétez les textes avec les adverbes proposés et essayez de deviner la profession de ces trois personnes.

MON JOB ET MOI

naturellement
sainement
fièrement
mentalement

CHLOÉ, 29 ans
Profession : ....
Je fais du sport depuis que je suis toute petite. J'ai commencé par la gymnastique puis la natation. Après mon bac, je me suis .... dirigée vers des études de sport. J'ai continué à faire de la natation pendant toutes mes études et j'ai gagné les championnats régionaux. Je me rappelle que, ce jour-là, j'étais vraiment heureuse : je portais .... ma médaille autour du cou. Mais être sportif de haut niveau n'est pas facile, il faut être préparé .... , pour la victoire comme pour la défaite. Aujourd'hui, j'accompagne les gens qui veulent améliorer leurs performances ou se maintenir en forme. Je leur propose des entraînements personnalisés et je les conseille aussi sur leur alimentation parce que manger .... est un des secrets pour être en forme et pour battre des records.

MON JOB ET MOI

progressivement
simplement
gratuitement
exclusivement

LAURENT, 34 ans
Profession : ....
Quand j'ai commencé mon métier, j'étais très stressé, je lisais .... des livres d'histoire ou sur le tourisme : j'avais peur de ne pas maîtriser mon sujet. Et puis, je me suis .... détendu. Je me suis rendu compte que les gens ne veulent pas connaître tous les détails de l'Histoire. Ils préfèrent qu'on leur raconte des anecdotes, qu'on leur présente les choses .... Un des avantages de ma profession ? Avoir accès .... aux monuments historiques et à de nombreux événements culturels.

MON JOB ET MOI

durement
finalement
facilement
longuement

LAURENT, 49 ans
Profession : ....
J'aime mon métier. Dans ma famille, nous sommes boulangers de père en fils. J'ai .... hésité avant de reprendre le commerce familial parce qu'un boulanger a une vie pleine de sacrifices. Il travaille .... et il doit se lever très tôt tous les jours. Il ne peut pas prendre de vacances .... parce que les clients ont besoin de lui. .... j'ai décidé de continuer l'entreprise familiale et aujourd'hui je ne regrette rien : je m'épanouis dans mon travail et les avantages sont plus nombreux que les inconvénients !

ACTIVITÉS LANGAGIÈRES 8

COMPRÉHENSION DES ÉCRITS

A. Lisez cet article et répondez aux questions.

SLOW-WORKING
MANAGEMENT

METTEZ-VOUS AU TRAVAIL, MAIS PAS TROP.

D'où vient cette nouvelle forme de management ?
Alain Gros, manager : Depuis les années 90, les technologies et la finance ont transformé le rythme de travail : on répond au téléphone alors qu'on n'a pas encore fini d'écrire un mail, on est constamment connecté, continuellement sous pression... On est toujours dans l'action, jamais dans la réflexion. Cependant, notre corps et notre cerveau ont besoin de repos pour fonctionner correctement ! Le *slow-working* est né de ce constat : Si on ne fait jamais de pause, on ne pourra pas être créatif ni penser efficacement.

Vous voulez dire que les employés seraient plus productifs si on les laissait travailler tranquillement ?
AG : Pas exactement, il ne s'agit pas de les « laisser ». Le *slow-working* consiste aussi à réintroduire des liens plus « humains » dans l'entreprise. Si vos employés communiquent entre eux uniquement par mail, vous n'obtiendrez jamais d'esprit d'équipe et vous ne favoriserez pas l'échange d'idées. Mais si les travailleurs pouvaient se réunir autour d'un café, ils apprendraient à être plus attentifs aux idées et aux problèmes des autres, ils échangeraient et collaboreraient directement, sans être obligés de passer par 3 réunions et 200 mails.

Comment pourrait-on résumer le *slow-working* ?
AG : En une phrase, je dirais : « Si vous faites les choses plus lentement, vous irez plus loin ». Je pense aussi que c'est une façon de réintroduire du sens, de la qualité et de l'humain dans l'entreprise. J'espère que les entreprises françaises le comprendront et qu'elles adopteront bientôt ce type de management.

1. En quoi consiste le *slow-working* ?
- ☐ Continuer à travailler après l'âge de la retraite pour ne pas s'ennuyer.
- ☐ Laisser plus de temps aux employés pour obtenir de meilleurs résultats.
- ☐ Diminuer le temps de travail dans les entreprises pour permettre aux employés de se reposer.

2. Quelles sont les causes de l'apparition de ce type de management ?
- ☐ Les nouvelles technologies et les rythmes de travail excessifs.
- ☐ Les revendications des salariés et des syndicats.
- ☐ Le chômage et la multiplication des petits contrats.

3. Selon Alain Gros, les réunions informelles entre collègues...
- ☐ font perdre du temps et de l'argent à l'entreprise.
- ☐ favorisent les échanges et la collaboration.
- ☐ font évoluer les relations hiérarchiques.

COMPRÉHENSION DE L'ORAL

B. Écoutez l'enregistrement et répondez aux questions.
PISTE 38

1. Quel est le thème de l'émission ?
- ☐ Les Français et le congé parental.
- ☐ Les Français et le travail.

2. Dans l'ensemble, que pensent les Français ?
- ☐ Le travail est important dans leur vie et ils ne voudraient pas arrêter de travailler.
- ☐ Ils espèrent qu'ils pourront arrêter de travailler le plus tôt possible.

3. Réécoutez l'enregistrement et dites si les affirmations suivantes sont vraies (V) ou fausses (F).
PISTE 38

1. La plupart des Français souhaiteraient changer de travail : **V / F**
2. La première femme interrogée voulait prolonger son congé maternité **V / F**
3. Elle avait envie de retrouver ses collègues : **V / F**
4. Pour la deuxième femme, le travail favorise les relations sociales : **V / F**
5. L'homme ne voudrait pas gagner moins d'argent : **V / F**

PRODUCTION ÉCRITE

C. Un ancien collègue canadien vous envoie ce mail. Vous lui répondez et vous lui parlez de votre travail.

Salut,

J'espère que tu vas bien !
Je viens de trouver du travail ! J'en avais marre de mon ancienne entreprise et de son ambiance, alors j'ai cherché autre chose et je l'ai trouvé !
Et toi ? Où en est ta carrière ? Quels sont tes projets ?
À bientôt.

Charles

GRAMMAIRE

GRAMMAIRE

LES ARTICLES (RAPPEL)

ARTICLES	SINGULIER		PLURIEL	
	MASCULIN	FÉMININ	MASCULIN	FÉMININ
DÉFINIS	le pont l'aéroport	la rue l'avenue	les ponts	les rues
INDÉFINIS	un pont	une rue	des ponts	des rues
PARTITIFS	du pain de l'alcool	de la viande de l'eau	-	-
CONTRACTÉS	au cinéma	à la maison	aux enfers	aux Antilles

LE NOM COMMUN

LE GENRE ET LE NOMBRE

Les noms communs ont toujours **un genre** (masculin ou féminin) et **un nombre** (singulier ou pluriel).
Ils sont toujours précédés d'un déterminant.
Ex. : *un* livre / *le* livre / *mon* livre

LE GENRE

Le genre des noms communs est indiqué dans le dictionnaire :
(*n.m.* = nom masculin / *n.f.* = nom féminin) et il est arbitraire.
Ex. : *le taxi / la voiture*
Souvent, on ajoute un **-e** pour former le féminin mais pas toujours !
Ex. : *un ami → une amie*

Quelquefois, la terminaison permet de connaître le genre du mot :
Féminins :
- noms terminés en **-sion, -tion** et en **-xion**
Ex. : *une nation / la passion*
- noms terminés en **-té** et en **-ette**
Ex. : *une université / une baguette*

Masculins :
- noms terminés en **-eau, -teur** et en **-isme**
Ex. : *un tableau / le directeur / le tourisme*
- noms terminés en **-ail, -eil** et **-euil**
Ex. : *un travail / un réveil / un fauteuil*

⚠ Les noms terminés en **-e** ont la même forme au masculin et au féminin. Ex. : *un élève → une élève*

LE NOMBRE

- En général, on ajoute un **-s** pour former le pluriel, mais pas toujours !
Ex. : *la boutique → les boutiques*
- Les noms terminés en **-s, -x, -z** ne changent pas au pluriel.
Ex. : *le bus → les bus*
- Les noms terminés en **-eau** ont un pluriel en **-x**.
Ex. : *le tableau → les tableaux*
- Les noms terminés en **-al** ont en général un pluriel en **-aux**.
Ex. : *le journal → les journaux*

LES ADJECTIFS

LES ADJECTIFS QUALIFICATIFS

Ils servent à donner des informations sur le mot qu'ils accompagnent. Ils le qualifient, le précisent.
Ex. : *Une voiture → Une voiture japonaise rouge.*
L'adjectif qualificatif **s'accorde en genre** (masculin / féminin) **et en nombre** (singulier / pluriel) avec le nom qu'il accompagne.

LA FORMATION DU FÉMININ

En général, l'adjectif féminin = masculin + **e** :
Ex. : *joli → jolie ; japonais → japonaise*

Mais il y a d'autres règles pour former le féminin :
- La terminaison en **-ien** devient **-ienne**.
Ex. : *italien → italienne*
- La terminaison en **-on** devient **-onne**.
Ex. : *breton → bretonne*
- La terminaison en **-er** devient **-ère**.
Ex. : *infirmier → infirmière*
- La terminaison en **-eur** devient **-euse** ou **-ice**.
Ex. : *chanteur → chanteuse ; acteur → actrice*

Si l'adjectif masculin se termine en **-e** = pas de changement :
Ex. : *calme = calme*

Lorsqu'un adjectif qui désigne une couleur est un nom, il reste invariable :
Ex. : *des yeux marron / des yeux noisette / des chaussettes orange*

Certains féminins sont irréguliers :
beau → belle / fou → folle / vieux → vieille / gentil → gentille
blanc → blanche / grec → grecque / frais → fraîche

LA FORMATION DU PLURIEL

En général, pour former le pluriel, on ajoute un **-s** au singulier.
Ex. : *une idée intéressante → des idées intéressantes*
Beaucoup d'adjectifs pluriels sont différents du singulier.
Ex. : *beau → beaux / général → généraux*

⚠ Attention : si l'adjectif se termine par un **-s** ou par un **-x** au singulier, le singulier et le pluriel = même forme.
Ex. : *un ami français → des amis français*
un homme heureux → des hommes heureux

LA PLACE DE L'ADJECTIF — page **129**

En général, l'adjectif est **après** le nom.
Sont toujours **après** le nom :
- tous les adjectifs de nationalité, de couleur, de forme.
Ex. : *un dessinateur japonais / une fille brune / une table ronde*
- les adjectifs longs.
Ex. : *un truc extraordinaire / un petit frère intelligent*

⚠ Quelques adjectifs courts et fréquents sont **avant** le nom :
Ex. : *une belle photo / un petit village / une bonne raison…*

⚠ Les nombres sont toujours avant l'adjectif
Ex. : *les trois derniers jours / les cinq prochaines années*

LES ADJECTIFS APPRÉCIATIFS page 129

Ils transmettent un jugement positif ou négatif sur le mot qu'ils accompagnent. Ils peuvent se placer avant (valeur plus subjective) ou après le nom (valeur descriptive).

Ex. : *Tony Parker est un **homme** grand* : il mesure 1 m 88.
*Gandhi était un **grand** homme, il s'est battu pour l'indépendance de l'Inde* : Il a fait des choses importantes dans sa vie.

LES ADJECTIFS INTERROGATIFS

	MASCULIN	FÉMININ
SINGULIER	Quel	Quelle
PLURIEL	Quels	Quelles

On les utilise pour poser une question sur quelqu'un ou sur quelque chose :
- **Quel** (+ nom masc. sg.)
- **Quelle** (+ nom fém. sg.)
Ex. : *Tu préfères **quel** pays ?*   Ex. : *Il est **quelle** heure ?*
- **Quels** (+ nom masc. pl.)
- **Quelles** (+ nom fém. pl.)
Ex. : *Tu aimes **quels** films ?*   Ex. : *Vous prenez **quelles** chaussures ?*

LES ADJECTIFS DÉMONSTRATIFS

	MASCULIN	FÉMININ
SINGULIER	ce / cet*	cette
PLURIEL	ces	

⚠ *****Ce** devient **cet** devant une voyelle ou un **h** muet.
Ex. : ***Cet** hôtel est très beau.*

On les utilise pour :
- montrer quelqu'un ou quelque chose. Ex. : *Regarde **cette** fille !*
- parler d'un moment proche. Ex. : *On sort **ce** soir ?*

LES ADJECTIFS POSSESSIFS

		SINGULIER		PLURIEL
		MASCULIN	FÉMININ	MASCULIN ET FÉMININ
un possesseur	moi toi lui / elle vous (politesse)	mon ton son	ma ta sa	mes tes ses
		ami	cuisine	amis
plusieurs possesseurs	nous vous eux / elles	notre votre leur	métier	nos vos leurs	amis

⚠ Quand un nom féminin commence par une voyelle ou un **h** muet, on utilise : **mon** / **ton** / **son**. Ex. : ***Mon** amie Juliette.*

On les utilise pour exprimer :
- la possession.
Ex. : *C'est **mon** vélo.*
- la relation d'appartenance et de proximité.
Ex. : *C'est **mon** frère.*

LES ADJECTIFS INDÉFINIS page 58

AUCUN, CERTAINS, QUELQUES, PLUSIEURS ET TOUT

Ils s'accordent en genre et en nombre avec le nom qu'ils accompagnent et expriment une quantité nulle (**aucun(e)**), peu précise (**certains**, **quelques**, **plusieurs**) ou totale (**tout(e)**, **tous**, **toutes**).

Aucun(e) indique une quantité nulle (= 0).
Ex. : *Avant, **aucun** homme ne prenait de congé parental.*
Certains signifie *quelque-uns*.
- **certains** (+ nom masc. pl.) Ex. : ***Certains** métiers ont disparu.*
- **certaines** (+ nom fém. pl.) Ex. : ***Certaines** professions sont apparues.*

Quelques s'oppose à **beaucoup**. Il a le sens d'« *un petit nombre de* ».
- **Quelques** (+ nom masc. pl. ou nom fém. pl.)
Ex. : ***Quelques** rues du centre-ville ont été restaurées mais il reste encore beaucoup de travail.*

Plusieurs (= plus d'un) s'oppose à **un seul**. Il a le sens d'« *un certain nombre de* ».
- **Plusieurs** (+ nom masc. pl. et nom fém. pl.)
Ex. : *Napoléon a gagné **plusieurs** batailles : Austerlitz, Somosierra, Iéna, Montmirail...*
⚠ **Plusieurs** est invariable.

Observez la différence entre **plusieurs** et **quelques** :
- *Tu pars **plusieurs** jours ?*
- *Oh non ! Je pars seulement **quelques** jours, je reviens bientôt !*

Tout indique une quantité totale.
- **Tout** (+ nom masc. sing.) / **tout(e)** (+ nom fém. sing.)
Ex. : ***Toute** la classe raconte une anecdote sur sa vie.*
- **Tous** (+ nom masc. pl.) / **toutes** (+ nom fém. pl.)
Ex. : *En France, **toutes** les femmes ont le droit de voter.*

Pour exprimer la quantité, on peut aussi utiliser :
- *La plupart des gymnases (= la plus grande partie) proposent des cours de zumba.*
- *Une majorité de Français (> 50%) prennent leurs vacances en été.*
- *Une minorité de Français (< 50%) partent en vacances à l'étranger.*
- *Un Français sur cinq (1/5) déclare ne pas faire de sport.*
- *23,5% (vingt-trois et demi pour cent) des Français ont plus de 65 ans.*

LES PRONOMS

LES PRONOMS PERSONNELS

SUJETS	TONIQUES	RÉFLÉCHIS	COD	COI
je / j'	moi	me / m'	me / m'	me / m'
tu	toi	te / t'	te / t'	te / t'
il / elle / on	lui / elle	se / s'	le / la / l'	lui
nous	nous	nous	nous	nous
vous	vous	vous	vous	vous
ils / elles	eux / elles	se / s'	les	leur

cent quatre-vingt-dix-neuf **199**

GRAMMAIRE

LES PRONOMS COMPLÉMENTS D'OBJET DIRECT (COD)

On les utilise quand le verbe se construit directement, sans préposition : *connaître quelqu'un* ou *quelque chose*.

- Les pronoms **me**, **te**, **nous**, **vous** remplacent toujours des personnes : Ex. : *Tu m'aimes ?*
- Les pronoms **l'**, **le**, **la**, **les** peuvent remplacer des personnes ou des choses : Ex. : *Alicia ? Je la connais depuis toujours.*

Les pronoms COD remplacent un nom précédé d'un article défini (**l'**, **le**, **la**, **les**), d'un adjectif possessif (**mon**, **ton**, **son**...) ou d'un adjectif démonstratif (**ce**, **cet**, **cette**, **ces**) :
Ex. : *Tu aimes bien l'appartement des Cormon ?*
→ *Tu aimes bien leur appartement ?*
Ex. : *Tu aimes cet appartement ?* → *Oui, je l'aime beaucoup.*

LES PRONOMS COMPLÉMENTS D'OBJET INDIRECT (COI) page 25

Ils remplacent toujours des noms de personnes déjà introduits dans le discours. Ils s'accordent en nombre avec le nom qu'ils reprennent.
Ex. : *Liam et Bob cherchent un cours de français original. Je leur ai conseillé cet atelier cuisine-langue car ils adorent la gastronomie française.* (= *Je conseille à Liam et Thomas, à eux*).

PLACE DU PRONOM COI

- **Au présent** (avant le verbe)
Je te parle - Je lui parle - Je leur parle - Il ne lui parle pas
- **Avec deux verbes** (entre le verbe et l'infinif)
Tu veux me parler ? Je ne veux pas lui parler / Je ne veux pas leur parler
- **Attention à l'impératif** (après le verbe).
Appelle-moi !
- **Attention à l'impératif négatif** (avant le verbe).
Ne me parle pas - Ne lui parle pas - Ne leur parle pas !

⚠️ Les pronoms COI **lui** et **leur** sont masculins ou féminins.
Ex. : *Je parle à John. = Je lui parle. / Je parle à Clara. = Je lui parle.*

⚠️ Ne confondez pas le pronom COI **lui** et le pronom tonique **lui**.
Ex. : *Elle ressemble à sa mère ? Oui, elle lui ressemble.* (COI)
Ex. : *Tu étudies avec ton frère ? Oui, j'étudie avec lui.* (tonique)

⚠️ Ne confondez pas le pronom COI **leur** et l'adj. possessif **leur**, **leurs**.
Ex. : *Elle ressemble à ses sœurs ? Oui, elle leur ressemble.* (COI)
Ex. : *Ils y passent leurs vacances.* (adjectif possessif)

LE PRONOM Y page 40

Le pronom **y** remplace un complément de lieu introduit par **à**, **au**, **aux**, **chez**, **dans**, **en**, **sur**.
Ex. : *- Elle travaille encore à l'agence ? - Non, elle n'y travaille plus.*
Ex. : *- Tu es allé aux États-Unis ? - Oui, j'y suis allé une fois.*
Ex. : *- Tu travailles dans ton salon ? - Oui, et j'y passe des heures.*
Ex. : *- Ils ont habité en France ? - Oui, ils y ont habité dix ans.*

PLACE DU PRONOM Y page 40

En général, le pronom **y** se place **devant le verbe** conjugué.
Ex. : *- Vous allez à la fac aujourd'hui ? - On y va / On n'y va pas.*
Ex. : *- Elle est allée en cours ? - Elle y est allée / Elle n'y est pas allée.*

Avec un verbe + un infinitif, le pronom **y** se met **devant l'infinitif.**
Ex. : *- Tu veux aller à l'atelier théâtre, ce soir ?*
- Oui, je veux y aller / Non, je ne veux pas y aller.

À l'impératif négatif, il se place **devant le verbe**.
Ex. : *N'y va pas ! N'y allons pas ! N'y allez pas !*

⚠️ À l'impératif affirmatif, il se place **après le verbe**.
Ex. : *Vas-y ! Allons-y ! Allez-y !*

LES PRONOMS RELATIFS pages 74 148

Les pronoms relatifs permettent de relier deux phrases.
Ex. : *Tu connais cette fille ? Elle entre dans la boulangerie.*
→ *Tu connais cette fille qui entre dans la boulangerie ?*

QUI Le pronom relatif **qui** représente quelqu'un ou quelque chose ; il est toujours sujet du verbe.
Ex. : *Stromae est un chanteur belge. Il est très célèbre en France.*
→ *Stromae est un chanteur qui est très célèbre en France.*

QUE Le pronom relatif **que** représente quelqu'un ou quelque chose ; il est toujours complément d'objet direct (COD) du verbe. Le COD répond à la question : **Qui ? Quoi ?**
Ex. : *Stromae est un chanteur. J'adore ce chanteur !*
→ *Stromae est un chanteur que j'adore !*

⚠️ Devant une voyelle ou un **h** muet, **que** devient **qu'** mais **qui** reste toujours **qui**.
Ex. : *Je sais qu'elle aime tout ce qui est au chocolat.*

OÙ Le pronom relatif **où** représente un lieu ou un moment ; il est toujours complément circonstanciel de lieu ou de temps (CCL ou CCT).
Ex. : *Je suis née à Bogota. Bogota est une ville colombienne.*
→ *Bogota est la ville où je suis née.* (CCL)
Ex. : *J'ai rencontré mon mari en 2013.*
→ *2013, c'est l'année où j'ai rencontré mon mari.* (CCT)

LES PRONOMS DÉMONSTRATIFS page 130

FORMATION

	MASCULIN	FÉMININ	NEUTRE
SINGULIER	celui / celui-ci celui-là	celle / celle-ci / celle-là	ce, ceci, cela (ça)
PLURIEL	ceux / ceux-ci ceux-là	celles / celles-ci / celles-là	

EMPLOI   page 130

Les pronoms démonstratifs désignent la personne, l'animal ou la chose dont on parle. Ils permettent d'éviter de répéter. Ils sont suivis :
- d'un pronom relatif (**qui, que, où**).
Ex. : *Sur Airbnb, il y a ceux qui pensent qu'ils sont chez eux.*
- d'une préposition (**de, en**).
Ex. : *Prends l'autre couloir, celui de gauche.*

Pour désigner quelque chose de précis, on utilise **celui-ci** (plus près) et **celui-là** (plus loin).
Ex. : *- Vous voulez quel livre ? Celui-ci (ce livre-ci)
       ou celui-là (ce livre-là) ?
       - Je préfère celui (= le livre) qui est là, à gauche.*

- **Ce** (C') + <u>être</u> + <u>nom</u> ou <u>pronom</u>
Ex. : *C'est moi ! Ce sont mes cousins italiens.*
- **Ce** (C') + <u>être</u> + <u>adjectif masculin</u>
Ex. : *Les mathématiques, c'est intéressant.*
- **Cela** (dans la langue courante : **Ça**)
Ex. : *Comment ça va ? Répète-moi ça !*

LES PRONOMS INDÉFINIS   page 59

LA PLUPART, BEAUCOUP, PEU, AUCUN, TOUS, QUELQUES-UNS...

Ils remplacent un nom et servent à désigner d'une manière imprécise, incertaine, indéterminée des personnes ou des choses.

Ex. : *Avant les hommes n'avaient pas de congé parental, aujourd'hui en France, tous (= tous les hommes) y ont droit, mais quelques-uns (= quelques hommes) seulement en profitent.*

⚠ Ne pas les confondre avec les adjectifs indéfinis, qui leur ressemblent mais qui sont toujours accompagnés d'un nom avec lequel ils s'accordent.

LES NOMBRES

FORMATION DES NOMBRES
Les nombres sont en général invariables.
Ex. : *quatre copains / douze ans / cinquante euros...*

Cinq, six, huit, dix :
- nombre + nom commençant par une voyelle = liaison.
Ex. : *Il a dix‿ans. [dizã]*
- nombre + nom commençant par une consonne = pas de liaison.
Ex. : *Il a dix#mois. [dimwa]*

- La conjonction **et** apparaît entre les dizaines et 1 (un) ou 11 (onze) :
Ex. : *21 = vingt et un / 31 = trente et un / 41 = quarante et un.*
Ex. : *61 = soixante et onze, etc. sauf 81 = quatre-vingt-un et 91 = quatre-vingt-onze.*
- Un trait d'union (-) apparaît entre les dizaines et les unités :
Ex. : *22 = vingt-deux / 29 = vingt-neuf / 70 = soixante-dix, etc.*

- les dizaines **70** et **90**, **soixante-dix** et **quatre-vingt-dix**, sont formées sur la dizaine d'avant et donc on ajoute 11, 12, 13, etc. au lieu de 1, 2, 3.
Ex. : *91 = quatre-vingt-onze*

- 80 prend un **s** final quand il n'est pas suivi d'un autre nombre.
Ex. : *80 = quatre-vingts / 83 = quatre-vingt-trois*

LE VERBE

LES VERBES PRONOMINAUX

Certains verbes sont pronominaux (**se lever, s'habiller, se promener, se disputer**...). Ils se construisent avec un pronom sujet, un pronom réfléchi et le verbe.

Ex. : *Je m'amuse beaucoup mais elle, elle s'ennuie toujours.*

je	me	couche
tu	te	couches
il / elle / on	se	couche
nous	nous	couchons
vous	vous	couchez
ils / elles	se	couchent

Me / te / se deviennent **m' / t' / s'** devant une voyelle ou un **h** muet.
Ex. : *Il s'habille toujours en noir.*

je	m'	amuse
tu	t'	amuses
il / elle / on	s'	amuse
nous	nous	amusons
vous	vous	amusez
ils / elles	s'	amusent

Ex. : *Le matin, Clara s'amuse avec son chien.*

⚠ **Nous nous** amusons, **vous vous** amusez.

LE PASSÉ COMPOSÉ   page 22

Il exprime une action ou un fait terminé dans le passé. Il se construit avec **avoir** ou **être** au présent + le participe passé du verbe.

LE PASSÉ COMPOSÉ AVEC L'AUXILIAIRE *AVOIR*

Presque tous les verbes se conjuguent avec l'auxiliaire **avoir** au présent + participe passé. Ex. : *Hier, j'ai travaillé et le soir, j'ai regardé un film.*

⚠ Avec l'auxiliaire **avoir**, <u>on n'accorde pas</u> le sujet et le p. passé.
Ex. : *Hier, il a dîné au restaurant. / Hier, ils ont dîné au restaurant.*

LE PASSÉ COMPOSÉ AVEC L'AUXILIAIRE *ÊTRE*

⚠ Certains verbes, peu nombreux mais très fréquents, se conjuguent avec l'auxiliaire **être** + participe passé.

⚠ Avec l'auxiliaire **être**, on accorde le sujet et le participe au passé.
Ex. : *Elles sont passées chez Victor hier et ils sont allés au cinéma.*

deux cent un **201**

GRAMMAIRE

QUELS SONT LES VERBES QUI SE CONJUGUENT AVEC L'AUXILIAIRE ÊTRE ?

• Seize verbes exprimant le plus souvent une idée de **déplacement dans l'espace** ou de **changement d'état**

| arriver / partir
aller / venir (+ revenir)
tomber | monter / descendre
passer
retourner | sortir / (r)entrer
rester / devenir
naître / mourir
apparaître |

• **Tous** les verbes pronominaux : *se lever, se coucher, se dépêcher...*
⚠ Faites attention à la place du pronom réfléchi. À la forme négative, le **ne** se place immédiatement après le sujet.
Ex. : Nous **nous sommes** inscri**ts** à un cours de cuisine.
→ **Nous ne** nous sommes pas inscri**ts** à un cours.
Ex. : Ils **se sont** rencontré**s** à l'université.
→ **Ils ne** se sont pas rencontré**s** à l'université.

⚠ Cinq verbes (**monter / descendre - (r)entrer / sortir - passer**) peuvent utiliser l'auxiliaire **être** ou bien, s'il y a un complément d'objet direct après le verbe, l'auxiliaire **avoir**.
Comparez :
Ex. : Elle **est** montée au sixième étage à pied.
       Vous **avez** monté vos valises ?
Ex. : Nous **sommes** descendus à six heures
       Elle **a** descendu ses livres à la cave.
Ex. : Elle **est** rentrée très tard hier soir.
       Vous **avez** rentré toutes les informations sur l'ordinateur ?
Ex. : Elles **sont** sorties en boîte samedi ?
       J'**ai** sorti quelques photos pour toi.
Ex. : Anna **est** passée chez toi hier ?
       Anna **a** passé ses vacances en Écosse.

LE PARTICIPE PASSÉ : FORME

Les verbes en **-er** forment leur participe passé en **-é**.
Ex. : *Il est allé / Il a mangé...*
Pour les autres verbes, vérifiez dans votre précis de conjugaison **page 210**. La terminaison peut être :
• en **-i**.
Ex. : *Il a fini. / Il est parti.*
• en **-is**.
Ex. : *Il a pris. / Il a compris.*
• en **-it**.
Ex. : *Il a dit. / Il a écrit.*
• en **-ert**.
Ex. : *Il a offert. / Il a ouvert.*
• en **-u**.
Ex. : *Il a vu. / Il a lu. / Il a voulu.*

⚠ Il y a des verbes irréguliers.

| avoir → il a **eu**
être → il a **été**
faire → il a **fait** | naître → il est **né**
vivre → il a **vécu**
mourir → il est **mort** |

L'IMPARFAIT DE L'INDICATIF   page 54

EMPLOI

Comme le passé composé, l'imparfait est un temps du passé. Avec l'imparfait, on ne précise pas le début ou la fin d'une action. On emploie ce temps pour :

• **décrire une situation, quelqu'un ou quelque chose dans le passé.**
Ex. : *Il y a très longtemps, Paris s'appelait Lutèce.*
Ex. : *Avant, les femmes ne votaient pas et ne pouvaient pas travailler sans l'accord de leur mari. C'est très différent aujourd'hui.*
Ex. : *Autrefois, les hommes politiques ne savaient pas travailler leur image. Les conseillers en communication leur ont appris comment faire. Maintenant, ils savent très bien vendre leur image.*

• **décrire des habitudes dans le passé.**
Ex. : *Quand il était enfant, tous les ans, en septembre, il faisait les vendanges avec son père.*

FORMATION

On part du radical de la 1ʳᵉ personne du pluriel du présent (nous) et on ajoute les terminaisons **-ais, -ais, -ait, -ions, -iez, -aient**.
Ex. : *Avant, l'école commençait le 1ᵉʳ octobre et se finissait le 13 juillet.*

AVOIR	FINIR	VOULOIR
J'av**ais**	Je finiss**ais**	Je voul**ais**
Tu av**ais**	Tu finiss**ais**	Tu voul**ais**
Il / Elle / On av**ait**	Il / Elle / On finiss**ait**	Il / Elle / On voul**ait**
Nous av**ions**	Nous finiss**ions**	Nous voul**ions**
Vous av**iez**	Vous finiss**iez**	Vous voul**iez**
Ils / Elles av**aient**	Ils / Elles finiss**aient**	Ils/Elles voul**aient**

Il y a un seul verbe irrégulier : **être** mais les terminaisons sont toujours **-ais, -ais, -ait, -ions, -iez, -aient**.

ÊTRE
j'ét**ais**, tu ét**ais**, il / elle / on ét**ait**, nous ét**ions**, vous ét**iez**, ils / elles ét**aient**

Ex. : *La place de la Bourse était un immense parking.*

OPPOSITION PASSÉ COMPOSÉ / IMPARFAIT DANS LE RÉCIT   p. 70

Pour raconter quelque chose, on emploie en même temps le passé composé et l'imparfait.

Le passé composé exprime :
• les **faits**, les **actions**, les **événements**

L'imparfait exprime :
• la **situation**, le **décor**, le **contexte** ou les **commentaires**
Souvent, le passé composé vient mettre fin à une situation.

Ex. : *En 2005, je vivais à Madrid. Je travaillais dans une banque (description de la situation) et j'étais amoureux. (commentaire) Tout allait bien et j'étais heureux. Un jour, j'ai reçu (événement) une lettre très bizarre. On me disait (explication) que ma petite amie me trompait. Je ne pouvais pas le croire. (commentaire). Le soir même, je lui ai posé la question (événement), elle a tout avoué. Pour moi, c'était un énorme choc. (commentaire) Nous nous sommes séparés. (événement, action)*

LE FUTUR SIMPLE

page 98

FORMATION

Le futur se forme en général à partir de l'**infinitif** :
- verbes terminés par **-ER** ou **-IR**
→ terminaisons en **-ai**, **-as**, **-a**, **-ons**, **-ez**, **-ont**

TRAVAILLER	PARTIR
Je travailler**ai**	Je partir**ai**
Tu travailler**as**	Tu partir**as**
Il / Elle / On travailler**a**	Il / Elle / On partir**a**
Nous travailler**ons**	Nous partir**ons**
Vous travailler**ez**	Vous partir**ez**
Ils/Elles travailler**ont**	Ils/Elles partir**ont**

- verbes terminés par **-RE** (vendre, prendre, lire, écrire...)
→ on supprime le **-e** final et on ajoute les terminaisons.

COMPRENDRE	LIRE
Je comprendr**ai**	Je lir**ai**
Tu comprendr**as**	Tu lir**as**
Il / Elle / On comprendr**a**	Il / Elle / On lir**a**
Nous comprendr**ons**	Nous lir**ons**
Vous comprendr**ez**	Vous lir**ez**
Ils/Elles comprendr**ont**	Ils/Elles lir**ont**

⚠ Il y a des exceptions : **aller** (j'irai), **avoir** (j'aurai), **envoyer** (j'enverrai), **être** (je serai), **faire** (je ferai), **falloir** (il faudra), **pouvoir** (je pourrai), **savoir** (je saurai), **tenir** (je tiendrai), **venir** (je viendrai), **voir** (je verrai), **vouloir** (je voudrai).

EMPLOIS

On utilise le futur simple :
- pour parler d'un fait situé dans un avenir proche ou lointain, non encore réalisé.
Ex. : *Dans 2 mois, Tom **sera** médecin.*

- pour exprimer une promesse.
Ex. : *J'**arrêterai** de consulter mon smartphone la nuit. Promis !*

- pour faire des prévisions.
Ex. : *En 2050, on **fabriquera** des mains et des jambes en 3D.*

- pour parler de projets.
Ex. : *Je **nagerai** tous les jours, je **ferai** une heure de jogging le matin et comme ça, je **serai** prête pour le marathon !*

- pour exprimer un ordre.
Ex. : *Tu **feras** bien attention à ne pas trop t'entraîner !*

LE CONDITIONNEL PRÉSENT

page 115

FORMATION

Le conditionnel est une forme en **-R**, comme le futur. Pour les verbes en **-ER** et **-IR**, on part de l'infinitif et on ajoute les terminaisons de l'imparfait : **-ais**, **-ais**, **-ait**, **-ions**, **-iez** et **-aient**.

AIMER	PARTIR
J'aimer**ais**	Je partir**ais**
Tu aimer**ais**	Tu partir**ais**
Il / Elle / On aimer**ait**	Il / Elle / On partir**ait**
Nous aimer**ions**	Nous partir**ions**
Vous aimer**iez**	Vous partir**iez**
Ils/Elles aimer**aient**	Ils/Elles partir**aient**

⚠ Les verbes irréguliers sont les mêmes que pour le futur : **aller** (j'irais), **avoir** (j'aurais), **envoyer** (j'enverrais), **être** (je serais), **faire** (je ferais), **falloir** (il faudrait), **pouvoir** (je pourrais), **savoir** (je saurais), **tenir** (je tiendrais), **venir** (je viendrais), **voir** (je verrais), **vouloir** (je voudrais).

EMPLOIS

On utilise le conditionnel présent pour :
- demander quelque chose poliment avec les verbes **vouloir** et **pouvoir**.
Ex. : *Je **voudrais** du sel, vous **pourriez** m'en donner, s'il vous plaît ?*

- exprimer un désir, un souhait avec les verbes **aimer** et **vouloir**.
Ex. : *J'**aimerais** que mes enfants parlent français.*
Ex. : *Je **voudrais** apprendre à danser le tango.*

- conseiller, proposer ou suggérer quelque chose à quelqu'un avec les verbes **devoir**, **pouvoir** et **falloir**.
Ex. : *Tu ne **devrais** pas t'énerver avec tes voisins.*
Ex. : *On **pourrait** inviter les voisins demain soir.*
Ex. : *Il **faudrait** repeindre cette pièce en blanc, ce serait plus gai.*

- donner une information incertaine.
Ex. : *On m'a dit que Pierre **serait** sur le point de divorcer. Tu penses que c'est vrai ?*

LES VERBES MODAUX : POUVOIR, VOULOIR, DEVOIR, FALLOIR

POUVOIR + infinitif

POUVOIR	
Je **peux**	Nous **pouvons**
Tu **peux**	Vous **pouvez**
Il / Elle / On **peut**	Ils / Elles **peuvent**

EMPLOIS

On utilise le verbe **pouvoir** pour :
- demander ou donner une permission, une autorisation.
Ex. : *Je **peux** vous tutoyer ?*

- exprimer la capacité de faire quelque chose.
Ex. : *Il **peut** rester trois jours sans dormir.*

VOULOIR + nom ou + infinitif

VOULOIR	
Je **veux**	Nous **voulons**
Tu **veux**	Vous **voulez**
Il / Elle / On **veut**	Ils / Elles **veulent**

deux cent trois 203

GRAMMAIRE

EMPLOIS

On utilise le verbe **vouloir** pour :
• exprimer une volonté, un désir, un souhait.
Ex. : *Elle **veut** créer une entreprise de décoration.*

• exprimer une demande polie. Le verbe est souvent au conditionnel. Ex. : *Je **voudrais** m'asseoir, s'il vous plaît.*

DEVOIR + nom ou + infinitif

DEVOIR	
Je **dois**	Nous **devons**
Tu **dois**	Vous **devez**
Il / Elle / On **doit**	Ils / Elles **doivent**

EMPLOIS

On utilise le verbe **devoir** pour :
• exprimer une obligation ou une interdiction personnelle.
Ex. : *Vous ne **devez** pas faire du bruit après 22 h.*

• exprimer la probabilité, l'hypothèse.
Ex. : *Le bébé pleure. Il **doit** avoir faim.*

FALLOIR + nom ou + infinitif
Le verbe **falloir** est toujours à la forme impersonnelle : **il faut**.

EMPLOIS

• On utilise **il faut** + **nom** pour dire ce qui est nécessaire pour faire quelque chose.
Ex. : *Qu'est-ce qu'**il** te **faut** pour préparer le dîner ?*

• On utilise **il faut** + infinitif pour exprimer une obligation ou une interdiction générale.
Ex. : *Il ne **faut** pas laisser les vélos sous les escaliers de l'immeuble.*

LES ADVERBES   page 149
FORMATION

• En général, pour former un adverbe, on ajoute le suffixe **–ment** au féminin de l'adjectif : *Social → Sociale → Socialement*
Ex. : *Vous avez un projet social**ment** innovant ?*

• Quand l'adjectif se termine par **-i**, **-é**, **-u**, **-un**, on ajoute le suffixe au masculin de l'adjectif : *Vrai → Vraiment*
Ex. : *vrai → C'est vra**iment** difficile de savoir à qui faire la bise.*

• Quand l'adjectif se termine par **-ant** ou **-ent**, on ajoute, en général, le suffixe **-amment** ou **-emment** :
Prudent → Prudemment
Ex. : *prudent → Quand on lance son entreprise, il faut avancer prud**emment** pour ne pas commettre d'erreurs.*

SE SITUER DANS LE TEMPS   pages 72 146
Des verbes pour marquer le déroulement d'une action :
• **aller** + infinitif : l'action va se réaliser dans un avenir proche.
Ex. : *On **va** organiser une fête samedi.*
• **commencer à / se mettre à** + infinitif : l'action commence.
Ex. : *On **commence** notre MOOC aujourd'hui.*
• **être en train de** + infinitif : l'action est en cours de réalisation.
Ex. : *Je **suis en train de** suivre un cours d'espagnol.*
• **être** (à l'imparfait) **en train de** + infinitif : l'action se réalisait dans le passé.
Ex. : *Nous **étions en train de** dîner et je me suis endormie sur la table ! Quelle honte !*
• **continuer à** + infinitif : l'action continue.
Ex. : *Je **continue à** pratiquer d'autres sports pour me préparer.*

LES MARQUEURS TEMPORELS
POUR PARLER D'UN MOMENT PRÉCIS   page 39

• **article** + date ou nom
Ex. : *Nous sommes **le** dimanche 25 mai.*
• **à** + heure
Ex. : *Il est arrivé **à** midi.*
• **en** + mois ou année
Ex. : *Il est né **en** mai / **en** 1997.*
• **en / au** + saison
Ex. : *Il ouvrira **en** été ou **au** printemps.*
• **dans** + nom
Ex. : *Je passerai **dans** l'après-midi ou **dans** la soirée.*
• **avant / après** + nom
Ex. : *Il n'y a plus de train **après** minuit.*
• **à partir de** + date
Ex. : *À partir du 1er juillet, les tarifs augmenteront*
• **jusqu'à / au** + date / **jusqu'en** + mois ou année
Ex. : *Les travaux dureront **jusqu'en** 2021.*

POUR PARLER D'UN MOMENT DANS LE PASSÉ

• *Hier, il y a trois jours, la semaine dernière, l'année dernière.*
Ex. : ***Aujourd'hui**, il fait beau mais **hier** il a plu sans arrêt !*

POUR EXPRIMER UNE PÉRIODE

• *Dans les années 20, dans les années 30…*
Ex. : ***Dans les années 20**, on dansait le charleston.*

POUR PARLER D'UN INTERVALLE DE TEMPS ENTRE DEUX DATES

• *De… à.* Ex. : *Ils ont vécu à Beyrouth **de** 2005 **à** 2009.*

POUR EXPRIMER UNE IDÉE DE DURÉE DANS LE PASSÉ

• *Pendant.* Ex. : *Elle a habité à Lyon **pendant** cinq ans.*

LES MARQUEURS DE CONTINUITÉ ET DE DISCONTINUITÉ   p. 56

On peut exprimer la continuité dans le présent en utilisant :
• les adverbes **toujours** et **encore**.
Ex. : *Mon grand-père utilise **encore** sa machine à écrire.*
• le verbe **continuer à**.
Ex. : *Aujourd'hui, les gens **continuent à** voyager en train.*

204 deux cent quatre

On peut exprimer la discontinuité ou l'interruption en utilisant :
- l'adverbe *ne... plus*.
Ex. : *Les disquettes ? Ça n'existe plus.*
- le verbe *arrêter de*.
Ex. : *Aujourd'hui, en France, on a arrêté de fumer au restaurant.*

POUR PARLER D'ACTIONS SIMULTANÉES   page 57

La subordonnée avec *quand*
Dans le présent
- L'adverbe *quand* + présent de l'indicatif
Ex. : *Quand nous partons en vacances, nous prenons l'avion.*

Dans le passé
- L'adverbe *quand* + imparfait de l'indicatif
Ex. : *Quand ses parents étaient jeunes, ils voyageaient en train.*

LES MARQUEURS PAR RAPPORT AU PRÉSENT   p. 39 99

DANS LE PASSÉ	DANS LE PRÉSENT	DANS LE FUTUR
Hier	Aujourd'hui	Demain
Avant-hier	Ce matin	Dans trois jours
Il y a trois jours	Cet après-midi	La semaine prochaine
La semaine dernière	Ce soir	Le mois prochain
Le mois dernier	Cette semaine	L'année prochaine
L'année dernière	Ce mois-ci	(ou l'an prochain)
(ou l'an dernier)	Cette année	
À ce moment-là*	En ce moment	À ce moment-là
À cette époque-là*	Actuellement	Plus tard
Avant	Maintenant	Dans dix ans
Autrefois	De nos jours	Dans l'avenir
Dans le temps	À présent	Dans le futur

À cette époque-là
Ex. : *En 2000, je vivais à Marseille. À cette époque-là, j'étais professeur de maths...*

À ce moment-là
Ex. : *En 2030, je serai à la retraite. À ce moment-là, je vivrai certainement aux Baléares.*

SE SITUER DANS L'ESPACE   page 146

Des verbes pour marquer le déroulement d'une action :
- *aller* + infinitif : l'action va se réaliser dans un avenir proche.
Ex. : *On va organiser une fête samedi.*

LA NÉGATION   pages 23 145

En français, la négation des verbes est exprimée par 2 particules.
ne... pas / ne... jamais / ne... rien / ne... plus / ne..... pas encore

LA NÉGATION TOTALE

Ne... pas : *Vous parlez français ? Non, je ne parle pas français.*
→ La négation porte sur la totalité de la phrase.

LA NÉGATION PARTIELLE

Ne... jamais / ne... rien / ne... plus / ne..... pas encore / ne... personne
Ex. : *Je ne parle pas encore français.*

PLACE DE LA NÉGATION AVEC UN TEMPS SIMPLE
Dans les temps simples, ces 2 particules se placent autour du verbe.
Ex. : *Il ne voyage plus en avion, il a peur.*

PLACE DE LA NÉGATION AVEC UN TEMPS COMPOSÉ   page 23

- Sujet + *ne* + auxiliaire + *pas / jamais / rien* + participe passé
Ex. : *Il n'a jamais assisté à ce cours.*
Ex. : *Hier, je n'ai rien fait.*

- Sujet + *ne* + auxiliaire + participe passé + *personne / aucun*
Ex. : *Je n'ai rencontré personne à cet atelier de cuisine en français.*

LA NÉGATION   page 145

⚠ On ne peut pas avoir en même temps *pas* et une autre négation : *rien, jamais, plus, personne...*

DÉJÀ →	*ne / n'... pas encore* : action réalisée plus tard
	ne / n'... jamais : action non réalisée

Ex. : - *Tu connais déjà le directeur ?*
- *Non, je ne le connais pas encore mais je vais le rencontrer.*
Ex. : - *Tu es déjà partie en vacances ?*
- *Je ne pars jamais en vacances l'été. Je déteste la chaleur.*

ENCORE →	*ne / n'... plus* : action réalisée mais terminée

Ex. : - *Tu manges encore de la viande ?*
- *Non, je n'en mange plus.*

QUELQUE CHOSE →	*ne / n'... rien* : = quantité 0

Ex. : - *Tu vois quelque chose ?*
- *Non, je ne vois rien.*

QUELQU'UN →	*ne / n'... personne* : = quantité 0

Ex. : - *Tu attends quelqu'un ?*
- *Non, je n'attends personne.*

LES PRÉPOSITIONS

LES PRÉPOSITIONS DE LIEU   page 41

les fenêtres sont **derrière** les rideaux
les tableaux sont **au-dessus** de la TV
les fleurs sont **à côté** du lit
la fenêtre est **à gauche** du canapé
le lit est **contre** le mur
le canapé est **devant / en face de** la TV
le lit est **à droite** du canapé
le coussin rouge est **au milieu** du lit
le tapis est **sous** le lit
la TV est **sur** le meuble

deux cent cinq **205**

GRAMMAIRE

LES EXPRESSIONS LEXICALES — page 42

- Indiquant la matière : **en** + nom
Ex. : *une table **en** bois*
- Indiquant une fonction ou un lieu : **de** + nom
Ex. : *une table **de** nuit / des meubles **de** jardin / une robe **du** soir*
- Indiquant le contenu : **de** + nom
Ex. : *une tasse **de** café*
- Indiquant une utilisation possible : **à** + nom / **à** + infinitif
Ex. : *une tasse **à** café / une machine **à** laver*

L'EXPRESSION DE L'OBLIGATION — p. 112

L'OBLIGATION
Il faut + verbe à l'infinif
*Il est obligatoire **de*** + verbe à l'infinif
*Il est impératif **de*** + verbe à l'infinif

L'AUTORISATION
*Il est permis **de*** + verbe à l'infinif
*Il est possible **de*** + verbe à l'infinif

L'INTERDICTION
Il ne faut pas + verbe à l'infinif
*Il n'est pas permis **de*** + verbe à l'infinif
*Il est interdit **de*** + verbe à l'infinif

LE CONSEIL
Il vaut mieux + verbe à l'infinif
*Il est recommandé **de*** + verbe à l'infinif
*Il faut éviter **de*** + verbe à l'infinif

L'IMPÉRATIF (RAPPEL) — page 96

IMPÉRATIF AFFIRMATIF	IMPÉRATIF NÉGATIF
écoute écoutons écoutez	n'écoute pas n'écoutons pas n'écoutez pas
pars partons partez	ne pars pas ne partons pas ne partez pas
arrête-toi arrêtons-nous arrêtez-vous	ne t'arrête pas ne nous arrêtons pas ne vous arrêtez pas

L'impératif a les mêmes formes que le présent mais il n'y a que trois personnes : **tu** / **nous** / **vous** et le **-s** de la 2ᵉ personne du singulier des verbes en **-er** disparaît.

IMPÉRATIF AFFIRMATIF
FORMATION

⚠ Il y a trois verbes irréguliers : **avoir** (aie, ayons, ayez), **être** (sois, soyons, soyez) et **savoir** (sache, sachons, sachez).
Ex. : *Ayez un peu de patience ! Soyons un peu plus solidaires !*

EMPLOI
L'impératif affirmatif exprime :
- **l'ordre.** Ex. : *Allez ! / Déconnecte !*
- **le conseil.** Ex. : *Fais du yoga, ça te fera du bien.*

À l'impératif affirmatif, les pronoms personnels sont derrière le verbe et pour la 2ᵉ personne du singulier on utilise **toi**.

IMPÉRATIF NÉGATIF
FORMATION

L'impératif négatif se forme avec **ne** + le verbe au présent + **pas** / **rien** / **plus** / **jamais**...
Ex. : **Ne** reste **pas** deux heures devant ton ordinateur !
N'oublie **jamais** d'éteindre ton portable la nuit !

À l'impératif négatif, le pronom est entre **ne** et le verbe.
Ex. : **Ne** t'inscris **pas** maintenant, attends un peu !
Ne vous inquiétez **pas**, vous allez réussir !

EMPLOI
L'impératif négatif exprime :
- **l'interdiction, la défense.** Ex. : *Ne sors pas tout seul !*
- **le désir de rassurer quelqu'un.** Ex. : *Ne vous inquiétez pas !*

L'EXPRESSION DU SOUHAIT — page 144

Pour exprimer un souhait, on peut utiliser :
- **J'espère que** + verbe au futur.
Ex. : **J'espère que** les gens comme toi évolueront.

- **Je souhaite** + infinitif.
Ex. : **Je souhaite** devenir légisboteur pour défendre les droits des robots.

- **Je voudrais** + infinitif.
Ex. : **Je voudrais** garder des liens avec mes semblables.

- **J'aimerais beaucoup** + infinitif.
Ex. : **J'aimerais beaucoup** vivre 100 ans.

L'EXPRESSION DE LA PROBABILITÉ — p. 147

Pour exprimer une quasi-certitude (c'est presque sûr), on utilise :
- **si** + verbe au présent, verbe au futur.
Ex. : **Si** l'entreprise a de très bons résultats, je pourrai augmenter le salaire de mes employés.

- **Il est très probable que** + indicatif.
Ex. : **Il est très probable qu'**il délocalise l'entreprise.

- **Je ne crois pas... que** + indicatif
  / **Je ne pense pas... que** + indicatif
Ex. : **Je ne crois pas qu'**il peut accepter le poste.
Ex. : **Je ne pense pas qu'**il va partir en vacances cette année.

LES RELATIONS LOGIQUES
LA CAUSE — page 27

Pour exprimer la cause, on utilise :
- **parce que** / **car** / **comme** + proposition.

- *à cause de* / *grâce à* + nom ou pronom.
- avec **parce que** + proposition, on donne une explication. **Parce que** répond à la question : *Pourquoi ?*
Ex. : - Pourquoi tu aimes les MOOCs ?
- **Parce que** j'apprends de nouvelles choses tous les jours.

- **car** + proposition a le même sens que **parce que** mais est majoritairement utilisé à l'écrit.
Ex. : Je souhaite changer de groupe **car** celui-ci est trop difficile pour moi.
- avec **comme** + proposition, on souligne la relation évidente entre la cause et le résultat.
Ex. : **Comme** il ne se sentait pas à l'aise dans ce cours, il a abandonné.
⚠ **Comme** se place toujours en début de phrase.

- **grâce à** + nom ou pronom : idée de cause positive.
Ex. : **Grâce à** la formation en ligne, on peut se former à la maison et à son rythme.

- **à cause de** + nom ou pronom : idée de cause négative.
Ex. : Il a eu du mal à s'adapter **à cause du** climat.

LE BUT   page 132

Le but est le résultat, l'objectif que l'on cherche à atteindre. Pour exprimer une idée de but, on utilise le plus souvent.
- **pour** + infinitif.
Ex. : Je vais au travail en covoiturage **pour** protéger la planète.
- **pour ne pas** + infinitif.
Ex. : Je lave ma voiture 1 fois par mois **pour ne pas** gaspiller de l'eau.
- **Afin de / d'** + infinitif (plus formel).
Ex. : Nous finançons un projet **afin d'**être plus solidaires et **pour** encourager la création d'entreprise dans notre ville.

L'OPPOSITION   page 148

Pour marquer une opposition dans une même phrase, on utilise : **mais / alors que / tandis que / en revanche / par contre**.

- **Mais** relie deux éléments de la phrase.
Ex. : Il aime travailler **mais** pas le dimanche.
- **Alors que** + indicatif ou + conditionnel.
Ex. : Les bons patrons favorisent l'autonomie de leurs employés **alors que** les mauvais patrons refusent de déléguer.
- **Tandis que** (plus formel et avec plus de contrastes).
Ex. : Je travaille la nuit **tandis que** ma femme travaille la journée.
- **en revanche** insiste sur l'opposition.
Ex. : Il travaille toute cette semaine. **En revanche**, il a 3 jours de libre à la fin du mois pour récupérer.

L'HYPOTHÈSE (1)

Quand la condition se situe dans le présent, la conséquence peut être soit dans le présent soit dans le futur.

Hypothèse ayant une conséquence dans le futur :   page 100
- **Si** + verbe au présent, verbe au futur simple :
Ex. : **S'**ils acceptent ton projet, tu pourras monter ta boîte.

L'HYPOTHÈSE (2)

Hypothèse qui a peu de chances de se réaliser :   page 147
- **Si** + imparfait, conditionnel présent :
Ex. : **Si** j'étais riche, je monterais ma propre boîte.

GRAMMAIRE DE LA COMMUNICATION

DONNER SON AVIS SUR QUELQU'UN OU QUELQUE CHOSE   page 26

- *Penser que, croire que, trouver que*
Ex. : - **Je pense qu'**il faut réviser toute la leçon pour demain.
- **Je crois que** tu as raison.
Ex. : J'aime bien ce prof, je **trouve qu'**il explique bien.
- *Avoir l'impression que*
Ex. : J'**ai l'impression qu'**il a fait des progrès en français.
- *sembler / paraître / avoir l'air* + adjectif.
Ex. : Il **a l'air** sympa, il **semble** intelligent.
- *À mon avis, ...*
Ex. : **À mon avis**, tu devrais prendre des notes.
- *Pour moi, ...*
Ex. : **Pour moi**, la meilleure façon d'apprendre des langues, c'est de voyager !

PROPOSER / CONSEILLER / ORDONNER / INTERDIRE

- Proposer quelque chose.
Ex. : Tu **as envie de** sortir ce soir ?
Et si on sortait ce soir ? / **On pourrait** sortir ce soir ?

- Conseiller quelque chose.
Ex. : **Tu devrais** te reposer.
À ta place, je ne m'inquièterais pas. / **Ne t'inquiète pas !**

- Ordonner quelque chose.
Ex. : **Fermez** la porte !
Vous devez terminer ce travail avant 18 h. / **Il faut** partir !

- Interdire quelque chose.
Ex. : **Ne téléphonez pas** au volant.
Défense de fumer. / **On ne doit pas** faire de bruit après 22 h.

ACCEPTER / REFUSER   page 117

- Accepter une proposition, une idée :
D'accord / C'est une bonne idée / Tu as raison / Je suis de ton avis - Je partage tout à fait ton avis / Pas de problème / Bien sûr
- Refuser une proposition, une idée :
Non, merci / Je ne suis pas d'accord / Je ne suis pas de votre avis / Il n'en est pas question / C'est vraiment impossible / Je regrette

EXPRIMER SES RÉACTIONS ET ÉMOTIONS   p. 24

- *Avoir du mal à / Ne pas arriver à / Avoir peur de / Avoir l'impression que* + infinitif
Ex. : J'**ai du mal à** suivre le prof / J'**ai peur de** ne pas réussir.
- *Être bien* (+) / *Être à l'aise* (+) / *Être mal* (-) / *Être mal à l'aise* (-)
Ex. : Je **suis mal à l'aise** quand je dois parler anglais en public.

deux cent sept **207**

GRAMMAIRE

EXPRIMER LA PROBABILITÉ — page 101

Certainement (*pas*) / *Sûrement* (*pas*) / *Sans doute* (*pas*) / *Probablement* (*pas*) / *Peut-être* (*pas*)

+ ⟷ −

COMPARER

LES COMPARATIFS DE SUPÉRIORITÉ, D'ÉGALITÉ ET D'INFÉRIORITÉ — page 38

	SUPÉRIORITÉ +	ÉGALITÉ =	INFÉRIORITÉ −
Avec un adjectif	**plus** + adj + **que** Cet appartement est **plus** grand **que** l'autre.	**aussi** + adj + **que** Les appartements sont **aussi** chers à Paris **qu'**à Londres.	**moins** + adj + **que** Cette maison est **moins** agréable **que** la tienne.
Avec un nom	**plus** + nom + **que** Il y a **plus de** soleil dans la cuisine **que** dans la chambre.	**autant de** + nom + **que** Il y a **autant de** bruit dans cette chambre **que** dans le salon !	**moins de** + nom + **que** Il y a beaucoup **moins de** pollution à la campagne **qu'**en ville.
Avec un verbe	verbe + **plus** + **que** Il gagne un peu **plus qu'**elle.	verbe + **autant** + **que** Elle travaille **autant que** lui.	**moins... que** En ville, on connaît **moins** ses voisins **qu'**à la campagne.

⚠ Attention aux comparatifs irréguliers :
- ~~plus bon~~ → **meilleur**
Ex. : *Le climat est meilleur à Montpellier qu'à Paris.*
- ~~plus bien~~ → **mieux**
Ex. : *On vit **mieux** à la campagne qu'en ville, à votre avis ?*

LES SUPERLATIFS — page 39

C'est la forme absolue de la comparaison de supériorité ou d'infériorité.

	SUPÉRIORITÉ +	INFÉRIORITÉ −
Avec un adjectif	**le plus** + adj Quel est le studio **le plus** grand ?	**le moins** + adj C'est l'appartement **le moins** cher.
Avec un nom	**le plus de** + nom Quel appartement a **le plus de** pièces ?	**le moins de** + nom C'est dans cette pièce qu'il y a **le moins de** soleil.
Avec un verbe	verbe + **le plus** C'est moi qui travaille **le plus**.	verbe + **le moins** C'est à Nice qu'il pleut **le moins**.

⚠ Attention aux superlatifs irréguliers :
- ~~le plus bon~~ → **le meilleur**
Ex. : *C'est **le meilleur** quartier de la ville !*
- ~~le plus bien~~ → **le mieux**
Ex. : *Où est-ce qu'on vit **le mieux** en France, à votre avis ?*

LA CONSTRUCTION DES VERBES

acheter	qqch (à qqn)	Il **a acheté** un cadeau **à** sa sœur.
aimer	qqn qqch + infinitif	J'**aime** mon copain Nicolas. J'**aime** le sport. J'**aime** beaucoup danser.
aller	à, à la, au, chez + infinitif	Ce soir on **va chez** Tom et après on **va au** cinéma. Demain, on **va dîner chez** Sonia. (→ futur proche)
appeler	qqn	On dîne ! **Appelle** ton père ! Tu **as appelé** ta grand-mère ?
apporter	qqch (à / aux qqn)	J'**ai apporté** des chocolats **aux** enfants.
apprendre	qqch qqch à qqn à + infinitif	Il n'**a** pas **appris** sa leçon, il ne la sait pas. Il **a appris** la bonne nouvelle à son père. Elle n'a jamais **appris à** conduire.
arriver	à faire qqch	Je n'**arrive** pas **à faire** cet exercice. Tu peux m'aider ?
attendre	qqn qqch	Tu **attends** Lou ? Elle arrive tout de suite. Elle **attend** un mail de son patron.
avoir	qqn qqch + âge + yeux, cheveux… + …	Ils **ont** deux enfants. J'**ai eu** un scooter l'an dernier. Il **a** dix-sept ans. J'**ai** les yeux noirs et les cheveux bruns. **avoir** peur, **avoir** mal, **avoir** faim, **avoir** soif, **avoir** chaud, **avoir** froid (sans article)
avoir besoin de	qqn qqch infinitif	J'**ai besoin de** toi. Il **a besoin de** lunettes. Il est fatigué, il **a besoin de** dormir.
avoir envie de	qqch infinitif	J'**ai envie d'**un bon chocolat chaud. J'**ai envie d'aller** à la plage cet été.
changer	de + qqn ou qqch	Elle **change de** copains toutes les semaines ! Tu **changes de** robe ?
commencer	qqch à + infinitif	J'**ai commencé** le judo l'année dernière. Tu **commences à** travailler à quelle heure ?
comprendre	qqn qqch	Il ne **comprend** pas son frère. Je ne **comprends** pas tes explications.
connaître	qqn qqch	Tu **connais** cette actrice ? On ne **connaît** pas encore Paris.
continuer	qqch à (de) + infinitif	Je veux **continuer** le judo l'an prochain. Il **continue à (de)** pleuvoir.
croire	qqn à qqch / qqch que	Il ne faut pas toujours **croire** ses amis. Je ne **crois** pas **à** tes histoires ! Je **crois qu'**il est parti. (→ je pense que)
demander	qqn qqch (à qqn) à qqn de + infinitif	On **demande** un spécialiste en informatique. **Demande** la permission **à** tes parents. Il **a demandé à** ses parents **de** passer le week-end chez Lucas.
dépêcher (se)	de + infinitif	**Dépêche-toi de** t'habiller ! Tu vas être en retard !

208 deux cent huit

détester	qqn qqch + infinitif	*Je **déteste** ce garçon, il est horrible !* *Ils **détestent** le foot.* *Il **déteste** se lever tôt.*
devoir	qqch (à qqn) qqch + inf.	*Je vous **dois** combien ?* *On **doit** être à la gare à sept heures.*
dire	qqch (à qqn) à qqn de + inf. + que	*Tu lui **as dit** la vérité ?* *Elle **a dit** à sa fille **de** se dépêcher.* *Ils **disent** qu'ils sont très contents.*
donner	qqch (à qqn) sur	*On **a donné** un cadeau à Lucie pour ses 15 ans.* *La cuisine **donne** sur la rue.*
écrire	qqch qqch à qqn à qqn + infinitif à qqn + **que**	*Il **a écrit** un roman policier.* *Tu **as écrit** un SMS à Laure ?* *Je lui **ai écrit** de venir chez moi à Noël.* *Il nous **écrit** **que** tout va bien.*
entendre	qqn qqch que	*Tu **as entendu** le bébé ?* *Chut ! J'**ai entendu** un bruit dans le jardin.* *J'**ai entendu** à la radio **qu'**il va neiger demain.*
essayer	qqch de + infinitif	*Je peux **essayer** cette veste, s'il vous plaît ?* *Je vais **essayer** de travailler un peu plus cette année.*
être	+ adjectif + métier qqn + lieu + heure	*Elle **est** chinoise.* *Il **est** architecte. (sans article !)* *Tu **es** la sœur d'Alexandre ?* *Salut ! On **est** à Montréal !* *Il **est** dix heures.*
expliquer	qqch (à qqn) à qqn que	*Tu peux m'**expliquer** cet exercice de maths, s'il te plaît ?* *Le professeur nous **explique** qu'il sera absent deux jours.*
faire	qqch + activité + mesure + prix + durée Il fait + temps	*On **fait** un gâteau ?* *Je **fais** du piano et Léo **fait** du judo.* *L'appartement **fait** 100 m².* *Ça **fait** 18 euros.* *Ça **fait** deux heures que je t'attends !* *Il **fait** chaud, Il **fait** froid. (il impersonnel)*
il faut	qqch infinitif	*Il **faut** un plan pour y arriver.* *Pour l'examen, il **faut** se préparer !*
finir	qqch **de** + infinitif **par** + infinitif	*Finis ton travail, tu iras jouer après.* *Elle **finit** **de** travailler à 18 h.* *Il a **fini** **par** réussir à avoir son diplôme.*
habiter	à + ville/en + pays/ dans chez	*Il **habite** rue de Belleville ou Bénard ?* *Tu **habites** à Lyon ou à Marseille ?* *Elle **habite** dans une belle maison.* *Vous **habitez** chez vos parents ?*
interdire	à qqn de + inf.	*C'est interdit !* *Je vous **interdis** de parler comme ça !*
inviter	qqn qqn + à + nom qqn + à + infinitif	*Tu **as invité** tous tes copains ?* *Il nous **invite** à son anniversaire.* *Je vous **invite** à déjeuner dimanche.*
mettre	qqch qqch + lieu + durée	*Je **mets** ma veste rouge ou noire ?* *Mets ton passeport dans ton sac.* *On a **mis** trois heures pour faire vingt kilomètres.*

parler	+ une langue à qqn de qqn de qqch	*Il a six mois il ne **parle** pas encore.* *Elle **parle** anglais, français et italien.* *Il ne **parle** plus à Vanessa. Ils sont fâchés.* ***Parle**-moi **de** tes copains.* ***Parle**-moi **de** tes cours.*
partir	+ lieu (à, en, au)	*On peut **partir** ?* *Tu **pars** à Rome ? Non, je ne **pars** pas en Italie, je **pars** au Portugal.*
passer	qqch à qqn + lieu + infinitif	*Tu me **passes** ton livre ? (→ donner, prêter)* *Je **suis passée** chez toi ce matin.* ***Passe** à la boulangerie. Pour aller en Allemagne, tu **passes** par Strasbourg ?* *Je **passerai** te chercher à huit heures.*
penser	à qqn à qqch qqch de qqn qqch de qqch à + infinitif que	***Pense** à moi. Ne m'oublie pas !* *Tu **as pensé** à son anniversaire ?* *Qu'est-ce que tu **penses** de Mathias ? Tu l'aimes bien ?* *Qu'est-ce que tu **penses** de ce livre ?* *Je n'**ai** pas **pensé** à faire ce devoir.* *Tu **penses** qu'il va réussir son examen ?*
permettre	qqch à qqn à qqn de + infinitif	*Elle ne **permet** rien à personne !* *Tu me **permets** de sortir ce soir ?*
prendre	qqch + une direction + transport	*Qu'est-ce que tu **prends** ? Un café ?* *Je vais **prendre** des oranges et un ananas. Il m'a **pris** mon stylo !* ***Prenez** la 2ᵉ rue à gauche.* *On **prend** le bus ou le métro ?*
répondre	à qqn que	*Il t'a dit merci. **Réponds**-lui !* *Il te demande de l'argent ? **Réponds**-lui **que** tu n'en as pas.*
savoir	qqch + infinitif que comment où quand pourquoi	*Il ne **sait** pas dessiner.* *Tu **sais que** ta grand-mère vient dîner ce soir ?* *Je ne **sais** pas **comment** faire Elle ne **sait** pas **où** aller.* *Tu sais **quand** ça commence ?* *Je ne sais pas **pourquoi** elle est en colère.*
se souvenir	de qqn de qqch que	*Il ne se **souvient** pas **de** son grand-père.* *Tu te **souviens de** nos vacances en Espagne ?* *Je me **souviens** qu'il faisait très chaud !*
téléphoner	à qqn	*Si tu as un problème, **téléphone**-moi !*
tenir	qqch qqn	***Tiens** bien ma main !* ***Tiens** ta petite sœur, elle va tomber.*
tourner	+ partie du corps à + direction	***Tournez**-vous. Oui, la jupe vous va très bien.* *Il ne faut pas **tourner** le dos aux gens.* ***Tournez** à droite*
venir	+ lieu	*Tu **viens** chez moi ?* *Il **vient** de Suède ou de Norvège ?*
vouloir	qqch + infinitif	*Vous **voulez** des croissants ou des toasts ?* *Elle ne **veut** pas rester toute seule à la maison.*

deux cent neuf **209**

CONJUGAISON

VERBES AUXILIAIRES

	PRÉSENT	PASSÉ COMPOSÉ	IMPARFAIT	FUTUR SIMPLE	CONDITIONNEL PRÉSENT	IMPÉRATIF
ÊTRE (ÉTÉ)	je suis tu es Il/Elle/On est nous sommes vous êtes ils/elles sont	j'ai été tu as été Il/Elle/On a été nous avons été vous avez été ils/elles ont été	j'étais tu étais Il/Elle/On était nous étions vous étiez ils/elles étaient	je serai tu seras Il/Elle/On sera nous serons vous serez ils/elles seront	je serais tu serais Il/Elle/On serait nous serions vous seriez ils/elles seraient	sois soyons soyez
AVOIR (EU)	j'ai tu as Il/Elle/On a nous avons vous avez ils/elles on	j'ai eu tu as eu Il/Elle/On a eu nous avons eu vous avez eu ils/elles ont eu	j'avais tu avais Il/Elle/On avait nous avions vous aviez ils/elles avaient	j'aurai tu auras Il/Elle/On aura nous aurons vous aurez ils/elles auront	j'aurais tu aurais Il/Elle/On aurait nous aurions vous auriez ils/elles auraient	aie ayons ayez

VERBES PRONOMINAUX

	PRÉSENT	PASSÉ COMPOSÉ	IMPARFAIT	FUTUR SIMPLE	CONDITIONNEL PRÉSENT	IMPÉRATIF
SE COUCHER (COUCHÉ)	je me couche tu te couches Il/Elle/On se couche nous nous couchons vous vous couchez ils/elles se couchent	je me suis couché(e) tu t'es couché(e) Il/Elle/On s'est couché(e) nous nous sommes couché(e)s vous vous êtes couché(e)(s) ils/elles se sont couché(e)s	je me couchais tu te couchais Il/Elle/On se couchait nous nous couchions vous vous couchiez ils/elles se couchaient	je me coucherai tu te coucheras Il/Elle/On se couchera nous nous coucherons vous vous coucherez ils/elles se coucheront	je me coucherais tu te coucherais Il/Elle/On se coucherait nous nous coucherions vous vous coucheriez ils/elles se coucheraient	couche-toi couchons-nous couchez-vous
SE LEVER (LEVÉ)	je me lève tu te lèves Il/Elle/On se lève nous nous levons vous vous levez ils/elles se lèvent	je me suis levé(e) tu t'es levé(e) Il/Elle/On s'est levé(e) nous nous sommes levé(e)s vous vous êtes levé(e)(s) ils/elles se sont levé(e)s	je me levais tu te levais Il/Elle/On se levait nous nous levions vous vous leviez ils/elles se levaient	je me lèverai tu te lèveras Il/Elle/On se lèvera nous nous lèverons vous vous lèverez ils/elles se lèveront	je me lèverais tu te lèverais Il/Elle/On se lèverait nous nous lèverions vous vous lèveriez ils/elles se lèveraient	lève-toi levons-nous levez-vous
S'APPELER (APPELÉ)	je m'appelle tu t'appelles Il/Elle/On s'appelle nous nous appelons vous vous appelez ils/elles s'appellent	je me suis appelé(e) tu t'es appelé(e) Il/Elle/On s'est appelé(e) nous nous sommes appelé(e)s vous vous êtes appelé(e)(s) ils/elles se sont appelé(e)s	je m'appelais tu t'appelais Il/Elle/On s'appelait nous nous appelions vous vous appeliez ils/elles s'appelaient	je m'appellerai tu t'appelleras Il/Elle/On s'appellera nous nous appellerons vous vous appellerez ils/elles s'appelleront	je m'appellerais tu t'appellerais Il/Elle/On s'appellerait nous nous appellerions vous vous appelleriez ils/elles s'appelleraient	– – –

VERBES IMPERSONNELS

Ces verbes ne se conjuguent qu'à la troisième personne du singulier et avec le pronom sujet *il*.

	PRÉSENT	PASSÉ COMPOSÉ	IMPARFAIT	FUTUR SIMPLE	CONDITIONNEL PRÉSENT	IMPÉRATIF
FALLOIR (FALLU)	il faut	il a fallu	il fallait	il faudra	il faudrait	–
PLEUVOIR (PLU)	il pleut	il a plu	il pleuvait	il pleuvra	il pleuvrait	–

Les participes passés figurent entre parenthèses sous l'infinitif.

VERBES EN -ER (PREMIER GROUPE)

	PRÉSENT	PASSÉ COMPOSÉ	IMPARFAIT	FUTUR SIMPLE	CONDITIONNEL PRÉSENT	IMPÉRATIF
PARLER (PARLÉ)	je parle tu parles Il/Elle/On parle nous parlons vous parlez ils/elles parlent	j'ai parlé tu as parlé Il/Elle/On a parlé nous avons parlé vous avez parlé ils/elles ont parlé	je parlais tu parlais Il/Elle/On parlait nous parlions vous parliez ils/elles parlaient	je parlerai tu parleras Il/Elle/On parlera nous parlerons vous parlerez ils/elles parleront	je parlerais tu parlerais Il/Elle/On parlerait nous parlerions vous parleriez ils/elles parleraient	parle parlons parlez

CONJUGAISONS PARTICULIÈRES DE CERTAINS VERBES EN -ER

	PRÉSENT	PASSÉ COMPOSÉ	IMPARFAIT	FUTUR SIMPLE	CONDITIONNEL PRÉSENT	IMPÉRATIF
ALLER (ALLÉ)	je vais tu vas Il/Elle/On va nous allons vous allez ils/elles vont	je suis allé(e) tu es allé(e) Il/Elle/On est allé(e) nous sommes allé(e)s vous êtes allé(e)(s) ils/elles sont allé(e)s	j'allais tu allais Il/Elle/On allait nous allions vous alliez ils/elles allaient	j'irai tu iras Il/Elle/On ira nous irons vous irez ils/elles iront	j'irais tu irais Il/Elle/On irait nous irions vous iriez ils/elles iraient	va allons allez
COMMENCER (COMMENCÉ)	je commence tu commences Il/Elle/On commence nous commençons vous commencez ils/elles commencent	j'ai commencé tu as commencé Il/Elle/On a commencé nous avons commencé vous avez commencé ils/elles ont commencé	je commençais tu commençais Il/Elle/On commençait nous commencions vous commenciez ils/elles commençaient	je commencerai tu commenceras Il/Elle/On commencera nous commencerons vous commencerez ils/elles commenceront	je commencerais tu commencerais Il/Elle/On commencerait nous commencerions vous commenceriez ils/elles commenceraient	commence commençons commencez
MANGER (MANGÉ)	je mange tu manges Il/Elle/On mange nous mang**e**ons vous mangez ils/elles mangent	j'ai mangé tu as mangé Il/Elle/On a mangé nous avons mangé vous avez mangé ils/elles ont mangé	je mangeais tu mangeais Il/Elle/On mangeait nous mangions vous mangiez ils/elles mangeaient	je mangerai tu mangeras Il/Elle/On mangera nous mangerons vous mangerez ils/elles mangeront	je mangerais tu mangerais Il/Elle/On mangerait nous mangerions vous mangeriez ils/elles mangeraient	mange mangeons mangez
APPELER (APPELÉ)	j'appelle tu appelles Il/Elle/On appelle nous appelons vous appelez ils/elles appellent	j'ai appelé tu as appelé Il/Elle/On a appelé nous avons appelé vous avez appelé ils/elles ont appelé	j'appelais tu appelais Il/Elle/On appelait nous appelions vous appeliez ils/elles appelaient	j'appellerai tu appelleras Il/Elle/On appellera nous appellerons vous appellerez ils/elles appelleront	j'appellerais tu appellerais Il/Elle/On appellerait nous appellerions vous appelleriez ils/elles appelleraient	appelle appelons appelez
ACHETER (ACHETÉ)	j'achète tu achètes Il/Elle/On achète nous achetons vous achetez ils/elles achètent	j'ai acheté tu as acheté Il/Elle/On a acheté nous avons acheté vous avez acheté ils/elles ont acheté	j'achetais tu achetais Il/Elle/On achetait nous achetions vous achetiez ils/elles achetaient	j'achèterai tu achèteras Il/Elle/On achètera nous achèterons vous achèterez ils/elles achèteront	j'achèterais tu achèterais Il/Elle/On achèterait nous achèterions vous achèteriez ils/elles achèteraient	achète achetons achetez
PRÉFÉRER (PRÉFÉRÉ)	je préfère tu préfères Il/Elle/On préfère nous préférons vous préférez ils/elles préfèrent	j'ai préféré tu as préféré Il/Elle/On a préféré nous avons préféré vous avez préféré ils/elles ont préféré	je préférais tu préférais Il/Elle/On préférait nous préférions vous préfériez ils/elles préféraient	je préférerai tu préféreras Il/Elle/On préférera nous préférerons vous préférerez ils/elles préféreront	je préférerais tu préférerais Il/Elle/On préférerait nous préférerions vous préféreriez ils/elles préféreraient	préfère préférons préférez

CONJUGAISON

AUTRES VERBES

	PRÉSENT	PASSÉ COMPOSÉ	IMPARFAIT	FUTUR SIMPLE	CONDITIONNEL PRÉSENT	IMPÉRATIF
CHOISIR (CHOISI)	je choisis tu choisis Il/Elle/On choisit nous choisissons vous choisissez ils/elles choisissent	j'ai choisi tu as choisi Il/Elle/On a choisi nous avons choisi vous avez choisi ils/elles ont choisi	je choisissais tu choisissais Il/Elle/On choisissait nous choisissions vous choisissiez ils/elles choisissaient	je choisirai tu choisiras Il/Elle/On choisira nous choisirons vous choisirez ils/elles choisiront	je choisirais tu choisirais Il/Elle/On choisirait nous choisirions vous choisiriez ils/elles choisiraient	choisis choisissons choisissez
CROIRE (CRU)	je crois tu crois Il/Elle/On croit nous croyons vous croyez ils/elles croient	j'ai cru tu as cru Il/Elle/On a cru nous avons cru vous avez cru ils/elles ont cru	je croyais tu croyais Il/Elle/On croyait nous croyions vous croyiez ils/elles croyaient	je croirai tu croiras Il/Elle/On croira nous croirons vous croirez ils/elles croiront	je croirais tu croirais Il/Elle/On croirait nous croirions vous croiriez ils/elles croiraient	crois croyons croyez
CONNAÎTRE (CONNU)	je connais tu connais Il/Elle/On connaît nous connaissons vous connaissez ils/elles connaissent	j'ai connu tu as connu Il/Elle/On a connu nous avons connu vous avez connu ils/elles ont connu	je connaissais tu connaissais Il/Elle/On connaissait nous connaissions vous connaissiez ils/elles connaissaient	je connaitrai tu connaitras Il/Elle/On connaitra nous connaitrons vous connaitrez ils/elles connaitront	je connaitrais tu connaitrais Il/Elle/On connaitrait nous connaitrions vous connaitriez ils/elles connaitraient	connais connaissons connaissez
DIRE (DIT)	je dis tu dis Il/Elle/On dit nous disons vous dites ils/elles disent	j'ai dit tu as dit Il/Elle/On a dit nous avons dit vous avez dit ils/elles ont dit	je disais tu disais Il/Elle/On disait nous disions vous disiez ils/elles disaient	je dirai tu diras Il/Elle/On dira nous dirons vous direz ils/elles diront	je dirais tu dirais Il/Elle/On dirait nous dirions vous diriez ils/elles diraient	dis disons dites
FAIRE (FAIT)	je fais tu fais Il/Elle/On fait nous faisons vous faites ils/elles font	j'ai fait tu as fait Il/Elle/On a fait nous avons fait vous avez fait ils/elles ont fait	je faisais tu faisais Il/Elle/On faisait nous faisions vous faisiez ils/elles faisaient	je ferai tu feras Il/Elle/On fera nous ferons vous ferez ils/elles feront	je ferais tu ferais Il/Elle/On ferait nous ferions vous feriez ils/elles feraient	fais faisons faites
ÉCRIRE (ÉCRIT)	j'écris tu écris Il/Elle/On écrit nous écrivons vous écrivez ils/elles écrivent	j'ai écrit tu as écrit Il/Elle/On a écrit nous avons écrit vous avez écrit ils/elles ont écrit	j'écrivais tu écrivais Il/Elle/On écrivait nous écrivions vous écriviez ils/elles écrivaient	j'écrirai tu écriras Il/Elle/On écrira nous écrirons vous écrirez ils/elles écriront	j'écrirais tu écrirais Il/Elle/On écrirait nous écririons vous écririez ils/elles écriraient	écris écrivons écrivez
SAVOIR (SU)	je sais tu sais Il/Elle/On sait nous savons vous savez ils/elles savent	j'ai su tu as su Il/Elle/On a su nous avons su vous avez su ils/elles ont su	je savais tu savais Il/Elle/On savait nous savions vous saviez ils/elles savaient	je saurai tu sauras Il/Elle/On saura nous saurons vous saurez ils/elles sauront	je saurais tu saurais Il/Elle/On saurait nous saurions vous sauriez ils/elles sauraient	sache sachons sachez
PARTIR (PARTI)	je pars tu pars Il/Elle/On part nous partons vous partez ils/elles partent	je suis parti(e) tu es parti(e) Il/Elle/On est parti(e) nous sommes parti(e)s vous êtes parti(e)(s) ils/elles sont parti(e)s	je partais tu partais Il/Elle/On partait nous partions vous partiez ils/elles partaient	je partirai tu partiras Il/Elle/On partira nous partirons vous partirez ils/elles partiront	je partirais tu partirais Il/Elle/On partirait nous partirions vous partiriez ils/elles partiraient	pars partons partez

	PRÉSENT	PASSÉ COMPOSÉ	IMPARFAIT	FUTUR SIMPLE	CONDITIONNEL PRÉSENT	IMPÉRATIF
SORTIR (SORTI)	je sors tu sors Il/Elle/On sort nous sortons vous sortez ils/elles sortent	je suis sorti(e) tu es sorti(e) Il/Elle/On est sorti(e) nous sommes sorti(e)s vous êtes sorti(e)(s) ils/elles sont sorti(e)s	je sortais tu sortais Il/Elle/On sortait nous sortions vous sortiez ils/elles sortaient	je sortirai tu sortiras Il/Elle/On sortira nous sortirons vous sortirez ils/elles sortiront	je sortirais tu sortirais Il/Elle/On sortirait nous sortirions vous sortiriez ils/elles sortiraient	sors sortons sortez
VIVRE (VÉCU)	je vis tu vis Il/Elle/On vit nous vivons vous vivez ils/elles vivent	j'ai vécu tu as vécu Il/Elle/On a vécu nous avons vécu vous avez vécu ils/elles ont vécu	je vivais tu vivais Il/Elle/On vivait nous vivions vous viviez ils/elles vivaient	je vivrai tu vivras Il/Elle/On vivra nous vivrons vous vivrez ils/elles vivront	je vivrais tu vivrais Il/Elle/On vivrait nous vivrions vous vivriez ils/elles vivraient	vis vivons vivez
PRENDRE (PRIS)	je prends tu prends Il/Elle/On prend nous prenons vous prenez ils/elles prennent	j'ai pris tu as pris Il/Elle/On a pris nous avons pris vous avez pris ils/elles ont pris	je prenais tu prenais Il/Elle/On prenait nous prenions vous preniez ils/elles prenaient	je prendrai tu prendras Il/Elle/On prendra nous prendrons vous prendrez ils/elles prendront	je prendrais tu prendrais Il/Elle/On prendrait nous prendrions vous prendriez ils/elles prendraient	prends prenons prenez
VENIR (VENU)	je viens tu viens Il/Elle/On vient nous venons vous venez ils/elles viennent	je suis venu(e) tu es venu(e) Il/Elle/On est venu(e) nous sommes venu(e)s vous êtes venu(e)(s) ils/elles sont venu(e)s	je venais tu venais Il/Elle/On venait nous venions vous veniez ils/elles venaient	je viendrai tu viendras Il/Elle/On viendra nous viendrons vous viendrez ils/elles viendront	je viendrais tu viendrais Il/Elle/On viendrait nous viendrions vous viendriez ils/elles viendraient	viens venons venez
POUVOIR (PU)	je peux tu peux Il/Elle/On peut nous pouvons vous pouvez ils/elles peuvent	j'ai pu tu as pu Il/Elle/On a pu nous avons pu vous avez pu ils/elles ont pu	je pouvais tu pouvais Il/Elle/On pouvait nous pouvions vous pouviez ils/elles pouvaient	je pourrai tu pourras Il/Elle/On pourra nous pourrons vous pourrez ils/elles pourront	je pourrais tu pourrais Il/Elle/On pourrait nous pourrions vous pourriez ils/elles pourraient	- - -
VOULOIR (VOULU)	je veux tu veux Il/Elle/On veut nous voulons vous voulez ils/elles veulent	j'ai voulu tu as voulu Il/Elle/On a voulu nous avons voulu vous avez voulu ils/elles ont voulu	je voulais tu voulais Il/Elle/On voulait nous voulions vous vouliez ils/elles voulaient	je voudrai tu voudras Il/Elle/On voudra nous voudrons vous voudrez ils/elles voudront	je voudrais tu voudrais Il/Elle/On voudrait nous voudrions vous voudriez ils/elles voudraient	veuille - veuillez
DEVOIR (DÛ)	je dois tu dois Il/Elle/On doit nous devons vous devez ils/elles doivent	j'ai dû tu as dû Il/Elle/On a dû nous avons dû vous avez dû ils/elles ont dû	je devais tu devais Il/Elle/On devait nous devions vous deviez ils/elles devaient	je devrai tu devras Il/Elle/On devra nous devrons vous devrez ils/elles devront	je devrais tu devrais Il/Elle/On devrait nous devrions vous devriez ils/elles devraient	- - -

deux cent treize **213**

TRANSCRIPTIONS DES ENREGISTREMENTS

LIVRE DE L'ÉLÈVE - UNITÉ 1

Piste 1 — 2D

J'ai commencé à suivre une formation d'infirmier bénévole pour la Croix-Rouge parce que j'ai envie d'aider les autres. Je trouve que c'est important ! Dans cette formation, on nous apprend à soigner un patient mais aussi à le comprendre. C'est vraiment passionnant. On va dans des centres d'urgence, c'est très enrichissant même si parfois je trouve ça un peu difficile parce qu'on est en contact avec les gens et on les accompagne dans leurs souffrances, leurs joies ou leurs inquiétudes. Je crois que c'est pour ces différentes raisons que j'ai choisi de faire ça : venir en aide aux gens et leur offrir une partie de mon temps ; pour eux, c'est motivant !

Piste 2 — 3B

- **Association** : Stéphanie, parlez-nous de votre nouvelle vie...
- **Stéphanie** : C'est arrivé par hasard. J'ai gagné un séjour à la campagne et j'ai fait la connaissance d'un éleveur de moutons. J'ai tout de suite aimé cette vie en harmonie avec la nature.
- **Association** : Comment avez-vous appris le métier d'agricultrice ?
- **Stéphanie** : Eh bien, c'est un peu grâce à vous ! Vous m'avez bien conseillée. J'ai fait une formation par alternance. En fait, j'ai suivi une formation... une formation agricole et j'ai travaillé à la ferme...

Piste 3 — EX. 4

- **Étienne** : Eh alors, ça va, tes cours d'allemand ?
- **L'ami** : Je trouve ça un peu difficile... Qu'est-ce que tu me conseilles de faire en dehors des cours ?
- **Étienne** : Eh bien, par exemple, tu peux écouter des chansons. On trouve facilement les paroles sur Internet. C'est comme ça que j'ai commencé quand j'ai appris l'anglais et l'italien.
- **L'ami** : Et tu as lu des livres ?
- **Étienne** : Non, pas vraiment... Je n'aime pas trop lire. Ah oui, j'ai aussi écouté la radio, je suis allé voir des films en version originale et sous-titrés en anglais.
- **L'ami** : Et l'italien ? Comment est-ce que tu l'as appris ? Parce que tu le parles vraiment bien. Tu es allé en Italie ?
- **Étienne** : Pas du tout ! J'ai fait comme pour l'anglais. Et pour apprendre de façon plus amusante, je me suis inscrit à des cours de pâtisserie en italien ! C'est sympa, non ? Et maintenant, je fais de très bons tiramisus !

Piste 4 — EX. 4

C'est par mon amie Anna que j'ai entendu parler des MOOCs pour la première fois ! Elle venait de tester et était emballée ! J'ai décidé d'essayer moi aussi. Je travaille et je n'ai pas beaucoup de temps dans la journée mais, avec les MOOCs, on peut apprendre quand on veut ! C'est ce qui m'a motivée ! Ce que j'aime, c'est qu'il y a des MOOCs sur tout, c'est très varié ! Moi, par exemple, j'ai choisi de suivre celui sur l'histoire de la mode. C'est génial. J'avance à mon rythme... Du coup, c'est très efficace. Et puis, avec les quizz, on peut évaluer son niveau régulièrement, c'est très motivant !

Piste 5 — PROSODIE — 3

1. étranger
2. première
3. aventurière
4. caissier
5. cuisinière

Piste 6 — PHONÉTIQUE — 4

1. Mon père est boulanger.
2. Ta mère est toujours très occupée, non ?
3. J'ai sept étudiants.
4. Je suis célibataire.

Piste 7 — PHONÉTIQUE — 5

1. Je dis oui.
2. J'écris en français.
3. J'ai fait des études.
4. J'ai produit cela.
5. Je finis la lettre.
6. J'ai menti.

UNITÉ 2

Piste 8 — 2B

- **Paul** : Branche ta webcam, je vais te montrer notre nouvel appartement. Tu vas adorer !
- **Maelis** : Me voilà. Mais on est où ?
- **Paul** : Eh bien, tu es dans la cuisine mais on a cassé les murs pour l'ouvrir sur le salon et on a gagné de la lumière.
- **Maelis** : Ah ouais !
- **Paul** : Et maintenant, la chambre du bébé.
- **Maelis** : Comment vous avez fait ?
- **Paul** : On a inversé le salon et la chambre et on a créé deux chambres à côté de la salle de bains.
- **Maelis** : C'est beaucoup plus pratique !
- **Paul** : Et pour finir...
- **Maelis** : Mais, c'est une mezzanine !
- **Paul** : C'est ça ! C'est notre nouveau bureau.
- **Maelis** : Bravo, c'est magnifique !

Piste 9 — 3B

- **Max** : Tu as vu cette chambre ? J'aime beaucoup ce style. C'est moderne !
- **Émilie** : Oui, bof, je la trouve un peu triste. Je préfère celle-ci, elle est colorée et beaucoup plus gaie !
- **Max** : C'est sûr qu'elle est colorée ! Un peu trop colorée même ! Je préfère les petites touches de couleurs de celle-ci ; regarde les petites malles rouges et bleu clair, elles sont jolies.
- **Émilie** : Oui, ce n'est pas mal, mais je préfère le grand coffre bleu devant l'autre lit.
- **Max** : Dans l'autre chambre aussi, il y a un grand coffre devant le lit. En plus, il est assorti au lit qui est aussi en cuir.
- **Émilie** : Justement, je déteste le cuir ! Je trouve cette matière trop froide. Dans l'autre chambre, le lit et les tables de chevet blanches vont bien ensemble, et j'aime leur style indien, un peu baroque.
- **Max** : Mais tu as vu les tapis ? Ils sont trop chargés. Celui de l'autre chambre est beaucoup plus sobre et élégant. Et les lampes de style industriel ? Elles sont sympas, non ?
- **Émilie** : Oui, bof..., on dirait des lampes de bureau. En tout cas, les deux chambres sont toutes les deux très lumineuses.

Piste 10 — EX. 3

Bonjour, je vous appelle au sujet de la location de mon appartement. C'est un studio de 29 m². Il est situé dans le 19e arrondissement, à 10 minutes du métro Porte de la Villette. Il se trouve au 5e étage sans ascenseur. Il y a une mezzanine pour mettre le lit et un petit coin cuisine. Le loyer est de 600 euros + 30 euros de charges.

Piste 11 — EX. 5

- **Nicolas** : Allô ?
- **José** : Allô Nico ? C'est José. Tu es à l'appart ?
- **Nicolas** : Oui, j'y suis, pourquoi ?
- **José** : J'ai besoin de ton aide. J'ai oublié quelques affaires et je crois qu'elles sont chez nous.
- **Nicolas** : Encore ! Bon, dis-moi, je vais les chercher...
- **José** : Alors, d'abord mes clés. Je pense qu'elles sont dans le séjour. Regarde sur le canapé.

- **Nicolas** : Non, elles ne sont pas ici. Ah, oui ! Elles sont sur la table en face du canapé.
- **José** : Ah.
- **Nicolas** : Oui, c'est bon, je les ai.
- **José** : Bon alors ensuite mon portefeuille. J'ai dû l'oublier dans la salle de bains. Tu peux regarder dans le placard sous le lavabo ?
- **Nicolas** : Il y est !
- **José** : Ok. Alors maintenant mon portable. Tu vas dans ma chambre. Tu vois le fauteuil en face du lit ? Il y a un coussin sur le fauteuil et je crois que mon téléphone est sous le coussin. Tu le vois ?
- **Nicolas** : Oui, je le vois, c'est bon.
- **José** : Super ! Merci beaucoup, Nico ! Je passe les prendre ce midi.
- **Nicolas** : De rien, à tout à l'heure.

Piste 12 — LEXIQUE — 4

1
- **Sara** : Il faut faire des travaux dans cette salle de bains ! Regarde, la baignoire est tout usée et les murs sont vieux. Je la trouve horrible !

2
- **Ben** : Quel bel appartement ! Quelle magnifique décoration : ça fait très moderne ! Les pièces sont immenses. Je pense que c'est une bonne affaire.

3
- **Myriam** : Cette maison est charmante mais la cuisine et la salle de bains sont trop petites. Finalement, je pense que je ne vais pas l'acheter.

4
- **Stéphane** : J'ai trouvé un petit studio juste à deux pas du centre-ville. Il est vraiment sympa. Bon, les meubles sont classiques mais ce n'est pas grave. Je le trouve vraiment sympa.

5
- **Théodora** : Il y a une annonce pour une colocation. C'est dans un appartement de 90 m². La chambre à louer est spacieuse mais la déco est rétro. Ça fait vieux !

6
- **Marco** : Regarde ce séjour, cette pièce est vraiment originale avec ses murs en pierre. J'aime bien son style rustique.

Piste 13 — PHONÉTIQUE — 2

1. grande pièce
2. petite étagère
3. salon orange
4. maison imposante
5. petit appartement

Piste 14 — PHONÉTIQUE — 3

1. Une étagère en bois.
2. Cet immeuble imposant.
3. Une maison atypique.
4. Ce jardin ordinaire.
5. Je lui ai envoyé le site de l'agence.
6. Je leur ai adressé le contrat.

Piste 15 — PHONÉTIQUE — 4

peut
veut
deux
nœud
jeux
feux

peur
leur
sœur
neuf
cœur
fleur

un œuf - des œufs
un bœuf - des bœufs

UNITÉ 3

Piste 16 — 2B

1. Antoine : Je m'en souviens encore : en 1967, cette année-là, j'étais dans la foule quand le général De Gaulle a prononcé cette phrase : « Vive le Québec libre ! ». Il était en visite officielle au Canada et il avait commencé par la province de Québec. C'était incroyable d'entendre ça prononcé par un président français. J'étais très content et le soir, j'ai fêté l'événement avec mes amis.

2. Michelle : Ce jour-là, je regardais la télé et les journalistes ne parlaient que de l'abolition de la peine de mort en France ! C'était en 1981. Je n'y croyais pas parce que la plupart des français étaient pour la maintenir. J'étais fière de mon pays.

3. Gaëlle : Je me souviens très bien du nouvel an en 98. Je faisais la fête avec mes amis à Paris et on se demandait si les prix allaient augmenter avec l'arrivée de l'euro. On était inquiets : on se demandait comment on allait vivre, alors. Et on était tristes aussi de perdre notre monnaie.

Piste 17 — EX. 4

1. Aujourd'hui, faire du sport est une habitude pour beaucoup de gens. Les salles de sport sont de plus en plus nombreuses car les gens ont plus de temps pour leurs loisirs.
2. Ah, je regrette mon époque ! Aujourd'hui, faire carrière, ça n'existe presque plus. Les gens changent très souvent de travail.
3. J'adore utiliser les transports en commun. Quel progrès pour notre société ! On ne marche plus pendant des heures pour aller au travail comme autrefois et on peut faire plus de choses !
4. Aujourd'hui, on naît dans une ville, mais on grandit dans une autre, on travaille dans plusieurs villes et on ne sait pas où on mourra. Tout le contraire d'autrefois !

Piste 18 — 7A

- **Journaliste** : Aujourd'hui, nous recevons Julie Deschamps, sociologue, pour parler de l'alimentation des Français. Bonjour.
- **Julie** : Bonjour.
- **Journaliste** : Les habitudes alimentaires des Français ont-elles changé ?
- **Julie** : Oui, elles évoluent : aujourd'hui, on ne mange plus comme à l'époque de nos grands-parents. Par exemple, avant, on mangeait beaucoup plus de pain et moins de viande. On consommait aussi plus de produits frais. Aujourd'hui, les Français achètent beaucoup de plats préparés.
- **Journaliste** : Et comment expliquez-vous ces changements ?
- **Julie** : Eh bien, disons que nos habitudes alimentaires sont en partie liées à l'évolution du niveau de vie et à l'industrialisation de certains produits. Quand nos grands-parents étaient petits, ils mangeaient plus de pain. Les aliments pour faire le pain sont basiques : on les trouvait assez facilement et ce n'était pas trop cher. À cette époque-là, la viande était un aliment très rare et donc très cher. Quand ma grand-mère préparait de la dinde, c'était un événement. Aujourd'hui, quand on prépare de la dinde, on ne fait rien d'exceptionnel, car c'est un produit de consommation banal à cause de sa production industrielle. Mais la viande reste un produit cher et, en moyenne, dans les pays industrialisés, on consomme 76 kilos par habitant contre 41,8 kilos par habitant dans le monde.

TRANSCRIPTIONS DES ENREGISTREMENTS

Piste 19 — PHONÉTIQUE — 2

A	1. faux	2. fort	3. fort
B	1. tort	2. tort	3. tôt
C	1. gros	2. grotte	3. grotte
D	1. bord	2. beau	3. bord

Piste 20 — PHONÉTIQUE — 4A

1. …Avec mes amis…
2. …Avec mes amis… on se demandait…
3. …Avec mes amis… on se demandait… si les prix allaient augmenter…
4. …Avec mes amis… on se demandait… si les prix allaient augmenter… avec l'arrivée de l'euro.

Piste 21 — PHONÉTIQUE — 6A

1. Nous nous levions plus tôt qu'eux la semaine.
2. Il n'était plus d'accord pour signer le contrat.
3. Elle était plus ouverte d'esprit que ses parents.
4. Le jaune était plus à la mode que le rouge l'été dernier.
5. Le métro fermait plus tard à l'époque.

UNITÉ 4

Piste 22 — 1D

1. Tu te rends compte, toutes les victoires qu'il a volées ! Sept fois de suite… C'est incroyable !
2. C'est vrai qu'à l'époque c'était original, mais maintenant c'est très commun. Tout le monde en a.
3. Je savais qu'ils avaient chanté ensemble, mais je ne connaissais pas le reste de l'histoire !
4. Vu le succès qu'il avait auprès des femmes, il a sûrement eu plein d'aventures !

Piste 23 — 2C

David : Je n'ai pas beaucoup connu mon père parce qu'il a quitté le foyer familial quand j'avais 8 ans. Il nous a laissé seuls ma mère et moi. Ma mère a dû trouver un deuxième travail parce qu'on n'avait pas beaucoup d'argent, mais j'ai eu une enfance heureuse. J'ai eu de la chance de faire des études et aujourd'hui je fais un métier que j'aime. J'ai toujours eu envie de construire une famille. J'ai rencontré Anne et nous nous sommes mariés. Quand notre fils est né, j'ai voulu revoir mon père. Je voulais voir mon enfant grandir avec un grand-père près de lui. Alors, j'ai décidé de faire des recherches et, finalement, j'ai réussi à le retrouver ! Je ne regrette rien parce qu'à présent mon père fait partie de ma vie. Et mon fils a un grand-père qu'il adore !

Piste 24 — 3C

- **Journaliste :** Bienvenue à vous chers auditeurs. Alors aujourd'hui, Sarah, de quel livre allez-vous nous parler ?
- **Sarah :** De *L'amour dure 3 ans*, de Frédéric Beigbeder. C'est tout d'abord un livre qu'il a écrit au moment de son divorce. À cette époque-là, il croyait tout savoir de l'amour : ses côtés positifs et négatifs.
- **Journaliste :** Et qui est le personnage principal ?
- **Sarah :** Le personnage s'appelle Marc et il s'inspire du Frédéric Beigbeder d'il y a 15 ans, période de sa vie où tout était en train de changer pour lui, tout comme pour le personnage de son roman. Marc est tout juste divorcé, il pense que l'amour ne peut durer que 3 ans. C'est alors qu'il rencontre Alice…
- **Journaliste :** Ne dites rien : laissons le lecteur découvrir la suite de cette histoire. Très bonne lecture à vous tous !

Piste 25 — 7B

- **Marco :** La plus grande peur de ma vie… attends laisse-moi réfléchir. Ah oui, c'était au premier rendez-vous avec Lucie.
- **Antoine** *(Etonné, il rit)* **:** Qu'est-ce qui s'est passé ?
- **Marco :** J'ai décidé pour notre premier rendez-vous de faire quelque chose de différent, je voulais l'impressionner.
- **Antoine :** Tu as fait quoi ?
- **Marco** *(il s'approche de son ami)* **:** Je lui ai proposé de faire un saut en parachute !
- **Antoine :** Non ! Tu n'as pas osé ?
- **Marco :** Si ! Et elle a accepté et elle était même très enthousiaste.
- **Antoine :** Et alors ?
- **Marco :** Alors, une fois dans l'avion, préparés pour sauter dans le vide, devine quoi ? C'est moi qui ai eu la peur de ma vie ! Je me suis rendu compte que j'avais le vertige !
- **Antoine** *(Il éclate de rire)* **:** Quoi !? Ce n'est pas vrai !
- **Marco :** Si c'est vrai ! Au final, je suis resté comme un imbécile dans l'avion et elle a sauté toute seule en parachute !

Piste 26 — EX.1

- **Raphaëlle :** Regarde, j'ai trouvé ça.
- **Maël :** C'est quoi ?
- **Raphaëlle :** Un vieil album de famille.
- **Maël :** Montre ! Mais dis-moi, qu'est-ce que c'est ? Un dessin ?
- **Raphaëlle :** Oh lala, je me souviens très bien de ça. C'est le premier dessin que j'ai fait quand j'étais petite, pour mes parents.
- **Maël :** Et là, c'est qui en maillot de bain ?
- **Raphaëlle :** C'est moi, j'avais 6 ans et là, c'est Sonia, ma grande sœur. C'est elle qui m'a appris à nager.
- **Maël :** Et cette photo, elle est super belle.
- **Raphaëlle :** Ah oui, c'est le parc où nous allions pique-niquer l'été, avec mes parents et mes sœurs.
- **Maël :** Et celle-ci, c'était à la montagne ?
- **Raphaëlle :** Oui, c'est toute ma famille au sport d'hiver. Ça devait être en 1998 parce que c'est l'année où j'ai appris à skier.
- **Maël :** Eh, regarde celle-là. C'est toi ?
- **Raphaëlle :** Attends… mais oui ! C'est moi quand j'avais 17 ans ! C'était à un concert d'IAM, le premier groupe que j'ai vu en concert.

Piste 27 — LEXIQUE — 2

1. Avant, je travaillais dans un bureau où j'étais secrétaire de direction. Ça va faire dix ans que je ne travaille plus et, maintenant, je profite de la vie avec mon mari, mes enfants et mes petits-enfants !
2. Entre 15 et 17 ans, j'étais plutôt paresseux : je détestais l'école. Je n'écoutais jamais mes parents parce qu'ils m'ennuyaient avec leurs conseils. Depuis que je suis père, je les comprends !
3. Avant, j'avais une vie bien tranquille : mon travail, ma vie de mère et d'épouse. J'ai divorcé et je me suis occupée de mes enfants. Quand j'ai arrêté de travailler, j'ai décidé de vivre ma vie. Un jour, j'ai rencontré Stefan pendant un dîner entre amis. Nous sommes ensemble depuis 6 ans. On va se marier dans une semaine.
4. Je me souviens de cette période avec nostalgie. Après l'école, avec mes frères, on courait jusqu'à la maison pour faire nos devoirs et, juste après, on allait faire une partie de foot avec nos copains. Quels souvenirs !

Piste 28 — PHONÉTIQUE — 2A

1. *[baba].
2. *[bababa].
3. *[babøbiboby].
4. Bonjour… comment ça va ?
5. Je vais très bien… merci… et toi ?

Piste 29 — PHONÉTIQUE — 2B

1. Qu'est-ce que tu faisais… comme travail ?
2. Où vivaient-elles… à cette époque-là ?
3. À quel âge… tu es parti… de chez toi ?
4. Tu as déjà pensé… à te marier ?
5. Quand est-ce que tu as commencé… à apprendre… le français ?

Piste 30 — PHONÉTIQUE — 4

1. J'ai changé de métier.
2. J'ai divorcé de mon mari.
3. Je voyageais beaucoup.
4. J'ai caché mon secret pendant des années.
5. Je jouais beaucoup avec mon cousin.
6. J'ai étudié à Rennes.

Piste 31 — PHONÉTIQUE — 5A

L'actrice | icône des années soixante-dix | sait faire parler d'elle || La représentante | de l'élégance à la française | image de la femme parfaite | a caché son secret | pendant des années ||
En effet | c'est seulement à 70 ans | qu'elle a dévoilé | son tatouage dans le cou | pendant une séance photo | pour un célèbre photographe | | Depuis | elle a révélé | un autre tatouage sur le pied | et a déclaré | « J'ai toujours aimé ça » ||

UNITÉ 5

Piste 32 — 5A

- **Journaliste :** M. Crépin, bonjour !
- **Spécialiste :** Bonjour !
- **Journaliste :** Vous êtes médecin spécialiste des problèmes de santé liés à l'utilisation excessive des nouvelles technologies.
- **Spécialiste :** Oui, effectivement.
- **Journaliste :** Beaucoup de personnes ont ce type de problèmes ?
- **Spécialiste :** Oui, et de plus en plus. Les Français passent plus de 5 h 30 par jour devant leurs écrans : celui de leur smartphone, de leur tablette, de leur ordinateur portable ou de bureau et devant celui de la télévision.
- **Journaliste :** Et rester longtemps devant un écran est mauvais pour la santé ?
- **Spécialiste :** Oui, fixer un écran trop longtemps peut faire mal aux yeux et donner des maux de tête. En plus, si on reste longtemps devant un écran avant d'aller dormir, cela peut provoquer des troubles du sommeil à cause de la forte stimulation intellectuelle et parce que la luminosité perturbe notre cycle biologique.
- **Journaliste :** Quels conseils donnez-vous à vos patients ?
- **Spécialiste :** Tout d'abord, je leur dis : faites des pauses régulières quand vous travaillez à l'écran et ne gardez pas toujours votre smartphone avec vous !
- **Journaliste :** Et ils vous écoutent ?
- **Spécialiste :** Pas tous. Mais ceux qui suivent mes conseils règlent la luminosité de leurs écrans et l'éclairage quand ils travaillent ou lisent la nuit ; ils évitent d'utiliser les appareils électroniques avant de se coucher et ils éteignent leurs smartphone la nuit. De cette manière, leurs yeux peuvent se reposer, leurs maux de tête disparaissent et ils dorment mieux.
- **Journaliste :** Merci, docteur, pour vos précieux conseils !
- **Spécialiste :** Je vous en prie.

Piste 33 — 5D

1. Le soir, j'aime bien regarder un film à la télé ou sur mon ordinateur et après je lis un peu sur ma tablette. Je sens que je suis fatiguée et, depuis quelque temps, j'ai dû mal à m'endormir.
2. Après ma journée de travail, j'ai souvent mal à l'épaule et au poignet. C'est gênant parce que j'ai besoin de mon ordinateur tous les jours pour travailler.
3. Je passe beaucoup de temps sur les réseaux sociaux et j'utilise très souvent mon téléphone. Après un certain temps, j'ai mal aux mains et au cou, c'est désagréable.
4. Je suis connectée du matin au soir et je commence à avoir des problèmes. J'ai mal aux yeux depuis longtemps mais là, je commence aussi à avoir mal à la tête, c'est trop !

Pista 34 — 9D

1. C'est la première fois que je fais un marathon, je suis très content d'avoir couru les 42 kilomètres. Je suis enfin arrivé, c'est incroyable !!!
2. Ce n'est pas une bonne année pour moi, ma performance est mauvaise. Je me suis fait mal aux mollets un peu avant la course, c'est décourageant.
3. Je suis très fière de moi. J'ai travaillé dur pour être en forme. Je me suis entraînée toute l'année pour battre mon record et là, c'est la récompense ! J'ai couru le deuxième Marathon du monde en 4 heures, c'est mon record !

Piste 35 — PHONÉTIQUE — 3A

1. Neuf ans
2. L'alimentation est importante
3. Un léger accident
4. Trop urgent
5. Un bon entraîneur
6. De gros effets secondaires

Piste 36 — PHONÉTIQUE — 4

1. « Si, à l'avenir, l'entreprise continue d'innover, elle progressera encore à l'international, en particulier en Amérique du sud et en Chine. »
2. « J'imagine un futur où les scientifiques fabriqueront des prothèses que nous commanderons par la pensée. »

UNITÉ 6

Piste 37 — 3C

- **Ami :** Alors Axelle, comment se passe ton installation en France ? Pas trop dur les débuts ?
- **Axelle :** Tout va bien pour l'instant. Le travail me plaît et mes collègues sont sympas. Je me suis même fait quelques amis français.
- **Ami :** C'est super ! Tu vas pouvoir t'intégrer plus facilement si tu rencontres des Français.
- **Axelle :** Oui, c'est sûr, ça aide. Surtout que les Français sont très différents des Suisses sur beaucoup de points !
- **Ami :** Ah bon, c'est vrai ? Comme quoi, par exemple ?
- **Axelle :** Ben, par exemple, sur les horaires. Tu sais, je ne suis pas une maniaque de la ponctualité mais j'apprécie qu'on arrive à un rendez-vous plus ou moins à l'heure prévue. Mais les gens ici n'arrivent jamais à l'heure, plutôt un bon quart d'heure après… C'est vrai qu'ils donnent toujours une excuse plus ou moins valable, mais ils arrivent quand-même toujours en retard !
- **Ami :** Ça doit être vraiment énervant !
- **Axelle :** Oui, en général ça m'énerve, mais j'essaie de ne pas le montrer pour ne pas passer pour une Suissesse obsédée par les aiguilles des montres. Mais j'en ai marre de faire les cent pas sur le lieu de rendez-vous ou de boire un verre toute seule au comptoir en attendant la personne.
- **Ami :** Je te comprends. Peut-être que tu devrais faire comme les Français et arriver en retard toi aussi.
- **Axelle :** Oui, j'y ai déjà pensé mais le problème c'est qu'on ne peut jamais savoir si la personne sera à l'heure ou pas !

deux cent dix-sept 217

TRANSCRIPTIONS DES ENREGISTREMENTS

Piste 38 — 5B

M. Arnaud : Bonjour à tous, merci à vous d'être présents à cette réunion. Je remercie particulièrement M. Jolivet de nous accueillir dans son appartement.
Je commence par vous présenter les différents problèmes qui m'ont été signalés par les copropriétaires ou les locataires.
Mme Braque se plaint des personnes qui sortent leurs chiens juste devant l'entrée de l'immeuble et qui ne ramassent pas leurs crottes. C'est un problème qui a déjà été évoqué dans notre réunion précédente, j'avais envoyé un courrier à tous à ce propos.
M. Clément est gêné comme tous ses voisins par la télévision de M. Giraud, qui met le son très fort parce qu'il a des problèmes d'audition. Il lui a déjà conseillé d'utiliser des écouteurs, ce qui serait à son avis une solution très simple et efficace.
Mme Dubois a remarqué que certaines personnes de l'immeuble ne trient pas correctement les déchets : ils mélangent tout, ou se trompent de containers. Elle me demande de rappeler à tous les règles à respecter.

Piste 39 — EX. 3

1. Oh la la ! Ils sont déjà là ! Je n'ai pas fini de préparer le dîner !
2.
- Fffff
- Kof kof (*elle tousse*), excusez-moi monsieur, vous pourriez vous éloigner un peu ? Ça me dérange.
3. C'est infernal ! On ne peut pas suivre le film !
4.
- Pardon madame, je peux passer avant vous, s'il vous plaît ?
- Bien sûr ! Excusez-moi, je n'avais pas vu…
5. Oui, c'est pour te dire que j'arrive dans 5 minutes. Je suis dans le bus. On se retrouve devant la statue comme prévu ? OK, à tout de suite !

Piste 40 — 8A

1. Bonjour mon amour, c'est moi. Je dois laisser ma voiture au garage jusqu'à demain pour une réparation. Tu peux me passer ta voiture ce midi ? Bisous, à ce soir.
2. Oui, bonjour, maman ! Bon, ça y est, les examens sont finis et je crois que j'ai tout bien réussi ! On veut aller au bord de la mer avec mes copines pour fêter ça. Tu pourrais me prêter ta voiture ? Bon, j'espère que tu vas bien en tout cas. Gros bisous !
3. Salut maman, c'est ton fils adoré ! Bon écoute, j'ai encore eu un petit accident… Ne t'inquiète pas, tout va bien ! Tu me prêtes ta voiture demain après-midi ? Ça serait très gentil. Bisous.
4. Oui, bonjour, c'est Anne Legrand, la mère de Théo. C'est mon tour de conduire les enfants au match demain après-midi, mais malheureusement ma voiture est en panne. Pourrais-je vous emprunter la vôtre ? Ça serait vraiment gentil… Bonne journée.
5. Bonjour ma chérie, tu vas bien depuis hier ? Je voulais savoir : est-ce que tu pourrais nous prêter ta voiture à papa et à moi pour le week-end ? On a envie d'aller à la campagne pour nous relaxer un peu. Bon allez, je t'embrasse très fort, à bientôt !

Piste 41 — EX. 2

1.
- Je voudrais inviter Amel à dîner vendredi soir. Tu pourrais me prêter ton livre de recettes faciles ?
2.
- Allô, maman ? C'est moi.
- Ma chérie ! Comment vas-tu ?
- Très bien. J'ai un petit service à te demander. Je pars à la campagne ce week-end. Est-ce que tu pourrais garder mon chat ? Tu sais que je n'aime pas le laisser seul à la maison.
3.
- Excusez-moi Bertrand. Pourriez-vous travailler ce samedi ?

Piste 42 — EX. 4

1.
- Je voudrais inviter Amel à dîner vendredi soir. Tu pourrais me prêter ton livre de recettes faciles ?
- Oui, bien sûr ! Pas de problème !
2.
- Allô, maman ? C'est moi.
- Ma chérie ! Comment vas-tu ?
- Très bien. J'ai un petit service à te demander. Je pars à la campagne ce week-end. Est-ce que tu pourrais garder mon chat ? Tu sais que je n'aime pas le laisser seul à la maison.
- Ah non ! Pas question ! Tu sais que je suis allergique.
3.
- Excusez-moi Bertrand. Pourriez-vous travailler ce samedi ?
- Je suis vraiment désolé, mais ce samedi c'est impossible. J'ai rendez-vous chez le médecin et je dois conduire les enfants au judo.
- Ah, je comprends… Tant pis. Je vais trouver une autre solution.

Piste 43 — PHONÉTIQUE — 2

1. Les héros d'aujourd'hui.
2. Je n'aime pas cet étudiant impoli.
3. Quelqu'un est en retard ?
4. Pierre Legal écrit à La péniche.
5. C'est vraiment impossible !
6. Vous pouvez me dire comment aller là-bas ?
7. La politesse coûte peu cher et achète tout.

Piste 44 — PHONÉTIQUE — 3

1. Je le dis.
2. Je note.
3. Je te remercie.
4. Je te salue.
5. Je le prête.
6. Je fais la bise.

Piste 45 — PHONÉTIQUE — 4A

1. prêterait
2. poserait
3. préférerais
4. mangeraient

Piste 46 — PHONÉTIQUE — 4B

1. Si j'avais 100 €, je te les prêterais volontiers.
2. Quelle question ne poserait-on jamais à un repas de famille ?
3. La journée a été fatigante, je préférerais ne pas avoir à cuisiner ce soir.
4. D'après une étude, les enfants mangeraient mieux à la cantine qu'à la maison.

Piste 47 — PHONÉTIQUE — 5

1.
- J'ai une nouvelle voiture.
- Tu peux me la prêter ?
2.
- J'ai ton ordinateur !
- Tu me le donneras tout à l'heure.
3.
- Tu nous manques et nous ne te le disons pas assez souvent.
- Vous aussi, vous me manquez.

4.
- Et lui, c'est Aron !
- Vous le connaissez aussi ?

UNITÉ 7

Piste 48 — 2D

1.
- **Journaliste :** Élena, vous êtes chef d'entreprise, pourquoi ce choix du *slow* ?
- **Élena :** Parce que des employés heureux travaillent mieux. Aujourd'hui, le bien-être au travail est important.
- **Journaliste :** Comment avez-vous fait ?
- **Élena :** Eh bien, j'ai pris des mesures simples. Par exemple, mes employés peuvent choisir leur rythme de travail. Ils fixent eux-mêmes leurs horaires et peuvent travailler plusieurs fois par semaine à distance, depuis chez eux.
- **Journaliste :** Pour vous, cette expérience est-elle positive ?
- **Élena :** Oui, très positive ! Vous savez, pour un chef d'entreprise, le bien-être des employés, c'est fondamental. Je les trouve plus impliqués et plus productifs et c'est bon pour toute l'entreprise.

2.
- **Journaliste :** Arthur, vous êtes père de famille, pourquoi avoir choisi le *slow* ?
- **Arthur :** Parce que j'ai déjà participé à un de ces ateliers et je pense qu'il est important d'éduquer les enfants au goût. J'ai expliqué l'idée à mes enfants et je les ai emmenés participer à des ateliers *slow*…
- **Journaliste :** Comment ça s'est passé ?
- **Arthur :** Je les ai laissé choisir leur atelier. Ils ont choisi l'atelier « Chocolats et biscuits ». Ils sont revenus très satisfaits.
- **Journaliste :** Pour vous, donc, c'est une expérience très positive ?
- **Arthur :** Oui, et elle est très encourageante. Si les générations futures sont conscientes de la richesse de nos produits locaux et de la qualité du travail de nos petits producteurs, alors, nous aurons peut-être une chance de préserver notre agriculture locale.

3.
- **Journaliste :** Majid, vous êtes artisan-menuisier. Vous pourriez nous expliquer pour quelles raisons vous avez choisi le mouvement *slow* ?
- **Majid :** Parce que j'ai du mal à accepter la surconsommation actuelle et parce que je suis certain que prendre tout son temps, pour un artisan, redonne du sens à son travail et à ses productions. Vous savez, je fabrique mes meubles comme avant, à la main. Ça prend du temps, mais le résultat est bien meilleur qu'un meuble de fabrication industrielle.
- **Journaliste :** Comment faites-vous pour partager vos idées ?
- **Majid :** Je suis membre d'une association *slow*. J'ouvre mon atelier aux consommateurs curieux et intéressés par mon travail. J'organise des visites et je leur explique que je fabrique des pièces uniques et durables, je leur montre ma passion et mon savoir-faire.
- **Journaliste :** Pour vous, cette expérience est donc positive.
- **Majid :** Oui, je me sens bien avec moi-même. Je produis mieux et je partage mon savoir-faire avec mes clients, c'est fantastique !

Piste 49 — 8C

- **Eva :** Bonjour Martine. Ce, matin, nous parlons d'inconnus qui financent les projets d'autres inconnus.
- **Martine :** Oui, le financement participatif est à la mode et il va certainement le rester encore longtemps. Alors, vous vous demandez sûrement pour quelles raisons des internautes financent les projets d'inconnus et, surtout, qui sont ces donateurs ? Eh bien, il y a plusieurs types de profils. Il y a les solidaires qui financent des associations ou des ONG. Il y a ceux qui se montrent généreux pour se donner bonne conscience. Il y a aussi les passionnés de sport, de voyage, de musique, qui soutiennent des projets et aident à les réaliser. Comme vous le voyez, les profils sont différents, mais tous les internautes qui participent recherchent une expérience collective et des projets humains.
- **Eva :** Et les Français se mobilisent surtout pour quelles causes ?
- **Martine :** Le premier secteur financé est la culture, ensuite viennent ceux de la solidarité, des technologies et du commerce.

Piste 50 — LEXIQUE — 7

1. Adrien est super ! Et je ne dis pas ça parce que c'est mon ami… Il est sympa et on passe souvent de bons moments ensemble. Il est très accueillant : en général, il organise des repas ou des soirées chez lui, on rigole bien.

2. Ce que j'aime chez Léo, c'est qu'il assume ses convictions. Par exemple, il a décidé de manger uniquement de la viande biologique. Comme il est étudiant et qu'il n'a pas beaucoup d'argent, il n'en mange presque plus ! Il est très généreux aussi. Il est toujours prêt à aider les autres. Tous les deux, on est bénévoles dans une association de protection des animaux.

3. Gabriel a beaucoup de qualités : il est drôle, il est agréable et il est tolérant aussi. Il adore le sport et la musique et il déteste gaspiller ! C'est bien parce que c'est écologique, mais pour l'argent, je trouve qu'il exagère. Il n'aime pas dépenser de l'argent, même pour boire un verre… Alors pour les vacances ou les sorties entre amis, il faut toujours négocier avec lui et faire attention au budget.

Piste 51 — PHONÉTIQUE — 2

1. Aujourd'hui, le bien-être au travail est fondamental.
2. Vous savez, pour un chef d'entreprise, le bien-être des employés, c'est important.
3. Nous jetons des tonnes d'aliments : des produits laitiers, des produits industriels, ou encore des fruits et légumes.
4. Pour vous, cette expérience est positive ?

Piste 52 — PHONÉTIQUE — 3B

1. « Gras » prononcé « grrrrrrrrrras »
2. « Moderne » prononcé « moderrrrrrrrrne »
3. « Locavore » prononcé « locavorrrrrrrre »
4. « Beurre » prononcé « beurrrrrrrre »

Piste 53 — PHONÉTIQUE — 4

1. bar - bal
2. pile - pire
3. pars - pâle
4. bord - bol
5. folle - fort

Piste 54 — PHONÉTIQUE — 7

1. Je mangerai de belles tomates bien rouges.
2. Le monde serait-il devenu fou ?
3. Moi, je n'aimerais pas vivre avec une personne âgée.
4. La musique serait de la soul et le bar s'appellerait « Soul musique ».

UNITÉ 8

Piste 55 — 3B

- **Journaliste :** Si vous deviez définir l'entreprise idéale, que diriez-vous ? Quelles seraient ses valeurs ?
- **Romain :** Ce serait à la fois la solidarité et l'autonomie, avec un esprit d'équipe fondé sur le respect, la reconnaissance et la confiance.
- **Journaliste :** Et quelles seraient ses caractéristiques ?
- **Romain :** Ce serait une entreprise située pas trop loin de chez moi,

TRANSCRIPTIONS DES ENREGISTREMENTS

de 30 personnes environ. On travaillerait dans une ambiance jeune et dynamique, mais détendue. Si c'était possible, je préférerais être dans un *open space* et surtout pas dans un de ces bureaux où on est seul toute la journée avec la porte fermée !
- **Journaliste :** Et en ce qui concerne votre statut ?
- **Romain :** Si je pouvais choisir, je prendrais un travail en CDI, bien sûr...

Piste 56 — EX. 4

- **Journaliste :** Pouvez-vous nous parler un peu de votre parcours professionnel ?
- **Marjorie :** Bien sûr. Quand j'étais étudiante au conservatoire, j'ai fait des petits boulots comme tout le monde : serveuse, baby-sitter... Je voulais travailler à l'étranger comme professeure de français, mais ça n'a pas été possible car je devais rester en France pour ma formation. J'ai été danseuse professionnelle pendant 2 ans. Mais je me suis blessée gravement à une jambe et j'ai dû renoncer à cette carrière : je ne pourrai pas non plus devenir professeur de danse. C'est pour cela que j'ai décidé de me reconvertir. J'aimerais devenir psychologue et me spécialiser dans l'aide aux sportifs à la retraite.

Piste 57 — EX. 5

Toktoktok : une livraison rapide pour une entière satisfaction. Économies garanties et remboursement immédiat si vous trouvez moins cher ailleurs !

Piste 58 — LEXIQUE — 2

- **Conseiller Pôle emploi :** Quel métier recherchez-vous ?
- **Nadia :** J'ai été secrétaire de direction pendant 10 ans. Je recherche le même type de poste.
- **Conseiller Pôle emploi :** Bon. Et quel salaire espérez-vous ?
- **Nadia :** Je ne voudrais pas gagner moins de 2 000 euros nets par mois.
- **Conseiller Pôle emploi :** Et à partir de quand êtes-vous disponible ?
- **Nadia :** Mon contrat s'est terminé la semaine dernière, je peux être recrutée immédiatement.
- **Conseiller Pôle emploi :** Je note. Quel type de contrat préférez-vous ?
- **Nadia :** Je prendrai tout ce qu'on me proposera : mission d'intérim, CDD, et CDI, bien sûr, si c'est possible !

Piste 59 — PHONÉTIQUE — 3

1. [ɛ̃] (heiiiiiiiiin)
2. [ɑ̃] (eeeeeeeeen)
3. [ɔ̃] (ooooooooon)

Piste 60 — PHONÉTIQUE — 4

1. bon, bon, bon, bon, banc
2. teint, temps, temps, temps, temps
3. dans, dans, daim, dans, dans
4. long, lin, long, long, long

Piste 61 — PHONÉTIQUE — 5B

Comme *Internet* : internaute
Comme *entretien* : entreprise, passionnant
Comme *expression* : conducteur, patron

PRÉPARATION AU DELF A2

Piste 62 — EX. 1

Bonjour et bienvenue chez VOX TELECOM. Notre service client est ouvert de 8 h à 22 h du lundi au vendredi et de 10 h à 18 h le week-end.
L'appel sera facturé 79 centimes la minute.
Pour des informations sur votre facture, faites le 1.
Pour modifier votre forfait, tapez 2.
Si vous avez perdu votre téléphone et vous souhaitez bloquer votre carte à distance, tapez 3.
Pour toutes autres questions, tapez 4.
Nous vous rappelons que, pour les problèmes techniques, vous devez appeler le 3242.

Piste 63 — EX. 2

Bonjour, je suis Cécile Lindon du service des examens de l'école de langues *Belangues*. Vous pouvez venir retirer votre diplôme de français à partir de la semaine prochaine. Nos bureaux sont maintenant installés au 2e étage, porte 212. Nous sommes ouverts du lundi au vendredi de 9 h à 13 h et de 15 h à 19 h. N'oubliez pas d'apporter votre pièce d'identité ! Au revoir !

Piste 64 — EX. 3

L'été c'est aussi la saison des festivals de musique !
Et ce week-end a lieu le plus grand festival de la région : le festival de la ville d'Arras. Du 4 au 7 juillet, venez retrouver les plus grands artistes pop-rock de la scène nationale et internationale.
Cette année, le groupe Brigitte se produira pour le concert de clôture, le 7 juillet à 22 h. Vous pouvez gagner des places pour ce concert extraordinaire grâce à votre radio préférée : Rockradio.
Pour jouer et tenter de remporter 2 places pour le concert du 7 juillet, appelez le 03 21 01 37 87. 03 21 01 37 87.

Piste 65 — EX. 4

- **Fille :** Maman, papa, qu'est-ce qu'on fait cette année pour les vacances ?
- **Père :** Bonne question ! Vous avez des idées ?
- **Mère :** Moi, j'adorerais aller au Canada, mais vous savez que grand-mère déteste l'avion.
- **Fille :** On pourrait aller en Corse ! Comme ça Thomas pourrait faire de la randonnée.
- **Mère :** Non, ton frère ne vient pas avec nous cette année, il part avec des amis.
- **Père :** Moi, ça me plaît la Corse, bonne idée ! La plage, le soleil, c'est parfait !
- **Fille :** Maman, tu en penses quoi ?
- **Mère :** Pour moi, c'est d'accord, je vais chercher un hôtel sur Internet.

Piste 66 — EX. 5

1.
- Bonjour madame, je voudrais des informations sur les cours de danse, s'il vous plaît.
- Vous avez déjà pris des cours ?
- Non, je suis débutant.
- Alors, pour les débutants, il y a un cours le mercredi de 18 h à 20 h, et un autre le samedi, de 10 h à 12 h.

2.
- Voilà votre entrée...
- Merci beaucoup. Est-ce qu'on peut faire des photos pendant le spectacle ?
- Non, monsieur, je suis désolé, vous ne pouvez pas. Les téléphones doivent être éteints pendant toute la durée du spectacle et il est interdit d'utiliser un appareil photo ou une caméra.

3.
- Bonjour, Mme Durand. Qu'est-ce qui vous amène ?
- Bonjour docteur. Eh bien... j'ai très mal à la tête depuis 3 jours. J'ai pris des médicaments, mais ça n'a servi à rien...
- Vous avez d'autres douleurs ?
- Oui, je sens une douleur à l'œil gauche...

4.
- Alain Durant, bonjour. Vous êtes professeur à la faculté d'Histoire de Boulogne et vous venez de publier un nouveau livre, *L'Histoire contemporaine pour les adolescents*. Tout d'abord, que veut dire « Histoire contemporaine » ?
- On appelle « Histoire contemporaine » la période de 1789 à nos jours...

5.
- Pourriez-vous me conseiller un restaurant pour dîner, près d'ici ?
- Mmm… Il y en a un juste à côté qui est très bien. Il s'appelle Le gourmet.
- Je peux y aller à pied ?
- Oui, bien sûr.

6.
- Je vois dans votre CV que vous avez de l'expérience à l'étranger, vous pouvez m'en parler ?
- Oui, j'ai fait un master à Londres. Grâce à cette formation, j'ai beaucoup appris sur le droit international. Et puis, j'ai surtout amélioré mon niveau d'anglais…

CAHIER D'ACTIVITÉS - UNITÉ 1

Piste 1 — 4A

Après le bac, j'ai fait des études de médecine à la fac de Lille. J'ai eu mon diplôme et j'ai commencé à travailler dans un laboratoire. Un jour, grâce à un ami, j'ai découvert une formation de phytothérapie à distance. J'ai suivi le cours et j'ai adoré ! L'année suivante, j'ai quitté mon travail pour aller en Chine. Là-bas, j'ai étudié la médecine traditionnelle pendant 4 ans. Il y a 6 mois, je suis rentrée en France et j'ai ouvert mon propre cabinet de médecine naturelle.

Piste 2 — Compréhension de l'oral

Journaliste : Alors, la formation *online*, bonne ou mauvaise idée ? Nous sommes allés ce matin demander leur avis aux habitants de Limoges.
- **Femme** : La formation sur Internet ? Non, je crois que c'est une mauvaise idée. Être en classe, être en contact avec le prof, les autres étudiants, c'est un plaisir ! Et puis, c'est difficile de se concentrer tout seul devant son ordinateur. Non, vraiment, je trouve ça ennuyeux.
- **Homme** : Je pense que c'est l'avenir ! Je crois que la formation à distance va révolutionner l'apprentissage. Grâce à Internet, tout le monde peut se former, dans tous les domaines. Internet, c'est l'école de demain : rapide, pratique et variée.
- **Jeune fille** : J'ai suivi un cours de français en ligne. Au début, j'ai eu peur de ne pas y arriver. Mais j'ai vite constaté que c'est une méthode d'apprentissage motivante. C'est efficace, et interactif. Vraiment, j'ai amélioré mon français et j'ai adoré l'expérience.
- **Homme** : Ah, c'est efficace ! On l'utilise beaucoup au travail. Je suis responsable d'une équipe et on n'a pas beaucoup de temps pour la formation. Alors, on utilise un jeu de simulation sur Internet. C'est facile et motivant, les collègues adorent !

UNITÉ 2

Piste 3 — 1

1. (Ronflements)
2. (Cuisine)
3. (Voiture)
4. (Oiseaux, arbres…)
5. (Douche)

Piste 4 — 2

1. vert
2. spacieuse
3. blanc
4. vieille
5. gratuite
6. grand
7. beau
8. lumineux
9. grise

Piste 5 — 4A

- **Opérateur** : Webdéco bonjour.
- **Zoé** : Bonjour monsieur, je voudrais passer une commande.
- **Opérateur** : Très bien. Indiquez-moi la référence puis le nom de l'article.
- **Zoé** : Alors, IND-62, c'est une table de salon en bois.
- **Opérateur** : Oui. La couleur ?
- **Zoé** : Grise !
- **Opérateur** : Autre chose ?
- **Zoé** : Alors… Référence IND-58, le fauteuil en cuir. J'en voudrais deux, en noir.
- **Opérateur** : Deux fauteuils IND-58 en cuir noir, d'accord, c'est noté.
- **Zoé** : Je voudrais aussi la lampe à pied référence MOD-12.
- **Opérateur** : C'est la lampe à pied en métal, n'est-ce pas ?
- **Zoé** : Oui c'est ça. Je voudrais la blanche.
- **Opérateur** : Voilà, c'est noté. Autre chose madame ?
- **Zoé** : Non, c'est tout.
- **Opérateur** : Très bien, je vais maintenant vous demander vos coordonnées…

Piste 6 — 10B

A
- Et c'est bien situé ? Le quartier est tranquille ?
- Oui, madame, notre hôtel se trouve dans un quartier paisible, juste à côté du parc Pluchet.

B
- Coucou, Yann ! Tu es bien installé ?
- C'est le bonheur ! On a fini de rénover le rez-de-chaussée : c'est spacieux, c'est lumineux. Je ne quitte plus mon salon, j'y passe tous mes après-midi !

C
- Alors, tu as acheté quelque chose au magasin de déco ?
- Oui, j'ai trouvé un tableau très original. Il ira très bien dans ma chambre, je vais le mettre au-dessus de la commode.

D
- Tu as visité le nouvel appart d'Alex ?
- Oui, c'est en plein centre-ville, il y a un bar juste en bas de chez lui. Il trouve ça convivial, moi je trouve que c'est horrible !

E
- Et voilà le dernier carton ! Ah ! C'est la lampe de bureau. Tiens, tu veux bien la poser à côté de l'ordinateur ?
- Et voilà, nous sommes officiellement installés chez nous !

Piste 7 — 13

- **Journaliste** : Les Français en vacances… Les nouvelles statistiques viennent d'être publiées : pas beaucoup de changement dans nos habitudes, n'est-ce pas Patrick ?
- **Patrick** : Oui en effet. Tout d'abord, la France reste notre destination préférée, et la région la plus demandée est le littoral méditerranéen. En effet, la mer reste le lieu de vacances qui attire le plus de touristes français.
Pour le logement, 60 % des Français se logent chez un membre de leur famille, ce qui est bien sûr la solution la plus économique.
En ce qui concerne l'âge des vacanciers, ce sont les 20-24 ans qui partent le moins parce qu'ils sont dans une période de changements professionnels et familiaux, et c'est le groupe qui a le moins d'argent pour partir.
Et pour finir une nouveauté, ça y est !, Internet est devenu le moyen le plus utilisé par les Français pour rechercher, organiser et acheter leurs voyages.

Piste 8 — Compréhension de l'oral

- **Sonia** : Bonjour Benoît, aujourd'hui, vous nous parlez des émissions de décoration à la télévision.
- **Benoît** : Bonjour Sonia. Alors oui, j'ai choisi ce sujet, car ce type de

TRANSCRIPTIONS DES ENREGISTREMENTS

programme est très tendance. Toutes les chaînes de télévision proposent leur programme de déco.
- **Sonia** : Mais est-ce que tous ces programmes sont aussi intéressants ? Qu'est-ce que vous nous conseillez ?
- **Benoît** : Alors, justement, j'ai sélectionné les 4 émissions que je trouve les plus intéressantes, et je vais vous les présenter. On commence par la plus ancienne, *Téva Déco*. C'est la première émission de déco de la télé française ; elle est née en 1997. J'aime beaucoup cette émission, on y trouve des conseils simples pour décorer sa maison. Le plus sympa, c'est que chaque semaine, ils invitent un créateur ou un architecte et il doit aménager à sa façon une pièce de 16 m^2.
- **Sonia** : Quel type de pièce ?
- **Benoît** : C'est toujours différent : une chambre, une salle de bain, une cuisine… On apprend comment aménager et décorer cette pièce.
- **Sonia** : Et la deuxième émission ?
- **Benoît** : Alors la 2e, elle est aussi connue que la 1re, c'est *D&co*. C'est l'émission la plus populaire, celle qui a le plus de téléspectateurs. Vous la connaissez tous… La présentatrice, Valérie, va chez les gens et elle leur propose un *relooking* de leur appartement. En quelques jours, elle transforme les pièces, elle ose mettre de la couleur, elle change le mobilier…
- **Sonia** : Oui, c'est vrai, on connaît tous cette émission. On continue ?
- **Benoît** : Oui, on continue avec *L'Hebdo Maison +*. Je trouve que c'est la plus pratique, parce qu'on y trouve des conseils sur les tendances, évidemment, mais aussi des bons plans shopping, des conseils de professionnels. Il y a un avocat par exemple, spécialiste de l'immobilier qui vous explique que faire quand vous louez, vous achetez, vous rénovez…
- **Sonia** : Ou si vous avez un problème avec un voisin ?
- **Benoît** : Oui, voilà, par exemple. Comme je vous l'ai dit, c'est très pratique. En enfin, on termine avec mon émission favorite. Je trouve que c'est la plus variée. C'est *La Maison France 5*. Il y a tout dans cette émission. On y apprend à choisir les objets adaptés à notre logement. On y rencontre des artistes, des artisans, des passionnés. On y trouve des conseils pour renouveler sa maison. Et enfin, on y trouve des idées et des inspirations nouvelles car chaque épisode est préparé dans une ville ou un pays différent.
- **Sonia** : Oui, vous avez raison, Benoît, c'est une très belle émission !

UNITÉ 3

Piste 9 — 1A

envoyer	1. j'ai envoyé	2. j'envoie	3. J'envoyais
penser	1. je pense	2. j'ai pensé	3. je pensais
changer	1. je change	2. je changeais	3. j'ai changé
trier	1. je triais	2. j'ai trié	3. je trie
admirer	1. j'admirais	2. j'ai admiré	3. j'admire
travailler	1. j'ai travaillé	2. je travaille	3. je travaillais

Piste 10 — 2A

Journaliste : On dit que lorsqu'on vit un événement marquant, on se souvient précisément d'où on était et de ce qu'on faisait ce jour-là… Notre reporter est descendu dans la rue pour vous poser la question.
- **Reporter** : Bonjour ! Comment vous vous appelez ?
- **Philippe** : Philippe.
- **Reporter** : Pouvez-vous nous parler d'un événement important dont vous vous souvenez ?
- **Philippe** : Euh… oui, je me rappelle des élections présidentielles de 1981. J'avais 5 ans et toute la famille était réunie chez mes grands-parents, à Lyon. Ce soir-là, tout le monde était content, je me souviens que c'était la fête et que le dîner était délicieux ! J'étais surpris parce qu'avec mes cousins, on pouvait manger des bonbons et se coucher tard alors que ce n'était ni Noël, ni notre anniversaire.
- **Reporter** : Bonjour ! Comment vous vous appelez ?
- **Rémi** : Bonjour, je m'appelle Rémi.
- **Reporter** : Pouvez-vous nous parler d'un événement important dont vous vous souvenez ?
- **Rémi** : Oui. Je suis passionné de cinéma alors pour moi, la victoire du film *The Artist* aux Oscars a été un événement important. Ce film a gagné 5 Oscars, c'est exceptionnel ! Je m'en souviens très bien aussi parce que, ce jour-là, j'étais à l'hôpital. Je n'avais pas la télé dans ma chambre alors j'ai dû suivre la cérémonie sur mon téléphone portable !
- **Reporter** : Bonjour ! Comment vous vous appelez ?
- **Najoua** : Bonjour, je m'appelle Najoua.
- **Reporter** : Pouvez-vous nous parler d'un événement important dont vous vous souvenez ?
- **Najoua** : Oui, c'était en décembre 2010. Je me souviens parfaitement du moment où j'ai appris que la Révolution du Jasmin commençait. J'étais à l'université, je donnais un cours à des étudiants, mon téléphone n'arrêtait pas de vibrer. J'ai fini par sortir pour lire mes messages. Et c'était mon frère qui m'expliquait ce qui se passait en Tunisie.

Piste 11 — 4

- **Petit-fils** : Mamie, c'était comment la vie au village, quand tu étais jeune ?
- **Mamie** : Oh ! C'était très différent, à cette époque-là. Tout le monde se connaissait parce que tout le monde naissait et grandissait au village ; on allait tous à la même école.
- **Petit-fils** : Est-ce que les garçons et les filles étudiaient ensemble ?
- **Mamie** : Non, avant nous étions séparés, mais la classe des filles et la classe des garçons se trouvaient dans le même bâtiment.
- **Petit-fils** : Et après l'école, vous faisiez quoi ?
- **Mamie** : Souvent, on devait aider les parents : on travaillait avec eux ou on allait faire les courses.
- **Petit-fils** : Et le reste du temps ? Vous deviez vous ennuyer… surtout à la campagne !
- **Mamie** : Pas du tout ! On n'avait pas le temps de s'ennuyer ! Tu sais, il y avait beaucoup de choses à faire à la campagne : on allait se promener ou on allait pêcher sur le bord de la rivière.
- **Petit-fils** : Le village a dû beaucoup changer avec les années, non ?
- **Mamie** : Oh oui, beaucoup ! Avant, il y avait souvent des fêtes, on s'amusait bien… Il y avait une vraie vie de village, mais après, tout a changé.
- **Petit-fils** : Quand est-ce que le changement a commencé ?
- **Mamie** : Dans les années 70, avec l'arrivée de la télé et de la voiture. Soit les gens restaient chez eux pour regarder la télé, soit ils partaient en voiture… Oui, c'est à ce moment-là que tout a commencé à changer…

Piste 12 — 7

- **Yann** : Salut Thierry ! Ouah ! Tu as changé ! Qu'est-ce que tu as fait ?
- **Thierry** : Salut Yann. Eh bien tu vois, j'ai décidé de changer un peu mes habitudes alimentaires et de faire plus de sport… et voilà !
- **Yann** : Je me souviens que tu aimais le jogging. Tu en fais encore ?
- **Thierry** : Oui, je continue à faire du jogging tous les soirs et je m'entraîne pour le marathon.
- **Yann** : Et tu fumes toujours ?
- **Thierry** : Non, j'ai arrêté de fumer il y a un an.
- **Yann** : Et pour l'alimentation ? Tu fais un régime ?
- **Thierry** : Non, en fait, je continue à manger un peu de tout. Mais je ne vais plus au restaurant le midi, je fais mes courses et je cuisine moi-même les repas que je mange au bureau. Je prends soin de moi, tout simplement !

Piste 13 — 13

- **Journaliste** : Bonjour Gaspard, alors quel livre nous recommandez-vous cette semaine ?
- **Gaspard** : Eh bien, je vais vous présenter un livre très sympa qui s'appelle *Les Français et leurs souvenirs*, c'est un livre d'Histoire,

mais avec un regard sociologique. Des événements historiques, il y en a quelques-uns, mais le livre parle surtout de la vie des gens.
- **Journaliste :** Et c'est classé par décennie, c'est ça ?
- **Gaspard :** Oui, exactement. Alors si je prends le chapitre « années 60 » par exemple, on lit que les prénoms féminins les plus donnés sont Catherine, Sylvie et Christine. Le livre parle aussi de la culture populaire, de la musique par exemple. Et, à cette époque-là, la majorité des jeunes dansait sur les chansons des Beatles, évidemment…
- **Journaliste :** Et sur les années 70, qu'est-ce qu'on dit ?
- **Gaspard :** Alors, les années 70, c'est surtout l'arrivée de la télé. On apprend qu'à cette époque-là 70 % des familles avaient la télé à la maison. Le livre raconte une grande quantité d'anecdotes sur les émissions télé de cette époque, c'est très intéressant.
- **Journaliste :** Bon, moi je suis née dans les années 80, qu'est-ce qu'on dit sur mon époque ?
- **Gaspard :** Alors si vous êtes née dans les années 80, je parie que vous regardiez les mangas à la télé, pas vrai ?
- **Journaliste :** Oui, c'est vrai, les dessins animés japonais sont apparus à cette époque en France.
- **Gaspard :** Et vous regardiez des dessins animés comme *Goldorak*, *Dragon Ball*…
- **Journaliste :** Oh oui, j'adorais ça, comme tout le monde d'ailleurs. Je pense que tous les gens de ma génération les regardaient.

Piste 14 — Compréhension de l'oral

- **Guide touristique :** Bienvenus à tous au château du Clos Lucé, où le grand Léonard de Vinci est mort en 1519. Nous allons visiter ce monument et son parc, et découvrir la vie, la personnalité et le travail de De Vinci. Alors, pour commencer, quelqu'un sait-il pourquoi le peintre était en France à cette époque ?
- **Visiteur 1 :** Il travaillait pour le roi ?
- **Guide touristique :** Oui, c'est ça. De Vinci était l'invité du roi François 1er. À l'époque, la plupart des rois et des princes essayaient de faire venir des artistes et des architectes à la cour. Les architectes construisaient des châteaux, des places, des machines de guerre et les artistes peignaient ou sculptaient des portraits du roi. Et c'est exactement ce que faisait De Vinci ici au Clos Lucé, il était « premier peintre, ingénieur et architecte du roi ».
- **Visiteuse 2 :** C'est lui qui a construit le château ?
- **Guide touristique :** Non, le château existait déjà. Mais Léonard travaillait sur plusieurs projets d'architecture et d'ingénierie dans la région. Et maintenant, pour terminer cette introduction, je voudrais insister sur la relation entre François 1er et De Vinci. Il faut savoir qu'ils étaient de véritables amis. François 1er appelait le peintre « mon père » et il avait beaucoup de respect et d'amour pour lui, comme la plupart des membres de la famille du roi.

UNITÉ 4

Piste 15 — 1

1. Ma mère a toujours voulu avoir une vie tranquille. Elle s'est mariée, elle a élevé ses enfants… Elle a construit toute sa vie autour de sa famille. Il y a deux ans, mes parents ont divorcé. Depuis, ma mère a complètement changé ! Elle a commencé à voyager seule, elle s'est inscrite à une association qui organise des sorties culturelles… Maintenant, elle profite de la vie. Avec mes frères, on est contents de la voir comme ça !
2. Maxime a toujours été un enfant agréable mais, à l'école, c'était plus compliqué : il s'ennuyait et il avait souvent de mauvaises notes. Puis un jour, il a changé de classe et on a compris qu'il avait besoin d'une classe plus petite, pour se faire des amis et être à l'aise. À partir de ce moment-là, il a commencé à aimer l'école et à avoir de bonnes notes.
3. Quand elle était enfant, ma petite sœur Marion était toujours souriante. Elle adorait nous faire des surprises, des petits cadeaux. Et puis, grand-père est mort d'un cancer, l'année dernière. Marion avait 14 ans. Elle adorait notre grand-père. Après ce triste événement, sa personnalité a changé. Elle est devenue timide et angoissée, mais c'est aussi l'adolescence, je pense.

Piste 16 — 2A

1. j'ai caché	4. je rêvais	7. j'ai retrouvé
2. j'ai annoncé	5. j'ai regretté	8. j'ai quitté
3. je décidais	6. je changeais	9. je trouvais

Piste 17 — 5

- Qu'est-ce que tu es en train de lire ?
- *Les Lisières*, c'est un roman d'Olivier Adam.
- De quoi ça parle ?
- C'est l'histoire d'un homme de 40 ans, Paul, qui retrouve les lieux et les personnes de son passé. Il est né et il a grandi en banlieue parisienne. Il a fait des études et il est devenu écrivain. Il s'est marié, puis il est parti s'installer en Bretagne avec sa femme et ses enfants. Puis, il a divorcé et, à la même époque, sa mère est tombée malade. Pour s'occuper de sa mère, il est revenu seul dans sa ville natale. Ensuite, il a retrouvé une ancienne camarade de classe, Sophie, qui était sa meilleure amie et…
- Hé ! Arrête, ne me raconte pas toute l'histoire, je voudrais le lire, moi aussi !

Piste 18 — 10B

- **Amie :** Bon alors Théo, raconte-moi ! Qu'est-ce qui t'est encore arrivé ?
- **Théo :** Eh bien, hier soir j'étais chez moi quand j'ai entendu du bruit dans l'appartement de ma voisine, Léna.
- **Amie :** Ah oui, ta voisine, l'animatrice de radio ?
- **Théo :** Oui, eh bien, justement, j'étais en train d'écouter son émission en direct à la radio, donc elle ne pouvait pas être chez elle !
- **Amie :** Han ! C'était des voleurs qui étaient dans son appartement ?
- **Théo :** C'est ce que j'ai cru… Je suis sorti sur ma terrasse pour vérifier, mais à l'endroit où j'étais je ne voyais rien ! Et, les lumières de l'appartement de Léna étaient éteintes, c'était trop bizarre, donc j'ai décidé de prévenir la police…
- **Amie :** Et alors ?
- **Théo :** La police est arrivée, ils sont entrés chez Léna, et ils ont découvert… son petit ami Luc, en costume de soirée, en train de préparer un dîner romantique… Il avait allumé quelques bougies, il allait demander Léna en mariage…
- **Amie :** Et comment il a réagi quand il a vu la police entrer ?
- **Théo :** Il s'est évanoui ! Il se souvient d'avoir vu trois policiers qui entraient puis… plus rien ! Quand Léna est arrivée, on était tous dans son appartement. On lui a raconté toute l'histoire, ça l'a beaucoup fait rire.
- **Amie :** Elle n'était pas furieuse contre toi ?
- **Théo :** Non, pas du tout, au contraire ! Elle m'a invité au mariage !

Piste 19 — 12

1.
- Allô, Sam, c'est Noémie. Qu'est-ce que tu fais ? La réunion a commencé !
- Oui, j'arrive tout de suite, j'étais en train de répondre à un mail urgent.

2.
- Allô maman, c'est moi. Tu étais où ? Je t'ai appelé 2 fois, j'étais inquiète !
- Ah, désolée, je n'ai pas entendu, j'étais dans le jardin, en train de m'occuper de mes plantes.

3.
- Coucou les enfants ! Comment ça va ? Qu'est-ce que vous faites ?
- Maman, Noé et moi on était en train de faire un gâteau pour l'anniversaire de papi !

4.
- Allô, Nath, enfin ! J'essaye de te joindre depuis plusieurs jours !
- Désolée, j'étais en train de m'installer dans mon nouvel appartement et je ne trouvais plus mon portable.

deux cent vingt-trois 223

TRANSCRIPTIONS DES ENREGISTREMENTS

5.
- Allô Léo, c'est Fanny. Je vais faire du jogging à 18 h. Vous voulez venir ?
- Ah oui, bonne idée ! On était en train de regarder la télé, ça nous fera du bien de sortir un peu.

Piste 20 — Compréhension de l'oral

- Bah voilà, c'est fait, tu connais mes parents maintenant... Ça va, tu n'es pas trop stressée ?
- Non, ça s'est bien passé. Tes parents sont très gentils. Ton père est vraiment très agréable.
- Ah ! Ça se voit que tu ne l'as pas connu avant...
- Pourquoi ? Il était différent ?
- Ah oui ! Tu sais, il avait un travail très stressant. Et puis, à la maison, il était toujours sérieux. Il pensait que, pour bien nous éduquer, il devait être sévère avec nous.
- Sévère ? Je ne peux pas le croire !
- Si, si ! Je me souviens qu'un jour, quand j'avais 4 ans, on était en train se promener dans le parc, je me suis mis à courir et je me suis perdu. Et quand je me suis rendu compte que j'étais seul, j'ai eu très peur. J'étais désespéré... et je me suis mis à pleurer. Ma mère me cherchait partout, elle pleurait elle aussi. Mon père, lui, s'était installé sur un banc avec son journal. Il pensait que cette expérience devait m'aider à apprendre à obéir et que je devais retrouver mon chemin tout seul... Finalement, c'est ma mère qui m'a retrouvé.
- Et quand est-ce qu'il a changé ?
- Quand il a pris sa retraite. Le changement a été radical en quelques mois, il est devenu tranquille et disponible. Il passe beaucoup de temps à jouer avec ses petits-enfants. Il n'a jamais joué avec nous !
- C'est incroyable ! Mais qu'est-ce qui s'est passé ?
- J'imagine qu'il s'est dit : « J'ai fait mon travail, j'ai élevé mes enfants. Maintenant, ils sont grands, ils ont leur propre famille. Tout va bien, je peux mener une vie plus tranquille, relâcher la pression et profiter de la vie. »

UNITÉ 5

Piste 21 — 1

1. *(Match de tennis)*
2. *(Quelqu'un qui fait de la course)*
3. *(Quelqu'un qui nage)*
4. *(Match de basket)*
5. *(Quelqu'un qui marche)*

Piste 22 — 5

- **Journaliste :** Bonjour docteur, aujourd'hui, vous allez répondre aux questions de nos auditeurs et proposer des conseils pour se soigner naturellement, sans médicament.
- **Docteur :** Oui, en effet. D'ailleurs, je vois que vous avez mal à la gorge... Et c'est un bon exemple. Eh bien, voici mon premier conseil : ne parlez pas !
- **Journaliste :** Quand on est journaliste, c'est difficile...
- **Docteur :** Oui, j'imagine... Alors demandez qu'on vous prépare un jus de citron bien chaud, avec du miel. Vous voyez, on peut traiter beaucoup de douleurs de la vie quotidienne avec des gestes simples. Prenons les douleurs d'estomac, par exemple. Les gens ont souvent mal à l'estomac à cause du stress. Si c'est votre cas, il existe une solution très simple : prenez votre temps pour manger ! Asseyez-vous, ne mangez pas debout et mâchez bien les aliments ! Pour les migraines, c'est la même chose. Les gens ont mal à la tête et ils ne trouvent pas de médicaments qui les soulagent. Je leur conseille d'éteindre la lumière et de s'allonger dans une pièce silencieuse. Ce simple geste fait beaucoup de bien ! Il faut également éviter de manger du chocolat ou du fromage quand on a des migraines.
- **Journaliste :** Ah ? C'est étonnant !
- **Docteur :** Oui, mais ça fonctionne.
- **Journaliste :** Nous avons un auditeur sportif qui demande ce qu'il peut faire quand il a des douleurs musculaires...
- **Docteur :** Si vous avez des douleurs musculaires, vous devez faire des étirements, boire de l'eau et manger des fruits et des légumes !
- **Journaliste :** Très bien ! Une dernière question... Un auditeur nous dit que son bébé pleure beaucoup parce qu'il fait ses dents, avez-vous un conseil ?
- **Docteur :** Alors, quand votre bébé a mal aux dents, évitez de l'allonger. La douleur est plus forte dans cette position. Vous pouvez aussi lui donner un bain pour le calmer.
- **Journaliste :** Merci pour tous ces conseils, docteur.
- **Docteur :** Je vous en prie.

Piste 23 — 10

Béa : Salut Maëlle, c'est Béa. Le coach vient de m'appeler, la finale aura lieu le 13 juin, prépare-toi ! Ce soir, je ne serai pas là, mais on pourra s'entraîner toutes les deux demain après-midi, si tu veux. Le week-end prochain on fera un entraînement avec toute l'équipe ; le coach nous donnera bientôt les horaires. Si on gagne ce match, l'année prochaine on jouera en 2e division ! Tu te rends compte ? Rappelle-moi quand tu peux ! Bisous !

Piste 24 — 11

1. C'est un très bon produit, madame, je suis sûr que votre fille va adorer ! Si ça ne lui plaît pas, vous pourrez l'échanger pendant 15 jours mais, pour cela, il faudra nous montrer votre ticket de caisse.
2. Si vous pratiquez régulièrement cette position, vous assouplirez votre dos et vous améliorerez votre respiration.
3. Il reste 2 minutes de jeu... Si la Nouvelle-Zélande n'arrive pas à égaliser, la France sera championne du monde de rugby... C'est incroyable ! Nous sommes à deux minutes de la victoire de la France !
4. Vous savez monsieur, si vous ne perdez pas de poids, vous aurez encore plus mal au dos et vous multiplierez les risques de problèmes cardiaques.
5. Si les hommes continuent à polluer à ce rythme, 75 % des espèces animales et végétales disparaîtront bientôt.

Piste 25 — Compréhension de l'oral

- **Personne 1 :** Bonjour monsieur, on voudrait des informations sur les cours de yoga. Vous proposez trois types de yoga, c'est bien ça ?
- **Receptionniste :** Oui, nous proposons des cours de hatha-yoga, de vini-yoga et, la semaine prochaine, nous ouvrirons aussi un cours d'ashtanga-yoga.
- **Personne 1 :** Euh... c'est quoi la différence ? En fait, je fais beaucoup de sport et j'ai souvent mal au dos. C'est pour ça que mon médecin m'a conseillé de faire du yoga...
- **Receptionniste :** Si vous êtes sportive, vous adorerez l'ashtanga-yoga ! C'est le yoga le plus dynamique, le plus physique. Il fortifie les muscles, et en particulier les muscles du dos, pour vous, c'est idéal ! Faites-moi confiance, si vous venez régulièrement, dans 2 mois vous n'aurez plus mal au dos.
- **Personne 1 :** Parfait, si vous me dites que c'est efficace, je vais essayer.
- **Receptionniste :** Très bien, vous aussi monsieur, vous...
- **Personne 2 :** Ah non, moi, je cherche un sport plus tranquille, pour me détendre, apprendre à respirer...
- **Receptionniste :** Vous pratiquez un sport ?
- **Personne 2 :** Non, je n'aime pas beaucoup le sport, je veux juste prendre un peu soin de ma santé mais sans me fatiguer.
- **Receptionniste :** Choisissez le hatha-yoga ! C'est la méthode la plus facile, idéale pour les débutants. Le cours commence demain soir. Venez ! Vous verrez comme c'est facile. Et si ça vous plaît, vous viendrez vous inscrire.
- **Personne 2 :** D'accord, merci beaucoup.
- **Receptionniste :** Merci, monsieur.
- **Personne 2 :** Merci à vous. Passez une bonne soirée !

UNITÉ 6

Piste 26 — 1A

1. Mesdames, messieurs, bienvenus à bord du train 5225 à destination de Perpignan. Nous vous rappelons qu'il n'est pas permis de fumer à bord du train. Pour ne pas gêner les autres usagers, il est préférable de laisser les téléphones portables en mode silence et de passer vos appels dans les espaces réservés. Attention au départ !

2.
- Bienvenu dans notre entreprise monsieur. Voilà votre badge. Il est impératif de le porter toute la journée.
- D'accord. Et il faut se laver les mains avant d'entrer dans le laboratoire ?
- Oui, c'est obligatoire.

3.
- Et voilà vos entrées.
- Merci madame. Où commence l'exposition ?
- Elle commence ici, à votre gauche.
- Merci. Est-ce qu'on peut prendre des photos ?
- Non, désolée, il est interdit de faire des photos pendant la visite.

4.
- On va faire du ski samedi ?
- Impossible : les stations sont fermées à cause du mauvais temps et il est interdit de skier. C'est trop dangereux.

5.
- Fais attention, il y a une école et une maison de retraite dans ce quartier.
- Ne t'inquiète pas, je conduis bien !

Piste 27 — 2

1. On peut fumer dans les restaurants en France ?
2. Hier soir, j'étais assis dans le métro, il y avait beaucoup de gens et ils me regardaient mal, ils avaient l'air énervés. Je ne comprends pas pourquoi, je ne faisais pas de bruit…
3. En France, on peut rendre visite à des amis ou à des connaissances quand on veut, non ?
4. Je suis invitée à prendre l'apéritif chez mon nouveau voisin. À ton avis, je dois apporter quelque chose ?
5. Comment tu dis bonjour à tes collègues ?

Piste 28 — 5A

1. Les nouveaux voisins ne disent jamais bonjour quand on se croise dans la rue ou dans l'immeuble. Ça m'exaspère !
2. Je ne tolère pas les gens qui ne paient pas leur ticket de métro. Ce manque de civisme : c'est intolérable !
3. Mon voisin ne fait pas le tri des déchets et, en plus, il laisse ses poubelles sur le trottoir ! Je trouve ça inadmissible !

Piste 29 — 7B

- Comment ça se passe avec ton nouveau collègue ?
- Pas très bien, il n'est pas vraiment poli et tu sais que je ne supporte pas les gens impolis !
- Oui, je sais. Mais qu'est-ce qu'il fait exactement ?
- Eh bien, pour commencer, il ne dit jamais bonjour le matin, ça m'agace ! Et le midi, à la pause déjeuner, il parle tout le temps, c'est énervant !
- Et tes autres collègues, ils le trouvent aussi agaçant ?
- Oui, mais nous n'osons pas lui dire, c'est gênant. Et puis, il ne faudrait pas le vexer, sinon la vie de bureau deviendrait insupportable !
- D'accord mais je pense qu'il vaut mieux lui parler, il pourrait changer et devenir un bon collègue.
- Oui je sais, tu as raison.

Piste 30 — 8

1. Je prends la voiture aujourd'hui et tu la prendras demain, d'accord ?
2. Les horaires devraient changer l'année prochaine.
3. Nous voudrions organiser une surprise pour l'anniversaire de Marc.
4. Tu pourrais me prêter ton vélo, s'il te plaît ?
5. Pendant la réunion, ils essaieront de régler les problèmes de voisinage.
6. Excusez-moi monsieur, j'aurais besoin d'un renseignement.
7. Tu achèterais cet ordinateur, toi ?
8. Il ne supporterait pas de vivre en colocation avec sa sœur !
9. L'année prochaine, nous fêterons notre dixième anniversaire de mariage.
10. Excusez-moi, Mmadame, vous pourriez parler moins fort, s'il vous plaît ?

Piste 31 — 10

1. Je peux prendre ton stylo ?
2. Ça te dérange si je propose à mon frère de venir ?
3. Excusez-moi madame, ma femme est enceinte, pourriez-vous la laisser passer ?
4. Excusez-moi monsieur, cela vous dérange si je change la date du rendez-vous ?
5. Je pourrais prendre votre voiture ?
6. Cela vous dérange si je change de table ?
7. Ça t'ennuie si je t'accompagne ?

Piste 32 — Compréhension de l'oral

- Salut Noelia, comment se passe ta première semaine en France ?
- Très bien, mais j'en ai marre, je ne comprends rien aux règles de politesse françaises. Les professeurs devraient nous les expliquer…
- Qu'est-ce qui se passe ?
- Je pensais que les Français étaient très formels. Alors, le premier jour j'ai serré la main à tout le monde. Mais mes collègues m'ont tous fait la bise, ils m'ont dit que c'était normal au bureau.
- Oui, c'est courant, entre collègues…
- Oui, mais hier on avait une réunion. Je suis entrée dans la salle et j'ai fait la bise à tout le monde… Les gens me regardaient bizarrement, c'était très gênant…
- Pourquoi ils te regardaient comme ça ?
- Parce que j'ai fait la bise à des clients de l'entreprise qui étaient dans la salle. Je ne connais pas encore tous mes collègues alors j'ai fait la bise à tout le monde… Je ne savais pas que les clients étaient déjà dans la salle !
- Et qu'est-ce qu'ils ont dit ?
- Ils ont été très polis et très sympas, ça s'est bien passé, mais mes collègues se sont moqués de moi plusieurs jours !

UNITÉ 7

Piste 33 — 5

- Salut Aline, ça sent bon, qu'est-ce que tu cuisines ?
- Une soupe 100 % locale ! C'est une soupe faite avec des légumes de saison des producteurs de la région.
- Et tu les as achetés où, ces légumes ?
- Dans le magasin bio de la rue François Ier, j'y suis allée ce matin avec ma grand-mère.
- Et tu crois vraiment que ça change quelque chose de consommer ces produits ?
- Bien sûr, c'est bon pour ma santé et pour la planète ! Regarde, j'ai aussi acheté du café portant le label « commerce équitable ». Quand

deux cent vingt-cinq **225**

TRANSCRIPTIONS DES ENREGISTREMENTS

j'achète des produits exotiques, je privilégie toujours les marques qui portent ce label. Comme ça, je suis solidaire avec les petits producteurs des pays d'où viennent ces produits. Avec mon café, j'aide les producteurs colombiens à mieux vivre et à produire dans le respect de l'environnement.
- C'est bien… mais ces petits gestes… ça ne compense pas toute la pollution de la planète !
- Non, mais on devrait tous faire des efforts ! Regarde, un autre exemple : qu'est-ce que tu penses de mon T-shirt ? Il te plaît ? C'est du coton 100 % bio. Depuis quelques mois j'achète uniquement cette marque qui propose des vêtements bio et responsables !
- C'est sûrement fait par une grande entreprise qui profite de la mode du bio pour vendre plus !
- Mais tu m'agaces avec tes excuses ! Je ne supporte plus les gens qui cherchent des prétextes pour ne pas faire d'efforts ! Tu devrais t'engager un peu plus avant de critiquer mes bonnes initiatives.

Piste 34 — 10

1. Avant je travaillais à 1h30 de chez moi. Alors, j'ai choisi cette formule pour ne plus perdre de temps dans les transports. Et puis, être à la maison, j'arrive à mieux me concentrer.
2. Les gens peuvent faire un don en ligne pour aider à la réalisation d'un projet culturel ou social.
3. Tom a choisi cette option pour ne pas payer le loyer tout seul.
4. Mon entreprise favorise cette tendance pour créer un moment de convivialité entre les employés. Et les employés l'utilisent pour faire des économies d'essence.
5. J'ai choisi de participer à ces soirées parce que j'aime partager mon savoir-faire et pour rencontrer des gens passionnés de cuisine, comme moi.

Piste 35 — Compréhension de l'oral

- Salut Marion, qu'est-ce que tu fais ce week-end ?
- Ce week-end ? Je reçois un couple de voyageurs.
- Ce sont des amis à toi ?
- Non, je ne les connais pas. Je me suis inscrite sur un site Internet d'échange de chambres. J'offre une chambre à ceux qui viennent visiter notre ville et, en échange, je peux me loger gratuitement quand je voyage, en France ou à l'étranger.
- Et tu vas rester avec eux tout le week-end ?
- Oui, les gens choisissent ce type d'échanges pour faire des économies mais aussi pour ne plus être seuls pendant leurs voyages. Ceux qui viennent ce week-end m'ont demandé de les accompagner et de leur faire visiter la ville.
- Super, et toi, tu aimerais voyager où ?
- Je voudrais bien aller à Barcelone, pour visiter la Sagrada Familia, tu sais, la cathédrale de Gaudí…
- Celle qui n'est pas encore terminée ?
- Oui, c'est ça. Je voudrais la visiter cette année.

UNITÉ 8

Piste 36 — 5

- Saut Maxime ! Qu'est-ce que tu deviens ?
- En ce moment, je cherche du travail.
- Dans quel domaine ?
- Dans l'architecture. J'ai eu mon diplôme d'architecte l'année dernière. Après j'ai fait un stage de 6 mois dans un cabinet, mais ils ne pouvaient pas m'embaucher. Depuis je cherche un emploi mais, pour l'instant je n'ai pas encore eu un seul entretien… c'est décourageant…
- Tu dois t'ennuyer, non ?
- Non, rechercher du travail, ça prend du temps, tu sais ! Je passe du temps à consulter les offres d'emploi sur Internet, à postuler et à passer des entretiens et puis je continue à lire et je prends des cours de guitare aussi.
- C'est bien, je vois que tu gardes le moral.

Piste 37 — 8

- **Journaliste :** Bonjour, une petite question, s'il vous plaît. Si vous pouviez changer de métier, que feriez-vous ?
- **Interviewé 1 :** Oh, moi, si je pouvais, je travaillerais dans le domaine de la santé : je serais médecin, infirmière, quelque chose comme ça.
- **Journaliste :** Et vous monsieur ? Si vous pouviez changer de métier, que feriez-vous ?
- **Interviewé 2 :** Si je pouvais tout recommencer, je serais plus sérieux dans les études et j'étudierais les langues étrangères… C'est très important, vous savez ? Et avec ça, je travaillerais dans le tourisme.
- **Journaliste :** Pardon madame, une petite question, s'il vous plaît. Si vous pouviez changer de métier, que feriez-vous ?
- **Interviewé 3 :** Si je pouvais tout recommencer, je referais exactement la même chose ! Je suis électricienne et j'ai ma propre entreprise. J'ai toujours adoré bricoler et je m'épanouis dans mon travail.
- **Journaliste :** Excusez-moi monsieur, je peux vous poser une question, s'il vous plaît ? Si vous pouviez changer de métier, que feriez-vous ?
- **Interviewé 4 :** Je pense que je chercherais un cadre de travail moins stressant. J'ai travaillé toute ma vie dans une grande entreprise : la compétition, les résultats, le stress, les réunions… Je changerais tout cela pour une vie plus tranquille et plus proche de la nature. J'aimerais bien travailler dans le vin, être viticulteur, pourquoi pas ?

Piste 38 — Compréhension de l'oral

Journaliste 1 : La vie serait-elle plus belle si on arrêtait de travailler ? C'est le thème de notre matinale. Martin, vous avez réalisé une enquête sur les Français au travail et vous leur avez demandé s'ils souhaiteraient arrêter de travailler. Vous avez été surpris par certaines réponses, n'est-ce pas ?
Journaliste 2 : Oui en effet, même si elles le pouvaient, la majorité des personnes interrogées ne voudraient pas abandonner leur emploi.
Journaliste 1 : Et pourquoi cette envie de travailler ?
Journaliste 2 : Alors, la majorité des femmes expliquent que le travail représente une partie importante de leur vie sociale ; les hommes interviewés disent qu'ils ne voudraient pas renoncer à leurs revenus et évoquent aussi leur vie sociale. Écoutons un extrait du micro-trottoir.
Journaliste 1 : D'accord !
Interviewé 1 : Eh bien, vous voyez, moi par exemple, j'ai pris un congé parental et je dois reconnaître que j'étais particulièrement heureuse de retourner au travail ! Pendant mon congé, je ne voyais personne et parfois, je me sentais un peu seule… Et puis mes collègues me manquaient beaucoup !
Interviewé 2 : Non, je pense que je serais très malheureuse si j'arrêtais de travailler. J'ai besoin de sortir de chez moi, de rencontrer des gens et de faire quelque chose de concret.
Interviewé 3 : Non, c'est impossible. Ma femme a un bon salaire, mais si j'arrêtais de travailler, on ne pourrait plus se faire plaisir, ou partir en vacances par exemple. Et puis si nos enfants veulent faire des études, il faudra les aider. On a vraiment besoin de nos deux salaires, c'est ce qui nous permet de vivre confortablement.

CARTE DE LA FRANCE

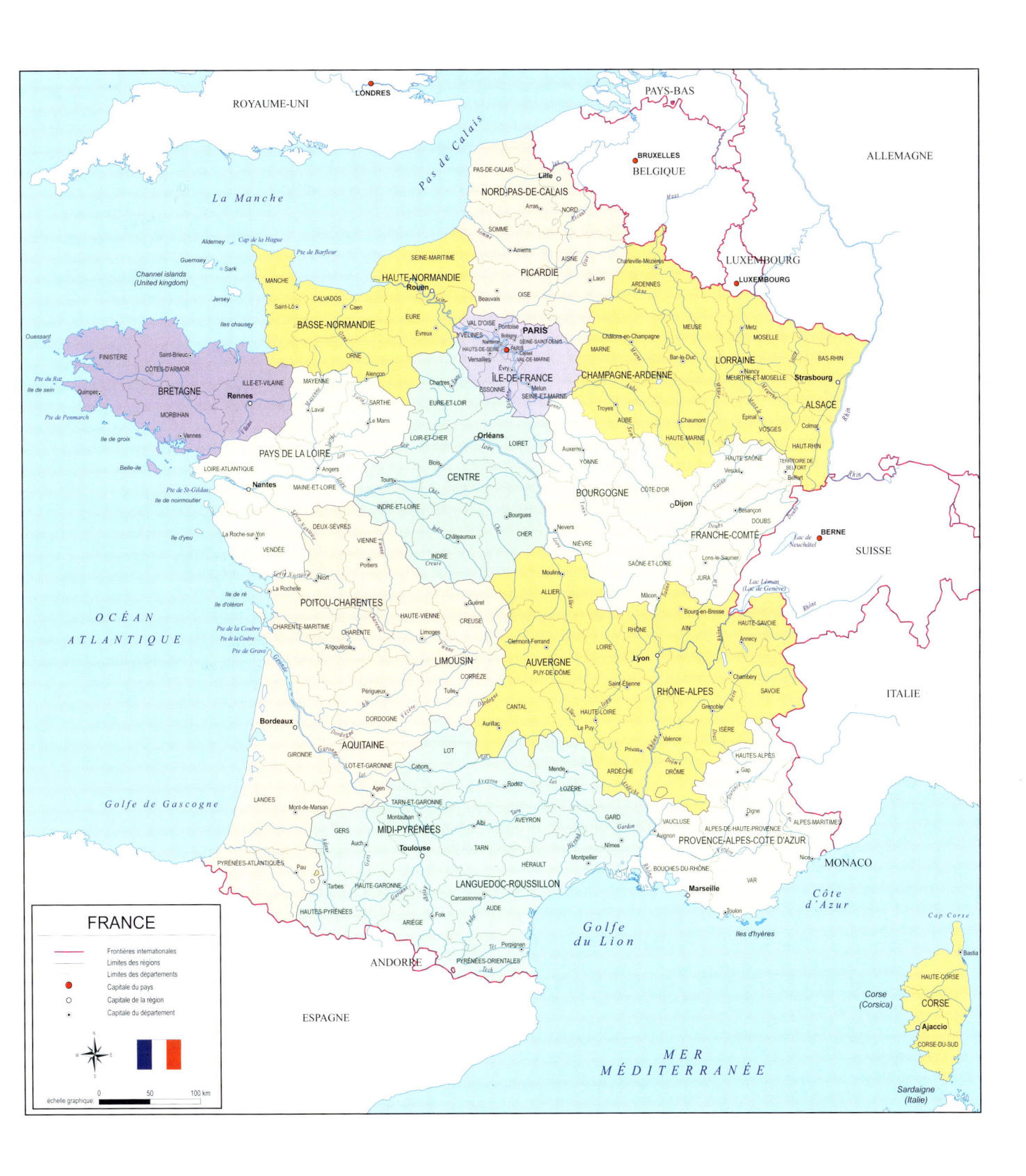

deux cent vingt-sept 227

NOTES

NOTES

ENTRE NOUS TOUT EN UN - MÉTHODE DE FRANÇAIS
LIVRE DE L'ÉLÈVE + CAHIER D'ACTIVITÉS - NIVEAU A2

AUTEURS

Fatiha Chahi (unités 5 et 7)
Claire Marchandeau (unités 2 et 6)
Catherine Huor (unités 2 et 4)
Céline Malorey (unités 1 et 8)
Neige Pruvost (unités 1 et 3)

Grégory Miras (rubrique *Phonétique*)
Sylvie Poisson-Quinton (rubrique *Regards Culturels* et partie *Précis de grammaire*)
Gaëlle Delannoy (parties *Cahier d'activités* et *DELF*)
Ginebra Caballero (partie *Dossier de l'apprenant*)

ÉDITION

Núria Murillo, Ginebra Caballero (parties *Dossier de l'apprenant* et *Précis de grammaire*)

CORRECTION

Sarah Billecocq

DOCUMENTATION

Mateo Caballero, Núria Murillo, Gaëlle Suñer

CONCEPTION GRAPHIQUE ET COUVERTURE

Guillermo Bejarano

MISE EN PAGE

Guillermo Bejarano (unités 1, 2, 3, 4, 5 et 7)
Laurianne López (unités 1, 2, 6, 8 et parties *Dossier de l'apprenant*, *Dossier culturel*, *Delf*, *Précis de grammaire* et *Cahier d'activités*)

ILLUSTRATIONS

Laurianne López

REPORTAGES PHOTOGRAPHIQUES

Thomas Weber

ENREGISTREMENTS

Studio d'enregistrement : Blind Records

VIDÉOS

Unité 1 : Autoécole C.E.R Mairie du XVIIIe / Marie Thomas-Penette
Unité 2 : L'habitat participatif à Villeurbane © Télé Lyon Métropole
Unité 3 : La barbe revient à la mode © WAT et MYTF1
Unité 4 : « Quelle est la première fois que... ? » / Marie Thomas-Penette
Unité 5 : Vie connectée, vie augmentée © ARTE France – Effervescence Label – Académie des technologies – Universcience Avril 2014
Unité 6 : Métro : Où est la politesse ? © WAT et MYTF1
Unité 7 : La Ruche qui dit oui : comment court-circuiter la grande distribution. / © Basile Carré-Agostini/PWP pour Région Île-de-France
Unité 8 : Coworking l'Arrêt Minute / France 3 - 12/13 Édition Aquitaine, Journalistes : Dominique Mazères, Nathalie Pinard, 30/05/2014 ©INA

REMERCIEMENTS

Nous tenons à remercier toutes les personnes qui ont participé de près ou de loin à la concrétisation de ce projet : Laetitia Attal, Séverine Battais, Aurélie Buatois, Ginebra Caballero, Mateo Caballero, Fatiha Chahi, famille Cohen-Hadria, Alícia Carreras, Katia Coppola, Olivier Décriaud, Estelle Foullon, Agustín Garmendia, Sarah Ghazali, Pablo Garrido, Thomas Geeraert, Yoram Malka, Eulàlia Mata, Antonio Melero, Charline Menu, Julie Monbet, Aurelie Muns, Philippe Rahbé, Christian Renault, Marie Rivière, Paco Riera, Christian Puren, Marie Thomas-Penette, Gaëlle Suñer, Caroline Venaille, Thomas Weber, Sara Zucconi.

© PHOTOGRAPHIES ET IMAGES

Couverture : robepco ; ames Tutor ; jenifoto ; Razvan ; LifesizeImages ; PMUDU ; NataliaDeriabina ; xenotar ; infrontphoto ; digitalimagination ; stevegeer ; AlexRaths **Dossier apprenant** : Wikimmedia commons ; Eduardo Luzzatti Buyé ; Sergii Gnatiuk ; Gorilla ; MaxiSports ; catiamadio ; Christian ; Bertrand ; Luchschen ; Fullempty ; Brad Calkins ; Mark Christian ; Adamgregor ; Tyler ; Olson ; Rixie ; Manicblue ; Americanspirit ; Tupungato ; Rostichep ; Branex ; Typhoonski ; Springdt313 ; blackday ; peshov ; Sergii Kumer ; Ivan Danik ; Eldar Nurkovic ; Rawpixelimages ; Kasto80 ; Sculpies ; Mariusz Blach ; Gorilla ; Morseicinque ; Reinhardt ; engy1 ; Antonio Gravante ; loreanto ; Monkey Business ; Images ; Gina Sanders ; Rawpixel ; Pojoslaw ; Rawpixel ; Arne9001 ; Kutt Niinepuu ; Rene Van Den Berg ; sebra ; Pixbank ; Gstockstudio1 ; martiapunts ; Nicolas ; McComber ; Alexi TAUZIN ; Devy ; R.Babakin ; Sam **Unité 1** : RF3bri4rdi ; Pravit Kimtong ; Triloks ; ivolodina ; gwimages ; BanksPhotos ; BillionPhotos.com ; Micaela Sanna ; Rido ; Idey ; Maica ; chalabala ; JackF ; Halfpoint ; Maica ; FrançoisPilon ; Steve Debenporti ; Ildogesto ; Rassco ; wojost1 ; FineBokeh ; erllre ; rh2010 ; Pictures news ; sbiro77 ; uchar ; Serjm ; kevinrussi ; LincolnRogers ; monkeybusinessimages ; RyersonClark **Unité 2** : Ksenia Palimski ; Télé Lyon ; Métropole ; Edvard Nalbantjan ; AlexandreZveiger ; JacquesPALUT ; boletus ; georgejmclittle ; DigitalContentExpert ; Patryssia ; zkyclear ; Punto Studio Foto ; Mimi Potter ; NuwatChanthachanthuek ; tornadoflight ; Kettaphoto ; indigolotos ; Filip Miletic ; marog-pixcells ; FrankvandenBergh ; Corinne Bomont ; bonninturina ; PAOjoke ; RobertKneschke ; kreizihorse ; Arina Zaiachi ; Vely ; srki66 ; herezoff ; vittavat ; Nastasia Froloff ; amnachphoto ; TuTheLens ; Maddly ; ProductionPerig ; sdominick ; VladimirSazonov ; anekoho ; Irina Fischer ; Simotion **Unité 3** : Wikimmedia commons ; Juri Samsonov ; Radu Vultur ; Bernhard Richter ; Sebastien Delaunay ; Tramino ; david-bgn ; Hypermania37 ; Bortn66 ; Eléonore H ; ProArtWork ; firstflight ; B Piccoli ; Photocolorsteph ; Mellow10 ; Frbird ; olly ; volff ; felinda ; riggsby ; Brent Hofacke ; alynst ; Alija ; altanaka ; JayBoivin ; petek arici ; Mac99 ; mangostock **Unité 4** : Wikimmedfia commons ; Lulu ; Maica ; hramovnick ; gemenacom ; Greg ; vladimirfloyd ; loreanto ; Jan-Otto ; herreneck ; william87 ; kolaybirsey ; V&P Photo Studio ; kanzefa ; Daddy Cool ; astrosystem ; hecke71 ; Mikael Damkier ; alco81 ; minnystock ; Davidmartyn ; iron_man ; papinou ; Matthias Enter ; Igor Mojzes ; Robert Kneschke ; contrastwerkstatt ; Cathy Yeulet **Dossier culturel** : Wikimmedia commons ; dbeyhan yazar ; Georgios Kollidas ; mikedabell ; ALCE ; alain wacquier ; Peregrine ; Infomods ; Empire331 ; max_mayorov ; Sdecoret ; xenotar ; Elenarts ; grzegorz_pakula ; Tomfry ; Michal Ludwiczak ; Damien Janin ; Py2000 ; Yann PERRIER ; Dinur ; christian_lange ; Kmeron ; Konstantinos Moraitis ; Abdolhamid ; Ebrahimi ; Hupengdreamstime ; Tea ; nicolas ; Efired ; Marekusz ; Péter Gudella ; James Rooney ; Norman Pogson ; Vitalii Kit ; NLPhotos **Unité 5** : lena Yakusheva ; Dzmitry Fedarovich ; Anke Van Wyk ; franzdell ; Stef22 ; MichaelSvoboda ; Olga Mirenska ; Wikimmedia commons ; B'TWIN ; iSet ; Antonio Jodice ; bdstudio ; Stuart Key ; 9nong ; OcusFocus ; ido ; JPC-PROD ; Central IT Alliance ; yipengge ; Patryssia ; gpointstudio ; Swinnerrr ; Mikhail Grushin ; Dave Bredeson ; Tatajantra ; Victor Camargo ; Odin Eidskrem ; goodluz ; Eva Katalin Kondoros ; splain2me ; Stéphane Parisi ; Photoman ; Monkey Business ; AUFORT Jérome **Unité 6** : Leung Cho Pan ; piai ; leaf ; SelectStock ; bobbidog ; Mimi Potter ; darren whittingham ; Win Nondakowit ; kaitong1006 ; Luis Louro ; Anna Bryukhanova ; olly ; kichigin19 ; pillerss ; Ulrich Mueller ; Ingrid Prats ; gpointstudio ; auremar ; albert schleich ; contrastwerkstatt ; kuco ; Robert Kneschke ; ktasimar ; Benjaminpx ; rtguest ; imageegami ; dendenal ; biancia ; Michael Luhrenberg ; Rui Vale de Sousa ; DiversityStudio ; JackF **Unité 7** : Fotofermer ; Sylvain Robin ; lopolo ; EVO label ; Boggy ; Kadmy ; Tyler Olson ; contrastwerkstatt ; goodluz ; michaeljung ; sylv1rob1 ; Masson ; kantver ; marog-pixcells ; AZP Worldwide ; zhu difeng ; Maria Dubova ; gwimages ; Jean-Paul CHASSENET ; tina7si ; Sentavio ; TheStockCube ; photka ; coco ; Sylvain Robin ; Aviahuismanphotography ; Elena Elisseeva ; Isselee ; Laure F ; photolink ; Oleg ; Kozlov ; ysbrandcosijn ; Kenishirotie ; BestStock ; pixarno ; dan8 **Unité 8** : Aleksandr Kurganov ; Rido ; Rostislav Sedlacek ; Milles Studio ; auremar ; funkyfrogstock ; viperagp ; paulrommer ; everythingpossible ; Voyagerix ; Kirsty Pargeter ; julien tromeur ; PeopleImages ; laflor ; pixdeluxe ; golfstrim ; Kenishirotie ; Stefan Körber ; BillionPhotos.com ; virinaflora ; Hires ; zeynepogan ; Paolo Cipriani ; Ekely ; Nomad_Soul ; gvozdakart ; sebra ; laralova ; Olivier Le Moal ; IdeaMomentLight ; g-stockstudio ; KatarzynaBialasiewicz ; arthurhidden ; contrastwerkstatt ; Rfischia ; Ms.Moloko **DELF** : Buriy ; JPC-PROD ; Photographerlondon ; Sergey Nivens ; ikonoklast_hh ; Vladimir Gerasimov ; Niki Love ; Photographee.eu ; Kurmyshov ; pixelalex ; Kurhan ; M.studio ; Olaf Speier ; Pablo Hidalgo ; Liv Friis-larsen ; Ana Blazic Pavlovic ; Joshua Resnick **Cahier d'activités** : Wikimmedia commons ; Sam ; Valeriy Kirsanov ; Edyta Pawlowska ; Kittiphan Teerawattanakul ; djvstock ; Dejia Gao ; Photographerlondon ; Melindula ; pazham ; Macrovector ; Delphotostock ; ursule ; mariesacha ; Ameliya ; IvonneW ; timnewman ; esthermm ; alexeyborodin ; rtguest ; Christian Maurer ; julien tromeur ; Guzel Studio ; figura13 ; ddraw ; photopitu ; Tropical Studio ; urii Sokolov ; macrosector ; blumer1979 ; Sergey Drozdov ; Michael Chamberlin ; petunia ; Scarv ; Adam Gregor ; osmar01 ; Africa Studio ; Dirima ; T. Michel ; Aquir ; reee ; Scriblr ; sergiibobliakh ; natalipopova201 ; ufotopixl10 ; teracreonte ; ufotopixl10 ; bullet_chained ; bittedankeschön ; graciela rossi ; mariolina ; Maria Vazquez ; Albachiaraa ; Atlantis ; vladvm50 ; Fiedels ; Colorlife ; Nadia Cruzova ; Parisio ; AntonioDiaz ; DigiClack ; eyetronic ; Giuseppe Porzani ; Bernd Jürgens ; graphlight ; PrintingSociety ; olgasiv ; Kzenon ; science photo ; Hires ; Patryssia ; julialine802 ; lulu ; ricardoferrando ; yurolaitsalbert **Précis de grammaire** : Edvard Nalbantjan

Toutes les photographies sont issues de Fotolia.com, Dreamstime.com, iStockphoto.com., 123rf.com
Toutes les photographies provenant de www.flickr.com et Wikipedia sont soumises à une licence de Creative Commons (Paternité 2.0 et 3.0).

Iconovox : p. 140-141 (Deligne, Lasserpe, Mutio)
Getty Images : p. 24 François Guillot ; p. 51 STF, Eric BOUVET, Pascal Le Segretain ; p. 52 ARCHIVES, Ulrich Baumgarten, p. 53 MARCEL MOCHET ; p. 58 David Fenton ; p. 64 Pool CHUTE DU MUR BERLIN ; p. 66 George Pimentel, Pool BENAINOUS/SANCHEZ ; p. 67 HABANS Patrice ; p. 100 THOMAS SAMSON

Thomas Weber : p. 40 ; p. 55 (poubelles de Lyon) ; p. 65 ; p. 98 ; p. 71 (Ex.2) ; p. 110 ; p. 146 (Denis)

D.R. p. 17 Marie Thomas-Penette ; p. 24 J.P. Nichi, *À nous deux Paris* © Éditions Philippe Picquier ; p. 37 © Maisons du Monde ; p. 42 Difusión (8), http://www.americanwood.com.ar (7) ; p. 43 © Maisons du monde (5), Amazon (6) ; p. 54 © Archives SoudOuest et Leilla Pecqueux ; p. 65 Marie Thomas-Penette ; p. 69 Frédéric Beigbeder, *L'amour dure trois ans* © Éditions Grasset & Fasquelle, 1997 ; p. 74 Emmanuel Cohen-Hadria ; p. 78 *En finir avec Eddy Bellegueule*, Édouard Louis, © Éditions du Seuil, 2014, Points, 2015 ; p. 79, Joseph Joffo, *Un sac de billes* © Éditions Jean-Claude Lattès, Joseph Joffo, *Un sac de billes* © Livre de poche ; p. 89 Le Festival Juste pour rire ; Les Canadiens de Montréal ; p. 94 B'TWIN ; p. 95 iSet ; p. 97 Difusión ; p. 104 http://www.bet.com ; p. 108-109 ratp ; p. 112 Difusión ; p. 122 Difusión (Tâche 1) ; p. 125 © Slow Food Toulousin, Cittaslow, Slow Travel, Slow Money, Slow Cosmétique AISBL ; p. 137 Recylerie de la Porte de Clignancourt (http://rosecadillac.fr/broc-dej/) ; p. 140 Le Monde © Aurel ; p. 152 BlaBlaCar, Pani Vending, Jimini's, Drivy ; p. 154 Difusión (Tâche 1) ; p. 170 Hôtel Poséidon, Hôtel dans ma bulle ; p. 178 Olivier Adam, *Les Lisières* © Olivier Adam et Flammarion ; Création Studio Flammarion. Portrait d'Olivier Adam par David Ignaszewski / Koboy © Flammarion ; p. 179 © Fabien Toulmé, *Ce n'est pas toi que j'attendais*, Éditions Delcourt ; p. 185 © www.inpes.sante.fr ; p. 192 VizEat

Cet ouvrage est basé sur la conception de l'unité didactique et méthodologique définie par les auteurs de *Version Originale* et *Aula* (Difusión).
Tous les textes et documents de cet ouvrage ont fait l'objet d'une autorisation préalable de reproduction. Malgré nos efforts, il nous a été impossible de trouver les ayants droit de certaines œuvres. Leurs droits sont réservés à Difusión, S. L. Nous vous remercions de bien vouloir nous signaler toute erreur ou omission ; nous y remédierions dans la prochaine édition. Les sites Internet référencés peuvent avoir fait l'objet de changement. Notre maison d'édition décline toute responsabilité concernant d'éventuels changements. En aucun cas, nous ne pourrons être tenus pour responsables des contenus de liens vers des tiers à partir des sites indiqués.

© Les auteurs et Difusión, Centre de Recherche et de Publications de Langues, S.L., 2015
ISBN édition internationale : 978-84-8443-927-1
ISBN édition Alliance Française Mexique : 978-84-16943-08-1
Réimpression : novembre 2016
Imprimé dans l'UE

Toute forme de reproduction, distribution, communication publique et transformation de cet ouvrage est interdite sans l'autorisation des titulaires des droits de propriété intellectuelle. Le non-respect de ces droits peut constituer un délit contre la propriété intellectuelle (art. 270 et suivants du Code pénal espagnol).

www.emdl.fr/fle